编辑委员会名单

主　任：林吕建
副主任：何一峰　葛立成　汪俊昌　潘捷军　王金玲
成　员：万　斌　卢敦基　邢自霞　华忠林　陈　野
　　　　　陈华兴　陈柳裕　林华东　徐吉军　解力平
　　　　　滕　复

中国地方社会科学院学术精品文库·浙江系列

中国地方社会科学院学术精品文库·浙江系列

冲突与弥合

——社会群体冲突及调节机制的实证研究

Conflict and Bridging
Empirical Studies on Conflicts of Social Groups
and the Regulatory Mechanism

● 杨建华 等 / 著

社会科学文献出版社
SOCIAL SCIENCES ACADEMIC PRESS (CHINA)

本书由浙江省省级社会科学学术著作
出版资金资助出版

立足地方实践　高扬中国特色

《中国地方社会科学院学术精品文库》总序

人类社会踏上了充满挑战和希望的21世纪，世界各种文明和思想文化经历着深刻的激荡和变革。面对这样的形势，坚持理论创新、科技创新、文化创新以及其他各方面的创新，乃是建设中国特色社会主义事业，振兴中华民族的必由之路。因此，承担着"认识世界、传承文明、创新理论、资政育人、服务社会"职责的哲学社会科学，任重而道远。

中国特色的社会主义，是物质文明、政治文明和精神文明全面发展的新型社会，是人类历史中前无古人的创举，需要在马列主义、毛泽东思想、邓小平理论和"三个代表"重要思想的指引下，解放思想，求真务实，在实践和理论上进行不懈的探索，用科学发展观统领经济发展和社会进步，实现全面协调可持续发展。

胡锦涛同志2003年7月1日《在"三个代表"重要思想理论研讨会上的讲话》中指出，在实现全面建设小康社会这个宏伟目标的征程中，我们将长期面对三个重大课题：一是要科学判断和全面把握国际形势的发展变化，正确应对世界多极化和经济全球化以及科技进步的发展趋势，在日益激烈的综合国力竞争中牢牢掌握加快我国发展的主动权。二是要科学判断和全面把握我国长期处于社会主义初级阶段的基本国情,正确认识和妥善处理人民日益增长的物质文化需要同落后的社会生产力这个社会主要矛盾,不断增强综合国力,逐步实现全体人民的共同富裕。三是要科学判断和全面把握我们党所处的历史方位和肩负的历史使命,加强和改进党的建设,不断提高党的领导水平和执政水平,增强拒腐防变和抵御风险能力,始终成为团结带领人民建设中国特色社会主义的领导核心。哲学社会科学工作者必须立足国情,立足当代,以这三个重大课题为主攻方向,同党和人民一道,在实践的基础上进行前瞻性、全局性和战略性的研究,努力解决广大群众关心的理论问题和实际问题,建设中国特色、中国风格、中国气派的哲学社会科学。

中国共产党历来高度重视哲学社会科学的发展。中共中央在2004年3月发布了《关于进一步繁荣发展哲学社会科学的意见》,精辟地阐述了哲学社会科学在建设中国特色社会主义中的地位和作用,指明了进一步繁荣发展哲学社会科学的指导方针和基本原则。这个文件是在新的历史时期发展繁荣哲学社会科学的精神动力和行动指南,必将唤起广大哲学社会科学工作者为建设中国特色社会主义、服务于中国人民进行实践探索和理论创新的使命感,迎来中国哲学社会科学繁荣发展的又一个阳光灿烂的春天。

地方社会科学院是我国哲学社会科学研究的一支重要力量。20多年来,除台湾省之外,各省市自治区和部分计划单列市先后建立了社会科学院,总数已经达到44家。可以说,地方社会科学院是我国社会主义现代化建设的一支不可替代的生力军。在各省(市)党委、政府的领导与支持下,地方社会科学院在队伍建设、科研体制改革等诸多方面进行了许多探索,取得了重大的成就和可贵的经验，涌现出了一批科研骨干，获得大批立足地方实践、富有地方特色的优秀科研成果，为地方的经济社会发展和理论创新作出了重要贡献。立足地方特色，紧密结合广大人民群众的实践，是地方社会科学院发展的一个显著特点。我们相信《中国地方社会科学院学术精品文库》作为一个多系列精品工程的编辑出版，能够比较集中和系统地展示地方社会科学院的优秀科研成果及其固有特色，激励和推动社会科学学术研究的进一步开展和提高，有益于社会科学工作者之间的联系和合作。

继承和发展马克思主义，发展、繁荣社会主义中国的哲学社会科学事业，实现中华民族的伟大振兴，任重而道远，让我们大家共勉，在以胡锦涛为总书记的党中央领导下，进一步解放思想、开拓创新，迎接哲学社会科学繁荣发展的美好明天。

中国社会科学院院长

陈奎元

2004 年 8 月 15 日

承继浙学优秀传统　　促进当代学术繁荣

《中国地方社会科学院学术精品文库·浙江系列》序

浙江学术有很多优秀的传统。

首先一点，浙江学术富有批判精神。汉代中期以后独尊儒学，当时的儒学有两个特点：一是墨守章句之学；二是盛行谶纬迷信。浙江人王充"退孔孟而进黄老"，对传统儒学提出尖锐批评，提出"神灭无鬼"的新说。他所开创的学术新风气对后来魏晋玄学产生了重大影响。唐宋以后，新儒学产生，程朱理学、陆王心学是其中最重要的两个学术流派。浙江产生了"浙学"，即以吕祖谦为代表的金华学派，以叶适为代表的永嘉学派，以及以陈亮为代表的永康学派。他们倡言事功，充分强调"利"的正当性。在南宋三大儒学流派中，他们于朱、陆两家之外独树一帜，不但成为宋学不可或缺的一支，也对此后浙江文化的塑造产生了深远的影响。南宋之后，程朱理学定于一尊，至明后期，余姚人王阳明提出"致良知"的新说，突破朱熹"天理"的绝对性，肯定了"人欲"的合理性。晚明文学艺术界有一股提倡人性解放、不拘一格抒发性灵的社会思潮，王氏之学，有以导之。至清代，考据之学成为当时的学术主流。浙江学者，不但为后人贡献了大量考据学上的成果，而且产生了章学诚这样的反潮流的学术大师，他强调"六经皆史"，标榜"浙东学术"的独特个性，与吴、皖两家相颉颃。至于清末，学风再变，程朱理学与经世思潮重新抬头，浙江不但产生了龚自珍这样的新思潮的代表人物，还产生了孙诒让、黄以周、俞樾这样的朴学大师，号

"清末三先生"。综观中国学术发展史,浙江学人在其中的地位清晰可见:他们未必是某一时期学术发展的主导者,却常常是某一时期主流学术的批判者;而他们所开创的学术新风,又常常引导着下一时期的学术新方向。浙江学人的这种批判精神,本质上就是一种创新精神。

  浙江学术的另一优秀传统是对现实问题的高度关注。南宋"浙学"思想家们主张重商富民,正是这一学术传统的体现。到明清时期,浙江学人的现实主义精神得到进一步发展。浙东学派的重要代表人物黄宗羲,不但在经济上主张"工商皆本",在政治上更是对君主专制制度提出前所未有的批评,成为中国思想史上一个不朽的标杆。清代浙江学术的地域风格已经形成。章学诚在《文史通义》中讲"浙东贵专家,浙西尚博雅"。浙东学派的成就,主要体现在历史研究上。清代文禁极严,明史研究是一个在政治上非常敏感的学术领域。浙江受文字狱之祸极深,著名的"明史案"便发生在浙江。当时很多历史学家为了避祸,在研究中有意避开这一禁区,专攻古史考证。而浙江学人,敢于逆流而上,浙东学派尤以明史研究见长。黄宗羲撰《弘光实录钞》、《行朝录》、《明儒学案》,选编《明文海》;万斯同一生专治明史,独力完成《明史稿》五百卷;邵廷采撰《东南纪事》、《西南纪事》、《明遗民所知录》;全祖望著《鲒埼亭集》,撰集碑记,表彰浙东抗清不屈之士。浙东学人的明史研究,表面上是研究历史,实际上反映的是现实政治问题,他们的学问,表面上是史学,骨子里是政治学。在这一点上,浙江学术的现实主义精神可理解成是一种革命精神。至于近代,一代国学大师章太炎,他的学术成就固以朴学见长,但在他的学术理论中,"种族革命"的特色表现得特别浓厚。这与浙东学派的精神是一脉相承的,都体现了一种对现实不回避的态度与勇气。

  浙江学术的第三个传统是包容的态度和开放的精神。浙江的地理位置,正处于中国的中间地带。在历史上,永嘉南渡、安史之乱、黄巢起义、靖康之变,数次大事件引发的移民浪潮,都对浙江学术传统产生了重要影响。如南宋"浙学"三家,婺学(金华学派)的吕祖谦本来就是北方世家；永嘉学派，源自北宋"永嘉九先生"，他们与"二程"有师承关系。各种区域文化的交汇碰撞，造就了浙江学人包容的、学习的态度。浙江又地处沿海，在明清以后"地理大发现"的国际背景中，又成为"西学东渐"的前沿。早在明末，就有杭州人李之藻，从西方传教士利玛窦习天文、数学、地理等科学知识。近代以来，在西方学术科目的引进和建立中，浙江学人发挥了重要作用，如沈家本在法学上，蔡元培在教育学上，马寅初在经济学上，都堪称是一个学科的开创者或奠基人。蔡元培在执掌北京大学期间，以"兼容并蓄"治校，为"五四"新文化运动的兴起培育了土壤。作为新文化运动的代表人物，鲁迅以"拿来主义"的态度译介西方文学，并用新方法从事文学创作和文学史研究。在此过程中，中国的旧学问开始转型。海宁人王国维是一个对中国现代学术转型有着巨大影响的国学大师，在哲学、文学、史学三方面都有重要影响。在哲学上，他是中国最早介绍德国哲学家康德、叔本华等人哲学思想的人，他的《红楼梦评论》是中国最早运用西方美学对《红楼梦》进行学术批评的著作；在文学上，他著有《人间词话》，提出"境界"与"意境"说；在史学上，王国维是最早对甲骨文进行识读且取得突破性成就的学者之一，他首创"二重证据法"，将甲骨文与存世文献进行对照分析，使商朝历史成为信史。

浙江先贤的学术传统，是我们不朽的楷模。

浙江省社会科学院坚持以马列主义、毛泽东思想、邓小平理论与"三个代表"重要思想为指导，全面贯彻落实科学发展观，在省委、省政府领导下，坚持以科研为中心，坚持以浙江改革开放和现代化建设的重大理论与实践问题为主攻方向，重视基础理论研究，加强应用研究，突出浙江特色，强化为省委、省政府决策服务和为全省两个文明建设服务的功能，为发展我国哲学社会科学事业作出贡献。为了更好地发挥传承文明、创新理论的功能，推进"精品工程"和"人才工程"的实施，从2001年起，浙江省社会科学院设立浙江省省级社会科学优秀学术著作出版资金，陆续推出一批有较高学术价值的科研成果；从2004年起，又与社会科学文献出版社合作编辑出版《中国地方社会科学院学术精品文库·浙江系列》丛书，使科研成果的出版更加规范化、制度化，扩大了浙江省社会科学院的学术影响。

这些学术成果，有的重视社会调查，重视数据的收集与分析，关注浙江社会经济发展的现实问题；有的致力于乡邦文献的整理、地方史事的钩沉以及区域文化的理论探讨；当然，其中不乏越出地域之囿、站在学术前沿的创新之作。这些成果，或许还存在这样、那样的不足，有些问题在学术上还有争论，有的还有待社会实践以及学术自身的发展来检验，但它们有鉴别、有批判、有创新，这正体现了浙江学术的优秀传统。

林吕建

2009 年

目 录

前 言 1

第一章 导论 1
  第一节 问题的提出 1
  第二节 社会冲突与弥合研究的相关理论 4
    一 西方社会冲突论的思想渊源 4
    二 西方社会冲突理论的形成 8
    三 西方社会冲突理论的发展 15
    四 西方弥合社会冲突研究的相关理论 16
    五 西方社会冲突及弥合理论的启示 24
  第三节 国内学界对社会冲突与弥合的研究 28
    一 国内学者对社会冲突的研究 28
    二 中国学者关于弥合社会冲突的研究 31
    三 研究述评 39
  第四节 研究方法与逻辑框架 43
    一 研究的理论视角和方法 43
    二 研究的基本框架 46
    三 基本概念界定 49

第二章 社会群体与社会冲突 52
  第一节 二代农民工失业群体与社会冲突 53

一　二代农民工失业群体总体状况 …………………………………… 53
　　二　二代失业农民工的基本问题与社会冲突 ………………………… 70
　　三　二代失业农民工社会问题及冲突的原因 ………………………… 90
　第二节　征地拆迁户群体与社会冲突 …………………………………… 112
　　一　征地拆迁与稳定现状 ………………………………………………… 112
　　二　被征地拆迁群体的生存状态 ………………………………………… 114
　　三　利益矛盾与冲突的主要表现形式 …………………………………… 118
　　四　征地拆迁矛盾引发的社会冲突 ……………………………………… 123
　　五　征地拆迁矛盾与冲突的动因 ………………………………………… 126
　第三节　"农转居"新市民群体与社会冲突 …………………………… 135
　　一　浙江城市化与农转居群体形成 ……………………………………… 135
　　二　农转居过程中的主要问题与冲突 …………………………………… 142
　第四节　网民群体与社会冲突 …………………………………………… 153
　　一　网络生活已经成为现实社会生活的重要组成部分
　　　　……………………………………………………………………… 153
　　二　从"网络事件"的典型实例看网民群体的聚合联动
　　　　机制 …………………………………………………………………… 155
　　三　以"杭州飙车案"为代表的一系列网络事件的基本
　　　　启示 …………………………………………………………………… 159
　第五节　访民群体与社会冲突 …………………………………………… 164
　　一　浙江省2004~2009年信访总体情况 ……………………………… 165
　　二　访民群体的主要构成 ………………………………………………… 170
　　三　对访民群体与社会冲突值得关注的几点判断 …………………… 175

第三章　社会关系与社会冲突 ………………………………………………… 179
　第一节　劳资关系与社会冲突 …………………………………………… 181
　　一　劳动合同签订率偏低，仅为60% ………………………………… 182
　　二　劳方对同事关系、上下级关系的评价低于资方 ………………… 184
　　三　劳资纠纷发生率偏高，劳资关系趋于紧张 ……………………… 184
　　四　劳动者理性维护权益意识普遍较强 ……………………………… 187
　　五　劳方对资方及工会的期待 ………………………………………… 189

第二节 贫富关系与社会冲突 ……………………………………… 191
  一 不同收入群体的职业分布呈现集中化 ………………………… 191
  二 社会公众普遍感受贫富差距较大 ……………………………… 193
  三 社会公众对贫富分化趋势表示担忧 …………………………… 195
  四 仇富现象存在，但贫富关系较平和 …………………………… 197
  五 公众对富人及政府的期待 ……………………………………… 198

第三节 干群关系与社会冲突 ……………………………………… 201
  一 社会公众对干群关系的评价不高 ……………………………… 201
  二 干群交往状况并不乐观 ………………………………………… 203
  三 社会公众对干部廉洁程度评价较低 …………………………… 206
  四 社会公众对各级政府的信任呈现逐级递减的现象 …………… 207
  五 群众对干部及政府的期待 ……………………………………… 209

第四节 社会稳定感知影响因素的多元回归分析 ………………… 212
  一 研究设计 ………………………………………………………… 212
  二 统计结果与分析 ………………………………………………… 213

第四章 社会冲突总体性分析 ………………………………………… 218

第一节 社会冲突总体状况 ………………………………………… 218
  一 四个"倒U型曲线"拐点没出现助推社会冲突频发
     ……………………………………………………………………… 218
  二 当前社会冲突的主要类型 ……………………………………… 225
  三 当前社会冲突的正功能与反功能 ……………………………… 233

第二节 社会冲突的深层诱因 ……………………………………… 235
  一 高增长、高代价的发展 ………………………………………… 236
  二 权力与权利结构的失衡 ………………………………………… 251
  三 制度化治理机制的缺失 ………………………………………… 256

第五章 弥合社会冲突的系统建构 …………………………………… 262

第一节 社会冲突的利益弥合 ……………………………………… 262
  一 当前社会利益分化特征与表现 ………………………………… 263
  二 利益弥合的路径选择 …………………………………………… 264

第二节 社会冲突的阶层弥合 ·· 275
 一 中等收入阶层的划分 ·· 276
 二 中等收入阶层结构是社会"稳定器" ························ 279
 三 浙江中等收入群体发展所面临的主要障碍 ················ 281
 四 加快推进中等收入阶层为主体的社会结构建构 ········· 288

第三节 社会冲突的社群弥合 ·· 292
 一 充分发挥社会组织作用以有效弥合社会冲突 ············ 293
 二 充分依靠社区资源以有效弥合社会冲突 ··················· 302

第四节 社会冲突的制度弥合 ·· 311
 一 社会正义机制建设 ·· 311
 二 社会流动机制 ·· 317
 三 社会保障机制 ·· 324
 四 社会包容机制 ·· 330
 五 社会调解机制 ·· 337
 六 社会控制机制 ·· 339

第五节 社会冲突的文化弥合 ·· 345
 一 社会资本建设 ·· 345
 二 共同体精神培育 ··· 349
 三 社会规范建设 ·· 355

主要参考文献 ·· 365

索 引 ·· 375

后 记 ·· 384

前　言

　　社会冲突是人类社会产生以来就一直存在的社会现象，是生产力发展到一定阶段的产物。美国社会学家科塞说："冲突是有关价值、对稀有地位的要求、权力和资源的斗争。"[①] 而"一致与冲突，都是社会存在的两种基本动力。稳定与变迁，是社会存在的两种基本形式。冲突是社会结构固有成分；冲突引起社会变迁，社会变迁排除冲突的消极影响"[②]。

　　社会弥合是指通过各种方式和手段调节、弥补、修复社会因矛盾、冲突而发生的社会裂痕、撕裂、宿怨和断裂，使之形成一个有机整体以实现有序运行的过程，是实现社会控制的一种重要途径。

　　马克思主义者认为，一切冲突都根源于生产力和交往形式之间的矛盾，而生产力与交往关系的矛盾是冲突的总和，我们应该用正常的眼光来看待社会冲突。马克思主义者还认为冲突的可控性特点，他们强调社会系统或国家一般来说是相对稳定的，这种稳定性是基于一些重要构成要素的相对稳定，即政治、经济和文化。因此，社会或国家在通常情况下有能力对不以人的主观意志为转移的冲突加以控制，从而使之不会发展到极端。因此，我们在认识到冲突的不可避免性的同时，也要认识到社会主义社会的群体矛盾是可调和的，冲突是可弥合的。另外，G. 齐美尔和 L. A. 科塞也告诉我们，社会要保持开放、灵活、包容的状态，通过可控制的、制度化的机制，使群体间的紧张情绪得以释放，社会冲突得以弥合。

　　在最近的几年中，一个事实已经越来越被人们所正视：中国社会正

---

① 科塞：《社会冲突的功能》，华夏出版社，1989，"前言"。
② 宋林飞：《西方社会学理论》，南京大学出版社，1997，第 321～322 页。

处在加速转型期，社会分化的烈度、速度、深度和广度比任何时期都要深刻，由此而呈现出来的是一个社会结构和利益明显分化的社会。这意味着，在这样的社会中，不同社会群体的利益往往是不一致的，甚至有时会存在不同程度的利益矛盾和利益冲突，由利益的分化带来的社会矛盾和社会冲突也正在成为我们社会生活中一个正常的组成部分。同时，中国社会转型还正面临由社会结构内部不协调而产生矛盾、冲突或社会成员的无序互动导致的紧张状态而产生的社会张力。当社会张力的能量积蓄到一定程度，会对社会结构形成巨大的冲击力，并往往在社会结构最薄弱的环节释放出来。而这种无序的社会力量暴发就是社会危机或叫社会风险。

因此，当下的中国进入了现代化发展进程中的"风险社会"时期。根据乌尔里希·贝克的观点，"风险社会"有两个突出特征：一是具有不断扩散的人为不确定性逻辑；二是导致现有社会结构、制度以及关系向更加复杂、偶然和分裂状态转变。① 再加上中国社会结构转型进程中所呈现出的非平衡状态，如经济增长同资源利用、环境保护的失衡，城市发展与乡村发展的失衡，强势群体与弱势群体发展失衡，效率优先与社会稳定之间的失衡，随着经济发展，整个社会撕裂的风险却在不断加大。使转型中出现的结构冲突、机制冲突、群体冲突、利益冲突、角色冲突和观念冲突更加复杂多变。而与社会处于转型期所具有的不确定性和变动性一样，这个时期的社会冲突也具有目标的变动性和形式的多样性这样一些特征。

在这样的情况下，如何弥合不同社会群体的矛盾与冲突，将不同群体利益的表达和诉求做出制度化的安排，如何将利益矛盾和冲突规范在一个有序框架和可控程度之中，就成为必须解决的问题。而要解决这两个问题，就必须将社会冲突去除敏感化，将其作为一种正常的社会现象进行研究，从而真正认识社会冲突的特点和规律，以设立有效的机制和制度来容纳、规范和化解社会冲突。

这就需要我们切实加强对社会冲突与弥合有关问题的实证调查研究，

---

① 张义祯：《风险社会与和谐社会》，《学习时报》2005 年 8 月 25 日。

全面分析和把握社会群体与社会冲突、稳定的关系及发展趋势，深入认识和分析社会群体及阶层结构、城乡结构、区域结构、人口结构、就业结构、社会组织结构等方面情况的发展变化和发展趋势，分析社会群体利益结构、利益关系等方面情况的发展变化和发展趋势，以此更好地统筹各方面的利益关系和利益诉求，更好地制定政策、完善政策措施，更好地推进社会建设和管理，化解社会冲突，维护社会秩序，保证广大人民群众安居乐业。同时通过强化源头预防，着力从制度与机制上解决社会群体间矛盾纠纷产生的问题，确保社会持续发展与和谐稳定。

社会学的理论大多是从经验事实里总结出来的，是通过实证研究得到验证的。我们不能单纯把理论看成是一种与社会经验事实相脱离的纯粹逻辑推演的东西，社会学的宗旨就在于发现和解决具体的社会问题。因此，这就需要进行艰苦细致的实证研究，获取翔实丰富的田野材料，提出相应的理论解释。

本项研究的目的就是力图通过对30年来中国社会中各种社会力量的生长和演变以及在此背景下社会生活机制所发生的一系列变化以及影响社会走势的变量的分析，以浙江这样一个中国市场经济先行地区为个案，描述出中国社会冲突与弥合的一些基本向度，以及在这样的向度之下中国社会冲突在近期可能会面对的一些重要而基本的问题，并以此为基础建立一个分析中国社会冲突与弥合的逻辑框架，从而为中国社会冲突与弥合提供一个实证与学理性的解释。

本项研究坚持迪尔凯姆所倡导的，始终如一地摆脱一切预断，"把社会事实作为物来考察"，把研究的根基建立在坚固的"社会事实"的基础上。本研究并不试图建立一个宏大的中国社会冲突与弥合的理论结构，而只是想以实证性的中微观研究及田野调查的个案分析来丰富我国冲突与弥合研究的理论。

本项研究选择浙江不同的群体冲突为个案，以田野调查为研究基础，从五个特定社会群体与三大社会关系入手，考察当代中国社会不同群体之间、不同社会关系之间的冲突，讨论分析社会冲突与弥合的类型与方式，研究弥合社会冲突的路径，进而提出社会冲突的弥合系统。

本书共分五章，在第一章中我们深入探讨了从马克思到科塞、哈贝马斯这些社会学经典作家关于社会冲突弥合理论，提出经典作家冲突弥合理论给我们今天研究的启示，并讨论了国内学者已有的冲突弥合研究，尤其是研究了中国先秦思想家关于社会弥合的经典思想，分析了这些研究给我们带来的教益，并启示我们的研究在他们的基础上继续有所前进。

本书是建立在田野调查基础上的实证研究，在本书的第二章中我们从社会群体的权力保障、利益冲突及利益表达等入手，重点对二代农民工失业者群体、征地拆迁户群体、环境受损者群体、农转居新市民群体、访民群体作深入而翔实的田野调查，描述他们的生存状况、利益诉求，分析这些社会群体在社会权利保障、利益表达等方面存在的问题、根源、诱因，揭示出不同群体可能发生冲突的特征。本项研究的分析根据这些实证材料而逻辑性地展开。

第三章是社会关系与冲突实证研究。在社会转型时期，发生社会冲突的原因往往是多元的而非一元，并呈现日益复杂化的趋势，而社会关系是其中的重要因素之一。社会关系所涵盖的内容很多，如何结合现阶段经济社会发展的实际情况，重点对以劳资、干群和贫富关系为主体的群体间社会关系进行深入调查无疑是本项研究的重点之一。我们将采取"自下而上"与"自上而下"相结合的视角，直接从民生的角度调查劳资关系、干群关系、贫富关系，通过客观指标来呈现发展的社会结构现状，通过主观指标来呈现公众的社会心态，进而揭示其情境定义和行动方式的取向，从而为社会冲突及弥合的分析研究提供基础性的实证材料。

第四章我们对当前中国社会冲突进行了总体性分析，认为四个"倒U型曲线"拐点没有出现助推了冲突增加，目前社会冲突可划分为两个维度四种类型。第一个维度是从冲突的根源和目标来划分，即为何而发生冲突，冲突为了达到什么样的目标，从这个维度来分，可区分为工具性冲突和价值性冲突两大类。第二个维度是从冲突的主体来划分，也就是发生在谁和谁之间，从这个维度看，可以有社会群体之间的冲突和社会群体与政府之间的冲突两大类。这样，当前中国社会冲突就可以分为四大类，即社会群体间的工具性冲突，社会群体与政府的工具性冲突，社会群体间的价值性冲突，社会群体与政府间的价值性冲突。我们还对社会冲突的诱因及深层根源进行了分析。认为当前中国社会冲突的深层诱因是高增长、高代价的发展、权力与权利结构的失衡以及制度化治理机制的缺失。

第五章还在实证研究基础上，提出了社会冲突弥合系统的建构。面对社会冲突所造成的社会裂痕、撕裂、断裂，重要任务是建立具有内在性、直接性、长效性的社会弥合系统。这一弥合系统包括利益弥合、阶层弥合、社群弥合、制度弥合和文化弥合。我们认为，利益冲突是人类社会一切冲突的基本根源，也是很多冲突的实质所在。在现代化进程中，多元利益主体的存在及相互间的利益冲突是不可避免的，对利益冲突进行协调是必需的。中等收入阶层成为社会主体是一种橄榄形的社会结构，这样一种理想型社会结构是现代化的本质特征和社会公平的重要体现，是弥合社会冲突的重要社会基础，为社会冲突弥合提供社会支持。通过加强社区和社会组织等社群的建设，为社会冲突构筑缓冲屏障。促进社区作为"社会共同体"的重建，实现对社会的有效管理与整合。建立由社会正义机制、社会流动机制、社会保障机制、社会包容机制、社会调解机制、社会控制机制等六大机制，为社会冲突弥合提供制度保障。重建有中国特色的文化弥合体系，实现文化层面的社会弥合，包括社会资本建设、共同体精神培育、社会规范建设。

本项研究得到了国家社科规划办与国家社会科学基金和浙江省社会科学院资助扶持和奖掖，是它们给我们提供了这么宝贵的机会和优裕条件来开展这项思索数年的研究。我们的研究还自始至终得到了浙江省社科联和浙江省社科规划办的扶持与帮助，得到了省政府研究室、省信访办、浙江师范大学法学与公共管理学院、浙江树人大学社会工作系、杭州市委党校市情研究所、湖州师范学院法商学院的大力支持。在此，我们对以上这些单位和相关同志表示我们最诚挚的谢意。

我更要感谢的是我的研究团队，他们是姜方炳、张秀梅、陈微、秦均平、刘成斌、范晓光等。他们为本书作出了巨大努力，奉献了心血与思想，没有他们的鼎力襄助，也就不可能有这本著作，在此深深地感谢他们。

我们的这项研究已告一个段落，但我们清醒地认识到，这样的研究对社会冲突弥合现象进行分析解读，是一个永无止境的过程，意义的每一个解释和建构、理论上的每一个创新和发现都是尝试性的，它很可能会被证明是错误的。因此，我们在可能的情况下，会力求将这样的研究继续下去。我们深知，要使自己得到进一步的丰富、充实、提高就需要这样踏实而本土性的研究。

杨建华

2012 年 5 月 30 日

第一章
导 论

第一节 问题的提出

一个事实已经越来越被人们所正视：中国社会正处在加速转型期，社会分化的烈度、速度、深度和广度比任何时期都要深刻，由此而呈现出来的是一个社会结构和利益明显分化的社会。这意味着，在这样的社会中，不同社会群体的利益往往是不一致的，甚至有时会存在不同程度的利益矛盾和利益冲突，由利益的分化带来的社会矛盾和社会冲突也正在成为我们社会生活中一个正常的组成部分。同时，中国社会还正面临由社会结构内部不协调而产生矛盾、冲突或社会成员的无序互动导致的紧张状态而产生的社会张力。当社会张力的能量积蓄到一定程度，会对社会结构形成巨大的冲击力，并往往在社会结构最薄弱的环节释放出来。而这种无序的社会力量暴发就是社会危机或社会风险。

因此，当下的中国进入了现代化发展进程中的"风险社会"时期。根据乌尔里希·贝克的观点，"风险社会"有两个突出特征：一是具有不断扩散的人为不确定性逻辑；二是导致现有社会结构、制度以及关系向更加复杂、偶然和分裂状态转变。[①] 再加上中国社会结构转型进程中所呈现出的不平衡状态，如经济增长同资源利用、环境保护的失衡，城市发展与乡村发展的失衡，强势群体与弱势群体发展失衡，效率优先与社会稳定之间

---

① 张义祯：《风险社会与和谐社会》，《学习时报》2005 年 8 月 25 日。

的失衡，随着经济发展，整个社会撕裂的风险却在不断加大。使转型中出现的结构冲突、机制冲突、群体冲突、利益冲突、角色冲突和观念冲突更加复杂多变。而与社会处于转型期所具有的不确定性和变动性一样，这个时期的社会冲突也具有目标的变动性和形式的多样性这样一些特征。

冲突，是人类社会产生以来就一直存在的社会现象，它在任何一种社会关系中都存在，是不同信仰、观点、价值观念、需求、设想或目标之间的不协调冲撞。美国社会学家科塞说："冲突是有关价值、对稀有地位的要求、权力和资源的斗争。"[①] 而"一致与冲突，都是社会存在的两种基本动力。秩序与变迁，是社会存在的两种基本形式。冲突是社会结构固有成分，冲突引起社会变迁，社会变迁排除冲突的消极影响"[②]。达伦多夫曾将社会冲突区分为低烈度、低强度和中烈度、中强度以及高烈度、高强度几种类型。

在这样的情况下，如何弥合不同社会群体的矛盾与冲突，将不同群体利益的表达和诉求做出制度化的安排，如何将利益矛盾和冲突规范在一个有序框架和可控程度之中，就成为必须解决的问题。而要解决这两个问题，就必须将社会冲突去除敏感化，将其作为一种正常的社会现象进行研究，从而真正认识社会冲突的特点和规律，以设立有效的机制和制度来容纳、规范和弥合社会冲突。

这就需要我们切实加强对社会冲突与弥合有关问题的实证调查研究，全面分析和把握社会群体与社会冲突、稳定的关系及发展趋势，深入认识和分析社会群体及阶层结构、城乡结构、区域结构、人口结构、就业结构、社会组织结构等方面情况的发展变化和发展趋势，分析社会群体利益结构、利益关系等方面情况的发展变化和发展趋势，以此更好地统筹各方面的利益关系和利益诉求，更好地制定政策、完善政策措施，更好地推进社会建设和管理，化解社会冲突，维护社会秩序，保证广大人民群众安居乐业。同时通过强化源头预防，着力从制度与机制上解决社会群体间矛盾纠纷产生的问题，确保社会持续发展与和谐稳定。

---

① 科塞：《社会冲突的功能》，华夏出版社，1989，前言。
② 宋林飞：《西方社会学理论》，南京大学出版社，1997，第 321~322 页。

社会学的理论大多是从经验事实里总结出来的，是通过实证研究得到验证的。我们不能单纯把理论看成是一种与社会经验事实相脱离的纯粹逻辑推演的东西，社会学的宗旨就在于发现和解决具体的社会问题。因此，这就需要进行艰苦细致的实证研究，获取翔实丰富的田野材料，提出相应的理论解释。

鉴于此，我们提出"社会群体冲突及调节机制的实证研究"，选择以浙江为实证研究个案。这是由于浙江是中国经济社会发展较快的一个省份，浙江2008年人均GDP达到6078美元，是中国内地第一个跨越人均GDP 6000美元的省区，2011年人均GDP达到7460美元。目前浙江正处在这样一个社会发展新阶段：社会经济进入工业化后期和集约型增长期，实现新一轮长期增长的难度加大；改革从经济改革为主过渡到全面改革的深水期，攻坚任务艰巨；社会结构变迁进入破除城乡二元结构、加快社会流动的快速转型期；社会生活进入公共产品均等化与大众消费期；社会利益进入快速分化与重组期；社会管理进入人民群众积极参与公共事务的公民社会建构期。在这个阶段，浙江社会的经济体制、社会结构、利益格局、思想观念也都在发生空前变革，原有的社会结构、社会关系、经济增长方式等方面的矛盾和问题尚未完全解决，一些深层次的矛盾和问题逐渐显现。这些问题有的在潜在的发展，有的则以突发性事件表现出来，其中涉及社会群体而引发社会冲突事件已经屡见不鲜。例如，2003年丽水青田滩坑水电站事件、2004年温州鹿城老板欠薪逃逸事件、2005年金华东阳画水镇环境污染事件、2005年绍兴新昌药品污染事件、2006年温州瑞安女教师死亡事件、2011年湖州织里因税收而引发的群体性事件，等等。同时，全球金融危机引发的负面影响也扩大蔓延，这不仅使浙江经济运行中突发性、偶发性和不稳定性因素明显增多，而且这种影响还会嵌入到社会的方方面面，对原有的社会关系、社会结构和社会和谐都产生直接的影响。同时，浙江遇到的社会问题与冲突，也不仅是浙江的问题，而是中国社会面临的问题与冲突。

因此，将浙江作为社会冲突与调节机制实证研究的个案有着一定的典型性，在此我们将对不同群体生存发展状况及相互关系，对社会群体可能性的冲突及弥合机制进行实证与学理相结合的深入研究，以期把握社会群体发展及群体间利益关系和社会冲突的全面情况，认清社会群体间冲突发生原因、路径及对当前社会发展的影响，寻求弥合社会冲突的相应机制，为政府决策提供一些理性关照，同时也为学界深入对社会冲突及调节机制研究提供丰富的基础性实证材料与我们的一些思考。

第二节 社会冲突与弥合研究的相关理论

在论证研究之前，我们有必要对已有的社会冲突与调节理论进行一番梳理，看看这些思想与理论对我们今天的社会发展有着什么样的参照与启示。

一 西方社会冲突论的思想渊源

冲突是人类社会产生以来就一直存在的社会现象，是生产力发展到一定阶段的产物。早在原始社会，社会冲突现象就出现了。如部落、氏族之间的摩擦与战争等等，便是人类社会中最早的冲突现象。同样，有关社会冲突的思想与思考也早就已经出现，历史上西方一些政治家、哲学家、历史学家曾提出过有关冲突的一些重要观点。例如，赫拉克利特把冲突视为一个主要的社会事实；波里比阿认为冲突是政治制度发展的基本事实；休谟将冲突视为一种经验的事实，由此为当代的政党理论打下基础，等等。[①] 但是，对现代社会冲突理论的形成产生巨大影响的，还主要是马克思（1818～1883）、齐美尔（1858～1918）和韦伯（1864～1920）三位社会学大师的社会冲突思想。

（一）马克思的社会冲突思想

冲突论强调人们因有限的资源、权力和声望而发生的斗争是永恒的社会现象，也是社会发展的源泉。马克思、恩格斯对于社会发展的内在原因、发展规律、发展动力以及现代化的重要特征进行了较为系统的论述，形成了比较完整的马克思主义社会发展理论和现代化理论体系。马克思、

---

① 马丁代尔：《社会学理论的性质与分类》，第147～148页，转引自于海《西方社会思想史》，复旦大学出版社，1993，第410～411页。

恩格斯认为社会发展的根本原因在于生产力和生产关系、经济基础和上层建筑的矛盾,是它们之间的矛盾、冲突以及这种矛盾、冲突的暂时解决推进了社会发展,阶级斗争则是促成这一发展的根本动力。马克思、恩格斯还概括出了现代化的四个基本特征:大工业生产;现代科学技术;世界整体;高度的社会分化与社会整合。

与齐美尔、韦伯等人不同的是,马克思将经济关系或财产关系理解为全部社会关系当中最核心、最本质或最基础的部分,始终将自己的注意力集中在现代社会的财产关系及其经济、政治与社会后果上。他关于阶级与阶级斗争的理论是一种典型的社会冲突论模式。马克思认为在社会有机体中,与社会的经济结构密切关联的是社会的阶级结构,它由在社会的经济结构中占有一定地位和身份的人群所组成。阶级分化是以对生产资料所有权的拥有与否为基础的。阶级的产生是与生产力发展的一定阶段相联系的,它以剩余产品的出现为前提,同时,它也与生产资料的私有制相联系。在阶级社会里,尽管人们的社会关系多种多样,但最基本、最决定性的社会关系是人们的阶级关系。阶级是一个社会历史现象,它不是从来就有的,也不会永恒存在下去,它会随着私有制的铲除和生产力的高速发展而消亡。无论阶级是如何产生、发展和消亡的,它们归根到底都要由生产力的发展水平来决定。阶级消亡意味着人类最终将能够消灭社会不平等,而阶级斗争和社会革命,是私有制条件下社会结构变迁和社会发展的直接动力。

资本主义社会使阶级的对立简单化。在资本主义时代,随着大工业生产的发展,社会日益分化为无产阶级和资产阶级两大对立阶级。这种日趋严重的阶级分化必然引发激烈的阶级斗争,最终导致社会革命的发生。一切冲突都根源于生产力和交往形式(生产关系)之间的矛盾。导致社会变迁的基本动力,不是别的什么原因,而正是生产力与生产关系之间的矛盾与冲突。生产资料归资本家私人占有,是资本主义社会里一切矛盾和危机的最终根源,要消除资本主义社会中的各种内在矛盾和危机,就必须消灭以生产资料的资本家私人占有为核心的资本主义制度,建立一种以生产资料公有制为基础的新型社会制度即共产主义制度。

(二)齐美尔的社会冲突思想

形式社会学大师齐美尔的思想并不像马克思那样来源于一个总的理论

框架，他致力于"基本社会过程形式"（form of basic process）的研究，更注重的是微观的社会互动。在齐美尔这里，冲突是社会互动的一种常见形式，或者说，"冲突是一种社会化的形式"。和马克思一样，齐美尔认为冲突是无所不在的，因此是形式社会学分析的对象。受黑格尔辩证法的影响，齐美尔清楚地意识到完全协调一致的社会是不存在的、无生命的，正常的社会总是和谐和冲突、吸引和排斥、爱与恨的矛盾形式互动的统一体，没有哪一个比另一个更为重要。① 正是"积极"和"消极"因素二者构成社会群体关系。"冲突应该被视为是一种建设性的而不是一种破坏性的力量"②。冲突决不全是破坏因素。冲突及合作都具有社会功能。绝不是说反功能必要，而是说一定程度的冲突是群体形成和群体生活持续的基本要素。③

齐美尔的社会冲突思想集中地体现在他的经典著作《冲突论》中。在这一著作中，齐美尔反复论证了这样两个观点：第一，社会冲突是人们社会交往的一种主要形式，而且是社会交往中一种不可避免的形式，在任何一种形式的社会合作中都存在社会冲突；第二，社会冲突具有一些积极的作用。如有助于社会整合与稳定。齐美尔的社会冲突积极功能理论，概括起来主要有三个方面。

（1）社会冲突有助于社会整合。他认为，在一个理性化的社会里，群体与群体之间的冲突会使得群体间的界限更加分明，人们为了一致对外而紧密地结合起来，群体内的矛盾也暂时或永远得到化解。在社会系统中，群际冲突还可能使群体保持相当的独立性和一定界限，有利于保持社会各要素之间的平衡，促进社会的分化与整合。

（2）社会冲突有利于社会稳定。他认为，社会冲突有可能使矛盾激化，但也有可能使矛盾得到解决或缓解。在冲突过程中，人们之间的敌对情绪得到宣泄，反面的观点得以表达出来，这使敌对情绪者得到心理上的

---

① 〔德〕齐美尔：《竞争社会学》，载《社会是如何可能的》，广西师范大学出版社，2002，第223～241页。
② 〔美〕刘易斯·科塞：《社会学思想名家》，石人译，中国社会科学出版社，1990，第204页。
③ 〔美〕刘易斯·科塞：《社会冲突的功能》，孙立平等译，华夏出版社，1989，第16页。

安慰，不至于使冲突上升到无法化解或尖锐程度。

（3）社会冲突有助于社会发展。他认为当社会内部不同群体之间的冲突还不至于影响整个群体结构的稳定时，社会发展表现为一种温和的、局部的社会进化与社会变迁。这时，社会系统或群体内部各个要素之间的关系经常处于变化之中，这也会使系统或群体的内在结构发生变化，进而引起社会系统的发展变化。另一种情况是社会冲突十分剧烈，原有社会关系分裂或解体，社会进程暂时出现中断。但是，人们很快又会在此基础上结成新的社会关系，而这一新的社会关系通常是优于原有社会关系的，所以建基于这一新的社会关系基础上的社会自然也就得到了进化和发展。

（三）韦伯的社会冲突思想

理解社会学大师韦伯的社会冲突思想是他在有关阶级、冲突和社会变迁的研究分析中发展起来的，主要体现在他的多元分层冲突理论上面。关于冲突，韦伯同样坚持"冲突不可能被排除在社会生活之外……'和平'无非是冲突形式、对立，或冲突对象的变化，或最终是选择机遇的变化"[①]。与马克思不同，韦伯在分析社会不平等时也看到了经济维度的重要性，但他不认同经济标准的唯一性。在他看来，社会分层的标准应当是多维度的，除了经济因素之外，权力与声望也是划分社会阶层的重要标准。因此，他主要从阶级（财富）、政党（权力）和地位（声望）三个方面来考察"共同体内部的权力分配"。

韦伯认为，社会不同群体以及个人利益都能够形成人类社会中的冲突关系，而不仅仅是资产阶级和工人阶级之间单一的冲突。韦伯强调的是，社会分层的多维层面，尤其是阶级、地位和权力组织等维度。在韦伯看来，冲突关系的基础可以来自很多不同的利益类型，包括社会的、物质的和政治的。而其中对社会系统的解释最为重要的利益类型，是政治的或者组织的冲突和统治。当然，冲突和统治永远不会结束，只是冲突的基础或者是形式的变化而已。

韦伯认为，社会冲突的根本原因在于权力、财富和声望的高度相关

---

① Max Weber, *The Methodology of the Social Sciences*, trans. and ed. Edward A. Shils and Henry A. Finch (Glencoe, Ⅲ.: The Free Press, 1949), pp. 26–27.

性；报酬分配的垄断化程度；低水平的社会流动率。韦伯从社会不平等的多层面来说明社会冲突的起源并强调魅力型领袖和组织同样是社会冲突的关键要素。① 韦伯含蓄地批评了马克思的冲突理论，认为历史的发展是由具体的经验性条件决定的。革命性的冲突并非像马克思所说的那样愈演愈烈，最后不可避免地暴发。②

显然，与马克思不同，韦伯是从多维度的社会不平等来说明社会冲突起源的，并且强调了社会流动率，领袖人物和组织同样是社会冲突的关键因素。这是韦伯社会冲突思想的独特之处。③

二 西方社会冲突理论的形成

冲突理论是社会学最早的理论取向之一，到 20 世纪 60 年代，随着结构功能主义开始走下坡路，社会冲突理论迎来了理论发展的高潮时期，如美国发展社会学家 I. 霍罗维茨所指出的，到了 70 年代，"冲突研究已经成为美国思想，从而成为美国社会学的主流"④。由此而形成了现代社会学理论的一个重要流派：社会冲突论派。该理论指出社会冲突和变迁是社会的常态，不应将之视为社会的病态，并且社会冲突对于社会的巩固和发展起着积极的作用。

（一）米尔斯的"权力精英"理论

美国社会学家米尔斯不但是现代社会冲突论的先驱，也是最早对帕森斯功能主义进行批评的人，被誉为是播撒了现代社会冲突论的"催化剂"。米尔斯的社会学取向与功能主义有着根本的不同。功能主义强调社会的整合与秩序，而米尔斯则把个人的需要放在优先的地位。他从现存社会结构对人的压抑和阻碍这一角度对社会进行了批判。

米尔斯与韦伯、马克思一样，关心的中心问题是社会结构中的阶级及其各种统治形式和社会动态情况。但米尔斯更看重的是权力结构。他认

---

① 包仕国：《和谐社会构建与西方社会冲突理论》，《学术论坛》2006 年第 4 期。
② 〔美〕乔纳森·特纳：《社会学理论的结构》，邱泽奇译，华夏出版社，2001，第 164 页。
③ 侯钧生主编《西方社会学理论教程》，南开大学出版社，2010，第 197 页。
④ 〔美〕I. 霍罗维茨：《社会学文献中关于冲突的论述》，《集团紧张局势的国际公议》1971 年第 4 期。

为，进行政治统治的人和进行经济统治的人有着范围广泛的共同利益，所以，他们广泛合作，共同维护他们的统治。进而，这些政治和经济的精英能够轻而易举地谋取高声望，在米尔斯看来，经济、权力和高声望三者是重合的，没有必要像韦伯那样对其进行原则的区分。

米尔斯对冲突理论的重要贡献之一，是他提出了"权力精英"（power elite）理论。米尔斯的《权力精英》一书，虽然并非是明确的"冲突理论"著作，但却给"冲突理论"以很大的支持。米尔斯从对上层统治阶级的分析入手，揭示了美国社会结构特别是权力结构的特征和实质。在该书中，米尔斯认为，美国是一个由权力精英支配的社会。20世纪以来，社会的政治、经济、军事三大支配力量规模不断增长，权力不断扩大和集中。国家权力日益集中于企业领导人、政治家和军事领袖手中，而与此对应的大众社会却明显处于无权状态。在这里，他明显采用的是韦伯的财产、权力和声望的三重阶级划分法，但他强调的是权力，具体地讲，是由制度化的科层组织提供的权力。他正是从权力这个维度去审视和批判美国现实的社会结构的。而正是从这个维度出发，米尔斯发现的美国社会结构特别是权力结构，完全不同于帕森斯的设想。在帕森斯那里，政治机构有助于实现集体目标的基本功能要求，它代表社会作出基本决策。而在米尔斯看来，政治机构中那些"权力精英"只是在维护自己的统治和提高自身的利益，公众的介入主要是由于被动地接受权力精英的统治。权力精英与下层大众之间存在一条不可逾越的鸿沟。[①]

（二）达伦多夫的辩证冲突理论

达伦多夫的冲突论基本是建立在对马克思的冲突思想批判、吸收和改造基础上，同时部分地吸收了韦伯和齐美尔的观点。达伦多夫认为，阶级划分的关键因素不是根据是否占有生产资料，而是根据是否拥有生产资料的支配权。达伦多夫提出的以权威关系为基础的阶级冲突思想主要体现在他的《工业社会中的阶级与阶级冲突》（1959）一书中。在书中，达伦多夫通过对资本主义工业社会的阶级和阶级冲突的分析阐述了他的辩证冲突论的内容。

[①] 谢立中主编《西方社会学名著提要》，江西人民出版社，1998，第194页。

(1) 社会的常态是冲突与变迁。"每个社会的每一个方面都时刻处在变迁过程之中，社会变迁是普遍的。每个社会的每一个方面都时刻经历着社会冲突，社会冲突是普遍的"①。这是达伦多夫在《工业社会中的阶级与阶级冲突》一书中所论述的核心思想。

(2) 社会冲突的根源在于社会压制造成的社会利益分配不平等。达伦多夫认为，权威是人类社会的一种"零和"资源，而权威分配不平等则是社会中普遍存在的现象。这种不平等的权威资源分配必然会导致不平等的权威和权力结构，从而产生地位不平等的社会群体。任何社会都可以被看做是由两部分人所组成的，其中一部分人是拥有权力的统治者；另一部分则是丧失权力的被统治者，"任何社会都是由一部分社会成员通过对另一部分社会成员实行有效的压制而形成的"②。而且，这种统治与被统治的关系，是依靠法律或准法律（风俗、习惯等）制度作为手段来确立和维持的，因而具有"合法性"。这就是社会所普遍存在的"强制性的结合体"（Imperatively Coordinated Association）。可以说，强制性结合体内统治群体和被统治群体之间的利益冲突，就源自两个群体在社会地位上的根本对立。因此，这种利益的冲突完全是结构性的，而不是心理性的③。

(3) 社会冲突的形成是有条件的。达伦多夫用"准群体"和"显群体"两个概念阐述了社会冲突的条件。他认为，社会结构中固有的这种不平等权威的分布，使强制性社会结构分化为统治和被统治两大对立的准群体。在一定条件下，准群体组织表现为明显的利益群体（转化为"显群体"），并发生公开的群体冲突，从而导致社会组织内部权威和权力的再分配。他认为，准群体转化为显群体，必须具备3个条件：一是具备基本的技术保证，包括领导者、物质设置、纲领和意识形态；二是政治上必须有一定的政治自由，法律上必须允许结社联盟；三是准群体内部之间有沟通的可能程序与正式程序。在达伦多夫看来，利益有潜在利益和外显利益之

---

① Dahrendorf, R., *Class and Class Conflict in Industrial Society* (Stanford: Stanford University Press, 1959), p. 162.
② Dahrendorf, R., *Class and Class Conflict in Industrial Society* (Stanford: Stanford University Press, 1959), pp. 161-162.
③ 谢立中主编《西方社会学名著提要》，江西人民出版社，1998，第214页。

分，与潜在利益相比，外显利益是指人们意识到并自觉追求的目标，这是形成利益群体的前提。而领袖人物、统一的意识形态、结社自由和成员间的沟通与团结，以及向上流动的心理预期和对既得利益的权衡，都是形成冲突性群体的不可或缺的必要条件。①

（4）社会冲突有低烈度、低强度和中烈度、中强度以及高烈度、高强度的区分。达伦多夫提出了"冲突强度"和"冲突烈度"两个概念。前者是指"冲突各方的力量消耗和卷入冲突的程度"，后者是指"冲突各方在追求其利益时所使用的手段"。达伦多夫分析了影响冲突强度与烈度的四个相关变量。在四个相关变量中，除了"相对剥夺"变量以外，"社会角色分化程度""社会流动的程度"和"利益群体的组织条件"，均与冲突强度和冲突烈度成反比。

（5）冲突可分为分散性与重叠性两种类型。一个社会存在着千千万万种社会冲突，但是无论这些冲突如何复杂和多样化，它们都可以粗分为两类：一种是分散性冲突，也就是不同的社会冲突分散在不同的社会群体内和社会领域内，这样的社会冲突，无论是其强度、烈度，还是其社会损害性都比较小；另外一种则是重叠性冲突，这是指多种社会冲突发生在同一个社会群体，或是让同一个社会群体受到压迫感，这样的社会冲突就会非常剧烈，其社会危害性往往就很大。达伦多夫认为，经济财产和声望的分配与权威的分配之间的分散与重叠程度与社会冲突呈正相关。就冲突的强度而言，如果财产和声望的分配与权威分配之间重合程度较大，则冲突的强度就高。反之，如果这些方面的分配不重合，比如拥有权威地位者却没有占据较多财产，则冲突的强度就会降低。而冲突的烈度是否随财产和声望的分配与权威分配之间重合程度的增大而增强，取决于被统治阶级的社会经济剥夺是相对的还是绝对的。相对剥夺是指相对高阶层来说处于较低水平，但并非最低水平；绝对剥夺是指生活降到最低水平。如果对被统治阶级的剥夺是绝对的，那么冲突就很可能采取暴力形式；如果剥夺是相对的，暴力冲突就几乎没有可能。

---

① Dahrendorf, R., *Class and Class Conflict in Industrial Society* (Stanford: Stanford University Press, 1959), p. 133, 185-188.

（6）社会冲突不可能被彻底清除，但却可以得到调节。达伦多夫认为，权威的不平等分布是社会冲突的根源，制度化的权威和权力结构必然导致系统的社会冲突。因此，和谐和秩序总是暂时的，强制和冲突则是普遍的和持久的。社会是冲突与和谐的循环过程，权力和抵制的辩证法则是历史的推动力。社会冲突是社会结构所固有的，简单地压制或否认冲突，只能使冲突潜入表层之下，经过酝酿，最终以更激烈的形式暴发出来。冲突并非总是暴力性的和外显性的，它可以是潜在的、受调节的和暂时受控制的。冲突不可能绝对地消除，但是冲突可以被调节。调节冲突意指控制冲突的表现方式，而冲突调节状况对冲突的烈度有重要影响。

（7）冲突的后果表现为社会变迁。达伦多夫认为，社会冲突的后果表现为社会结构的变迁，特别是权威结构的变迁。冲突的暴发可以打破平衡局面，导致结构的变迁和利益支配关系的再分配，带来已有权威结构的解体。由于社会始终只能以权威结构形式存在，因而冲突的结果是建立新的权威机构。这种新的权威结构是一种对旧有结构的更替，因而是一种变迁。

（三）科塞的冲突功能理论

科塞与达伦多夫不同，他的冲突论主要是从齐美尔的冲突思想出发并加以扩展而形成的。同齐美尔一样，科塞认为社会冲突是"一种社会化的形式"，是一种过程，它在一定的条件下具有维护社会有机体或社会子系统的重要功能。由此，他把分析的重点完全放在冲突如何维护和重建社会系统的整合与适应环境的变化上，探索把冲突论和功能主义结合起来的可能性。他在代表作《社会冲突的功能》（*The Function of Social Conflict*）(1956)一书中就说："我们所关心的是社会冲突的功能，而不是它的反功能。"[1] 科塞的冲突论思想主要有五个方面的内容。

（1）社会冲突的根源"是有关价值、对稀有地位的要求、权力和资源的斗争"[2]。科塞把社会冲突的根源归为两类，第一类是物质性原因，第二类是非物质性原因。物质原因是指权力、地位和资源的分配不均，非物质

---

[1]〔美〕刘易斯·科塞：《社会冲突的功能》，孙立平等译，华夏出版社，1989，前言。
[2]〔美〕刘易斯·科塞：《社会冲突的功能》，孙立平等译，华夏出版社，1989，前言。

原因则是指价值观的不一致。① 科塞和韦伯一样强调，现存不平等体系中合法性的撤销是冲突的关键前提。虽然他也承认冲突的物质原因——稀缺资源的分配不均，但是并没有给予太多的重视，他认为非物质原因才具有决定性的重要意义，即利益冲突只有在合法性撤销之后才是可能的。科塞强调，任何社会文化安排中都有一定程度的共识来维持社会秩序，只有一些条件降低共识的程度之后，无序才有可能通过冲突发生。科塞提出了两个命题来说明冲突的原因。一是，不平等系统中被统治者对现存的稀缺资源分配的合法性提出质疑时，更有可能发起冲突。造成这一点的原因有两点：疏导不满的渠道不足；向优势地位的社会流动率很低。二是，被统治者的相对剥夺感与不公平感上升时，更有可能发起与统治者的冲突。这一点由以下条件决定：一是被统治者的社会化经验在形成自我约束方面的失败程度；二是统治者针对被统治者的外在约束的失败。②

（2）社会冲突的类型分析。科塞在他的冲突论中对社会冲突进行了归类研究，着重分析了四种冲突的类型。一是现实性冲突与非现实性冲突。现实性冲突（realistic conflict）是指为达到某种目标而作为手段的冲突，非现实性冲突（nonrealistic conflict）则是指至少冲突的一方为"释放紧张状态的需要"而发起的冲突。其区别在于，对于现实性冲突来说，冲突不是目的，而是达到目的的手段，因此冲突可以为其他同样能达到目的的手段所取代；对于非现实性冲突来说，冲突本身就是目的，除了冲突的对象可以变换外，冲突本身没有其他的互动形式可以替代，冲突高于一切。同时，科塞也指出，现实性冲突与非现实性冲突的区别不是纯粹的，两种性质的冲突往往交叉着、混合着。二是紧密关系中的冲突。科塞认为，在初级关系中，冲突不易暴发，但是不等于没有矛盾。如果不注意敌对情感的释放，让敌对情绪积累起来，一旦冲突暴发，就可能非常激烈。三是内群体冲突与外群体冲突。内群体冲突是那些发生在群体内部的冲突，外群体冲突是那些发生在群体之间的冲突。四是意识形态下的冲突。这是指作为集体的代表参与的、以集体的目标为动机的那些冲突。科塞指出，在意识

---

① 侯钧生主编《西方社会学理论教程》，南开大学出版社，2010，第209页。
② 文军主编《西方社会学理论：经典传统与当代转向》，上海人民出版社，2006，第136页。

形态下的冲突中,知识分子起了重要的作用,是知识分子使这种社会运动客观化,将利益群体转化为意识形态,使冲突得到加深和强化。①

(3) 社会冲突的功能。科塞认为,群体间冲突对群体内的凝聚与整合具有积极作用。表现在:首先,"冲突有助于建立和维持社会或群体的身份和边界线","与外群体的冲突,可以对群体身份的建立重新肯定作出贡献,并维持它与周围社会环境的界限"②。其次,群体之间的冲突有助于加强各群体内部成员之间的统一和团结。此外,群体之间的冲突对群体内部成员间统一的增强作用,还表现在群体间的冲突将迫使各个群体用各种方式"净化"自己的成分,以清除异己的手段来维护自己的统一性。群体内部冲突同样对维持群体的凝聚力,促进整合,保持稳定具有重要意义。这表现在:首先,群体内部有时会有一种保护群体存在和稳定的"安全阀"制度。其次,群体内部冲突在一定程度上有助于消除成员之间非基本利益方面的分歧,使成员之间的关系变得更为协调一致、更为稳固。再次,多重交错的局部冲突有助于群体统一的积极功能。科塞指出,并不是所有的内部冲突都有助于社会的统一和稳定,只有那些非基本原则问题上的冲突,才会对群体内部的关系有积极功能,而"如果一种冲突分裂了群体,把群体成员分成两个敌对的营垒,这唯一的分裂线很可能是对基本一致的观念发生疑问,这样就会危及群体的继续存在"③。

(4) 安全阀制度。安全阀制度是一种社会安全机制,科塞发现敌对情绪和冲突是有区别的,敌对情绪不等于冲突。如果敌对情绪通过适当的途径得以发泄,就不会导致冲突,就像锅炉里过量蒸汽通过安全阀适时排出而不会导致爆炸一样,从而有利于社会结构的维持。古代社会和现代社会都有这种现象,实际上这是一种社会安全的机制。科塞把"安全阀"划分为两种类型:一种类型是在不破坏群体内部关系的前提下,允许针对原初对象的敌意或冲突行为在社会所认可的手段或限度内表达或表现出来;第二种类型则是设置一些替代目标,使敌意变由替代对象表达出去。科塞主张社会应将这种机制制度化,并成为安全阀制度。准确地说,安全阀制度

---

① 侯钧生主编《西方社会学理论教程》,南开大学出版社,2010,第210~213页。
② 〔美〕刘易斯·科塞:《社会冲突的功能》,孙立平等译,华夏出版社,1989,第23页。
③ 〔美〕刘易斯·科塞:《社会冲突的功能》,孙立平等译,华夏出版社,1989,第63页。

就是在不毁坏结构的前提下使敌对的情绪得以释放出来以维护社会整合的制度。科塞认为安全阀制度对于任何社会都是必要的，对于僵化的社会尤为必要。但是科塞并不认为安全阀制度是一个理想的制度。因为它使产生紧张和敌意的关系没有得到改变，社会仍然埋藏着巨大的隐患。①

（5）社会冲突与社会变迁。科塞之所以对现实性冲突和非现实性冲突作了严格的区分，其目的是想说明现实性冲突是社会变迁的主要促进因素。现实性冲突所造成的社会变迁对社会系统是有益的，因为它能使社会系统更加关注个人的需求，增加社会系统的团结，使社会系统更有效地适应变化了的环境。如果社会系统允许现实性的冲突，并很好地加以解决，就会促进社会系统的活力和生命力，防止群体蜕化为反对变迁或对成员的个人需要不闻不问的僵化系统。科塞甚至认为暴力冲突对社会变迁也有积极的功能。因为它可以提醒社会和上层决策人物关注人们的愤怒和苦难。②

三 西方社会冲突理论的发展

社会冲突理论一旦被重建为社会学的主要理论取向之一，它就在不同的方向上不断延续发展，新型的冲突理论不断出现。其中一些高度综合与抽象，另一些则关注具体的现象。到 20 世纪后期，一个折中的理论混合体成为当代社会学冲突理论的新取向。考虑到本研究的主旨与需要，这里我们只着重梳理一下柯林斯的冲突论思想。

柯林斯的代表作是《冲突社会学：走向一种解释的科学》（1975）。这一著作囊括了冲突论中所有主要的因素：强调人们的利益，把社会看做是由竞争性的群体组成的，这些群体的相关资源给了成员或多或少的权力，以及对被视为社会冲突和控制的武器的思想兴趣。③ 他认为，人们总是自我利益的追求者；人们在实现自我利益的过程中所采取的行动策略与观念依赖于他们所拥有的资源；资源的分配是不平等的；资源分配的不平等导致了人们在地位及相应的行为与观念方面的分化与冲突；这些分化与冲突

---

① 侯钧生主编《西方社会学理论教程》，南开大学出版社，2010，第 215 页。
② 侯钧生主编《西方社会学理论教程》，南开大学出版社，2010，第 215 页。
③ 〔美〕鲁思·华莱士、〔英〕艾莉森·沃尔夫：《当代社会学理论：对古典理论的扩展》，刘少杰等译，中国人民大学出版社，2008，第 139～140 页。

又进一步调整着资源的分配和人们利益的实现过程。因此，分化和冲突既是利益竞争和资源分配的结果，又是它们的原因。①

柯林斯认为，分层和冲突是社会生活的中心过程，它们触及社会生活的许多方面如财富、政治、职业、家庭、俱乐部、社区、生活方式等等，以至于任何关于分层和冲突的理论模式都必然把这些方面联结在一起，从而在社会学的概念领域内占据一个突出的位置。柯林斯不仅关注宏观的社会过程，而且更关心宏观的社会过程得以存在的微观机制。柯林斯后来写道："我对冲突理论的主要贡献……是为那些宏观的理论添加上一个微观的层次。我尤其试图表明分层和组织都是奠基于日常生活的互动之上。"在书中，柯林斯对日常交往、家庭、组织、国家等不同结构层次上的分层与冲突过程进行了解释，从而建立了一个融微观与宏观过程于一体，以微观过程来解释宏观过程的独具特色的社会冲突理论。②

柯林斯认为，社会冲突的主要根源是控制他人的主观愿望、资源的不平等占有和强制力量的威胁。人们在主观世界中存在着努力控制他人以便在互动过程中增加自身优势的愿望，由此使得个人之间和集团之间存在着天然的相互冲突的倾向。在经济、权力、声望以及在支配"精神与情感"的生产资料、强制性权力方面都存在着差别，人们为了改善自身的地位和获得支配权，由此形成了错综复杂的冲突。在强制力量的占有上，一方面，掌握着社会强制力量的人们可以通过暴力威胁把自身意志强加给无强制力量者；另一方面人们又总是在努力摆脱或尽量降低他人强制力量的控制，由此会在强制方与被强制方之间造成冲突。强制力量作为人们展开社会活动的普遍手段，它所产生的威胁却使社会陷入无穷的冲突。

四　西方弥合社会冲突研究的相关理论

（一）迪尔凯姆的社会团结理论

19世纪中叶，欧洲步入工业社会，剧烈的社会变迁引发激烈的社会冲突，社会秩序和稳定受到严峻的挑战。作为对早期现代性危机的反应，当

---

① 谢立中主编《西方社会学名著提要》，江西人民出版社，1998，第444页。
② 谢立中主编《西方社会学名著提要》，江西人民出版社，1998，第425页。

时西方许多思想家纷纷探讨消解社会冲突促进社会秩序和稳定的路径，社会团结被认为是最为重要的问题。迪尔凯姆最早注意到社会团结问题。他认为，当时欧洲工业社会存在三大危机：一是经济危机，具体表现为19世纪频发的"工商业的危机和破产"；二是社会危机，具体表现为进入19世纪以后变得越来越频繁激烈的劳资冲突；三是精神危机，即价值观的危机，也是社会心理适应危机。迪尔凯姆认为，这些危机形成的根源是，从传统社会向工业社会急剧转型的过程中，利益和价值的分化造成了社会冲突和社会失范，传统利益协调方式和价值体系解体，社会矛盾不断加深。解决这一问题的根本出路，是在新的社会组织即职业群体的基础上进行社会重组，形成区别于过去机械"社会团结"形式的有机"社会团结"形式，防止"社会排斥"和"社会分裂"。

迪尔凯姆把建立在个人分化基础之上的社会联结方式称为"有机团结"，认为有机团结是现代社会重要特征。他深刻地分析了社会团结的两种形态：一种是机械的团结，一种是有机的团结。机械的团结是前工业社会的特征，在前工业社会，社会有机体没有分化，各种社会组织都与中央权威协调，相互之间依赖程度差，功能相似。这个社会人口密度、物质密度、道德密度都处于低水平，集体意识和集体信仰主宰一切，个人意识缺乏。在机械团结的社会，个人的行为总是自发的、不假思索的、集体的。机械的团结也就是一个把个人直接而和谐地同社会联系在一起的社会结合形式。

有机的团结的基础是社会分工与社会分化。在有机团结的社会，工业化程度很高，人口密度也很高，社会组织高度地相互依赖。与机械的团结相比，有机的团结产生于个人的差异性而不是一致性，它是社会分工的产物。随着社会中不同功能的日益分化，每个社会成员都可能与这种越来越细的社会分工相联系。社会成员之间生活方式、活动方式不同，他们的共性越来越少，差异却在不断增大。随着个人的独立性、个性得到发展，个人也就不再为社会的集体意识所吞噬。但是，正是因为个人的自主性的强化，使社会这个有机体愈发呈现出类似于高级动物的生理连带关系，即他们躯体上的各个器官的个体化程度越高，功能分化越强，机体的统一性越大。所以，在有机团结的社会中，人们的相互依存性却远大于机械的团结的社会。有机的团结也就是指一个有着功能分化和专业化，因各部分的相互联系而达到统一的系统，个人依存于组成社会的各部分，从而也依存于社会。

迪尔凯姆认为，现代社会的分工使每个人的生存和发展都必须同时依赖其他人，这种相互依赖必须依靠各种法律制度来维持。现代社会应该形成不是基于支配而是基于共享的新集体良知。他意识到，一个人人仅仅追求自身利益的社会可能会在短期内失去整合，这种利益"今天把你我联合在一起，明天就可能使你我成为敌人"。因此，他认为，在现代社会，没有规范调节的契约关系会陷入失范状态。此外，迪尔凯姆还认为，一个分化程度较高的社会是一个有组织的社会，组成它的社会单元各不相同，彼此以各种复杂的模式连接起来。它们的组织是和谐的，这种和谐来自有关个人的自主地位和各项权利的共享理解，来自人们对由不同部分组成的社会的维系所抱有的道德认同。

迪尔凯姆的社会团结理论特别重视由劳动分工而形成的职业结构。他认为现代职业结构的形成是社会整合的基础条件，在这种结构中，相同职业形成职业共同体，不同职业相互依赖，从而为社会团结奠定基础。但是，现代职业结构这种作用的发挥要以职业位置的相对稳定以及相关职业共同体的形成为前提条件。

迪尔凯姆认为理想型的社会，应该是一个社会分工高度发达，社会功能高度分化，社会团结有机整合，社会更加平等，社会成员自由发展，人类博爱得以实现。他说，"最发达的社会的根本任务就是去完成建立公正的使命。……低级社会的最高理想就是尽可能地去创造一种非常紧密的集体生活。……我们的最高理想则在于建立一种更加平等的社会关系，保证所有具有社会效用的力量得到自由发展。"[①] 而这样的理想型社会的实现，根本还是依赖于社会的正常分工。"我们也很清楚，要想构建一个更大规模的社会，就必须以分工的发展为前提。如果社会功能没有在更大程度上产生分化，社会就维持不了自己的平衡状态，更大规模的竞争也会不可避免地产生出来……因此，我们可以得出以下命题：如果劳动分工没有得

---

① 迪尔凯姆：《社会分工论》，渠东译，三联书店，2000，第345页。

到发展，人类博爱的理想就不可能得到实现。"①

（二）滕尼斯的社区团结理论

滕尼斯也看到了社会团结的重要性。但与迪尔凯姆不同，在滕尼斯看来，社会实体的内在聚合不仅依靠拥有共同权利的个体成员对团结的体察，还必须诉诸一种特殊的社会实在即社会"纽带"。按照这样的思路，滕尼斯将社会相互关系区分为两种基本类型，即传统"社区"与现代"社会"。"社区"的团结是一种实在的和有机的生活；而现代"社会"的纽带却是一种"想象的和机械的结构"。在"社区"这种共同体中，成员间的相互依赖关系非常紧密，以家庭为基本组织形态的社会关系形成一个极其稠密的网络。而现代"社会"的关系实际上是通过契约和交换确立起来的，因而其团结的基础必定会为范围越来越大的地域流动、城市兴起以及大规模的产业结构所削弱。这意味着，随着现代化进程的展开，个人之间的社会关系反而会变得越来越抽象和疏远，甚至陷入霍布斯式的社会敌对状态，滕尼斯称这种状态为"无限制的经济竞争"。滕尼斯认为，如果现代"社会"建立在上述前提下，那么财富垄断和阶级分化就必然是不可避免的，因此只有重建社区团结才是现代社会的真正出路。

（三）罗斯的社会控制理论

对"社会控制"一词的定义，最早是由罗斯在 1901 年提出的。罗斯在《社会控制》一书中指出，秩序是由社会对人们施加控制而引起的，如果不打算让社会秩序像纸牌搭成的房屋一样倒塌，社会就必须对破坏社会秩序的各种因素进行控制。罗斯从考察社会秩序入手而提出"社会控制"，他认为社会秩序与和平的获得，必须依靠客观的方式进行社会的控制与管理，侧重社会发展过程中社会主体的能动作用，真正把社会作为一个特殊的属人的系统来对待。在书中罗斯详细考察了社会秩序的基础，指出了社会控制所必需的条件，论述了社会如何在社会稳定与个人自由之间取得平衡的问题，提出了包括法律、道德、信仰、教育、舆论、礼仪、风俗、习惯、艺术、宗教等几十种社会控制的工具及其作用。罗斯还分析了社会控

---

① 迪尔凯姆：《社会分工论》，渠东译，三联书店，2000，第 364 页。

制的界限，认为社会控制必须遵守五项准则：(1) 社会干预的每一举动给作为社会成员的人带来的利益应大于它对作为个人的人引起的不便；(2) 社会干预不应轻易激起反对自身的渴望自由的感情；(3) 社会干预应当尊重维持自然秩序的感情；(4) 社会干预不应是家长式的；(5) 社会干预不应限制生存竞争，因而不能取消选择的过程。[①]

罗斯认为，国家是一个使有才能的少数人执政的组织，而社会控制则是大众对少数人的控制，所以国家控制不应该包括在社会控制之内，政府管理反而是对秩序统治最严峻的考验之一。一方面，社会的特征就是公共性，它通过自我保存的本能进行运动，是与个体相对立的；另一方面，社会控制又是一种限制，它不容许社会自我为了自己的缘故而影响个体自我的自由。

(四) 帕森斯的 AGIL 理论

在帕森斯看来，任何一个社会系统，为了存续下去，都必须解决四个问题，亦即必须实现 4 项基本功能：适应、达鹄、整合和潜在模式维持，简称为 AGIL 模式。这些牵涉到体系内的需求，其与环境关系的需求、组织的一定目的和目标，以及满足这些目标的所必须运用的手段。社会系统为了保证其本身的存在、持续以及有效性，必须满足一定的功能要求。

(1) 适应 (Adaption)。能够确保从环境获得系统所需要的资源，并在系统内加以分配。对于系统的每一个成员来说，其行动必须或者适应环境的限制或者使环境适应其需要。(2) 达鹄 (Goal)。能够制定该系统的目标和确立各种目标之间的主次关系，并调动资源和引导社会成员去实现目标。一个社会系统必须能够使其任何一个行动参与者实现和达到其目标。(3) 整合 (Integration)。能够使系统各部分协调为一个起作用的整体。这意味着社会系统的任何一个成员的行动都必须尽可能地遵守规范、相互协调而避免冲突。整合子系统的产出是团结和规范。(4) 潜在模式维持 (Latent pattern-maintenance and tension-management)。能够维持价值观的基本模式并使之在系统内保持制度化，以及处理行动者的内部紧张和行动者之间的关系紧张问题。社会系统的每一个成员都

---

① 罗斯：《社会控制》，华夏出版社，1989，第 318~323 页。

必须使其精神状态与维持系统所必需的价值相协调,是一种普遍价值承诺,也是社会价值内化于人们的行动之中的过程,亦即社会化过程。这就是著名的 AGIL 功能模式(见表 1.2-1)。①

表 1.2-1　行动系统的功能必要条件

A：适应(手段、目标、控制)	G：达鹄(目标实现)
I：整合(规范)	L：维持(潜在的模式维持和紧张处理)

根据这个功能模式,帕森斯提出了他的社会整合观点。他认为,社会学必须辩证地看待社会分化与社会整合。社会分化由社会分工引起,当社会分化达到一定程度时,社会整合就成为客观需求。在工业革命以后,社会分化是不可避免的,但是要把它控制在一个合理的范围里,要注意社会分化过程中的资源合理配置,要防止贫富差距过于悬殊。帕森斯在 AGIL 这一模式中就指出,所谓整合(I 功能),就是指"借以调整和协调系统内部的各套结构,防止任何严重的紧张关系和不一致对系统的瓦解的过程"。② 因此,分化应是适度的,过度分化、反常分化带来的冲突将引起社会的动荡,不利于经济的发展。同样,过度整合或阻止分化又会抹杀人际差别,不利于调动个体的发展积极性,同样会妨碍经济的发展。

(五)达伦多夫社会冲突调节理论

达伦多夫是第一个明确提出"社会冲突不可能绝对地消除,但是冲突可以被调节"的社会学家。他还从前提条件、具体方式两个方面给出了调节冲突的方法,从而使得冲突调节具有操作性。在达伦多夫看来,调节冲突意指控制冲突的表现方式,而冲突调节状况对冲突的烈度有重要影响。如何调节冲突,达伦多夫从两个方面进行阐述:一是前提条件,二是具体方式。为实现"冲突的制度化调节",首先,达伦多夫提出,有效的冲突调节必须以三个因素的存在为前提。(1)正在冲突的双方必须承认冲突存在的既成事实,并且互相认可对方解释冲突的权利。如果否定冲突为事

---

① 帕森斯、斯梅尔瑟:《经济与社会》,刘进等译,华夏出版社,1989,第 17~18 页。
② 转引自〔美〕安东尼·奥勒姆《政治社会学导论》,浙江人民出版社,1989,第 114 页。

实,或以表面上的和谐来掩盖和否认冲突存在,那么就不存在调节冲突的余地,这事实上只能增加冲突的激烈程度。(2)冲突双方必须共有相对统一的组织。如果双方没有相对统一的组织,就无法对双方的成员及行为有效控制,冲突调节也难奏效。(3)冲突双方必须同意遵守一些正式的冲突规则。一旦上述条件具备,即可以采用许多不同的方式对冲突进行调节。

达伦多夫还提出了关于"冲突的制度化调节"的具体方式。一是达成共识。"冲突各方须看到冲突是社会组织权力结构的必然产物",即权力的稀缺性决定了冲突的必然性。因此,不能否认或简单地压制冲突,只有明确地承认利益冲突的客观存在并为其提供表达与协商的各种有效途径,才能减弱冲突的强度和烈度。二是建立机构。具体包括谈判、仲裁与调停等机构。谈判,是为了通过集体协商达成谅解协议。如冲突各方定期举行谈判,不仅可使对立的僵局开始解冻,还能收到逐步改变社会结构,进而取代革命的爆发和内战趋向的奇效。谈判机构,并不总能保证社会冲突的解决,因此,还须建立第二线的"制度化调节"机构——仲裁与调停等机构。三是约定规则。"冲突各方必须约定处理相互利益矛盾关系框架的一些正式游戏规则",这些"正式游戏规则"提供了有效解决社会冲突的规范化程度,经过运作一段时期可转化为稳定性制度。这启发我们:要化解和减少社会冲突,必须提高国家制度化社会冲突的能力。

(六)科塞的"安全阀"理论

"安全阀"理论是现代冲突论的重要成果。科塞认为,社会应该保持开放、灵活、包容的状态,通过可控制的、合法的、制度化的机制,各种社会紧张能够得以释放、社会诉求得以回应,社会冲突得以消解。因此,冲突自身是一种释放敌意并维持群体关系的"安全阀"机制,通过允许自由表达而防止敌意倾向的堵塞和积累;另外,"安全阀"机制一定程度上还可以转移矛盾的焦点,避免矛盾的积累。也就是说,社会紧张不仅可以向不满的原始对象发泄,也可以向替代目标发泄,避免对体制的冲击和整体不和谐。有学者研究了早期巴厘岛人的滑稽戏剧,当时该地社会结构高度阶层化并且很僵化,人们的注意力大量地倾注在用以表示等级和身份的仪表上,巴厘岛人的戏剧就是用来专门对等级现象进行滑稽模仿的。这种滑稽的模仿所自由表达的讽刺恰恰落在其社会制度的紧张点上,它使紧张关系在笑声中得以松弛，排解了在这个僵化的等级社会中明显的敌对情绪，有着使原有制度延续下去的功能。事实上，中国传统戏剧中的许多剧目都具有这类功能。

科塞认为，弹性比较大，比较灵活的社会结构（如西欧、北美地区、澳大利亚、新西兰等）容易出现冲突，但对社会没有根本性的破坏作用，因为这种冲突可以导致群体与群体间接触面的扩大，也可以导致决策过程中集中与民主的结合及社会控制的增强，它对社会的整合和稳定起着积极的作用。相反，僵化的社会结构（如前苏联）采取压制手段，不允许或压抑言论自由，堵塞利益表达渠道，造成冲突积累、暴发，一旦如此，其程度势必会非常严重，将对社会结构产生破坏作用。

为此，科塞把公开表达视为降低冲突发生机会和冲突强度的重要机制。他认为，凡是为人们发表不同意见和公开解决冲突提供机会的社会关系，总是会避免由长期的仇恨积累所产生的各种具有破坏性的危险，并尽可能减少对对立力量进行持续的镇压。也就是说，只要给予人民直接表达他们的不满和不同意见的机会，冲突的强度就会减弱，不至于使其不满积累到暴发剧烈冲突而予以镇压的程度。

（七）哈贝马斯的公民社会理论

上述几种理论主要或者从个人的自由和权利或者从国家的公共干预角度来考察社会整合、秩序以及和谐稳定问题。现代公民社会理论则更多地从公民参与的角度来分析，强调国家与社会的相互影响、相互支撑和相互制衡，从而达成一种组织—权力协调关系。在政治学层面，公民社会理论主张公民积极主动参与社会政治生活，争取和维护自身权益，推动共同体的事业。在社会学层面，公民社会理论主要指涉现代社会的组织方式。

1990年，哈贝马斯发表《公共领域的结构转型》一书，把公民社会划分为相对独立于国家的私人领域和公共领域，私人领域指以市场为核心的经济领域，公共领域指社会文化生活领域。哈贝马斯发现，在现代市场经济国家，公民社会的公共领域不仅受到国家的极大干预，而且受到私人领域的巨大压力和侵蚀，使得人们的自主公共生活越来越萎缩，人们变得孤独、冷漠。他主张重建非商业化的公共领域，让人们在自主的交往中重新发现人的意义和价值。公民自由地结合与组织化，聚合在一起形成公众，以群体的力量处理普遍的利益问题。在这个意义上，哈贝马斯所说的公民社会的公共领域，就是由各种不同程度地自发出现的社会团体、社会组织和社会运动所组成；这些社团、组织和运动关注社会问题在私人生活领域的反响，并将这些反响放大、集中、传达到公共领域。因此，复兴公民社会的关键在于形成一种社团网络，在这种公共领域中对人们普遍感兴趣的问题形成一种解决问题的话语体制，这样，公共领域将成为调节国家与社会、公民关系的缓冲地带。

在哈贝马斯看来，现代社会的整合既涉及国家管理的经济层次（工具理性），又涉及知识文化储备层次（沟通理性）。现代社会的特征是不断地进行政治、经济层次的分化，却很难实现文化层次的整合。但是，如果不能解决这个问题，社会就仍然是分裂的，并且会遭遇危机。他提出的解决办法是：发挥沟通理性的潜力，由此促进社会的整合。

五　西方社会冲突及弥合理论的启示

现代化趋势和潮流，浩浩荡荡，可谓"顺之者昌，逆之者亡"，但综观各国历史，这个过程又从来不是一蹴而就、一帆风顺的。即便是在内发的原生形态的西方国家，在早期从传统农业社会步入现代工业社会时，剧烈的社会变迁同样引发了激烈的社会冲突，社会秩序和社会稳定受到严峻的挑战。例如，18世纪中叶以后，随着欧洲现代化进程加快，社会分工、专业化、城市化、工业化以及由此引起的社会两极分化，使失业、贫困、伤残与犯罪等社会问题和弊病日趋严重。19世纪初，欧洲以劳资冲突为表现的社会危机进一步加剧，社会矛盾日益尖锐，社会动荡渐趋激烈，等等。而上面我们所梳理的中国先秦及西方有关社会冲突和调节的种种理论，正是东西方思想家们在探讨"如何消解社会冲突促进社会秩序"这一难题时给人类留下的宝贵思想财富，给我们应对当前的社会冲突问题，建设社会主义和谐社会提供了有益的理论借鉴和启示。

（一）社会冲突是社会的一种常态，它同样具有正功能

任何一个社会都不可避免地存在冲突现象，完全和谐的社会是不存在的，而且和谐也不是一种孤立的、静态的和谐，而是一种动态的和谐，它只有在不断化解矛盾冲突的过程中才能达到。对于冲突，我们常常抱有一

种偏见，即认为冲突不是什么好事情，习惯把冲突往坏处想。但现代冲突理论认为，社会冲突具有社会整合的功能，是构建和谐社会的背景、过程和条件。现代冲突理论强调社会冲突的"正"功能，比功能主义更具有建设性。"冲突绝不仅是一种破坏社会稳定与整合，单纯只引起变迁过程的因素，冲突对于社会的团结、一致、稳定、整合同样具有重要促进作用"。当然，社会冲突论者并不否认某些冲突的确会破坏群体的团结，导致特定社会结构的解体，只是他们更想对世人强调的是，社会冲突同样具有正功能。现代冲突论在承认社会冲突的普遍性的同时，将社会和谐作为了研究落脚点，并建设性地认为社会冲突具有社会整合的功能，是社会变迁的动力。社会冲突起到了一种社会安全阀作用，它通过潜在的社会冲突来维持一个群体，从而在一定程度上宣泄了社会成员的不满情绪，减轻其对社会有机体的负面影响，从而有助于维护社会系统的稳定。

（二）社会冲突的主要根源在于社会资源的配置不均衡

社会学者们基本上都认为社会资源与利益的不平等分配是社会冲突现实存在的内在根源，并以此为出发点探讨冲突现象。社会资源与利益由谁占有？怎样占有？这样的问题自古以来就为人们所关注。在现实的社会生活中，由于各种各样的原因，人们所获得的社会资源与利益不尽相同，为此，必然会产生种种争端和冲突。实际上，这些争端和冲突，都是为社会资源与利益分配不均所致，都根源于社会资源与利益的不平等占有。

马克思认为，人们在社会生活中建立在财产和生产资料占有上的经济关系是最基本的社会关系，他强调财产关系，特别是生产资料私人所有制。这种经济关系中的地位不平等是社会冲突的根源之所在，强调这种所有制结构下生产力与生产关系的矛盾以及社会的两极分化是社会矛盾和冲突的深层次根源。韦伯认为，社会冲突的根本原因在于权力、财富和高声望的高度相关性，报酬分配的垄断化程度，低水平的社会流动率。帕森斯曾经对更广泛意义上的资源配置结构进行了分析，并且强调这种结构的合理性对社会整合和秩序的意义。帕森斯所说的这种合理性，不仅仅是资源配置的客观结构，也包括了资源配置的客观状况与人们的主观需求之间的平衡关系。科塞在对社会的假设中就承认社会是一个不平等系统。但他认为这种系统是一种"规范和角色分配系统"。其实，"规范和角色分配系统"无非就是一个制度化了的社会利益分配系统。正是因为不平等的存在，才需要按角色进行分配。社会冲突现象的出现，寻根究源最终只能归之于社会利益的不平等占有，它是社会冲突产生的前提条件。科塞对冲突直接起因探索的焦点集中在主体方面。在他的论述中表明这样一种倾向，现实社会中的不平等往往都为一定的社会结构制度化，居于统治地位的人们总是制定出一系列制度性的规范使社会不平等"合法化"。只要现存的社会制度对被统治者不是压制到不能容忍的程度，冲突一般不会发生。但是，若这种压制超过了被统治者的容忍度，冲突必然发生。

达伦多夫认为社会利益是一种与一定社会地位相联系的、对地位占有者行为取向的某种期待形式，并通过权威结构概念具体阐述了潜在利益转化为外显利益的过程。他始终强调，人们对社会利益的占有在本质上就是不平等的，在权威结构中的支配角色始终以一种强权压制被支配角色，剥夺他们的利益。对这种压制和剥夺，被支配角色必然会起而反之。因此，照达伦多夫的观点，社会冲突就根源于由社会压制造成的社会利益分配不平等。达伦多夫认为，社会冲突的根源在于社会压制造成的社会利益分配不平等。罗尔斯关于正义的理论则特别重视权利和机会的配置以及收入和财富分配的客观结构，尤其是弱者的保护问题。无论如何，社会资源与利益配置的不公正以及收入和财富分配的过于不平等以至形成两极分化格局，必然导致社会冲突和底层社会的不满，进而在一定条件下会引发社会动荡。

（三）社会应该形成一种开放、弹性、包容的结构

社会需要建立一套既能允许冲突，又能容纳冲突，既多元化，又制度化的冲突弥合机制。如果制度能够容纳冲突，如果冲突双方都不需要通过打破制度来获得自己的利益，如果打破制度对各方都没有好处，如果冲突双方最大利益都在制度中得到体现，制度范围内的冲突就不可能演变成革命。达伦多夫认为民主制度之所以优越，就在于民主社会的多元化机制为社会危机、社会矛盾和社会冲突提供了疏通的渠道，民主社会也为社会各个群体和阶层提供了多样化的意见表达渠道和利益表达机制，而这些疏通的渠道可以让社会上的问题、不平等和冲突因素通过社会利益博弈机制得到解决的可能，而社会弱势群体受到的不平等待遇也可以因为多元化的表

达机制得到公开,因此也可以引起社会和公共舆论的重视而得到改善,从而不会使社会群体遭受到绝对剥夺的感觉。

中国先秦思想家早就认识到,"防民之口,甚于防川"①。西方现代冲突理论更是认为社会冲突每时每刻都存在于人类社会,冲突本身并没有什么可怕的,怕的是视而不见或是干脆不承认冲突的存在。否定冲突的存在,或者是采取压制性的做法消灭一切冲突,或是采用行政手段禁止一切不同观点的争论和不同利益的博弈,被压制的冲突并没有消失,而是隐形地运行在社会里。达伦多夫就认为,被强行压制的社会冲突在社会里就像一股暗流一样不断地运行着和积累着,当社会无法承载这样的超负荷运行的时候,社会长期积累的危机和冲突就会来一次"火山爆发"。这就意味着,被简单压制的社会矛盾和社会冲突在短时间内会以爆破性的速度扩展开来。

压制冲突的另外一个结果就是导致相互关系的终结。由于过去连续积累起相当多的紧张与敌视,因此一旦暴发冲突,这些长期被压抑的紧张与敌视会激烈地暴发出来。在这种情况下,突然发生的事件本身可能是微不足道的,但这事件发生的背景即长期积累起来的敌对情绪,却是关键性的。事实证明,这种暴发带有极强的危害性和毁灭性,常常会将整个社会带入解体和崩溃,对一个国家的现代化进程带来不可估量的损失。因此,采取堵或压制的办法不仅无效,而且也行不通。

同时,僵化的社会结构比灵活的社会结构更容易引起为集体而发生的冲突。齐尔美把冲突分为两类:一种的目标是个人性的;另一种的目标是非个人性与客观性的。他认为,超越了个人利益的集体目标使斗争更为剧烈。科塞指出,在参与冲突者认为他们是在为集体或作为集体的代表,不是为自己,而是为他们所代表的群体的理想而战斗的时候,这种冲突往往要比那些只是为了个人的原因而发生的冲突更加剧烈、更加残酷无情。

(四) 社会冲突弥合需要进行制度化建设

各个社会主体都有各自的利益,他们在追求自己利益的过程中会产生社会冲突,而制度就是为了调节社会冲突而产生的,是社会主体在社会冲

---

① 《国语·周语上》。

突中相互妥协的产物，其中，制度形成时的历史条件和政治交换对于形成什么样的制度起着关键性的作用。同时，制度、意识形态和政治媒介的相互作用形成了社会冲突调节的一般机制。西方社会学理论告诉我们，社会不总是以和谐、共识、秩序和稳定状态示人，矛盾、冲突、对抗与变迁一直是一母同胞的孪生姐妹。与马克思阶级斗争理论目标指向不同的西方社会学理论中关于社会冲突的理论，对我们化解社会矛盾和冲突具有重要启示和借鉴意义。

制度对社会整合与和谐的重要性是不言而喻的。按照帕森斯的说法，好的制度体系将把罪恶变成善良，把社会紧张变成社会稳定的源泉。达伦多夫是第一个明确提出"冲突的制度化调节"观点的社会学家。达伦多夫认为，社会现实是冲突与和谐的循环过程，而"权力和抵制的辩证法乃是历史的推动力"。将社会冲突限制在狭小范围内获取大范围社会稳定的途径是自由和法治。保障个人的应得权利，让个人不至于受到来自社会、国家在政治上、经济上的强制与约束，以个人的独立和自由保证个人自我权利，是限制冲突规模和程度的重要条件。同时，法律上、政治上的人人平等，以及人人都有参与经济生活和社会生活的权利，也成为有小冲突而无大破坏的状态的条件。由此，他认为面对必不可免的社会冲突，建立法治国家，构造公民社会，是两件极为重要的事情。因为只有这样，个人的流动才能取代经济斗争，才能使得大规模的、急风暴雨式的、你死我活的阶级冲突发生的可能性降低到最小的状态，从而有效地防止社会滑入革命的无政府状态。

第三节　国内学界对社会冲突与弥合的研究

一　国内学者对社会冲突的研究

国内学者对社会冲突的探讨与研究也十分积极热烈，同时在若干问题上也不可避免地出现了一些分歧和争议。这些研究大都建立在国外研究的基础之上，比如对冲突的类型、形式以及功能分析的研究；冲突与社会结构、利益、权利、制度规范及心理观念等因素关系的研究。此外也有一些研究是在国外研究的基础上进一步的深入研究，如对社会冲突调节机制的研究等等。

（一）社会冲突的分类研究

国内学者对冲突的类型做了详细的概括。按冲突的主体、规模、性质、方式、强度以及手段与目的进行了详细的划分。按主体：可分为个人冲突、组织冲突、国家冲突等。按规模：可分为个人之间的冲突和集团之间的冲突。按性质：有经济冲突、政治冲突、思想冲突、文化冲突、宗教冲突、种族冲突、民族冲突，以及阶级冲突和国际冲突等。按方式：有辩论、口角、拳脚、决斗、仇杀、械斗、战争等。按强度：可分为对抗性冲突和非对抗性冲突。[①]按照手段与目的：把经济纠纷、乱收费、宅基地纠纷、以权谋私、日常生活琐事归为手段性冲突（现实性冲突）；把家庭矛盾、思想与宗教信仰矛盾归为目的性冲突（非现实性冲突）。[②]按学理化的角度：一类是结构性的社会冲突；另一类是行为性的社会冲突。[③]

（二）社会冲突的形式探讨

学者李琼还对转型期的社会冲突进行了专门的研究，从政治、经济、文化和社会生活几个层面对冲突的类型进行了划分。她认为，首先，政治层面可分为：政治体制改革滞后引发的矛盾冲突；中央和地方的矛盾冲突；国家公务人员腐败渎职与社会公众的矛盾冲突。其次，经济层面的冲突可分为：不同地区经济发展不平衡引发的矛盾冲突；不同单位之间利益差距引发的矛盾冲突；社会分配不公引发贫富阶层的矛盾冲突；有限的就业岗位和大量失业者的矛盾冲突。再次，文化层面可分为：传统文化与现代文化、本土文化与外来文化、主文化与亚文化的冲突。最后，社会生活层面可分为：那些与普通民众个人利益密切相关的、面对面发生的社会冲突。如家庭成员之间的矛盾冲突、社会人之间的矛盾冲突等。[④]

---

① 付少平：《对当前农村社会冲突的认识和调控》，《理论导刊》2002年第1期。
② 阎志刚：《转型时期应加强对社会冲突的认识和调控》，《江西社会科学》1998年第5期。
③ 张康之：《在政府的道德化中防止社会冲突》，《中国人民大学学报》2002年第1期。
④ 李琼：《转型期我国社会冲突的研究综述》，《学术探索》2003年第10期。

(三) 社会冲突的功能分析

国内学者在研究社会冲突的功能时，还尝试从多重视角来分析。例如，毕天云从社会冲突功能的层次角度将冲突的功能分为整体功能和部分功能；从社会冲突的后果的表现形态的角度将冲突的功能分为显性功能和隐性功能；从社会冲突功能的性质角度将冲突的功能分为正功能和反功能。①

事实上，我国学者更多还是倾向于研究社会冲突的影响，他们大多认为冲突既有消极的破坏性与分裂性作用，又有积极的建设性作用。积极作用方面，大致包括：(1) 冲突提供了分析社会变迁的有利论据；(2) 冲突具有社会"安全阀"、排气孔的功能，它有助于消除某种关系中的分裂因素并重建统一；(3) 一定程度的冲突是群体形成与维持的基本要素；(4) 冲突具有争取朋友，孤立敌人，壮大自己的团队的作用。消极作用方面：(1) 社会冲突给社会资源造成损失；(2) 社会冲突给社会秩序带来破坏；(3) 社会冲突给社会心理带来伤害。

(四) 社会冲突与结构、利益、权利、制度、心理等因素的比较研究

在冲突与社会结构方面，有的学者认为，社会冲突的根本原因在于社会结构要素分化过快造成结构整合与要素分化之间的"断裂与失衡"。社会的异质性程度越高，社会冲突的可能性就越大。但也有学者指出，社会结构分化和流动性的增强"虽然在量上导致社会冲突的增加，但在质上有助于冲突的能量为社会竞争所取代，有助于冲突能量的分流，故而导致社会冲突强度和烈度的降低"②。社会流动会有助于社会系统的稳定运行。"高流动率的开放型社会结构可有效地削弱社会经济地位低下者对自身状况解释过程中的社会性归因"③。

对于冲突与利益的研究，许多学者都认为，"利益冲突是人类社会一切冲突的最终根源，也是所有冲突的实质所在。"④ 正是由于任何一个社会

---

① 毕天云：《社会冲突的双重功能》，《云南大学人文社会科学学报》2001年第2期。
② 徐建军：《社会转型与冲突观念的重构》，《南京师大学报》（社会科学版）1999年第1期。
③ 郑杭生：《社会学概论新修》，中国人民大学出版社，1998，第318~319页。
④ 张玉堂：《利益论——关于礼仪冲突与协调的研究》，武汉大学出版社，2001，第91页。

都存在着社会利益矛盾,所以任何一个社会都不可能避免或完全消除社会冲突。利益是诱发冲突的根源,它不断地发挥着对社会凝聚力的离散功能。一旦一方利益主体的行为对另一方利益主体构成直接威胁,社会冲突便成为现实。

权力是冲突产生的一个重要因素,为争夺权力不择手段的行为必然产生冲突。权力的滥用必然导致腐败的滋生与蔓延,从而引发各种社会问题。它不仅是掌权者之间的争斗,也是无权者与掌权者之间的斗争。

在冲突与制度规范的关系之间,有学者认为,制度一方面不仅调节了利益冲突也降低社会交往的成本;另一方面,隐性制度化现象人为地扩大了社会不平等。当某些人掌握并控制某种制度资源时,可以超脱任何规范的制约,从而出现泛化的没有约束的权力或垄断集团。这就需要制定一些规范来进行约束。然而,旧的规范体系弱化或丧失,而新的规范体系又一时难以建立之时,使人们在两种规范之间无所适从而出现盲目行为。出现政策先于法律、新的政策与法律因为不配套而相互冲撞的现象。

在冲突与心理观念关联研究方面,有学者认为,心理是对生活的表现为一定情感、态度、信仰、性格和价值取向的自发性的主观反映,它支配和调节着人类的行为倾向。人的进取精神决定了人的欲望是无止境的,而人的能力又是极其有限的,两者不可调和的矛盾就会导致一系列的越轨行为发生。还有学者认为,新旧思想文化之间的对立是引起社会冲突的认识根源。文化观念中最基本的就是价值观。利益冲突导致价值观取向极端化、粗俗化、无责任化。有学者指出,"转型期的社会价值观体系往往存在两种倾向:旧有价值观体系严重阻碍改革,新的价值观体系极不规范。"①

二 中国学者关于弥合社会冲突的研究

(一) 中国先秦思想家"和"的理论

"和"是中国传统哲学最高理性范畴之一,是中国先秦哲人孜孜以求的理想人生和社会秩序。"和"的哲学观念形成,大概同饮食技艺,尤其是羹

---

① 张建明、樊斌:《当代中国问题产生的根源》,《教学与研究》1998年第3期。

的制作有着直接关系。羹,最早是"大羹",即不加任何调料的肉汁,它只是清水烹煮,当然谈不上是什么美味。随着烹调技艺提高,羹中加进了调料。起先大概是盐、梅,《尚书·顾命》有"若作和羹,惟尔盐梅"的记载,梅子含果酸,可清除臭、腥、膻等异味,还可转化肉中的纤维组织,帮助人们消化。后又添苦(酒或豉)、辛(姜、葱、蒜、花椒)、甜(饴、蜜)来制作,并在煮制过程中密切提供味道及火候的"过"和"不及"。这样五味调和,浓薄适中,才成美味佳肴,满足人们口腹之欲。西周末年思想家史伯由此而悟出:"和实生物,同则不继。以他平他谓之和,故能丰长而物归之。若以同裨同,尽乃弃矣。"① 五味调和味觉快感本是直接感觉的,而非理智的思考。但古代思想家却正是在这种直观感性的基础上概括出了思辨的哲理。"和"就是对立面的相互渗透和统一,而且这种统一是处于最佳状态的统一,对立的双方没有离开对方片面地突出自己。这在统一中存在对立的观点,便构成了中国文化形态的思维模式。因此,晏婴后来进一步发挥史伯"和"的思想,明白指出"和"同人内心的精神状态以至国家政治状态密切联系。这样从饮食上味觉的"和"进到心理、精神上的"和",再进到自然与社会的"和",后者正是中国古代哲学所追求的最高之"和",由此也展开了古代思想家关于社会冲突调节的思考。

1. 道家以顺应自然弥合社会冲突

道家认为,"道"是天道,"德"是天道的表现,是人道。古时君主事法自然,依据着"德",而成就于天然。故《庄子·天地》说:"昔尧治天下,不赏而民劝,不罚而民畏。今子赏罚而民且不仁,德自此衰,刑自此重,后世之乱自此始矣。"道家指出,后世的衰乱正在于统治者违背自然之道,恣意妄为,孜孜营私,滥施刑威,造成社会动荡。所以,道家抨击当时的社会是"朝甚除,田甚芜,仓甚虚",统治者"服文采,带利剑,厌饮食,财货有余,是谓盗竽,盗竽非道也哉"②。他们认为当时天下所谓的有为者,大者之作为是"窃国邀天下"的手段,小者之作为又往往是沽名钓誉的竿饵。因而统治者作为越多,人民越痛苦,社会越黑暗。道家从

---

① 《国语下·郑语》。
② 老子:《老子·五十三章》。

天的自然运行得到启示，天无声无息，周行不息，它无为，但又化育了万物。为此，他们亦要求统治者遵循"天道"，行无为之治，获同天之大德。

那么，如何才能做到"无为"呢？道家提出了一个很重要的方法，这就是"清静"。《老子·五十七章》说："我无为而民自化，我好静而民自正，我无事而民自富，我无欲而民自朴。"好静、无事、无欲，正是"无为"所具有的内涵。道家向往远古那传说中的黄金时代，那时的社会是"天下太和，百姓无事"，统治者无私无欲，人民安居乐业。故老子亦要统治者"致虚极，守静笃"（《老子·十六章》）。老子说，"清静为天下正"（《老子·四十五章》），"不欲以静，天下将自定"（《老子·三十七章》）。统治者应无欲，绝私，修身养性，以"静"治理天下。如此天下也就能得以清静、公正、无偏无邪。所以老子进一步提出，"其政闷闷，其民淳淳；其政察察，其民缺缺"（《老子·五十八章》）。"治人事天莫若啬"（《老子·五十九章》）。"闷闷"之政，即清静无为之政，"察察"之政，是繁苛有为之政。前者使人淳朴，后者使人狡黠。老子所期望的是社会安宁平和，世风敦厚朴实，人民幸福宁静。

老子又以烹调作喻，曰："治大国，若烹小鲜。以道莅天下，其鬼不神。"①《诗·桧风·匪风》有"谁能亨鱼"，《毛诗传》释之说："烹鱼烦则碎，治民烦则散，如烹鱼则知治民矣。"老子是要告诫统治者治理国家应以清静无为为原则，不可以苛刑重税来搅扰人民。"以道莅天下"，也就是以清静无为来治理国家，老子清醒地认识到祸患全在人为，人为得当，祸患则无由降生。

2. 儒家以德礼仁政弥合社会冲突

儒家哲学以伦理道德为中心，强调个人的修养，但其根本目的仍是治国平天下。所谓"德治"，也就是德化的政治秩序。它要求统治者循道而行，聚德于心。德的实践，必从己身开始，具备贤者所有的各种德能，如仁、孝、悌、忠、恕等，而后使百姓心悦诚服，自觉自发地拥护爱戴，顺从归化。在儒家政治思想中，统治者的权威不是出自典章制度、法律条文，而是统治者自身的"德"，是百姓感受到在位者对自己的关心和垂爱。

---

① 《老子·六十章》。

故孔子答季康子问政说:"政者,正也。子帅以正,孰敢不正。"又说:"子为政,焉用杀?子欲善而民善矣。君子之德风,小人之德草,草上之风必偃。"① 这就是说,统治者必须修养德行,爱民如子。这样可使百姓顺从,如随风而偃。在孔子学说中,礼与德并重。他说:"为国以礼"(《论语·先进》),"能以礼让为国乎,何有?"② "上好礼,则民易使也"③。在孔子看来,君主治理臣民是靠礼来实现的,统治者好礼则民莫敢不敬。他比较了政刑和德礼治政的优劣后说:"道之以政,齐之以刑,民免而无耻;道之以德,齐之以礼,有耻且格。"④ 就是说,单凭外在的政令、刑法来引导、整饬百姓,虽可使他们免于罪过,但不会有廉耻之心。相反用内在的道德力量、伦理规范来引导和整饬百姓,才能使他们不但知廉耻,而且心悦诚服地守秩序。

孟子则提出了仁政思想。第一,使民足食。即使百姓仰足以事父母,俯足以畜妻子,乐岁终身饱,凶年免于死亡。如果野有饿殍,老弱转于沟壑,则百姓何以有闲暇和精力来治礼仪。第二,勘正经界。"夫仁政,必自经界始"⑤。这是农业社会的根本大事。经界不正,则井田不均,谷禄赋税不平,违背了"仁"的本旨。经界正,则田产均,谷禄平,赋税也有了依据,即"九一而助""什一而税"。第三,明人伦教。他说,"无礼义,则上下乱"。所以要谨庠序之教,申之以孝悌义。并说,善政不如善教,善政只能获得民众的一些财物,善教则可获取民众之心。⑥ 第四,务得民心。他认为桀纣之所以失天下,就因为失去了民心。得民心之法有"所欲与之聚之,所恶勿施"⑦。他还提出了"得道多助,失道寡助","天时不如地利,地利不如人和","民为贵,社稷次之,君为轻"等阐述民心重要的思想。第五,使贤任能。就是要使贤者在位,能者在职。他说"尊贤使能,俊杰在位","则天下之士皆悦,愿立于其朝矣"。

---

① 《论语·颜渊》。
② 《论语·里仁》。
③ 《论语·宪问》。
④ 《论语·为政》。
⑤ 《孟子·滕文公上》。
⑥ 《孟子·离娄下》。
⑦ 《孟子·离娄上》。

荀子持性恶论，认为人性为恶，生而有欲；欲而不得，则不能无求。所以圣王明礼义，制法度，以为化性而起伪。荀子认为，礼的起源就在于以合理的制度来节制人的欲望，使人不逾其分。在荀子看来，人与动物不同，不仅在于人有礼，还在于人有群。人与人组成一个社会，并在这个社会中和谐地生活。制礼的目的就在于明分，明分是用来立群，即构成合理而有序的社会。因而，"礼"在荀子这里就不仅是一种制度，它还涵盖法度的意义。《荀子·富国》说："足国之道，节用裕民，而善臧其余。节用以礼，裕民以政。……礼者，贵贱有等，长幼有差，贫富轻重皆有称者也。……德必称位，位必称禄，禄必称用，由士以上则必以礼乐节之，众庶百姓则必以法数之。"这样，上下得其位，人力得其事，各守其分解，各尽其职能，而财用自足。所以说"兼足天下之道在明分"。

3. 墨家以"兼爱"弥合社会冲突

"兼爱"不仅是墨家伦理思想的中心观点，而且还是墨家哲学中最基本的概念。《孟子·尽心上》说："墨子兼爱，摩顶放踵，利天下为之。"墨子称"兼爱"为"圣人之法，天下之治道"①。(《墨子·兼爱下》) 说："若使天下兼相爱，爱人若爱其身，恶施不孝。……若使天下兼相爱，国与国不相攻，家与家不相乱，盗贼无有，君臣父子，皆能慈孝，若此则天下治。故圣人以治天下为事者，恶得不禁恶而劝爱。故天下兼相爱则治，交相恶则乱。故墨子曰：不可以劝爱人者此也。"墨子认为爱人如爱己，我与他无别，其德可称为"兼"。相反，如只思求利己而不为人，其德则是"别"。行兼爱于人者为"兼士"，行兼爱于国家者为"兼君"，反之，从事于"别"行者则是"别士""别君"。

墨家以为社会纷争、天下祸乱皆起于人们之间的"交相恶"。因此，大家只要能普遍做到"爱人若爱其身"，在上者"视弟、子与臣若其身"，在下者"视祖、父、兄与君若其身"，以至"视人之家若其家，视人之国若其国"，那社会就能宁静、和谐。墨子说："天下之人皆相爱，强不执弱，众不劫寡，富不侮贫，贵不敖贱，诈不欺愚。凡天下祸篡怨恨，可使

---

① 《墨子·兼爱中》。

毋起者，以相爱生也。"① 这是一个没有矛盾、冲突、人人相爱、互助的理想社会，而这一理想社会的实现，就在于人人具有"兼相爱"这一理想。

墨家并不像道家那样完全否弃仁义，但亦不同于儒家的仁义说。墨家所说的仁义也就是兼爱。墨子说："兼即仁矣、义矣。"②"仁，爱己者，非为用己也，不若爱马者。"③ 其意是说，真正的仁爱，一定是爱人如己，把他我都看做自我相同的主体，而不是像牛马那样仅仅供人使用的工具。这样，仁者、义者，也就是实行兼相爱的人。

随着改革开放的深入发展，中国经济社会发生了深刻的转型，社会结构处于不断分化和重组的过程中，社会财富更是迅速流向强势集团阶层。而与此同时，弱势群体的利益却频繁受损，由此导致社会群体冲突事件层出不穷。对此，国内的很多社会学者力图解析转型期群体性冲突事件并找出相关原因，以促进社会矛盾调节机制的形成。

（二）当代学者对社会冲突弥合的研究

1. 群体性冲突调节机制研究

学者贺银凤专门研究了转型期群体性冲突调节的机制，不仅分析了社会群体冲突的类型及其影响，而且分析了转型期社会群体冲突的诱因，为建立健全社会群体冲突调节机制打下基础。李琼则以变动发展着的边界为理论视角，对社会群体性冲突及调节方法做了专门研究。她探究了社会冲突发生的领域，搜索了现有社会冲突理论所未凸显的冲突因素，为考察利益、权力和权利等社会冲突构成要素与社会冲突之间的关系提供了合理性判据，有利于找寻出可能影响社会冲突的方式或手段。④ 与此同时，她也探索出了几种调节社会冲突的行之有效的方法，主要有：第一，消除重叠：避免政府职能错位和行为目标"内在化"，使政令统一、管理权威、措施有力，才能削弱或消灭社会群体冲突。第二，减少分化：避免政府行为派生的负"外部性"。第三，稳定"边界"：避免不必要的重复冲突。李琼用"边界"这个术语，区分相互冲突的某些组织或群体之间的一定界限

---

① 《墨子·兼爱中》。
② 《墨子·兼爱中》。
③ 《墨子·经说下》。
④ 李琼：《边界与冲突——以S县某群体性冲突事件为个案》，《东南学术》2007年第5期。

与相互作用的中间环节,一定时期内它们相互作用过程中所体现出来的活动范围和领域。边界问题能够突出地体现着各社会主体之间、利益群体及其与环境间关系的复杂特征。这样虽然不一定能减小冲突的强度,却可以将冲突控制在一定范围之内,避免冲突的重复发生。

有学者提出构建社会主义和谐社会,在很大程度上就是一个协调社会各阶层利益,整合社会资源,调处社会矛盾,维护社会稳定的过程。在这当中,重要的是要通过改革创新,建立健全不断调处矛盾和化解冲突的社会稳定预警机制。社会稳定预警机制包括网络信息收集报告系统、舆情事态调查分析系统、矛盾危机处理疏导系统。① 而阎耀军则认为,前馈控制作为一种和反馈控制相区别的"事前控制",在现代社会管理中具有重要意义。②

还有学者提出,应建立健全有效的利益均衡机制和权益保障机制及利益诉求表达机制。树立社会福利最大化的理念。要更新认识,以更加宽容的眼光看待群体性冲突事件。齐美尔指出:"恰恰因为在这里,变动、扩展、入侵、融合更加易于理解得多……它是两个邻里之间的那种统一的关系在空间上的表示,也许可以把这种统一的关系称之为防御和进攻的紧张状态。"③ 认清这种冲突存在的客观性,将这种紧张状态逐步释放出来,建立释放紧张的制度化机制。目前最迫切的是切实保障社会底层群众的利益,大力解决人民群众最关心的民生问题,推动科学发展,安定民心,增强群众的知情权。强化各级信访部门日常性的信访保障职能,推动建立领导与群众之间的定期协商对话制度,可以尽可能把矛盾化解在初始阶段。此外,新闻网络媒体应当成为群众发表意见和建议、表达利益诉求的公共平台。借以向政府反映真实的社会舆情动态,促使有关部门关注社会群体的实际困难,从而疏通民意表达渠道,舒缓由利益分化和冲突引起的公众焦虑情绪。

---

① 叶高:《人民内部矛盾的疏导与社会稳定预警机制的构建》,《云南社会科学》2006年第5期。
② 阎耀军:《维护社会稳定需要建立前馈控制机制》,《中国党政干部论坛》2006年第7期。
③ 〔德〕盖奥尔格·齐美尔:《社会学——关于社会化形式的研究》,林荣远译,华夏出版社,2002,第466页。

2. 建立社会中间层弥合社会冲突

有学者指出,在"市民社会—经济—国家"的三元框架下,从宏观上看,良性社团是稳定社会的结构性力量,从微观上看,良性社团有化解现存社会矛盾的功能;不良社团是市民社会的异化、畸变,危害社会稳定。因此,在发展社团时,要规制社团,使社会团体与经济、政治国家形成良性互动关系,维护社会稳定。①

有学者提出,通过建立社会中间层和公民社会,以协助工人阶层、农民和非正式就业人员建立有组织的、独立的、社会法人团体形式的组织如工会、农会、矿工协会、福利协会等来有效地捍卫自己的利益。这样的社会中间层起了一个减压阀的作用,不仅为国家卸掉了大量的社会负担和社会矛盾,有效地降低了社会冲突的危害性和毁灭性,让社会各种不同利益和冲突以文明的谈判、调解和斡旋的方式得到解决,让社会各个群体心情舒畅,没有被制度性压制和剥夺的感觉,没有被歧视和压迫的感觉。

杨雪冬提出如何改革传统的高度集中的治理结构,在维持国家治理能力的同时,培育和发展更多的治理主体,协调相互之间的关系,从而构建互补性的互增强治理网络,以应对全球化进程中不断出现的各种问题,提高社会安全水平,就成为中国目前面临的关键问题。② 程洪宝则认为,在村民自治背景下,农村基层民主的广泛性、直接性、自治性与农村社会稳定之间存在着正相关性;在农村基层民主实践中,自治职能异化、民主权利弱化、民主参与非制度化、两委矛盾普遍化与农村社会稳定之间存在着负相关性。因此,为在农村社会发展中实现农村社会稳定,就要不断强化二者的正相关,弱化二者的负相关。③

3. 高度重视和妥善处理贫富差距问题

学者多认为,应从制度上扼制贫富分化。税收制度的不完善,使垄断企业和富人能合理避税而疯狂敛财,加大了社会的贫富不均,增加了社会仇富情结。加快税收改革,从制度上扼制贫富分化。扭转地方政府对土地

---

① 李文华:《维持社会稳定的几个因素分析——兼论"和谐社会"的含义》,《江汉论坛》2006年第2期。
② 杨雪冬:《全球化治理失效与社会安全》,《中国人民大学学报》2004年第2期。
③ 程洪宝:《农村基层民主与农村社会稳定的关联分析》,《求实》2007年第11期。

财政的过度依赖，使地方政府以民争利为先。加强对垄断企业的税收征缴力度；妥善管理垄断企业的资本收益的收缴和使用；合理分配国有企业和国有控股企业的效益；严格规范国有企业、金融机构的经营管理人员收入等。为营造公平竞争的社会环境做好充分的制度准备，以减缓目前的社会紧张状态。要努力做到统筹兼顾，均衡发展，缩小城乡、地区之间的发展差距，缩小城乡之间、行业之间、阶层之间的收入分配差距，让社会群体共同享受改革开放成果。

何晓星、江建全认为从嫉妒理论和内公外私产权，从新视角研究了分配差距影响社会稳定的机理。由于中国市场化进程普遍形成了包括城乡、地区、行业、部门、企业、单位等在内的"团体"内公外私产权，中国初期市场经济。分配格局的一个重要特点是团体间综合差距对总体分配差距的贡献大于团体内差距。[1] 胡联合、胡鞍钢应用理论与实证相结合的分析方法，从贫富差距如何影响社会心理，影响社会秩序，影响社会结构，影响社会制度的公正和权威四个方面进行了深入分析和研究，强调高度重视和妥善处理贫富差距问题是推进社会主义现代化，特别是构建和谐社会的重大而紧迫的理论和现实课题。[2]

三　研究述评

（一）先秦"和合"思想是弥合社会冲突的重要理念与方法

"和合"，就是指对立面的互相渗透和统一，而且，这种统一是处于最佳状态的统一，对立的双方没有离开对方而突出自己。"和合"两字在甲骨文、金文中已各自单独出现。"和"，原是声音相应的意思；"合"，是指上下嘴唇合拢。以后各自衍生出和谐、中和、和睦及结合、融合、联合等意。"和合"两字连用，最早出现在《国语·郑语》中，其曰："商契能和合五教，以保于百姓者也。"郑桓公为幽王司徒，他与史伯纵论如何"成天下之大功"，使社会和谐，人民安居乐业，以及如何协调人与天地、社会的冲突，使和合社会的建构得以实现。《管子·兵法》中也说："畜之

---

[1] 何晓星、江建全：《基于嫉妒理论和内公外私产权的中国分配差距研究——从两个新视角看分配差距影响社会稳定的机理》，《江西社会科学》2007年第6期。
[2] 胡联合、胡鞍钢：《贫富差距是如何影响社会稳定的》，《江西社会科学》2007年第9期。

以道，则民和；养之以德，则民合。和合故能习，习故能偕，偕习以悉，莫之能伤也。"这是把"和合"作为民众道德的直接体现，以为民众只要能够"和合"，就能产生"莫之能伤"的强大力量。而最早将"和合"作明确、完整哲学概括的大概要数《吕氏春秋》和《淮南子》了。《吕氏春秋·有始览》说："天地和合，生之大经也。"《淮南子》说："阴阳和合而万物生。"

中国先秦思想家都非常强调"和实生物""和为贵"的理念。老子从万物生成和本体上讲和。"道生一，一生二，二生三，三生万物。万物负阴而抱阳，冲气以为和"。从整个宇宙的生成来看，三生万物，三就是多的意思，万物蕴涵着阴阳相对的关系，从而构成冲气，冲气就是和。"道法自然"是老子思想的核心内容，在老子看来，人类社会最初的状态如同大自然一样，是和谐的、美好的，而高度紧张的社会关系是违背自然的，绝不是人类社会应有的状态。老子提出了旨在缓解社会压力、消除社会冲突、改善人际关系的处世原则和一系列具体的处世方法，诸如尊道贵德、返璞归真、自然和谐、无为不争、俭朴慈善、宽容和平等。这些原则和方法基本精神可以概括为自然主义，即个人应以自然主义的心态对待他人及社会。这种以自然主义为核心的生活智慧，对当今世界的人类生活仍有重要的借鉴价值和指导意义。老子说"我无为而民自化"，就是要求社会管理者顺应民意，不违背人的自然天性，人民就自然顺化。

儒学具有广泛的包容性，它肯定了世间万物的多样性，强调多元融合以达和睦共存。既讲多元事物的差别及由此产生的对立、对峙，又强调通过和合而构建和谐、共荣，将冲突化解于无形之中。它倡导"天人合一""厚德载物""民胞物与"，崇尚"见利思义""乐群贵和""推己及人"。在儒家看来，和谐是一切事物的基本准则，"家和万事兴""和而不同"等等，都说明只有和谐才有生命，只有和谐社会才能发展。孔子"礼之用，和为贵，先王之道，斯为美。"① 孟子说："天时不如地利，地利不如人和。"② 儒家思想强调"己所不欲，勿施于人"，"己欲立而立

---

① 《论语·学而》。
② 《孟子·公孙丑下》。

人，己欲达而达人"。孔子把和与同作为区分君子和小人的一个标志和尺度。这一尺度既是人格的尺度，也是道德的尺度，"和而不同"是君子的人格，也是君子的道德，"同而不和"是小人的人格和道德行为。在孔子的思想中。礼实际上是外在的表现，是等级的典章制度，是维持社会稳定的秩序。礼体现了伦理精神和道德行为规范的价值合理性。礼的作用和功用，其所要达到的目标，就是和。孟子则提出了"天时地利人和"思想，这个人和，是和天时地利相对应的，人不和的话，天时地利再好也无效用。构建和合社会不是单一的社会问题，而是在天地人冲突、融合中达到和谐、协调、和合。

墨子认为和合是和谐、协调个人、家庭、国家、社会关系的根本原理、原则，是家庭、社会、国家不分裂的聚合剂。他认为，国家、社会动乱的原因就在于"不相爱"，"兼相爱"，天下就能协调、和谐而治。

我们民族在地理、经济、社会多元组合及各家思想学说建构中，形成了独特的"二元和合思想"，导致了和合思想文化的建构。"和合"是中华民族传统文化思想的重要命题与核心价值，"和合"是一种调整人和人关系的重要思想。人和人的关系是基本的，它调整好了可以维护社会的安定，如果对人和人的关系处理不好，整个社会也不得安定。它还倡导要熟悉天地自然和社会矛盾冲突所在，依据对象的本性，加以协调，达到和谐；要顺其自然，尊重天地自然和社会的运行规则，达到和谐；要提升人的道德水平、文明程度，百姓和睦，皆得保养，以建构和合的社会。

"和合"思想既有理想价值，也有实践价值。它不仅是个人自由与社会公正、公平价值的融合，也是个人、家庭、国家、社会富裕、发展与合理、合法、诚信、明德、友爱等社会公德的价值取向的融合。孔子认为"民无信不立"。人讲诚信便能立于世，国家讲诚信，人民就拥护它，诚信使人际关系得到和合，由人际推及社会，社会关系复杂，贫富差距愈来愈大，资源分配不均，强势与弱势群体对立，社会需要和合，人民需要安居乐业。

儒家还讲修身齐家治国平天下。儒家提出修身，其要义正是为了实现群体和整个社会的和谐。在儒家看来，群体的和谐，来自每一个个体自身的和谐。通过道德的修炼，实现道德自律，面对物欲横流的世情，坚守道德底线,这样人与人之间摆脱狭隘的功利化倾向,实现人际和谐便有了基础。从某种意义上说,实现人际和谐,是人类社会一切和谐之源。儒家所说的治国,就是通过调整人与社会的关系,以达到长治久安,通过理顺君、臣、民之间的关系,使社会群体实现和谐。儒家强调政治清明,人民安居乐业,实现社会群体的和谐有序。

(二) 当下研究社会冲突弥合需要重视的几个问题

通过上述的梳理和分析,我们认为,当下国内学界对社会冲突及调节机制的研究取得了相当丰富的成果,在一些问题的研究上也有了新的拓展,对当下中国社会转型期间所产生的种种矛盾、冲突有了相当的理论解释力,对国内学界关于社会冲突及调节机制的研究有了很好的推进。但由于学科理论的准备、实证研究的广度与深度还存在一些不足,因此,在社会冲突及调节机制研究领域还有几个问题需要引起重视。

一是新研究领域的开拓。社会冲突的定义、成因、类型、功能和防止措施大多数学者虽都有论及,但是社会冲突成因与社会冲突形成机制的关系问题,社会冲突形成机制的因素和阶段问题以及社会冲突有无共同的机制问题还不是很清晰。在对社会冲突产生原因的探讨中,宗教之争仅被提及却无专门的论述。另外,社会冲突的功能也有待深入挖掘。

二是研究方法的完善。现有的研究在解释方法方面缺乏核心与系统,即使个别学者建立了较为系统的解释模式,也仍未涉及古代中外社会冲突。因此,从思维方法看,有必要建立一个普遍的有核心系统的解释模式。同时,要大力增加观察问题的视角。现有论及社会冲突的论著中有一种潜在的国家或政府的视角,这固然有自己的优点,但也存在很多不足。如能发现新的视角更有助于全面地分析社会冲突;另外,在理论研究中也存在着两种非此即彼的二元对立倾向:"唯阶级斗争论"和"非阶级斗争论",而没有宽容、坚定的立场是很难深入研究社会冲突问题。

三是研究内容的深化。目前对社会冲突和利益、制度、组织等因素之间的关系存在着不同的看法,我们需要深入研究这些因素对社会冲突的具体影响,以及社会冲突的类型和特点对这些因素的影响。而且,目前针对结构性因素与社会冲突之间关系的研究也比较匮乏。虽然有学者认识到特定的结构性因素是引发或加剧社会冲突的重要原因,但还缺乏对如何调节结构性因素以预防社会冲突的具体分析。

四是研究问题的澄清。首先,社会冲突与阶级冲突的界定与区分不明。过去人们就常常把民族问题和阶级问题混为一谈,现在又倾向于社会冲突与阶级冲突的区别,不能真正区别二者的差异与联系。其次,随着社会矛盾的不断激化却没有解决社会冲突的制度化手段。提出的诸多建议也大都属于权宜性措施,不能从根本上消除导致冲突的根源,反而人为地强化了社会冲突的敏感性。另外,研究社会冲突问题时也过于强调社会稳定要素,强调资源配置的集中,强调政府在社会领域中的控制作用。

五是研究理论的继承。张载说,学者的使命之一就是"为往圣继绝学",以此"为万世开太平"。中国有丰富的关于弥合社会冲突的理论与思想,我们应该给予很好的发掘与继承。黑格尔说:"每一世代对科学和对精神方面的创造所产生的成绩,都是全部过去的世代所积累起来的遗产,一个神圣的庙宇,在这里面,人类的各民族带着感谢的心情,很乐意地把曾经增进他们生活的东西,和他们在自然和心灵的深处所应得的东西保存起来。接受这份遗产,同时就是掌握这份遗产。它就构成了每个下一代的灵魂,以及构成下一代习以为常的实质、原则、成见和财产。"[①] 中国古代思想家对社会冲突弥合的研究形成了一座座理论高峰,我们应怀着深深的感恩心情,接受和掌握这份遗产,并从这些丰厚的思想遗产中增进我们的心智,开拓我们的视野,丰富我们的思想。

第四节 研究方法与逻辑框架

一 研究的理论视角和方法

(一) 研究的理论视角

1. 冲突论视角

冲突论是本项研究的基本理论视角。马克思指出:"社会的物质生产

[①] 黑格尔:《哲学史讲演录》第一卷,商务印书馆,1983,第9页。

力发展到一定阶段,便同它们一直在其中活动的现存生产关系或财产关系(这只是生产关系的法律用语)发生矛盾,于是这些关系便由生产力的发展形式变成生产力的桎梏,那时社会革命的时代就到来了。"① 冲突的可控性特点,他强调社会系统或国家一般来说是相对稳定的,这种稳定性是基于一些重要构成要素的相对稳定,即政治、经济和文化。因此,社会或国家在通常情况下有能力对不以人的主观意志为转移的冲突加以控制,从而使之不会发展到极端。因此,我们在认识到冲突的不可避免性的同时,也要认识到社会主义社会的群体矛盾是可调和的,冲突是可弥合的。韦伯指出:社会冲突发生除了经济利益原因外,还与下面三个原因相关:一是权力、财富和声望;二是报酬分配垄断化;三是低的社会流动率。韦伯的这一分析对于我们认识当前的劳资、干群、贫富冲突而言,具有很现实的意义。另外,齐美尔和科塞也告诉我们,社会要保持开放、灵活、包容的状态,通过可控制的、制度化的机制,使群体间的紧张情绪得以释放,社会冲突得以弥合。

2. 马克思主义唯物史观

马克思的唯物史观是人们认识历史的一种最客观、最具有历史观的观念,它认为:历史是客观存在的,不是一种主观建构的形态,虽然历史不能像自然科学那样在实验室里复制,但在掌握尽可能多的历史资料与田野调查所得的经验事实以后,是可以对历史过程加以描述、认识,并获得较为本真的映象的。按照马克思的观点,人类经济生活是社会生存的基本方式,物质生产的状况决定着精神生产的状况,劳动者是物质生产的主体。熊彼特说过:"社会学家马克思进行工作的手段主要是广泛掌握历史和当代的事实。他不仅使用巨大的历史图景而且也能使用种种历史细节来说明他的社会见解,他用穿透乱七八糟不规则的表层深入历史事物的宏伟逻辑的眼光抓住这些事实。"②

---

① 马克思:《政治经济学批判(序言)》,《马克思恩格斯选集》第 2 卷,人民出版社,1972,第 82~83 页。
② 熊彼特:《资本主义、社会主义与民主》,商务印书馆,2002,第 51~52 页。

(二) 研究的主要方法

1. "社会事实"的研究原则

"社会事实"原则要求始终如一地摆脱一切预断,"把社会事实作为物来考察"①。迪尔凯姆说,要使事实秩序成为一种审慎的科学,光靠缜密的观察、描述和分类是不够的,用笛卡儿的话说,更加困难的是找到它们如何变成科学的角度:在事实中找到某些能够带来精确性的客观要素,可能的话,还要找到测量这些事实的方法。②迪尔凯姆所说的"社会事实"存在的前提在于主客体的分离,在迪尔凯姆对"社会事实"的认定当中,社会是区别于个人的客观实在存在的;并且,这种客观实在不以人的意志为转移,按《社会学方法的准则》中的习惯说法,它是"物"。作为物的社会事实,一方面它的存在外在于人的意识,具有普遍性;另一方面,它对个体意识有强制作用,可以为并必须为人们所认识。

2. 结构与功能分析法

这种理论与方法认为,社会是一个复杂体系,它的各个组成部分均衡协调产生了稳定和团结。根据帕森斯的社会行动理论,社会稳定是指社会系统中各子系统之间的相互协调或耦合。社会系统各个子系统分别承担它们的功能——适应、目标获取、整合、模式维护和紧张处理。社会的稳定就在于社会子系统的功能得到有效的发挥,从社会系统理论来说,社会稳定就是社会系统的均衡。因此,社会稳定在总体上应该研究社会各组成部分之间以及与社会整体的相互关系。在本项研究中,我们也将以这样的视角与方法对社会群体关系与社会冲突进行分析研究,深入研究根据社会分工、职业、资源占有情况、教育程度、年龄、居住模式等区分的社会结构及引发的群体利益分化,探讨社会群体结构及利益分化与社会冲突的关系,进而分析弥合社会冲突的途径、机制及制度安排。

3. 田野调查方法

本研究是在对社会群体日常生活而展开的,我们立足于对社会事实调查分析,将实证研究与理论分析相结合,根据社会人类学的田野调查方

---

① 〔法〕E. 迪尔凯姆:《社会学方法的准则》,狄玉明译,商务印书馆,1999,第35页。
② 〔法〕埃米尔·涂尔干:《社会分工论》,渠东译,三联书店,2000,第11页。

法，运用实地观察体验、个别访谈、小型座谈以及问卷调查等多种社会调查形式，以获得丰富翔实的田野资料，为研究打下扎实的基础。并将田野调查的实证和社会冲突与弥合的理论分析这两种研究方法有机地融会贯通起来。

二 研究的基本框架

本项研究主要从五个特定社会群体与三大社会关系入手，对社会群体冲突及其弥合机制进行实证与理论分析。首先提出社会冲突问题研究的理论与现实依据，并对社会冲突与弥合理论进行溯源与评论，接着从社会群体与社会冲突、社会关系与社会冲突两条主线进行实证分析，并对社会冲突的类型、原因等进行解析，进而提出社会冲突的弥合系统（见图1）。

```
          社会冲突问题的理论
                ↓
          社会冲突与弥合的理论述评
            ↓           ↓
    社会群体与社会冲突   社会关系与社会冲突
                ↓
          社会冲突总体性分析
                ↓
          弥合社会冲突的系统建构
```

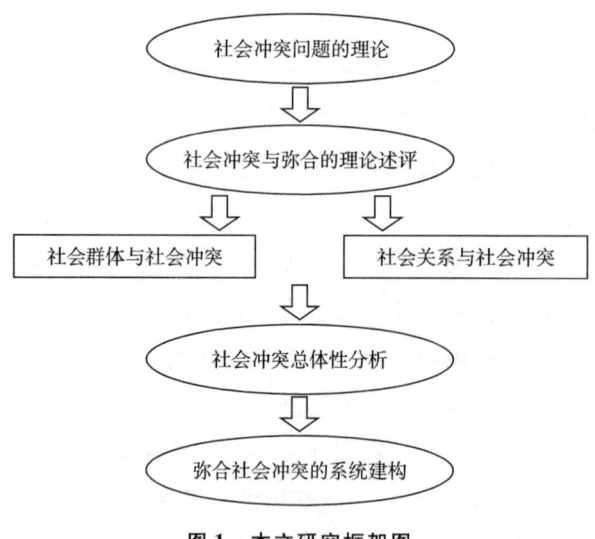

图 1 本文研究框架图

（一）社会群体与冲突实证研究

社会群体是人们通过一定的社会关系结合起来进行共同活动的集体，是人们社会生活的集合单位。社会冲突是不同个体或群体双方或多方的行动方向、目标不一致，并且相互对抗的一种社会互动形式。按照达伦多夫的说法是，是一种"有明显抵触的社会力量之间的争夺、竞争、争执和紧张状态"。任何社会都存在着或大或小或多或少或隐或现的群体性冲突的危机。因为各群体之间一定有利益和利害的矛盾。利益受损者常怀有敌视或仇恨心理。当弱势群体将自己的境遇归结为获利群体的剥夺或侵犯时，社会就潜伏着冲突的危险。社会冲突有不同个体、群体之间或个体与群体之间的冲突，而社会冲突一般情况下是指群体之间的冲突，社会学的研究也多是从群体意义上来研究分析社会冲突的。

本项研究从社会群体的权利保障、利益冲突及利益表达等入手，重点对二代农民工失业者群体、征地拆迁户群体、农转居新市民群体、网民群体和访民群体作深入而翔实的田野调查，描述他们的生存状况、利益诉求，分析这些社会群体在社会权利保障、利益表达等方面存在的问题、根源、诱因，满足诉求的问题、障碍，揭示出不同群体可能发生冲突的特征。

（二）社会关系与冲突实证研究

在社会转型时期，发生社会冲突的原因往往是多元的而非一元，并呈现日益复杂化的趋势，而社会关系是其中的重要因素之一。社会关系所涵盖的内容很多，如何结合现阶段经济社会发展的实际情况，重点对以劳资、干群和贫富关系为主体的群体间社会关系进行深入调查无疑是本项研究的重点之一。本研究将采取"自下而上"与"自上而下"相结合的视角，直接从民生的角度调查劳资关系、干群关系、贫富关系，通过客观指标来呈现发展的社会结构现状，通过主观指标来呈现公众的社会心态，进而揭示其情境定义和行动方式的取向，从而为社会冲突及弥合的分析研究提供基础性的实证材料。

（三）社会冲突总体性分析

首先提出了四个"倒U型曲线"拐点没有出现助推了冲突增加，对冲突类型进行双维度划分。第一个维度是从冲突的根源和目标来划分，即为什么发生冲突，冲突为了达到什么样的目标，从这个维度来分，可区分为工具性冲突和价值性冲突两大类。第二个维度是从冲突的主体来划分，也就是发生在谁和谁之间，从这个维度看，可以有社会群体之间的冲突和社会群体与政府之间的冲突两大类。这样，现代社会中的社会冲突就可以分为4大类：即社会群体间的工具性冲突；社会群体与政府的工具性冲突；

社会群体间的价值性冲突；社会群体与政府间的价值性冲突。对社会冲突类型的清晰划分，无疑为我们研究社会冲突的弥合机制提供了一个良好的分析基础。

其次对冲突的诱因及深层根源进行分析。认为当前中国社会冲突的深层诱因是高增长、高代价的发展、权力与权利结构的失衡以及制度化治理机制的缺失。目前经济增长方式仍然表现出较为粗放的特点，这种粗放式的增长方式对社会问题和矛盾的形成有根源性的作用，直接导致了许多社会问题，如劳资关系、环境污染引发的群体性事件、重大安全事故的频发等。经济运行的高昂代价也制约了各级政府在教育、医疗卫生、社会福利、文化建设等方面的投入，直接导致社会发展和经济发展的不协调。表现为利益失衡、分配格局失衡、发展机会失衡、"权力结构"失衡等。同时社会诉求机制、社会发育不成熟、市场体制不成熟也加剧了社会冲突。

（四）社会冲突弥合系统建构研究

面对社会冲突所造成的社会裂痕、撕裂、断裂，重要任务是建立具有内在性、直接性、长效性的社会弥合系统。本课题在实证研究基础上，对社会冲突的利益弥合、社会冲突的阶层弥合、社会冲突的社群弥合、社会冲突的制度弥合、社会冲突的文化弥合进行了深入研究。认为，利益冲突是人类社会一切冲突的基本根源，也是很多冲突的实质所在。在现代化进程中，多元利益主体的存在及相互间的利益冲突是不可避免的，对利益冲突进行协调是必需的。中等收入阶层成为社会主体是一种橄榄形的社会结构，这样一种理想型社会结构是现代化的本质特征和社会公平的重要体现，是弥合社会冲突的重要社会基础，为社会冲突弥合提供社会支持。通过加强社区和社会组织等社会中间层的建设，为社会冲突构筑缓冲屏障。促进社区作为"社会共同体"的重建，实现对社会的有效管理与整合。建立由社会正义机制、社会流动机制、社会保障机制、社会包容机制、社会调解机制、社会控制机制等六大机制，为社会冲突弥合提供制度保障。重建有中国特色的文化弥合体系，实现文化层面的社会弥合，包括社会资本建设、共同体精神培育、社会规范建设。

三　基本概念界定

（一）社会冲突

在社会学研究过程中，学者往往将"社会冲突"和"冲突"混同使用，这也是由社会学学科特性所决定的。对于什么是"社会冲突"这个问题，冲突理论家在阐述自己的思想时都有所涉及。例如，科塞在《社会冲突的功能》一书中是这样解释的："冲突是有关价值、对稀有地位的要求、权力和资源的斗争，在这种斗争中，对立双方的目的是要破坏以致伤害对方。"① 但是，美国著名社会学家乔纳森·H. 特纳通过研究发现，从齐美尔到达伦多夫、科塞，大部分冲突理论家都倾向于对"冲突"作宽泛的定义，由此，对"冲突"的界定也成了冲突论中最有争议的问题。在特纳看来，这是冲突理论家们将冲突的背景条件（例如矛盾、利益的对抗或敌意等等）与冲突行为本身混为一谈的结果，他选择的定义是"冲突是两方之间公开与直接的互动，在冲突中每一方的行动都是意在禁止对方达到目标"②。对此，有研究者指出，"十分清楚，特纳所指的冲突是一种现实化了的、主体对冲突对方及冲突内容具有明确认识的'竞技角斗式'的互动。"③ 特纳关于"冲突"的解释观点也被我国学者所吸纳。例如，李强在《中国大百科全书·社会学》编写的"冲突"条目认为，冲突是"人与人、群体与群体之间激烈对立的社会互动方式和过程"④。郑杭生主编的《社会学概论新修》认为，冲突是"人与人或群体与群体之间为了某种目标或价值观念而互相斗争的方式与过程"⑤；邓伟志主编的《社会学词典》将冲突界定为"个体或群体在追求某种目标或价值观念的过程中知觉到来自对方的阻挠，从而产生对立的社会行为，形成个体与个体或群体与群体

---

① 〔美〕L. 科塞：《社会冲突的功能》，孙立平等译，华夏出版社，1989，前言。
② 〔美〕乔纳森·H. 特纳：《社会学理论的结构》，吴曲辉等译，浙江人民出版社，1987，第 210～213 页。
③ 顾培东：《社会冲突和诉讼机制》，法律出版社，2004，第 3 页。
④ 中国大百科全书总编辑委员会：《中国大百科全书·社会学》，中国大百科全书出版社，1991。
⑤ 郑杭生：《社会学概论新修》，中国人民大学出版社，2003，第 138 页。

之间相互压制、破坏甚至消灭对方的方式与过程"①。

通过上述对学界关于"冲突"的梳理，我们至少可以得知 4 点：（1）冲突是一种互动方式或过程，反映的是一种直接的反对关系；（2）参与冲突的主体是个体或群体；（3）追求某种目标或价值观念是引发冲突的根源；（4）冲突和矛盾既相互区别又相互联系，冲突来源于矛盾，矛盾激化的结果是表现为冲突。

（二）社会群体

社会群体（social group）是社会赖以运行的基本结构要素之一，它的内涵有广义与狭义之分。广义上的社会群体，泛指一切通过持续的社会互动或社会关系结合起来进行共同活动，并有着共同利益的人类集合体；狭义上的社会群体，指由持续的直接的交往联系起来的具有共同利益的人群。在本项研究中，我们认为，社会群体是人们通过一定的社会关系结合起来进行共同活动的集体，它由两种类型构成，一类是某个具体的组织，有赖以维系群体社会关系的联系纽带，有共同的目标和活动，有群体规范，有群体意识及荣辱与共的思想感情；另一类是准群体（具有某些相似性属性特征）发展而来的利益群体，它没有统一的行动目标，没有组织起来的群众。

本项研究从利益关系与冲突弥合角度对社会群体作以下分类：①基于特定制度而产生的社会群体：如农民工群体、农村失地农民群体；②基于特定业缘而结合的社会群体：如出租车司机群体、有权人犯罪群体（贪污腐败犯罪群体）、有钱人犯罪群体（富豪犯罪群体）；③基于特定地缘而聚集的社会群体：如环境污染受害群体、外来流动人口群体、本地户籍人口群体；④基于特定境遇而形成的社会群体：如毕业大学生群体、下岗工人群体、城乡拆迁户群体、转业军人群体。当然，这种分类纯粹是出于一种理论假设，还比较粗糙，我们将会随着实证研究的逐步深入而有所调整，以期实现对社会群体的客观科学分类。

（三）社会关系

社会关系是指人们在社会生活中从事共同活动和社会生活中建立的相

---

① 邓伟志主编《社会学辞典》，上海辞书出版社，2009，第 18 页。

互关系的总称。个人与个人、个人与群体、群体与群体之间的结构存在状态及其互动过程。社会关系从静态方面来看，表现为社会结构；从动态方面看则表现为社会互动过程。亲密、友谊、领导、合作、竞争、冲突等互动过程就是各种社会关系的动态表现。社会关系可区分为物质的社会关系、思想的社会关系和亲缘的社会关系。马克思指出："人的本质是一切社会关系的总和。"① 在生产活动中结成的生产关系是一切社会关系的基础。从关系的双方来讲，社会关系包括个人之间的关系、个人与集体之间的关系、个人与国家之间的关系；一般还包括集体与集体之间的关系、集体与国家之间的关系。

（四）社会弥合

社会弥合是指通过各种方式和手段调节、弥补、修复社会因矛盾、冲突而发生的社会裂痕、撕裂、夙怨和断裂，使之形成一个有机整体以实现有序运行的过程，是实现社会控制的一种重要途径。它与"社会整合"既存在紧密联系也有一定的区别。社会整合是指"各种功能不同、性质不同的社会构成要素和单位在不同纽带联结下形成的一个整体，各部分在整体中根据社会共同需要发挥自己的功能，从而造就社会整体功能，维持社会存在和发展"②。可见，两者虽都以社会秩序的维系为目标，在特定的情景下甚至表达的是同一含义，但区别也是明显的：社会弥合针对的是社会因冲突而形成的撕裂、断裂、分裂，强调的是弥补、修复，以实现对立性关系向一致性关系的转变，而社会整合针对的是社会分化，追求的是分立性关系向融合性关系的转变。

---

① 马克思：《关于费尔巴哈的提纲》，《马克思恩格斯选集》第1卷，人民出版社，1972，第18页。
② 杨建华：《分化与整合：一项以浙江为个案的实证研究》，社会科学文献出版社，2009，第2页。

第二章
社会群体与社会冲突

对于改革开放以来中国社会冲突的基本状况，于建嵘给予了线条式的描述，即"经历了以知识精英为主体的进取性争权运动向以工农为主体的反应性维权活动的重要转变"[①]。在这种转变过程中，一些社会群体的抗争性活动特别具有时代性、特殊性和典型性，是中国市场化、工业化和城市化进程不断推进引致社会结构剧烈变动的必然结果。

在我们看来，有5大社会群体值得深入研究：二代农民工失业者群体、征地拆迁户群体、农转居新市民群体、网民群体和访民群体。不可否认，在现实生活中，上述社会群体的成员构成可能会因为某种社会因素而存在一定的交叉甚至重叠之处，但更为重要的问题是，他们在社会权利保障、利益表达等方面存在的问题、根源、诱因以及可能发生冲突的特征等方面都存在着明显的差异。在这里我们通过实证研究来探讨这五大群体的生存、生活状况、利益诉求以及可能存在的冲突因素。

在本章的研究过程中，我们对二代失业农民群体做了884份问卷调查，其中在杭州、温州和衢州等地共发放300份问卷，针对失业问题又补充了584份偶遇抽样调查。同时，我们还采用个案访谈方式，对53位失业农民工进行了访谈。对杭州市拱墅区的所有撤村建居社区进行的"农转居"群体问卷调查，问卷量为711份，其中当地居民476人，外来人口235人。

---

① 于建嵘：《抗争性政治：中国政治社会学基本问题》，人民出版社，2010，第5页。

第一节　二代农民工失业群体与社会冲突

一　二代农民工失业群体总体状况

（一）二代农民工与二代失业农民工一般状况

1. 二代农民工与二代失业农民工的概念

二代农民工主要是指 20 世纪 90 年代末之后进城务工的农村劳动力，也叫"新生代农民工"。二代农民工表现有以下特征：20 世纪 70 年代中期以后出生，90 年代末开始进入城市务工，处于 35 周岁以下。与第一代农民工相比，受教育程度提高，基本没有务农经历；流动性高，对城市认同度、生活方式等方面与城市人接近。

国际劳工组织对失业的定义是：劳动年龄内，在调查时点的前一周内没有从事有收入的工作或劳动，目前正在寻找工作的人员。[①] 在这一概念的基础上，中国社会科学院结合中国国情，将失业定义为：在过去的一周，从事的有报酬劳动低于 15 小时。综合国内外对于失业的定义，发现"时间、经济来源、劳动关系"是界定失业概念的三个核心因素。据此，我们对二代失业农民工的解释为：年龄在 35 周岁以下，有过工作经历，调查时间前一周内无工作、无劳动关系的农村流动人口。二代失业农民工是有过失业，或者有过多次失业经历的二代农民工群体。

与一般二代农民工相比，这一群体的人力资本状况并无多大差异，但是失业前经济状况、失业后支持网以及失业时间，对其失业心态影响较大。一般来说，"半个月"是农民工承受失业压力的转折点，失业时间在半个月以下者，对继续寻找新岗位仍有一定信心和要求；失业时间在半个月以上者，各种负面因素增大，比如对工作要求降低，怨愤情绪增大，等等。失业后呈现出再次流动、滞留原地、返回农村、寄生城市的流动分化，不同的分化群体对职业的诉求、对自身的期望、对社会的感受、与城市的关系、流动频次等都会发生相应变化。

[①] 张车伟：《失业率定义的国际比较及中国城镇失业率》，《世界经济》2003 年第 5 期。

2. 二代失业农民工一般状况

为了解浙江二代失业农民工的一般状况，我们在杭州、温州和衢州等地对二代失业农民工群体进行了一次抽样问卷调查，共发放问卷 300 份，回收 231 份，其中有效问卷 219 份，有效回收率为 70.3%。同时，我们还采用个案访谈方式，对 53 位失业农民工进行了访谈，详细记录了他们的流动、就业、失业、再就业的过程，访谈记录作为附录。为了增强失业经历统计的有效性，我们随后又补充了 584 份偶遇抽样调查，内容涉及被调查者有无失业经历、最长失业时间、此次失业时间。根据此次调查，二代失业农民工群体占被调查总数的 8 成以上，其流动频次与失业有关联，有两次以上流动经历的人数达到 52%。通过整理各种调查数据，我们得出以下分析：

(1) 人力资本和在岗农民工没有明显差异。在 219 名问卷调查对象中，技工为 76 人，占 34.7%；在 55 名访谈对象中，受教育程度在高中及以上的有 25 人，比重为 45.4%。排除调查地点选择劳动力市场、培训学校，以及调查对象的人力资本水平相对偏高的影响，我们仍然可以看到，失业二代农民工群体的人力资本和在岗群体没有明显差异，即技术性工作和受教育程度与在岗农民工相当。

(2) 失业成为生活中的常态。对 584 人偶遇抽样中，484 人曾有过失业经历，占 82.9%（见图 2.1-1），失业时间从半个月到半年以上不等（见表 2.1-1）。对 55 个个案访谈中，有三次及以上职业流动经历的有 29 人，达到 53%（见图 2.1-1），部分流动频次甚至达到 8~9 次。根据访谈资料，流动频次与失业经历相关，也就是说，流动频次高者显示出多次失业经历。在失业者中，部分属于能力不高、达不到企业要求、受到经济环境影响等被动失业，也有部分属于"主动失业"，就是"主动辞职"，这些人多半处于对目前的"工资待遇"和"工作环境"不满意，也有的是希望与老乡、亲戚、朋友一起共事，他们在寻找下一份工作前处于失业状态。"主动失业"可视之为"流动性失业"，包含着寻找发展、建立网络、向上迁移等追求自我的意味。无论被动失业还是主动失业，失业经历在两次以上、失业时间在半个月以上的二代农民工较为普遍。

(3) 失业前经济状况、失业后支持网以及失业时间，对失业心态有决定性影响（见图 2.1-2）。根据对 53 人的访谈，发现有三个主要因素决定

17.1%

82.9%

☐ 以前有失业经历
☐ 以前无失业经历

有过失业经历的二代农民工比重

47%

53%

☐ 职业流动至少3次
☐ 职业流动少于2次

二代失业农民工的流动频次比重

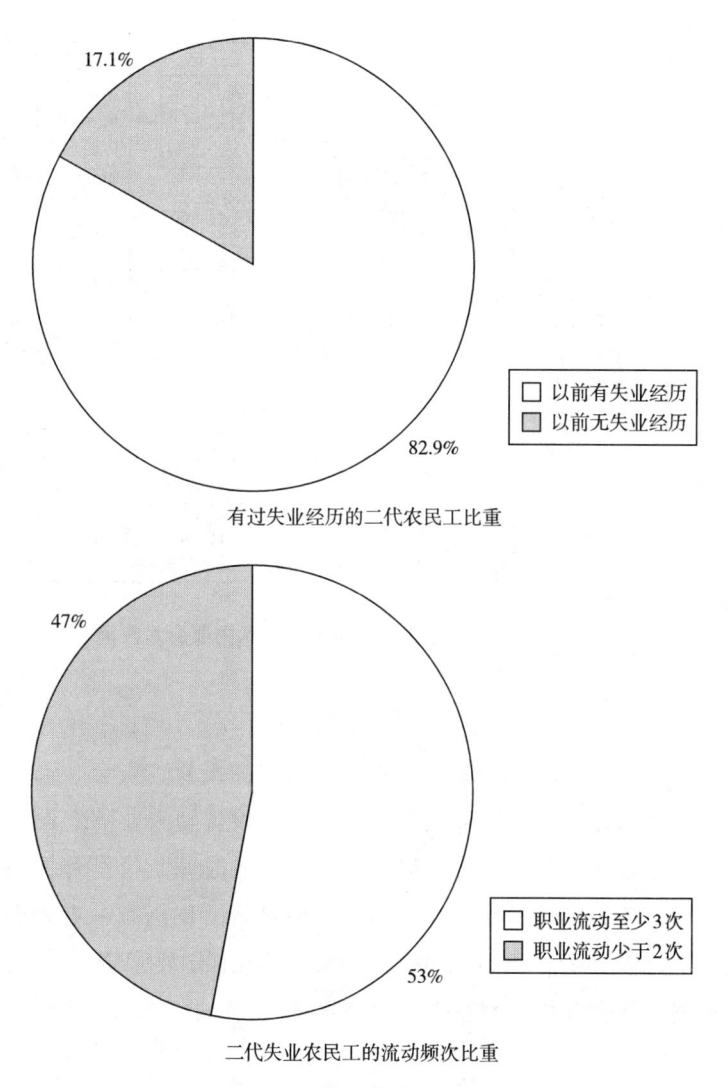

图 2.1-1

资料来源：本课题组调查。

农民工的失业心态：第一个因素是失业前的经济状况。失业前从事相对稳定的，或者技术性的工作、收入较高者，一般是主动辞职，寻找下一份工作的目的是希望获得更好的待遇、工作条件和发展机会；而工作不稳定、无技术、收入较低者以被动失业居多，面临的再就业压力也较大。第二个因素是失业后的支持网。在被动失业的农民工当中，如果家人、亲友能提

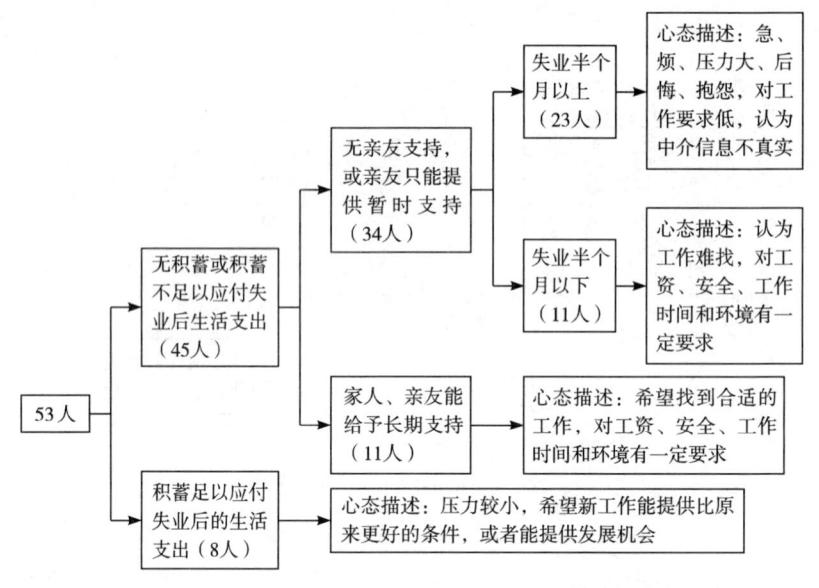

图 2.1-2　二代失业农民工失业心态和主要影响因素

资料来源：本课题组调查。

供长期支持，失业者的压力减轻，将对新岗位的工资、安全、工作时间和环境有一定要求。第三个因素是失业时间。如果被动失业的农民工支持网是暂时的，或者缺乏支持网，一般能承受的失业时间是半个月，失业时间在半个月以下者，在找工作上存在压力，但对新岗位仍有一定要求；失业时间在半个月以上者，出现种种负面心态，对工作要求降低，对职业中介，乃至整个社会环境，都存在怨愤情绪。

表 2.1-1　二代失业农民工失业时间

最长失业时间	人数（人）	百分比（%）
半个月以下	44	8.8
半个月到一个月	45	9.0
一到两个月	110	22.0
两到三个月	88	17.6
三个月到半年	90	18.0
半年以上	123	24.6
合　计	500	100

资料来源：本课题组调查。

第二章 社会群体与社会冲突

（二）二代失业农民工群体流动分化状况

2008年以来，由于中国经济增长趋缓带来的失业加剧。根据国家统计局农民工统计监测调查，有2300万返乡农民工需要重新找工作，其中1100万在城市寻找工作。① 这些失业群体，由于流向不同而呈现进一步分化趋势，突出表现为四个方向的流动分化：再次流动、滞留原地、返回农村和寄生城市。流动方向不同，其人力资本、技能状况、流动动因等有所差异。

1. 再次流动

再次流动是指社会成员在物理空间上的反复流动，但不发生社会地位的改变，属于水平流动。对于失业农民工群体来说，这种再次流动主要是指失业后为维持生活而在不同城市之间的流动。再次流动影响农民工融入城市。基于城市社会的排斥和农民工的自我拒绝，加之过高的流动性，处于再次流动状态的农民工虽然在不同城市务工多年，但常年处于无定居状态，不能深入接受城市文化，与市民、职业、新劳动技能、现代化理念等无法深入互动而形成融合，进一步弱化了农民工的经济地位与社会地位。

再次流动的农民工主要由三类人员组成：非正规就业的农民工，他们或是正规部门中的临时工、短期工，或者从事小规模生产经营服务活动；无技术产业工人；计时制的一般性服务人员（见表2.1-2）。调查显示，再次流动的二代农民工基本存在失业经历，其共同特点是文化程度较低；没有什么劳动技术，容易受到岗位竞争压力；工作强度大收入低，处于经常被动失业而变换工作的状态，等等。二代失业农民工的再次流动，属于被动失业后为寻找工作而处于低水平反复流动的状态。

表 2.1-2 再次流动农民工状况

个案编号	性 质	文化程度	技术状况	流动情况
17	小规模生产经营	初 中	无技术	木材加工厂→卖菜→看鱼塘→小运输
44	临时工	初中没毕业	无技术	去过很多个省市打工

---

① 国家统计局分析报告，http://www.stats.gov.cn/tjfx/fxbg/t20090325_402547406.htm。

续表

个案编号	性　质	文化程度	技术状况	流动情况
20	短工	初　中	无技术	保安→学徒（昆山→杭州→上海）
14	无技术产业工人	高　中	无技术	车工→服务生→车工
28	计时制的服务人员	职　高	无技术	美食城服务员→别的工作（都不超过半年）→游戏厅服务员
22	一般性服务人员	高　中	无技术	店员（温州→杭州）

资料来源：本课题组调查。

2. 滞留原地

滞留原地是指农村流动劳动力自身所必需的生活资料、其家属所必需的生活资料、劳动力自身掌握基本的生产技能，在三者都不具备的情况下，仍然留在城市寻找工作，但是受到年龄、身体状况、生产技能、社会资源等各方面条件限制，找不到工作，或者只能从事零工、短工，基本失去生活来源保障的一种生活状态。

我们把此次调查的53个访谈对象中失业超过两个月、仍然留在城市找工作的农民工界定为滞留城市，一共有12个访谈对象符合条件。这12个滞留城市的农民工中，7人失业时间在两个月左右，另外5人失业时间在四个月至一年两个月不等。我们根据文化程度、技术资格、社会网络、失业状况分析其人力资本状况（见表2.1-3）。

表2.1-3　滞留城市的二代失业农民工人力资本状况

最近失业前职业	文化程度	技术资格	获职途径	求职障碍	城市交往	失业时间
司机	中专没毕业	小货车驾照	报纸、职业介绍所、老乡的消息	工资太低不愿意做，休息天少，只会开车		2个月左右
司机	高中	驾驶证	熟人介绍、劳动力市场招聘	没文化，非本地人	同事；在杭州还没有朋友，有亲戚（姐姐）	2个月
技工	中专	初级	朋友帮忙、中介公司	对胃口、符合自己专业的工作较难找	同学、朋友	2个多月

续表

最近失业前职业	文化程度	技术资格	获职途径	求职障碍	城市交往	失业时间
企业中层管理	高中	中级	人力资源市场、亲戚介绍	能力和经验	亲戚、同事	2个多月
待业	初中	无	朋友介绍、报纸招聘信息、劳务市场	学历低	工友、房东	2个多月
线切割车间工人	初中	无	报纸、上网、人力资源市场	对口岗位太少、经济不景气	家人、老乡、工友、房东	2个多月
工厂（制鞋厂工人），酒店服务生	初中	无	人力资源市场、私人职业介绍所、老乡介绍	自身技术和素质	老乡、朋友、房东	2个多月
电工	初中		自己找、通过朋友介绍	不太清楚	打工的同事	4个月左右
无	初中		自己找、通过朋友介绍	不太清楚	打工的同事	4个月左右
厨师	小学	中二级	劳务市场	技术、形象	同事、老板、房东	5个多月
安装电工	初中		亲戚介绍	农民，没有条件，没有技术	附近的朋友	8个月左右
水电工	职高		自己网上找或介绍所	主动性	主要是同群人	1年2个月

资料来源：本课题组调查访谈整理。

结果显示：文化程度以初中居多，半数以上的人没有任何技术资格，社会网络单一，主要集中在家人、同乡、打工的同事、房东等。所以，文化程度低、没有职业资格或职业资格低、人际交往单一，没有更广更高的就业支持系统等，影响其重新就业。除此外，我们更关心失业两个月左右他们为什么还能继续留在城市？根据访谈，分析出两种情况：一种是有较强的家庭支持系统，比如家住郊区，往返方便；有家人在城市工作，获得部分经济援助，有较强家庭支持的人往往不愿意离开原打工地；二是通过马路经济途径（流动摊贩、摆夜市等）获得自我支持，只要有一定经济来源，许多人都会选择继续在城市生活。

3. 返回农村

部分农民工再次流动后选择返回农村。国家统计局调查表明，截至2008年春节前，1.4亿在本乡镇以外就业的农民工中有一半返乡，其中有1400万春节以后没有回到城市务工。① 我们的研究发现，自谋职业者、收入低下的普工以及回家照顾家庭者是返回农村的三大群体（见表2.1-4）。

表2.1-4　二代农民工返乡前职业及返乡原因

编号	职业	返乡原因	收入状况
个案43	服务业——擦鞋	感觉受歧视	低
个案66	加工业——负责人	有回家乡的意愿和能力	中高
个案67	店主	有回家乡的意愿和能力	中
个案30	家庭主妇	结婚、照顾孩子	低
个案29	家庭主妇	结婚	中低
个案68	幼儿教育——负责人	结婚	中（岳父家条件较好）
个案69	公交司机	认同家乡生活方式	中
个案41	回家务农	身体变差、家庭负担减轻	低

资料来源：本课题组调查。

上述三类返乡群体，主要受经济水平、职业地位和资源状况的影响。

经济水平主要由农民工的收入状况决定。在返回农村的农民工中，有收入较高者也有低收入者（见表2.1-4）。对此，我们的解释是：原先收入中高的农民工如果认为返回家庭创业比留在城市收入提高得更快，那他们就会主动失业，选择回乡发展；收入较低的农民工往往对自我和未来收入预期较低，失业以后返回农村的可能性较大。

职业对返乡的影响力，主要通过附着在职业上的经济、社会地位、创造力、沟通力、技术等，能否带给人自我满足感，进而影响到失业后是否返回农村。一般来说，在职业结构中处于下层的农民工返回农村的可能性

---

① 国家统计局分析报告，http://www.stats.gov.cn/tjfx/fxbg/t20090325_402547406.htm。

较大（见表 2.1-5）。根据调查，生产线工人（占 34.4%）和没有任何生产技能的普工（占 43.7%）更倾向返回农村老家。① 职业结构处于下层的群体也是最容易失业的群体。

表 2.1-5 不同岗位农民工的未来打算

单位：%

	争取在工作地安家落户	赚点钱回老家
文　员	30.4	4.3
司　机	29.6	29.6
领　班	25.0	25.0
班组长	22.2	27.8
技　工	19.2	37.1

资料来源：本课题组调查。

农民工失业以后是否返回农村还与其拥有的社会资本、权利、经济等资源有关。根据我们的研究，打算返回农村的二代农民工，往往社会资本、权利资源、经济资源都少，表现为不适应城市环境，属于受雇于他人的普通工人，绝对收入低，甚至低于家乡的一般水平，而且对工作满意度极低（见表 2.1-6）。资源状况与失业有直接关联，资源越少，外部支持系统越单薄，内部再发展能力越匮乏，失业概率越大。

表 2.1-6 二代农民工资源状况与返回农村情况

单位：%

	打算返回老家	平　均	32.1
社会资本	求职途径	亲朋介绍	43.7
	城市适应	不太适应	37.3
权利资源	工　种	普　工	36.9
经济资源	收　入	<700 元/月	39.5
	收入与城市比较	很　低	42.9
	收入与家乡比较	较　低	41.0
	工作满意度	很不满意	49.4

资料来源：本课题组调查。

---

① 国家统计局分析报告，http://www.stats.gov.cn/tjfx/fxbg/t20090325_402547406.htm。

4. 寄居城市

寄居城市是指少数农民工由于跌破生存底线而寄生城市。寄居城市与滞留城市的区别，在于寄居者比滞留者的行为越轨程度更高，再工作的可能性更低。寄居城市的二代失业农民工表现出两大特征：一是盲目流动，即在个人素质、个人能力、城市生活能力、城市生活信息、城市生活支持系统都不足的情况下盲目流向城市，"生活目标"与"实现目标手段"之间不平衡，导致找不到工作、失业、生活资源缺乏、生存状态恶劣等，而且再就业能力弱，成为拾荒者甚至流浪乞讨者。根据杭州市救助管理站的资料，2003年8月至2004年7月间共救助5288人，其中因进城找工作、打工过程陷入生活困境的有760人，没有路费回家的有1353人，两者合起来占全部救助者的40%。滞留原地失业农民工在用完少量积蓄以后，如果还没有找到工作，也得不到亲朋好友接济，生活就会陷入困顿，只能从事临时性工作，或者拾破烂，甚至寄生城市以乞讨为生。

个案[①]

我今年26岁，家里有一对50多岁的双亲，家里条件拮据，上完小学就辍学了。今年上半年，听村里人说，杭州是一个"遍地是黄金"的好地方，于是便揣着300元钱来到杭州闯世界。下了火车之后，才发现自己的想法过于美好了。我天天往四季青附近的外来劳动力市场跑，希望找到一份工作，但由于文化低，个子矮小，十多天里一直没有找到工作，后来找到一份在工地上打短工的活，搬砖头、扛水泥、拌石灰，每天工作十多个小时，工资每天35元，两个月总算熬过去了，以为可以发工资了，结果包工头"玩失踪"，后来死磨硬泡总算要到了一半工资。以后在一家小面馆里找到一份临时工，每天洗碗洗菜，不到半个月，老板娘嫌我动作不利索，给了100元钱，叫我走人。我又一次失业了。为了继续找工作，我只能捡垃圾，靠卖废品挣点钱，起先每天卖废品能得到二十来元，后来干这行的人实在太多，现在解决温饱都成了问题。

---

① 本课题调查访谈。

二是存在盲目游荡、偷摸拐骗、小宗犯罪等越轨行为现象。一项针对湖南两所监狱罪犯的研究发现（见表2.1-7），61名调查对象中，32名为农民工。[①] 他们长时间处于无业、失业状态，贫困成为一种持久而难以转变的生活状态，"边缘人格"特征明显，采用非法手段牟利，如倒卖火车票、非法销售物品、小型偷盗、聚众闹事等，成为城市里的问题人群。失业农民工成为城市问题群体，必定对城市社会稳定产生影响。

表2.1-7 农民工犯罪类型

单位：人

犯罪类型	小盗窃、抢劫、诈骗等	故意伤害等	运毒、强迫、容留卖淫等	其他	合计
数量	15	6	9	2	32

资料来源：周丽红、欧华军《文化冲突与行为越轨》，《经济与社会发展》2008年第12期。

（三）二代失业农民工主观感受状况

如果将有工作、就业作为适龄劳动者生活的常态，那无业、失业就属于生活变态。无论现在是否就业，曾经流动中的、生活无着的、失业变动的生活状态，必定会对其内在心理产生冲击，所形成的内在感受，将影响到未来生活及自身的行为方式。我们从对职业的感受、对城市的感受、对自身能力的感受、对流动经历的感受，考察二代失业农民工群体失业后的主观感受，分析其可能对未来生活产生的影响。

1. 对职业的感受

根据对53位失业二代农民工的访谈资料分析，职业感受主要涉及：求职关注因素、求职障碍主观判断、失业后心态，三个方面反映了失业二代农民工求职的价值偏好、障碍归因、自我调整。

关于求职关注因素，首要的因素是收入，其他因素随工种不同而有所差别（见表2.1-8，表中所显示的工种，是指经历过失业后目前所从事的工作）。职业层次较低群体（体力工人、服务员、司机等），更关注工资收入、工作条件、工作稳定等职业安全性因素；职业层次升高群体（技术工

---

① 周丽红、欧华军：《文化冲突与行为越轨》，《经济与社会发展》2008年第12期。

人、管理人员）等，开始关注同事关系、工作兴趣、社会保障等发展性、预防性因素，而且该群体的流动频次往往低于前者。资料信息显示，流动频次与失业相关，流动频次高失业次数也多；职业层次低，流动频次高，失业次数多，更看重职业的收入、稳定等因素；职业层次升高，流动频次低，失业次数减少，更关注自身能力、关系、保障等因素。这种关系让我们作出以下判断：失业与关注收入是一对悖论，失业将增强人们对收入等安全性因素的关注，但过于关注收入将无助于就业。如果人们更关注提升自我发展的因素，将有助于减少频繁的无效的流动，减少失业。

关于求职障碍，主要归结为两种因素：一种属于内因，认为失业、找不到工作等主要因素在自身，如学历、文化程度、技术、素质等方面不够；另一种是外因，认为找不到工作主要由社会因素造成，如老板压低工资、恶意竞争、中介信息不真实、非本地户籍等（见表2.1-8）。访谈中，大部分被访对象都认为找不到工作、失业等与自身因素（能力、学历）相关。B. Weiner认为内因（能力、努力）会带给人更多羞耻、沮丧、自卑，把失败归因于稳定因素（任务难），会降低以后工作的积极性。我们的调查结果与学者推论基本吻合。更多农民工将失业原因归结自身，这种具有自我否定的倾向，强化了沮丧和自卑，使失业次数增多，造成"失业—低层次职业—再失业—再低层次职业"的循环。失业固然有许多外部限制因素，但主观原因也成为向上发展的内在阻力。

表2.1-8 二代失业农民工对求职的诉求

工 种	求职主要关注因素	求职主要障碍
技术工人	兴趣、同事关系、收入	技术、求职信息、户籍
体力工人	稳定、安全、包吃包住	学历、求职途径
技术员	收入、假日、社会保障	工作经验、工作环境
业务员	收入	收入、发展
司机	收入、休息时间	工资、技术
服务员	收入、工作环境	文化程度、工资、人际关系
管理人员	工资、兴趣、工作量	能力、经验

资料来源：根据本课题组访谈整理。

关于失业心态，存在肯定性失业心态和否定性失业心态。在本次调查访谈的53个案中，取其中46个具有典型意义的个案，通过他们对失业经历、失业后自我、对职业、对当下生活、未来打算几个方面的描述，了解失业二代农民工的真实心态。结果显示，大部分农民工能接受失业现实（见表2.1-9），失业焦虑程度并不高，这里有职业期望不高、自我归因等内在原因，也有家乡也可以工作、土地的最后保障等外在因素降低了失业焦虑。虽然失业焦虑程度并不高，但自我否定、对改变现状表现无助与无奈的情绪仍然存在。

表2.1-9 农民工的失业心态

失业心态	表现	人数和比重	原因分析
肯定性失业心态	心态平和、接受现实，理性看待自己，积极寻找工作	29人（63%）	内在原因：职业期望不高、自我归因； 外在原因：存在社会支持网、家乡也有就业可能、土地的最后保障
否定性失业心态	逃避现实，充满埋怨牢骚，紧迫急切	17人（37%）	内在原因：职业期望和现实不一致、外在归因； 外在原因：缺乏社会支持网、家乡就业机会和土地缺失

资料来源：根据课题组访谈整理。

2. 对城市的感受

农民工来到城市打工，他们对城市怎么看？是不是与城市人交往？多次失业后是不是愿意继续在城市打工？通过这个视角，着重了解失业农民工与城市的关系程度，以及他们与城市可能产生的冲突。对城市人"怎么看"？"如何交往"？我们的结论是：对城市人感觉不深（见图2.1-3）、交往甚少，基本以亲戚、原有的朋友、老乡和同事等同质性群体交往为主（见图2.1-4）。由于农民工基本是聚集工作，同事也以同层次、同乡、同村的农民工为主，所以与同事交往也可以看做与同质群体交往。对城市人的看法和关系，反映农民工中普遍存在的过客心理，这种心理引导下，也许不太会把城市生活中发生的一切当回事，从而降低了与城市文明的直接对立和冲撞。但是，这种心理也将引导他们不主动融入城市，向老乡聚集区靠拢，讲家乡话，保持家乡风俗，乡里乡亲帮衬等，形成居住区的"安徽帮""河南帮"等"城中村"现象。如果这种现象呈蔓延趋势,会不会由此引发与城市不同的两种文明,并形成深层冲突?是一个值得深入研究的问题。

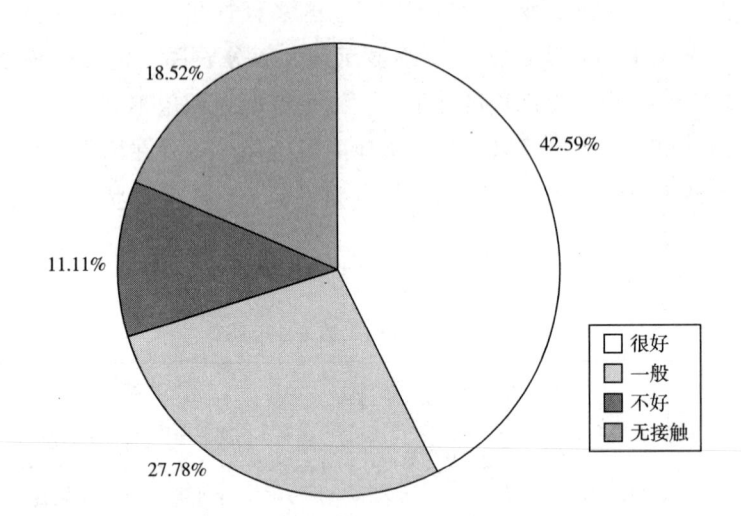

图 2.1-3 对城市市民的印象

资料来源:本课题组调查。

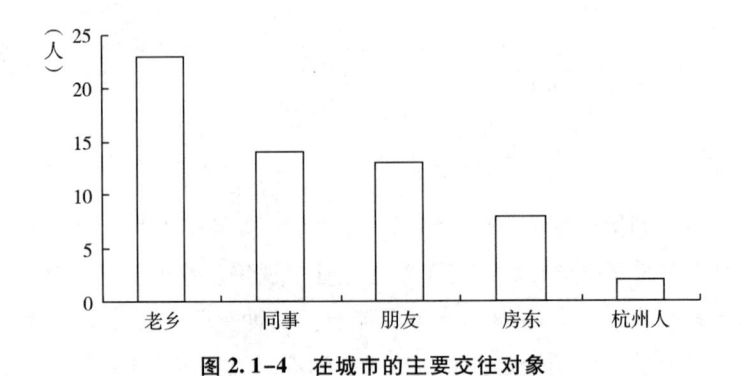

图 2.1-4 在城市的主要交往对象

资料来源:本课题组调查。

随着流动频次增加、失业次数增多,农民工回家乡的意愿急速增加。有过三次以上流动频次和失业经历的人,比两次以下的人"打算回家"比例增加了 26 个百分点。表面上看,无法就业就回到家乡去,成为大部分农民工的选择,然而并非如此。当二代农民工经历初次流动和首次失业,在"打算返乡"还是"打算留城"中保持"不确定"比例为 42%,经历了多次流动,也经过了多次失业后,"不确定"比例仍旧保持在32%(见图2.1-5)。这说明,部分农民工的生活预期相当模糊,拼搏、等待、迷茫、冲突交错发生,"留不下来、回不去"是"不确定"群体感到十分困惑的冲突。未来预期"不确定"的因素主要表现为3点。其一,老家属于打工城市的城郊地带,来去方便,城市中有工作机会时,停留于城市;也可能

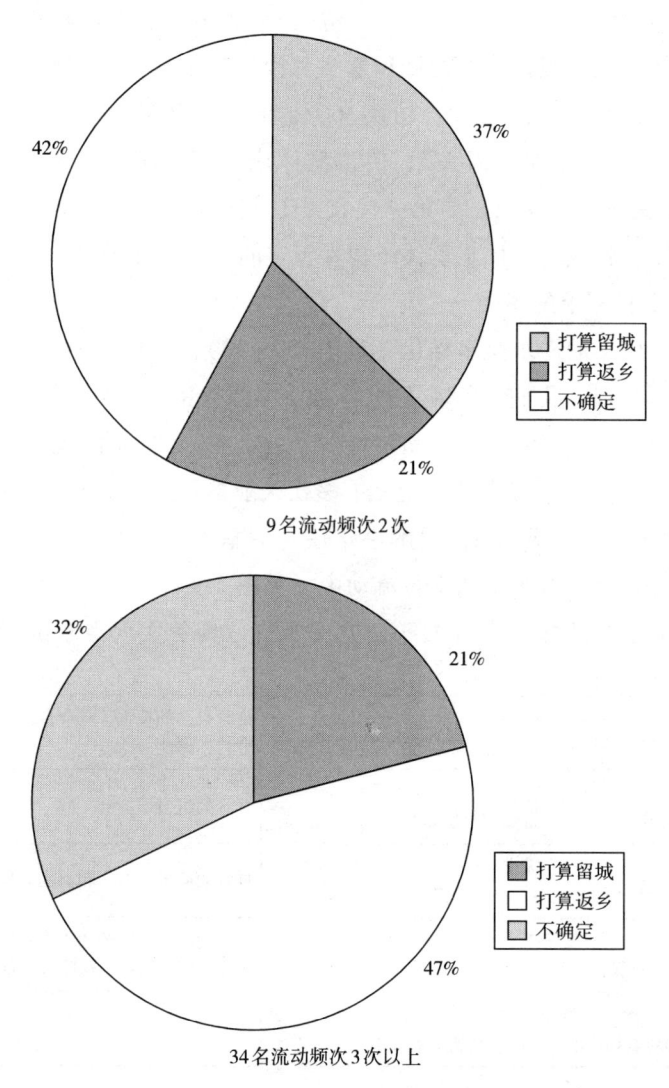

9名流动频次2次

34名流动频次3次以上

图 2.1-5　流动频次和留城打算

资料来源:本课题组调查。

回老家附近的城镇务工；始终在城乡之间循环，是这部分人的生活常态（见访谈 01；访谈 40）。其二，在不同城市和不同工作岗位间频繁流动，认同城市生活，但生存状况不佳，由于老家缺乏工作机会、自身对乡村生活淡漠，也不愿意再回到农村生活，感觉到前途渺茫。部分人认为若干年后如果境遇依然不能改善，会在无奈中返乡，但属于不情愿的选择（见访谈 02；访谈 24；访谈 30；访谈 34；访谈 35）。其三，年纪较小，在 25 岁以下，习惯于流动频繁，对留城和返乡都没有仔细权衡和明确的考虑，但总的倾向是留城（见访谈 23；访谈 36；访谈 37；访谈 55）。

"回不去，也不愿意回去"，使该群体成为两边都进入不了的"夹层人"，这是失业二代农民工与第一代农民工十分不一样的地方。"夹层人"的去向程度，将成为农民工群体结构性稳定的一股重要力量。

3. 对自身需求的感受

二代农民工的需求是多样化（见表 2.1-10），但他们的基本需求都无法得到充分实现。我们对 584 人的偶遇抽样调查中，484 人曾有过失业经历，占 82.9%；对 55 个个案访谈中，有三次以上职业流动经历的有 29 人，达到 53%，从流动频次中显示有多次失业的经历。这些都说明"较好的收入""较好的工作环境""解决吃住"等基本需求无法得到普遍满足，使绝大部分人处于低水平的平行流动中（见图 2.1-6）。

实现需求与外部因素有关联，更重要的是具备实现需求的行为能力。

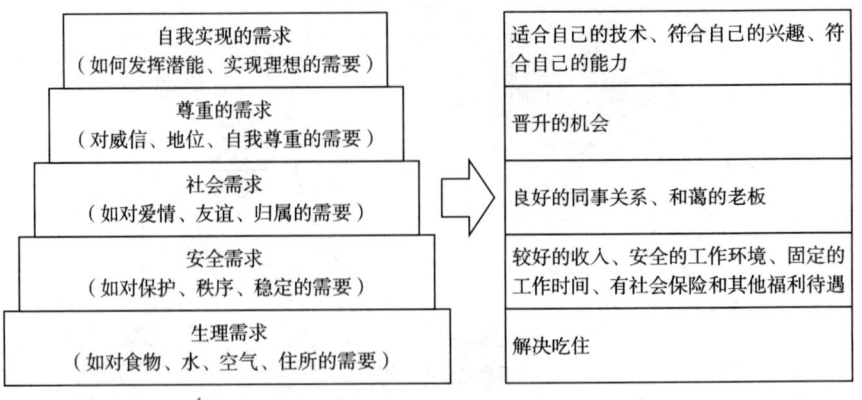

马斯洛需求层次	工作环境诉求
自我实现的需求（如何发挥潜能、实现理想的需要）	适合自己的技术、符合自己的兴趣、符合自己的能力
尊重的需求（对威信、地位、自我尊重的需要）	晋升的机会
社会需求（如对爱情、友谊、归属的需要）	良好的同事关系、和蔼的老板
安全需求（如对保护、秩序、稳定的需要）	较好的收入、安全的工作环境、固定的工作时间、有社会保险和其他福利待遇
生理需求（如对食物、水、空气、住所的需要）	解决吃住

表 2.1-10　农民工的工作环境诉求与马斯洛需求层次理论的对应关系

资料来源：本课题组调查。

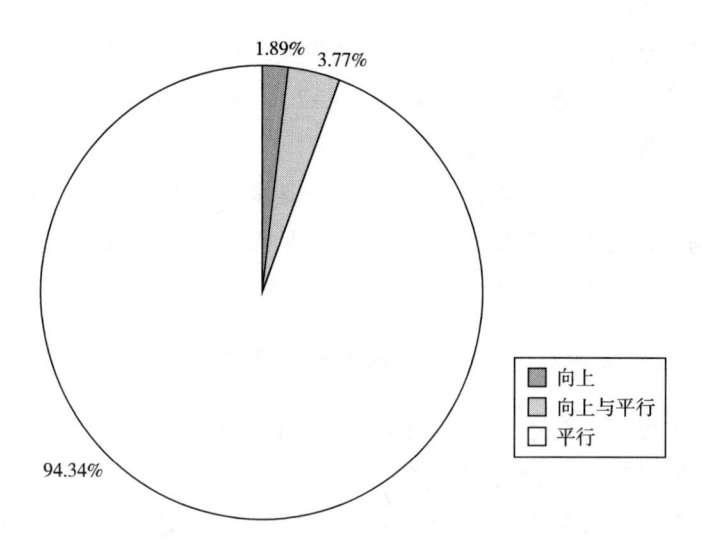

1.89%
3.77%
■ 向上
■ 向上与平行
□ 平行
94.34%

图 2.1-6　二代失业农民工的流动方向
资料来源：本课题组调查。

一方面，二代农民工对改变生活、工作环境有很大期待；另一方面，频繁跳槽导致资本、经验、技能无法获得充分积累，陷入跳槽—失业的恶性循环。被访者中回答失业三次以上占有较大比例，一位被访者一个月内曾经在四五家单位上班，最终因"待遇不好或技术不好而无法留任"。频繁跳

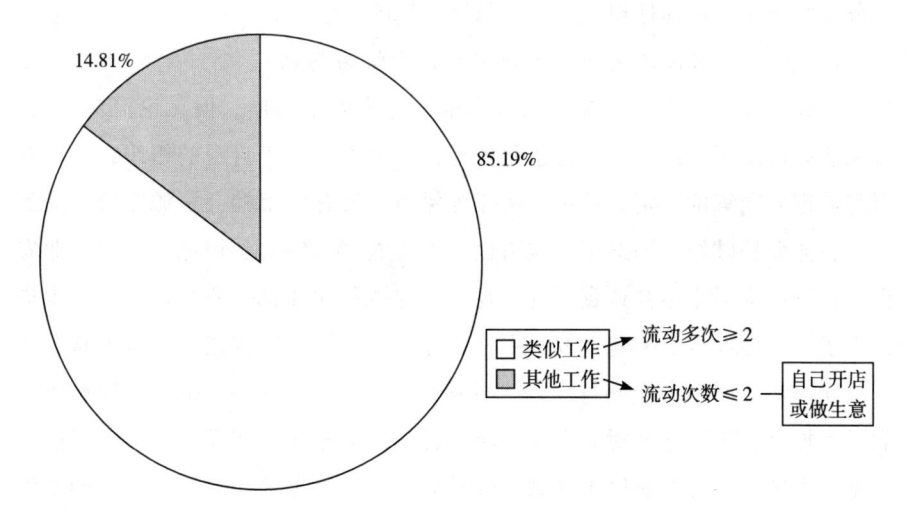

14.81%
85.19%

□ 类似工作　→ 流动多次 ≥ 2
■ 其他工作　→ 流动次数 ≤ 2　→ 自己开店或做生意

图 2.1-7　流动次数与初始工作的关系
资料来源：本课题组调查。

槽、盲目流动等无序行为，并不能帮助失业二代农民工实现向上流动，只能使他们停留在初始工作中（见图2.1-7），这些工作往往是低层次的体力劳动，很容易被替代，也很容易失业。

总之，二代失业农民工的需求层次也是多样化的，但低层次需求根本得不到满足，需求与能力之间不协调，满足需求的内在动力缺乏，低层次反复流动，导致更大失业。

二 二代失业农民工的基本问题与社会冲突

失业农民工或农民工失业并不必然导致社会冲突，失业农民工发生社会冲突的影响机制产生作用还要受到其他许多因素的制约。但失业对任何人毕竟都是一种压力，农民工群体属于社会弱势群体，其自身的人力资本、经济能力、资源状况、支持系统都存在很大缺陷，失业对他们而言压力更大。由压力产生的无序流动使他们更难找到工作，滞留城市而生活无着，加上再就业遭遇教育水平、技术水平、运用人际和社会资源的水平低下的多重挤压，及就业遭遇工资拖欠、工伤赔付、表达渠道受损等多重剥夺，这势必会增加个体冲突的几率，由此而产生对城市和农村的双重认同隔阂。对这种现象，部分人表现出对城市、对企业、对自我的消极情绪、负面评价和失衡行为，部分人则演化为群体性组织对抗，与社会秩序发生对立。

（一）二代农民工失业群体分化与社会结构割裂

二代失业农民工群体在流动过程中分化为四个流向，但无论流向如何，都无法取得阶层等级体系中合法化位置，比如没有属于自身的组织，无法获得与城市人同等的工资、住房、医疗等保障，没有城市社会资源系统，受到来自各方面的歧视，即进不了城市也回不去农村，等等。可见，二代失业农民工在城市生活中不被认真对待，在"被忽视"中生活，不想回农村，也进入不了农村的经济、文化、权力中心，处于整个社会结构之外，这种状况有持续化趋势。而且，他们与社会结构表现为主动割裂趋势，也就是对城市与农村都抱有否定，甚至对立态度，使自我与社会分离。前面一点属于当前二元结构下城市社会对农民工的制度性排斥，而我们更关注后面一点，即农民工自我封闭，自动选择与城市和乡村社会相割裂的一种状况。

二代失业农民工群体的社会割裂表现，如再次流动或者滞留城市群体表现出对城市和农村的双重认同隔阂：既不认同城市，也不认同农村；既否定家乡农村生活，又否定城市生活；既希望在城市，又在不同城镇以及城市乡村之间游走，出现"心灵孤岛"现象。我们选取了6个典型个案，将其口述中集中叙述的语言进行归类，通过对这种"集体记忆"的整理分析，解读其对城市和对农村的认同度（见表2.1-11）。表中从农民工的自述言语中可以勾勒出二代失业农民工对社会的共同认知：城市的机会是多的，城市也是不喜欢我们的，但家乡的日子是落后而没有机会的；打工的目的就是为了赚钱，但打工经历是艰难而痛苦的，将来还是要回老家的；回到家里没什么感觉，但是对城市人也不喜欢；是亲戚、老乡把自己带出来的，准备过几年就回去，等等。对城市和农村的认知都处于否定、疏离的状态，使他们成为真正的"心灵漂泊"的一代。

表 2.1-11　二代失业农民工对城市与农村的认同

突出表述	个案编号	具体表述	解　读
机会	个案 16	"时间做久了就厌烦了，没有什么新鲜感了，就想换换工作了"	否定家乡生活，但对城市的肯定态度也不积极
	个案 18	"不如在杭州打工，工作机会比老家要多"	
	个案 25	"到外面来闯闯，替人打打工，希望有发展的空间"，走一步算一步吧	
	个案 30	"家里那边找不到工作，经济不活跃。觉得在自己家那里很难发展"，"哪里有好的发展机会的话就会去哪里"	
称谓	个案 24	一般"城市人"是不太喜欢"我们"的，我们只是"外来农民工"	将城市人、农村人看成相互对立的两个群体 将两个群体分割，产生自我封闭趋势
	个案 25	我是"外地的农村人"	
	个案 30	他们是"城里人"	
情感	个案 15	"我不是很喜欢这里，也没有本地朋友"，"各种各样的骗子啊坏人很多，让我很难相信别人"，"我倒是经常回老家的，但是回家并没什么感觉"	否定投射：将自己感觉到的城市对自己的感觉反射于城市
	个案 24	"我不喜欢杭州人，因为很多城市人都歧视外来农民工"，"一般城市人是不太喜欢我们的"	
	个案 25	"不过现在对外地的农村人很歧视"，"其实不光杭州这样，其他地方也一样"	

续表

突出表述	个案编号	具体表述	解读
流动	个案 16	"来杭州的主要原因还是因为朋友的关系","对于安家还是希望回到自己的老家去"	过客关系：视己为过客 盲目流动：不主动，本质上疏离与隔阂
	个案 18	我哥把我带出来的	
	个案 24	"听亲戚及老乡说杭州很好，就跟他们一起出来","准备工作几年就回老家"	
	个案 25	"跟着老乡出来到外面闯闯","如果找不到工作就回老家干老本行"	

资料来源：根据本课题调查整理。

寄生城市群体与社会秩序发生对立。一旦农民工失业，生活就失去着落，有的人不甘心就此一无所获，滞留城市成为闲散人员，甚至寻衅、斗殴、赌博、犯罪，学者将其称之为"自救式犯罪"①，也就是迫于生计铤而走险。林彭等人的调查证实了这一现象。调查中发现，有 24.2% 的"新生代农民工"罪犯在案发时"没有找到工作"；22.5% 虽"找到工作，但不稳定"；25.3% 的人"辞职后，正在找工作"。工作不稳定的人数占到 61.7%。② 近些年，因无业、生活无着而犯罪的农民工逐年走高，而且高度集中在抢劫、盗窃等侵财型罪行上。这些都说明，失去工作、工作不稳定、拿不到工资、入不敷出、得不到基本生活保障等生存压力与农民工犯罪密切相关。当他们采用犯罪手段来维护生存时，便自绝于整个社会之外了。

（二）农民身份的代际传递与低阶层认同

中国的户籍制度带来的社会负面效应之一就是身份的代际传递。二代农民工基本没有务农经历，在城市工作生活工作多年，但却仍然沿袭父辈的农民身份。由观念、习俗传承性所造成的心理行为的代际传递，表现为

---

① 宁军：《农民工"自救式犯罪"的法律分析》，《西北农林科技大学学报》（社会科学版）2005 年第 5 期。
② 林彭、余飞、张东霞：《"新生代农民工"犯罪问题研究》，《中国青年研究》2008 年第 2 期。

心理和行为方式等方面父辈与子辈之间、第一代和第二代农民工之间具有明显的沿习性。

1. 过客心理的代际传递

农民工城市过客心理是指农民工仅将城市工作地作为赚钱和暂时栖身之地，并没有在空间上长期居留，在交往上扩大交往面，在社会支持上寻求更正式的组织支持系统等心理状态。

一是基本不与城市人交往。本课题调查的53个个案，44人明确表示交往基本限于老乡工友，比例为83.0%，仅11.3%的人表示也结交了一些城里朋友，（见表2.1-12）。一项以整体农民工为研究对象的调查结果也显示，89.7%的农民工在城市结交的朋友，基本是同层次的农民工或者老乡，遇到困难时，51.29%的人向亲友、老乡寻求帮助，向城市人寻求帮助的只占7.69%。经历了十年的发展，二代农民工与一代农民工的人际交往对象基本没有改变。①

表2.1-12　二代失业农民工社会交往对象情况

类　型	人数（人）	比例（%）
亲友、老乡、工友、房东	44	83.0
城市居民	6	11.3
就地打工	3	5.7
合　计	53	100

数据来源：本课题组调查。

二是不参与异质群体组成的城市组织。在53个调查个案中，明确表示参加过工会等正式组织或其他城市组织的仅占9.4%（见表2.1-13）。2001年，王春光对此也进行类似调查，他以全体农民工为调查对象，结果参与组织率仅为11.9%。②无论一代还是二代，都基本不参与城市组织，也不寻求正式组织的支持。

---

① 田凯：《关于农民工城市适应性的调查分析与思考》，《社会科学研究》1995年第5期。
② 王春光：《新生代农村流动人口的社会认同与城乡融合的关系》，《社会学研究》2001年第3期。

表 2.1-13　二代失业农民工参加异质群体组成的城市组织情况

是否有参加异质组织的经历	人数（人）	比例（%）
无	48	90.6
有	5	9.4
合　计	53	100

资料来源：本课题组调查。

三是没有长期居留城市的打算。在 53 个访谈中，27 人是选择回老家的，占 50.9%；视情况而定的为 14 人，占 26.4%；选择留城的仅为 9 人，占 17.0%（见表 2.1-14）。2000 年，Yaohui Zhao 的一项农民工问题研究，认为农民工中永久性迁居城市的比例约为 20%[①]，可见，二代农民工与早期农民工，选择居留城市的比例都较低。

表 2.1-14　二代农民工迁居情况

回家乡或迁居城市	人数（人）	比例（%）
回家乡	27	50.9
留守城市	9	17.0
视情况而定	14	26.4
居住地打工	3	5.7
合　计	53	100

资料来源：本课题组调查。

以上数据显示，农民工并没有归属城市，从交往对象、组织参与、居住城市等方面看，他们与城市人都存在壁垒，他们只是将城市作为暂时居住地，过客心理现象在两代农民工之间有明显的沿习性。这很容易引发两种文明的对立与冲突。

2. 过客心理代际传递与低阶层认同

城市过客心理与低阶层认同也产生很大关联。所谓低社会阶层认同，就是指二代农村劳动力在向城市流动过程中，并没有表现出向其他社会阶

---

① Yaohui Zhao, "Rural to Urban Labor Migration in China: The Past and the Present", In L. A. West and Y. Zhao Chinese Rural Labor Flows, Institute for East Asian Studies, University of California Berkeley (2000).

层靠拢,而是对农民工群体愈益接近并认同。短期居留、乡亲交往、不参与除乡亲外的其他社会组织等城市过客心理,则为低社会阶层认同提供了心理基础。在我们的调查中,低社会阶层认同在失业和非失业农民工群体中普遍存在,着重表现为:集群居住、流向趋同、乡语交流、只运用熟人支持系统等四个方面。

集群居住,也就是与同属、同亲、同乡一起居住。在本课题访谈的53个个案中,33位或者居住在同学亲友的家里,或者与工友老乡聚居于同一社区,占62.3%,独立散居的仅有13人,占24.5%(见表2.1–15)。农民工群体向聚集地靠拢的趋势非常明显。

表 2.1–15　二代失业农民工居住情况

类　　型	人数（人）	比例（%）
寄居老乡、同学、亲友家	8	15.1
居于工友老乡附近片区	25	47.2
独立散居	13	24.5
自己家	3	5.7
流浪居无定所	4	7.5
合　　计	53	100

资料来源:本课题组调查。

流向趋同,指的是绝大部分农民工都是低水平的水平流动,流动方向基本一致,通过流动—失业—流动的循环,职业层次也没有提高(见表2.1–16)。

表 2.1–16　二代失业农民工流动趋势

流动类型	人数（人）	比例（%）
向上流动	1	1.9
曾经向上,但最后平行流动	2	3.8
平行流动	50	94.3

资料来源:本课题组调查。

由于周围都是老乡或亲友,他们保持使用乡土语言和乡土生活方式。在社会学意义上,语言是区隔身份的重要标志,圈内人往往使用同一种语言或表达方式。从语言表达方式上看,从内心深处他们没办法摆脱乡土意识的束缚。

只运用熟人支持系统,主要表现在求助、求职、学习等方面,基本由亲戚、老乡、熟人帮忙。虽然二代失业农民工寻求城市组织帮助有所显现,如寻求报社、工作单位、当地政府等帮助,但总体上支持系统仍局限于乡亲圈子(见表2.1-17、18)。即使技能学习,也是寻求熟人带领自行完成(见表2.1-19)。

表 2.1-17　二代失业农民工求职渠道

类　　型	百分比
自己创业	18.8%
亲戚朋友介绍	53.9%
报纸招聘广告	13.2%
其他	14.0%

资料来源:本课题组调查。

表 2.1-18　二代失业农民工困难时求助对象情况

遇到困难时向谁求助?	百分比
靠自己解决	33.4%
找老乡	18.4%
找当地朋友	10.1%
找工作单位	17.3%
找当地政府	4.0%
找新闻媒体	1.3%
找老家的亲人,朋友	7.6%
回老家	0.3%
没有办法自己忍受	4.5%
其他	3.3%

资料来源:本课题组调查。

表 2.1-19 农民工培训的组织者

培训组织者	百分比
用人单位	44.7%
熟人的师徒帮带	38.9%
政府部门	8.4%
技校/职业学校	7.9%

资料来源：陈微、金卉、熊远来《浙江农民工的培训状况及对策研究》，载《浙江省社会发展蓝皮书2008》，杭州出版社，2008。

3. 低阶层认同与社会冲突

分析说明，经历十年发展，二代农民工向城市融入的步伐并没有加快，反而愈益向低阶层人靠拢。我们更为关心的是这种低社会阶层认同与社会冲突的关联。任何社会阶层的认同都有两个基本特征：圈内人交往、信息同质性，低社会阶层的认同也如此。这两个特性放在农民工阶层认同中，则容易引发一些社会行为。

其一，越是低层次的同质圈内人交往，信息来源渠道越单一，信息往往会被放大，一旦失真信息放大并在圈内广泛传播，极易引发过激群体性行为。如2008年的"玉环7·10"事件[①]，四川男子张某与村综治工作站工作人员产生冲突后，带人到综治站"讨说法"，袭击警察，袭警肇事者被依法处置，事后社会上开始流传"警察将两名四川人无故打死""一群四川人被关在派出所，还有警察将四川人无故打死"……这些消息在玉环的四川人里面传得沸沸扬扬，最终引起了大规模的外来农民工围攻派出所的群体性事件。"玉环7·10"事件发生的玉环县正是四川籍农民工扎堆的地方。该群体性事件背后虽然有警民冲突、表达渠道受阻等社会矛盾激化的因素，从信息传播渠道—流言—社会行为的关系讲，不能不说与当地同籍农民工扎堆，老乡的道听途说成为唯一的信息源，失真信息被不断夸大等因素密切相关。

其二，来自农民工群体的具有重复性、狭小性、低级性、单一性的同

---

① 《钱江晚报》2009年3月20日。

质信息，极易造成隐性失业。隐性失业指的是由于从事的职业技术含量低，易于被取代而导致从业者容易失业的现象。我们将调查中的几个信息进行排列：打工信息来源、职业、流动频次、失业。结果显示，几个信息呈直线型排列，就是说信息与信息之间存在的因果关系的排列：打工信息来源亲属，职业层次低，流动频次高，失业次数多。这个发现验证了上面的设论：来自农民工群体的同质信息，致使职业层次低，容易失业（见图2.1-8）。所以，农民工的低阶层认同并不直接导致失业和社会冲突，但是为隐性失业等社会冲突埋下了隐患。

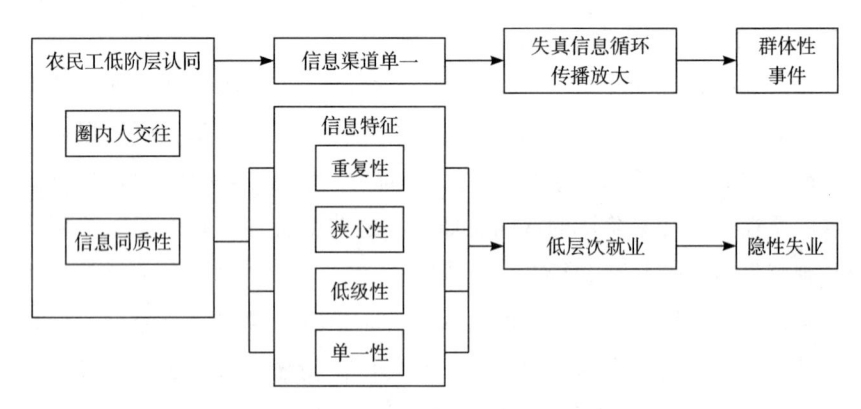

图2.1-8　低社会阶层认同与社会冲突路径示意图
资料来源：本课题组根据研究过程整理。

（三）边缘化地位与个体性的社会冲突

农民工往往处于不被认真对待，在"被忽视"中生活。他们在职业稳定性、收入、保障等方面被边缘化现象十分普遍，特别是职业稳定性。在本次课题组对584人的偶遇抽样中，484人曾失业，失业经历占82.9%。职业生活很不稳定，经济生活也随之可能恶化，部分人因此落入贫困境地，被边缘化地位明显，导致个体性社会冲突现象增多。所谓个体性社会冲突，指二代农民工失业后与社会的各种冲突是通过个体的行为方式表现出来，而不是通过集体的行动方式表现出来的。

个体性社会冲突的冲突主要表现为"外泄型、隐忍型、躲避型、投射型"4种类型。

1. 外泄型群体的冲突

外泄型是指该群体将失业后的各种焦虑直接表现出来。从冲突特征和行为特征看，外泄群体的主要冲突对象是政府和整个社会就业，将对政府、政策、环境的不满转化为语言指责、抱怨一切、随意流动，只有极少数人将怨恨情绪转化为直接的面对面的冲突。外泄群体的情绪怨恨主要表现为4个方面。

一是对城市管理的泛化性不满。由于城市经济社会发展水平的差异，全国各地针对外来人口的政策也存在差异，和城市社会的隔膜，使得二代农民工很难获得完整的城市社会信息，制度适应性较弱，在日常生活经验中时常将特定的针对城市管理具体制度的不满，泛化为对整个城市生活环境的不满，失业后到处流动，但是在新的流动过程中，往往又感受到新的不尽如人意之处。

> 访谈07：……起先由老乡介绍去福建和广东找了一份工作……广东那边比较乱，对于我们外地来的务工者，也不是很尊重，而且那边还收取办理暂住证的高额费用，我那一次就出了五六百块钱……听说杭州挺好的，所以就投奔来到了杭州……环境比较好，办理暂住证只需要五元钱的工本费……现在杭州的消费实在是有点高，一个月一千多，原本以为出来到杭州工作以后2000~3000元/月的工作很容易找，而且认为时间干得越长，工资会越来越多，慢慢加上去，但是事实不是这样的，我们现在要交房租水电费，还要过日子，觉得压力很大……现在已经失业一个多月了，心里又急又烦，我现在天天跑劳动力市场，来了十几次了，还是找不到理想的工作……中国和西方不一样，中国是一党专政的，对老百姓不好的，不像西方国家，中六合彩肯定不可能，中国应该多学学西方国家。

> 访谈23：……我失业前是在纺织厂做操作工，因为有事回老家，请假时间过了一个多月才回来，就被辞（退）了……杭州这里还可以……不过有些政策啊什么都是针对杭州人的，像那个YAMAHA，只要杭州人，不要外地人。现在就是想找个班上上，如果没好的工作就去上海。其实也不是说没活做，主要是不想做……

二是安全感缺乏导致对整个社会环境的负面评价，形成与生活环境的紧张关系而任意流动。由于城市化程度不足，二代农民工对城市的公共资源、管理制度和地理环境都比较陌生，因此，更敏感于城市环境中的负面因素，惶恐不安；城市中的人身安全、消费水平，都是造成他们怨恨的原因。

> 访谈51：……来杭州之前我去过上海、山东济南。上海的主要问题是花费太高了，山东济南是治安太乱了，让你人心惶惶，再好的工作都没心情。举个例子，在济南晚上出去，走到偏僻的胡同里，看到当地人，抓着你明抢，你报警，没证据。有一次，被当地人抢，我到派出所报案。他们让我说出在哪儿被抢的，有什么证据，反正派出所是让你们自己去找证据，问题是一个农民到哪去找证据。济南当地人太坏了。哪个地方越穷，偷钱就越多，形成帮派。来杭州2年，这种情况只见过2次，但都不是本地人。都是外地人结成帮派，这个外地人在本地混，还是有限制的。我对杭州的印象还是可以的，但不是说杭州没坏事，但大环境还是可以的，有些杭州本地人对我们还是客气的。来杭州没发生过老板跑路的事……有些中介机构和老板太坏。我不是说劳务所存在诈骗，是中介机构存在诈骗，咱不说劳务所。去中介机构退钱，还被保安打着出来。老板拖欠工资，我们不能去讨钱，这样老板会说你这人太刁蛮了，以后就不会雇你了。

三是劳资矛盾引发的对整个就业环境的不满意。在农民工进入企业的全过程中，几乎都存在劳资矛盾的隐患：招聘过程中的信息不对称、劳动合同签订不规范、工资待遇偏低与拖欠工资、企业管理中的不合理与不公正、工作环境与居住条件恶劣、工作日超长与休假太少、福利没有保障、工伤处理中推卸责任，等等。由劳资矛盾引发的冲突，使农民工频频离职，甚至在失业后仍陷于投诉、上访、讨薪、索赔等冲突性的行为中；在维权能力有限、维权渠道不畅的情况下，对社会整体环境和政府职能部门都产生负面评价。

访谈 24：……出来以前对一切想象得很好，认为杭州是个可以淘金的好地方，一出来就改变了自己的看法，我不喜欢杭州人，因为很多城市人都歧视外来农民工……第一份工作（持续了）1 年，月薪 1500，因为合同到期，觉得工资也不是很高，想换换其他的工作就不做了……第二份工作（持续了）1 年，因为工作环境差，夏天热，有空调也是做做样子不开的，有电扇但没什么效果。冬天很冷，而且工作时间长，差不多每天工作 12 个小时，即使在法定节假日上班也没有加班工资，知道《劳动法》规定，在节假日上班是平时工资的 3 倍，但也不敢提出来……冬天吃的都是冷菜，夏天的菜是坏掉的，没人敢吃，没有五险，经常生病，只能用自己的工资去看病，而且请假要扣工资的，后来不做了。第三份工作有半年，因为请假两个月回老家被老板开除了。

四是为维护自身的合法权益，与老板形成直接冲突。这类冲突在我们的访谈中很少，所表现出来的冲突形式并不十分激烈，只是以讨回薪水，维护最基本的工资权益为目的。

访谈 44：……去年老板让我休假三个月，我休假回来的时候，老板说已经招满人了，不用去上班了……和我一样，原来的厂里有将近四分之一的工友失去了工作，老板说业绩不好所以要裁员。但是大家都没能拿到像合同里说的如果被解雇了会多补给一个月的工资。所以我们这群人去年 12 月去找了瓯海的区政府。工作人员虽然也招待了我们，但根本就没有实际行动，把这事的责任推来推去。后来还是我们自己多次去找老板才拿到钱……

2. 隐忍型群体的冲突

隐忍型是指该群体采用强忍、封闭、沉默等形式，将失业后的各种焦虑隐藏起来，更多表露出对政策、对周围的人和事、对社会环境的怀疑、不信任，转而寻求同质群体支持。与外泄群体相比，其怨恨情绪虽然适度降低，但疑虑、不信任情绪弥散，形成对整个社会的"沉默对抗"。隐忍型群体采用这种对抗方式,与4个因素有一定关联。

一是信息网缺失和社会支持网单一。由于劳动关系不稳定、加上对农村生活的陌生感,二代农民工对未来存在较大的焦虑感,明显的表现是将当下的收入作为求职首要的考虑因素,希望能以目前的积蓄作为应对风险的保障;如果有获得更高收入的可能,他们很容易放弃当前的工作,投向异地。但他们在城市中的信息和支持网络仍以血缘、地缘基础上的初级社会关系为主,所获得的信息和支持非常有限并可能失真,在这种情况下,对个人生活困境往往采用"忍"的方法渡过难关。

访谈08:……我15岁从老家出来,在北京也没有亲戚朋友认识,有一个厂请我们做了一年,后来就去市场做装修这样的小工做到现在(例如水泥工、油漆工),在北京一共待了18年……经常没事干,也没办法,有事干就干,没事干就歇。一直听别人说杭州工资高,钱赚得多,而且自己也有亲戚在杭州的工厂里打工,所以在半个月前来了杭州。到杭州后我就找过亲戚一次,因为大家都是出来打工的,找别人帮忙也不好意思,大家都比较不容易……城里不会有人帮我的……现在我就住在那种快拆迁的破房子里,自己买个被子在那里面住,这样可以省很多钱。现在我一直没有工作,所以现在吃用就靠以前攒的钱……现在我还是想找个建筑装修方面的工作,因为别的我也没干过没有技术,所以在杭州一直等着找这样的工作。现在找不到工作我也很急,但是没有办法只能一天天过去,也不能和家里人说,怕他们笑话,如果让救济站送回去,这样太丢人。

二是不相信政府、不相信企业能解决劳资关系紧张等问题,自我也没有能力解决这些事,主动放弃维权。

访谈05:……来杭州前在福建干了三四年,一直在服装、纺织、电子工厂做操作工。因为没什么技术,所以工资都在800~900元……但是却要工作十几个小时,太累了。纺织不想做了……以前工作太累了,起来后工作,工作累了回来睡觉,别的什么也不做,没有自由……如果你要签合同来保障，企业就不用你了，反正现在打工的很多，我们也是没有办法啊……杭州市场工作都是中介介绍的……但是信息有时候都是过时的，假的太多。像我去企业了，它已经不招了，那我也没办法。还要自己付来回的车钱和吃的费用，浪费太厉害了……我觉得政府政策对我们来说没什么好处，与打工仔没什么关系，因为政策很难落实。就拿加班费来说，我们加班工作根本就没有加班费的，以前工厂的老板说，底薪960再加上计件提成，但是一件衣服才几分钱，哪有什么钱啊？工作又累。那我们又没有办法，只能就这样子。

三是外部缺乏信息渠道、内部自我封闭，面对无力改变的环境，怨气冲天。正规就业之外的农民工，由于缺乏正式组织和渠道对其心理行为进行规范和引导，造成他们自我认知、自我预期含糊混乱，又缺乏与外界交往能力，对职业生活的无力感使其进一步将自身困境归因于他人和外部环境，造成心理和行为失衡。

访谈31：……我都是来劳动力市场找工作的，报纸上很多信息都是骗人的，我去应聘的时候他们挑三拣四的，找借口不收我。我没去过企业找过，也没有找过朋友帮忙。我都是靠自己找的……我租的地方没有老乡，我觉得各人过各人的生活，交流不好的。万一你遇到个坏蛋怎么办，外面的陌生人最好少跟他聊天……房东有时候打扫的时候会跟我说你赚钱也是很辛苦，不要一下子被人家骗掉。现在的人心思猜不透的，我跟房东是经常聊天的，有时候跟我说这个工作不错，那个工作你干干挺好的，但是没有给我提供就业信息……我不大清楚那些政策，也不了解劳动法。杭州那么大，各人吃各人的饭，有些事情不用理会，自己的事情做好就好了。我现在没信心找工作，工资太低的我没兴趣……介绍信也是骗来骗去的，说来说去都是搞老百姓。

四是对失业后的经济补偿十分不满意，但是害怕"以弱抗强"，得不偿失，采用"沉默"的方式被动等待事情转机，但这并不等于放弃经济补偿，而是将外显的要求转变为内隐的要求，这股力量一旦积蓄到时候，"怨""恨"便形成"合力"，喷涌而发。

访谈 41：……原先在工地上（嘉兴海盐）打工的时候，碰到过有拖欠工资的现象，老板总是能拖则拖，不能拖的时候就会到年末给我们，但是到现在我还有 3000 多元没拿回来，已经好几年了，我也没有抱多大希望了，不想惹很多的麻烦。不仅拖欠我一个人的工资，和我一起出去打工的被拖欠工资的还有好几个……我们都等着……

3. 躲避型群体的冲突

躲避型是指该群体对因企业管理、工作环境、保障状况等产生的矛盾，采用不直接面对的形式消极对抗，或者主动辞工，躲开直接的冲撞，但也不是不反抗，而是"你不喜欢我，我还不愿意干"的"主动软反抗"（见访谈 02）；或者只相信自己，艰难地独立面对生活困境。人际沟通与合作能力极度缺乏，自我封闭心理等，导致这部分农民工无法建立社会网络，进而产生了对他人和环境的对立情绪（见访谈 10）。

访谈 02：……来杭州到现在，很多工作我都做过了，大概有四五份。做得最久的是两年，还有做过一次蛮长的是一年，一两个月的也做过很多……合同签得不是很正规……具体内容老板也没说，我也没怎么看，但劳动保障好像是没的……当时自己也有点不想做，体力活实在太重了，做了大半年。公司老板那时说——今年你们还可以来上班，但明年如果经济不景气的话还会裁员的。这让人感觉也没多大意思，本来就有点不想干了，所以后来就不去上班了……最早在厂里做过，感觉不喜欢那边的环境……每个部门的管理人员太欺软怕硬。

访谈 10：……2004 年去过济南工作，被那里的其他人欺负，有点难立足，2005 年后就来杭州了……最先在地铁公司做过，最后一个工作是在钱江九桥搞排水……现在没工作就住在附近待拆迁的空房子里，生活来源主要是以前的积蓄。在这边认识的人有，但是很要好的基本没有,和老乡谈话做事合不来。找工作我一般到这里的劳务市场。但这边的职业介绍所有时候也不道德,信息不是很准确,经常骗人的。还有,来这边找工作的一些人也不道德,钻劳动法的空子敲诈老板的钱,由于这些人,使一些老板不太敢找人,所以我们这些真正想本本分分干活的人,活很难找……竞争很激烈,特别有些人有恶意的竞争,就是这些人破坏了就业环境,我认为这是非常严重的问题。

4. 投射型群体的冲突

投射型是指该群体将失业所产生的焦虑泛化为对一切的不满,与外泄型相比,这类个体化的冲突并没有明确的冲突对象,而是将内在的不满投射到社会生活的各个方面;没有很激烈怨恨的语言表达,而是更为持久的、消极的负面情绪;负面情绪呈扩散性发展,对社会、企业、他人甚至对自己都充满着内在冲突和不满。

投射型群体的不满投射着重表现为两个方面:

一是将对企业经济补偿方面的不满投射到政府和其他管理部门。按照《劳动合同法》的规定,因企业原因造成失业,失业者应获得一定经济补偿,但在实际操作中,许多农民工和企业之间不存在劳动合同,或者合同不规范,失业之后的索赔远非易事;由此引发的冲突,不仅仅发生在农民工和企业之间,得不到满意结果的农民工往往迁怒于政府,产生对政府管理部门的负面评价。

> 访谈47:……去年通过职业介绍所找的那份酒店工作……觉得挺好的,但过年回家,回来他们酒店就招满了,就不要我了。再说没有跟他们签订劳动合同,其实签了也没用,老板不要也就不要你了,我们又不能把他们怎么样,所以对自己来说也没什么帮助,也不需要。政府根本不能为我们做什么东西,我们遇到劳资纠纷问题,他们接待我们,但是把我们像踢皮球一样踢来踢去,推卸责任,结果还是靠我们自己去找工作,所以有些工资我们根本拿不回来……
>
> 访谈50:……一直是给一个老板打工,做的是装空调的。刚开始给那个老板打工的时候说好是100块一天的……老板发工资的时候却

只给了我 75 块钱一天。我不服气，找老板理论……又去找了劳动局，但是他们问我有没有签合同或协议，我说没有。他们就说那也没办法，后来再去找他们，干脆就理也不理我。我现在没有工作 7 天了，压力非常大，因为我还要养老婆和父母……现在工作很不好找，感觉老是骗来骗去。前几天，我去秋涛路那里一个地方面试，他问我几岁了，我说 32，然后他嫌我年龄大，就不要我。但是我在登记信息的时候，那个单位没有规定多大年龄，他们叫我去面试，我就去了，还交了 20 块钱介绍费。现在没成功的话，只能还我 15 块……

二是对自身条件认识不足，自我封闭或偏执倾向，往往根据主观臆断解释他人行为，表现出对他人提出过高要求，把失败归咎于外部因素，加上流动随意频繁，生活预期难以实现，内外交困而使心理和行为都处于混乱状态。他们将这种混乱投射到他人身上，表现出对他人的否定；投射到自身身上，表现出对自身的不认同，多重不认同共生而难以自拔。处于非正规就业的二代农民工，在工作和失业、规范和越轨的边缘游离。

访谈 11：我让人给骗过来的，让我朋友骗进了传销，跑出来了，朋友把我骗了……为什么不去举报啊，这种反正我也举报不了。现在这种传销骗人很多的……我现在想干列车员，但是年龄不到，要 23，我年龄不到。我看了看保安工作，不想干。我想当游戏代练员，我也想过学电工……再找不到工作我就要饿死在这儿了。现在我用的都是原来赚来的（钱），现在都没了。我来这边半个月花了 1300，钱不够了，没钱了就回去了。昨天我在网吧过的，在那通宵，10 块钱，对了，你们知不知道 15 块一晚的旅馆在哪里？没钱了，回去的车票要 130，现在还有点钱，过几天 130 都没了。没钱我就逃票回去，以前反正也逃过票，现在不好逃啊。不能再和家里要了。杭州是不错，但我顶多呆一个多月就回去了。来杭州啊，没怎么跟别人接触，不知道他们怎么样，就这样吧……学徒，没想过当学徒，中国这个社会，穷人越穷，富人越富。过来的时候坐的（是）到上海的车，到上海玩了一圈再过来的。我以前在秦皇岛也去过的，不是去打工，去玩的，没在那找过工作，就去玩的。再说吧，我今天反正不想找了，明天再说吧，我本来今天就不应该出来的。保安到处都在招，不想干了……

访谈48：……我已经是创过三次业了，可是每次都失败，钱也亏得差不多了。有时候想想连死的心都有，我爸爸妈妈把积蓄都拿出来给我，而我却亏完了，也没有尽到儿子的责任……如果我有了钱，我还想自己创业，在杭州做餐饮，我觉得在杭州做餐饮很有前景的……我对杭州是有爱有恨……恨的是这里找工作麻烦，有时候，我们可以在人才市场外面碰见老板来招人，可是保安老是把我们往人才市场里赶，不让我们和老板们谈，说不安全，其实就是为了挣我们的介绍费，如果我们付了钱，也不会让我们和老板面谈，有时候给我们提供假的信息，我们来来回回地跑，那边老板说'你不符合我的要求，我们没有招人'，然后我们只好跑回来，他们只退我们15块钱……钱都花在来回的路上了，如果我们跟人才市场理论，他们就会找保安来打我们，不把我们当人看。

（四）权益受损与群体性的组织对抗

农民工权益受损普遍表现为劳动条件恶劣、工作时间长、工资低且屡被拖欠、同工不同酬、基本社会保障被剥夺，等等。在所有的权益损害现象中，工资问题造成的冲击最大，往往引发群体性事件。2004年全省劳动保障部门处理的群体性、突发性事件各1200起，其中大部分是因拖欠农民工工资问题引发的。[①] 我们检索了浙江省2006~2009年间重大群体行为事件，发现9件群体行为事件中，与工资问题相关的有7件，其中6件涉及工资拖欠，1件涉及劳资调整争议。近几年，尽管浙江省劳动保障部门每年都组织开展解决拖欠农民工工资问题的专项行动，针对建筑施工等农民工工资拖欠比较严重的领域，专门出台了全省建筑施工领域农民工工资支付保障办法，建立了企业工资支付保证金和政府欠薪应急周转金制度，以保障农民工能按时足额领到工资，但时至今日，拖欠农民工工资现象仍然严重。本次调查中，60.7%的农民工表示身边发生过拖欠工资的情况。拖

---

① 杭州网：http://www.hangzhou.com.cn/20050801/ca969933.htm。

欠工资成为引发群体性组织对抗的最重要原因,同时,劳动保险赔付合理性问题,缺乏利益表达渠道问题,长期被忽视、被边缘化而引发的仇视、同毁等心理,也成为群体性事件的诱因。

1. 群体性组织对抗事件

绝大部分农民工出来打工的直接目的就是赚钱,其需要层次也仅停留在吃、穿、用等基本的生存需求和安全需求,当这种最低层次的生活期望和内心需求都无法得到保障,受欺、屈辱、愤怒等情绪就会直接迸发,处于相同境遇的农民工聚群反抗,酿成群体性行为,有的直接与社会产生冲突。农民工群体性事件以群体上访、请愿、罢工、阻塞交通、围堵或冲击重要机关、重点工程和要害部门、聚众闹事等为主要表现形式(见表2.1-20)。

表2.1-20 发生于浙江的部分农民工群体事件

时 间	城市	直接原因	表现形式	来 源
2006.1.23	江山	拖欠农民工工资	集体上访投诉	http://www.zjaic.gov.cn/zjaic/gzfw/zfdt/200601/t20060125_5923.htm
2007.4	诸暨	拖欠农民工工资	集体上访	http://www.lhzb.gov.cn/asp/news/edit/UploadFile/2008361640605.doc
2007.11	诸暨	拖欠农民工工资	集体上访投诉	http://lhzb.gov.cn/asp/news/edit/UploadFile/2008361632896.doc
2008.1	永康	拖欠农民工工资	集体上访	http://www.csjcci.net/sites/mistest/csj/Pages/js_20080423_4.aspx
2008.1	天台	拖欠农民工工资	集体上访投诉	http://www.zjjs.com.cn/Data/HTMLFile/2008-10/7143ffb8-c699-4532-8a6f-b338a2cf19fd/6756b5ab-a1cd-417e-b178-1c7330e175f6.html
2008.7.9	玉环	办理暂住证发生冲突	围堵冲击重要机关	2009年3月20日《钱江晚报》
2008.9.8	象山	外来农民工借机生事	聚众闹事	http://www.newnews.ca/portal/web/level3.php?id=9125

续表

时间	城市	直接原因	表现形式	来源
2009.1	江干	拖欠农民工工资	群体上访投诉	http://www.hzjgw.com/DesktopDefault.aspx?tabid=f2903f09-44ea-40e2-80f8-3a9de60c0d0e&ID=0ae17cb6-8384-4169-8cc5-1d34285593de,08ec129d-0305-4080-9f87-5639b46b16f6,2009-1
2009.3.16	浦江	工价调整问题	聚众闹事	http://www.zj.molss.gov.cn/jpm/portal?action=infoDetailAction&eventSubmit_doInfodetail=doInfodetail&id=3881

2. 群体性组织对抗的心理基础

以上各种群体性事件，从发生事件、诱发原因、发展过程看，引起群体性组织对抗事件，有一定的心理基础和社会原因。在心理基础中，仇视心理与同毁心理与群体性事件直接相关。

一是仇视心理。

案例：2008年9月8日象山发生一起外来农民工借机聚众闹事的事件，事件的原因是当地一孩子在一工厂坠楼命危，家属质疑坠楼原因，遂纠集家属村民到工厂进行理论，围观农民工达千人，在厂方与坠楼者家属理论过程中外来农民工打砸工厂，并与前来处理案件的警察发生冲突。

此对抗事件中，外来农民工与死亡事件并无直接关系，对抗事件产生的原因在于，一方面由于社会地位的低下，农民工普遍遭遇社会不公造成怨言积压；另一方面受到社会刚性的管压而心理压抑，而且由于管压的刚性，农民工对管理者具有天然的对抗性；再一方面农民工缺乏申诉渠道，无处释放内心的积怨与压力，认为压力之下只有反弹才能解决。遭遇不公而怨言积压，受到刚性管压而产生压抑进而产生对抗心理，缺乏申诉渠道难以释放积怨压力，这样，一旦有了导火线，群体性对抗事件就发生了。

二是同毁心理。

案例：2007年5月17日，由于与老板叶某多次协商结清尚未发放的工资未果，云南籍打工者吴某叫上两个弟弟以及老乡舟某、李某到海盐县百步镇某服装厂食堂，向服装厂老板叶某讨要工资并实施暴力，致使叶某右侧第九、十根肋骨骨折，法院依法以故意伤害罪判处吴家三兄弟及两位老乡拘役五个月至有期徒刑八个月不等的刑罚。在此暴力讨薪案例中，吴某多次讨薪无果，采取暴力报复，从而将自己送进了监狱。

此类农民工暴力讨薪群体性事件的发生有3个原因：一是经验，社会上一些群体性事件的经验告诉他们，作为弱势群体的小人物，把事情闹大引起官方注意才能争取到正当的权益；二是贱命心理，认为"高身价"的企业主在自己以"贱命"相搏的威胁下会妥协，选择满足其经济权益；三是农民工确实缺乏解决问题的途径，兼之素养不高。

虽然仇视管压、同毁心理只是农民工群体性事件产生的部分原因，但其本身又是农民工权益被长期忽视、弹压、边缘化的结果。

三　二代失业农民工社会问题及冲突的原因

二代失业农民工群体所表现出的对城市、对企业、对自我的消极情绪、负面评价，以及与社会秩序发生冲突的群体性组织对抗事件，部分由农民工个体的身心素质、能力素质、行为规范素质欠缺造成，比如：流动失范、边缘心理弥散、认同越轨生活、人力资本条件缺乏竞争力，等等；部分则与社会对农民工排斥、吸纳农民工劳动力能力不足等各种因素相关。内外两重因素致使农民工持续性的生存状况恶劣、经济地位低下。这种状况扩散对社会的稳定和谐将十分不利。

（一）职业技能不足

根据调查，我们发现失业二代农民工的受教育程度高于在岗的农民工，但在技术水平上并没有明显差别（见图2.1-9、10）。这种现象说明，二代农民工的受教育水平普遍提高，但职业技能并未随着受教育程度的提高而提高。在本次对失业二代农民工的问卷调查中，65.3%的农民工接受过各种类

第二章
社会群体与社会冲突

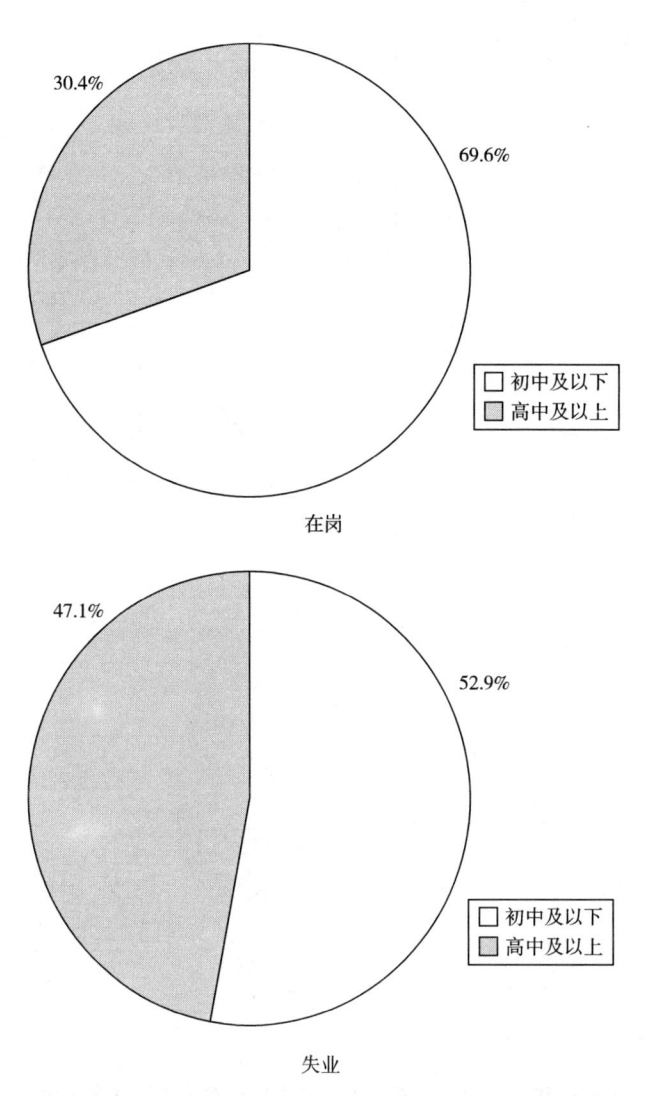

30.4%
69.6%
□ 初中及以下
■ 高中及以上

在岗

47.1%
52.9%
□ 初中及以下
■ 高中及以上

失业

图 2.1-9 在岗农民工和二代失业农民工受教育程度比较
资料来源：本课题组调查。

型的培训，但是有过技能培训的比例仅为 36%（见图 2.1-11），其他类型如安全和操作类培训，事实上只是针对具体企业的具体工作岗位，并不存在通用性，对技术水平提高没有明显帮助。技能培训缺乏，使农民工的劳动力水平不符合现代企业要求。56.6% 的个访谈对象（30 人）表示受教育程度和技能水平是求职的最大障碍（见图 2.1-12）。现代工业的发展更多要求工人的

冲突与弥合

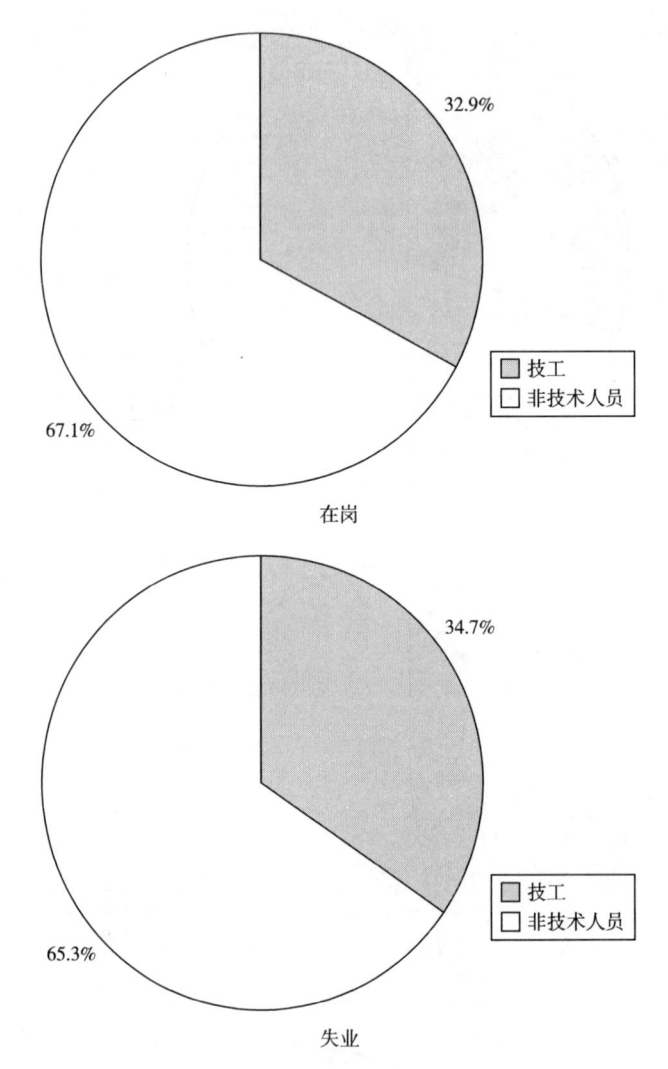

32.9%

67.1%

■ 技工
□ 非技术人员

在岗

34.7%

65.3%

■ 技工
□ 非技术人员

失业

图 2.1-10 在岗二代农民工和二代失业农民工技术水平比较
资料来源：本课题组调查。

技能水平，由于技能水平不足，他们普遍感到职业竞争和就业挤压。

（二）把握职业信息能力不足，求职途径狭窄

把握职业信息能力包括能够获取多样化的职业信息，能准确地选择信息，能够对信息进行准确判断等。农民工在这方面能力不足主要体现在：职业信息来源单一、重复、不真实等，对职业信息的选择和判断能力弱，

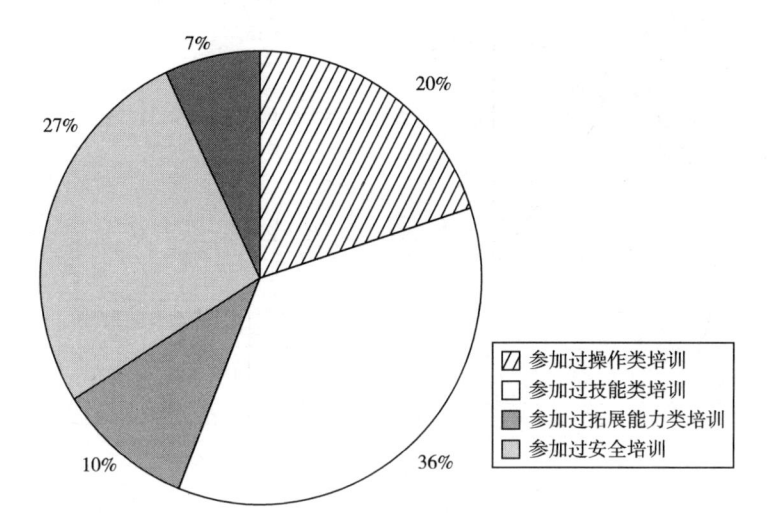

图 2.1-11 二代失业农民工曾接受培训的类型

资料来源：本课题组调查。

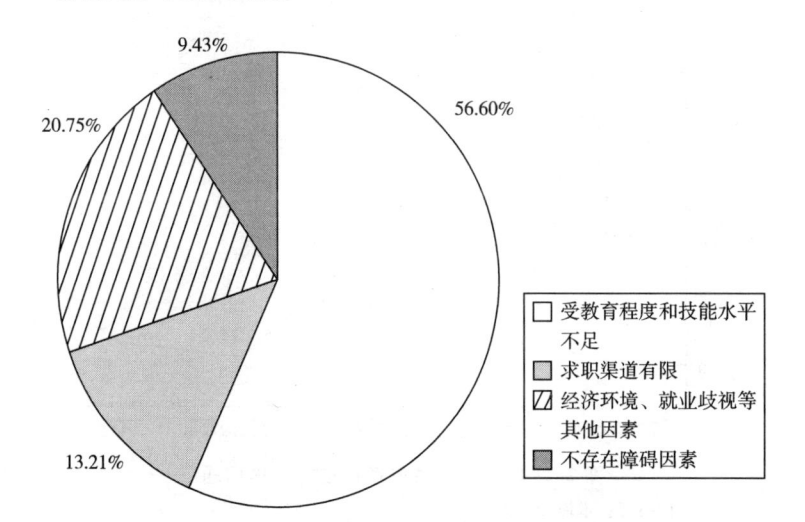

图 2.1-12 二代失业农民工对求职障碍因素的归因

资料来源：本课题组调查。

导致无法准确把握职业信息。在本课题"你认为劳动力市场是否存在问题"问题项上，90.4%的人选择"存在"（见图2.1-13），进一步提出"劳动力市场存在哪些具体问题"的问题项上，选择"信息不真实"的有135人，比重最高，占68.5%（见图2.1-14）。

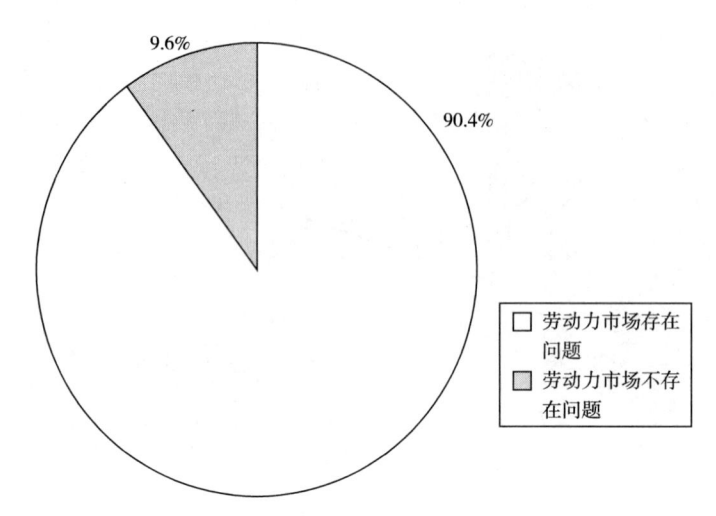

图 2.1-13 劳动力市场存在问题比例

资料来源：本课题组调查。

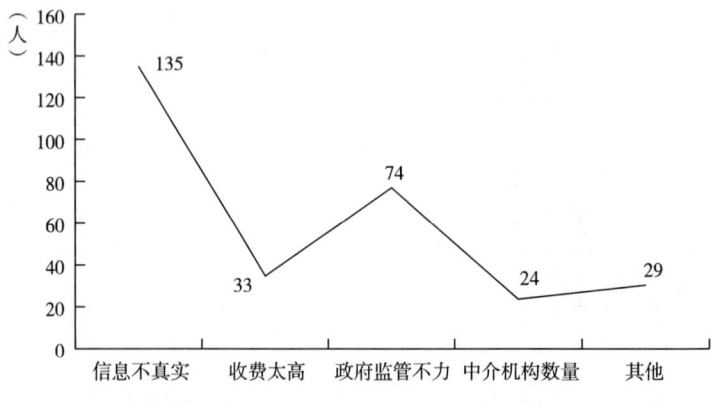

图 2.1-14 劳动力市场存在的具体问题

资料来源：本课题组调查。

针对农民工信息反映的"信息不真实"问题，课题组进行了访谈，访谈对象为杭州大关劳动力市场、杭州四季青外来劳务市场、温州人才市场、衢州人才市场等四家劳动力市场管理人员。管理人员普遍认为，确实存在少数非法、虚假的用工广告信息，但劳动力市场的大部分用工广告信息是真实可信的，因为所有的企业进入劳动力市场进行招工都需要审核审批，市场内所有用工广告信息的张贴都受到严格管制，所以用工信息具有真实可信度。

为什么市场管理人员的反映与农民工的认识存在这么大差距？根据农民工的求职心理、求职行为，本课题组对53个访谈个案"是否去劳动力市场"，对"劳动力市场用工信息，和企业信息是否有疑虑""找到工作的优先途径"三个方面进行了编码整理和统计，得出三个结论：大部分失业农民工是会去劳动力市场寻找工作的（92.5%）；相当一部分农民工是对信息的真实性心存疑虑的（47.2%）；失业农民工寻找工作的优先途径首先是亲戚、朋友、老乡与工友（54.7%），其次才是劳动力市场等劳务中介机构（34.0%）（见表2.1-21）。

表 2.1-21　二代失业农民工寻找工作情况

项　目	选　项	人数（人）	比例（%）
是否去劳动力市场	是	49	92.5
	否	4	7.5
对信息是否心存疑虑	是	25	47.2
	否	25	47.2
寻找工作的优先途径	不了解，没有想法	3	5.6
	劳动力市场等中介机构	18	34.0
	亲戚、朋友、老乡、工友	29	54.7
	报刊	2	3.8
	社会张贴信息	2	3.8
	网络	2	3.8

资料来源：本课题组调查。

从数据看，绝大部分农民工会使用劳动力市场的用工信息，但对信息心存疑虑，个中原因与两种认知相关：一是优先认同老乡、亲友、工友的信息，不管劳动力市场如何说，只要是亲戚、老乡说的就认为是可靠的，否则不可靠；二是对"交往圈内部"的信息深信不疑，由于交流局限于农民工内部，信息在农民工圈内循环传播中极容易被放大，一旦发生个别用工信息不真实事件，其负面影响迅速传播，从而导致很多人对劳动力市场所提供的信息真实性的疑虑。

所以，劳动力市场用工信息不真实，部分原因是二代失业农民工认知上的偏颇，导致判断不真实，部分人片面将自我职业信息分析不准归咎于信息不可信，反过来又加重了对劳动力市场的质疑，使之无法更多使用求职平台，如此形成恶性循环，无助于再就业，更加重了负面情绪；从另一个视角看，劳动力市场缺乏宣传，缺乏与农民工等其他一切求职人员沟通，缺乏面对面的职业辅导，一副高高在上的架子，也是导致人们对其不信任的原因。

（三）城市生活支持系统不足

农民工城市生活支持系统是指农民工在城市环境中所能获得的支持其立足生活的资源系统。根据实地调查，二代农民工社会支持系统比上一代有所扩展，主要体现在运用工作同事、朋友甚至网友的次级支持系统有所增加，部分人也能运用异质群体的支持系统，但整体上运用次级和异质群体支持的能力仍较弱。[①]

本课题对农民工初次流动时、再次求职后、失业后的支持系统运用强、中、弱程度表示，[②] 根据强中弱标准对其支持系统进行归类整理（见表2.1-21、22、23），结果显示：二代农民工通过再次流动，经历了城市生活后，运用社会广告、学校等社会支持系统的能力大大提高，但是一旦失业，运用社会支持系统的比重急剧下降，依靠同事、朋友等次级群体支持系统的比重也大大下降，转而更依靠亲友等支持。

首先，初次流动更多依靠亲友、老乡等初级支持系统，但运用该支持系统中等程度的比例最高，为90.9%，说明部分二代农民工开始使用其他的支持系统。

其次，初次流动时社会支持系统的运用占18.2%（见表2.1-22，图2.1-15），再次求职后社会系统的运用占到57%，失业后社会系统的运用占14.0%（见表2.1-23、24，图2.1-16、17），说明二代农民工通过流

[①] 我们将家人、亲戚、老乡、师傅划归为初级系统，同事、朋友、网友划归为次级系统，学校、政府、工会、劳动力市场、招工广告、报纸等划归为社会系统。

[②] 我们将支持系统的状况分为四个等级：强，指的是凭借这个系统找到工作，或失业后得到该系统稳定持续的支持；中，这个系统是求职的途径，但可能不成功，失业后可以得到一定的支持，但不完全确定；弱，这个系统存在，也可能在社会生活中参与这个系统，但在求职或维护权利上效果不大，失业后可能得到支持，但一般情况下不愿意去求助；无，系统不存在，或者存在但对其个人无效，因为怕遭受拒绝而不愿意去求助。

动，能运用社会支持系统提高自身求职资本，但是运用社会支持系统的能力和范围十分窄，面临失业困境无法通过更多渠道帮助自己渡过难关，同时也反映他们对社会系统的怀疑和对初级系统的依恋，生活中一旦发生变故，马上返回去求助亲属。

表 2.1-22　初次流动支持系统及强度

单位：人次

	初级系统				社会系统		合　计
	家　人	亲　戚	老　乡	师　傅	招工广告	学　校	
强	2	2	3	1	—	3	11
合计	8（72.7%）				3（27.3%）		
中	2	3	5	—	1	—	11
合计	10（90.9%）				1（9.1%）		
弱	—	—	—	—	—	—	
无	—	—	—	—	—	—	
总计	4	5	8	1	1	3	22
合计	18（81.8%）				4（18.2%）		

资料来源：本课题组调查。

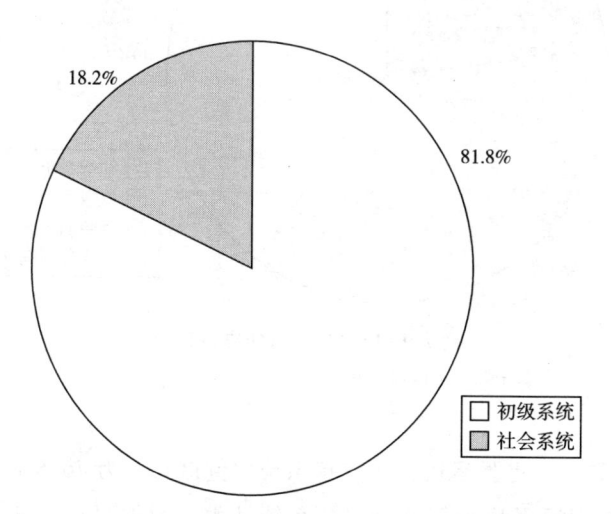

图 2.1-15　初次流动的支持系统

资料来源：本课题组调查。

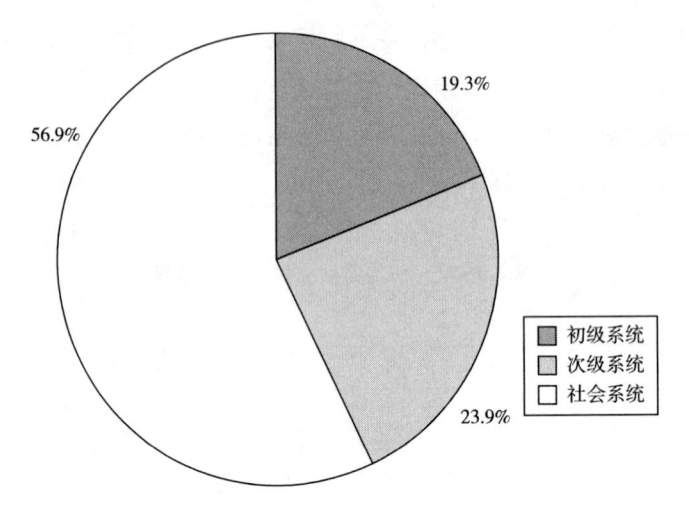

图 2.1-16 再次流动的支持系统图

资料来源：本课题组调查。

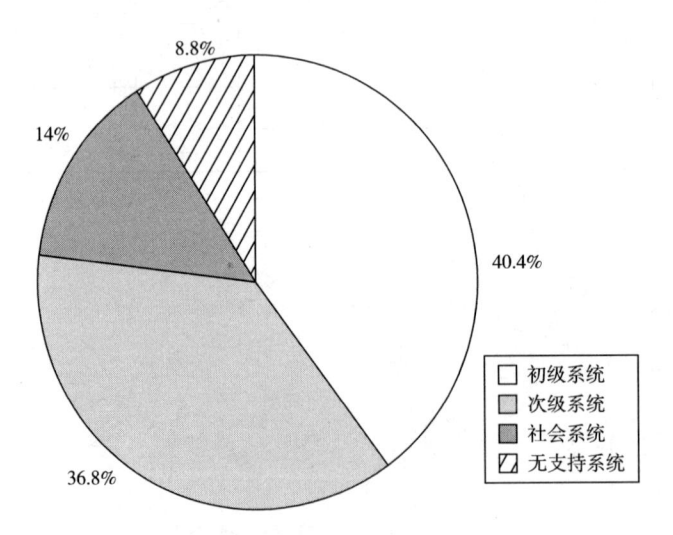

（图中数据：初级系统 19.3%，次级系统 23.9%，社会系统 56.9%）

图 2.1-17 失业后的支持系统

资料来源：本课题组调查。

（图中数据：初级系统 40.4%，次级系统 36.8%，社会系统 14%，无支持系统 8.8%）

再次，失业后更强运用初级支持系统比例最高，为76.5%（见表2.1-24），而强程度运用政府等社会支持系统缺失，数据对比，从一个侧面反映出失业二代农民工对政府支持的信任度，以及政府对失业农民工的作为度不足。

表 2.1-23　再求职后的支持系统及其强度

单位：人次

	初级系统			次级系统		社会系统						合计
	家人	亲戚	老乡	朋友	同事	报纸	网络	工会	劳动力市场	职业介绍所	招工广告	
强	1	—	2	2	—	—	—	—	1	—	—	6
合计	3（50.0%）			2（33.3%）		1（16.7%）						
中	4	4	8	16	2	5	7	—	29	3	1	79
合计	16（20.3%）			18（22.8%）		45（57.0%）						
弱	—	—	2	3	3	—	—	2	14	—	—	24
合计	2（8.3%）			6（25.0%）		16（66.7%）						
无	—											
总计	5	4	12	21	5	5	7	2	44	3	1	109
合计	21（19.3%）			26（23.9%）		62（56.9%）						

资料来源：本课题组调查。

最后，失业后依靠同事、朋友等次级群体支持也较弱，运用最强的为23.5%，运用适中的为44.0%，运用较弱的为60.0%（见表2.1-24），说明那些同样处于社会底层的农民工朋友，无法为失业农民工提供更有力的帮助。

表 2.1-24　失业后的支持系统及其强度

单位：人次

	初级系统			次级系统			社会系统	无支持系统	合计
	家人	亲戚	老乡	朋友	网友	同事	政　府		
强	10	2	1	3	—	1	—	—	17
合计	13（76.5%）			4（23.5%）			—	—	
中	—	1	7	7	1	3	6	—	25
合计	8（32.0%）			11（44.0%）			6（24.0%）	—	
弱	—	—	2	3	—	3	2	—	10
合计	2（20.0%）			6（60.0%）			2（20.0%）	—	
无	—	—	—	—	—	—	—	5	5
总计	10	3	10	13	1	7	8	5	57
合计	23（40.4%）			21（36.8%）			8（14.0%）	5（8.8%）	

资料来源：本课题组调查。

总体上，二代农民工群体的社会支持系统是弱的，与第一代农民工基本没有差别，有所变化的只是流动经历、失业经历与支持系统有对应关系，初次流动时会更多依靠亲属，有了城市工作经验后则更多通过社会信息等渠道获得支持，但是这种支持系统的拓展十分脆弱，一旦发生失业等生活变化，他们不会再寻求社会支持，而是退回初级社会支持系统，寻求亲友帮助，但是亲友的支持系统无法为失业二代农民工再就业提供更多的帮助。

（四）边缘心理弥散认同越轨生活

边缘心理就是在社会互动和文化变迁中，面临难以适应的环境，屈服于压力而处于一种不够健康、失态但不至于失控的人格状态，如矛盾、焦虑、自卑、攻击、冲突、自尊感低下、道德感低下等。边缘心理与越轨行为具有关联性。二代失业农民工边缘心理与越轨行为间的关联性可从这两个方面来理解：一是心理认知上的自卑与认知上的自我否定；二是行为上违反常规，如小宗犯罪。

为了了解二代失业农民工自卑、自我否定等人格特征，我们采用集体回忆的视角对调查访谈资料予以审视。

> 个案1[①]：男，27岁，临安人。2000年职高机电专业毕业……我认为找工作调整心态很重要。但我对自己没有信心。想找跟自己经验靠边的能发挥自己潜力的，但不够自信……
>
> 个案5：男，23岁，江西人，初中学历……我觉得失业对于我们来说挺严重的，没有经济来源，生活不好过，我没有技术，学历也不高，企业老板不要你……现在出来赚不到钱，也不好意思回去，都快两三年没回家了，觉得回去没面子……
>
> 个案34：男，27岁，河南人，初中文化，出外打工已经将近20年了，以前在广州深圳打过工，在那儿待了将近5年。后来就一直在杭州打工。……认识的人也不多，厂里放假的时候也不太出去，自己觉得跟城里人差远了……

---

① 这里所涉及的个案均来自本次调查访谈。

个案36：男，22岁，陕西人，2003年初中毕业，高中没读完我就开始打工了……过了一个星期左右，我找到了在房产公司做销售的工作，可是好景不长，我与同行相比之下，太落后了，这份工作很难让我胜任，因此我干了两个星期之后又没了工作……又到了杭州翠苑社区做过技术员，由于自己的技术不够精湛，在考核期间被刷了下来……

个案46：男，38岁，湖北人，13岁小学毕业就跟着亲戚在外面跑……我并不认识当地的人也不想去和他们交往……温州人让我感觉我始终是个农村人，他们看不起我们这些没钱的打工的外来人。所以我会努力赚钱，不想被他们看不起……

个案47：男，20岁，江西人，初中毕业就来温州……自己没技术，没文化（文凭），也没参加过什么培训，工作难找……只是自身条件不足，而不是社会的原因……有许多固定的朋友，都是老乡或同事，不与城里人交往，因为差距太大，有钱人看不起我们，一般人都还不错。

个案54：男，25岁，江西人，初中毕业，来杭州有3年了……自己是想留在杭州的，但是也要看自己实力的。虽然住在城里，但还是觉得自己是农村人，生活水平跟不上，工资不够，向往成为城里人，但是做不到。

个案55：男，25岁，甘肃人，2008年8月份来杭州的。以前在老家工作。来了杭州之后就做做零工，做了大概两个月了吧……我当然是农村人，没办法融入城市生活，也没想过，没有经济实力……

在上述个案叙述集体记忆中可以归纳出两点：一是在表述中充斥着对自我的否定、负面的评价，"没有信心""没有经济来源，生活不好过，没有技术，学历也不高""与同行相比，太落后了""难以胜任""自身条件不足""没有办法融入城市""向往城里人，但是做不到"等等一些表述反映了农民工对自身能力素质的评价是偏低的；二是在表述中比较多地提到"不与城里人交往"，其原因是"与城里人差别太大""始终觉得自己是农村人"，从"始终觉得自己是个农村人""与城里人差别太大"，因而

"不与城里人交往"的表述中，可以看出农民工正是在比较过程中产生了自卑心理，从而在交往上表现出退缩行为。

认同越轨生活。具体表现为两个方面：一是城市生活竞争能力较弱，生活质量极其低下，孳生出越轨行为，甚至因犯罪而流浪；二是个人素质、劳动技能缺乏，在流向城市过程中找不到工作，陷入生存困境，盲目游荡甚至乞讨。

（五）遭遇多阶剥夺经济地位低下

"多阶剥夺"指的是农民工受到多重、多方面剥夺的现象。农民工遭遇工资拖欠、劳动时间过长、基本劳动保障缺失、随意辞退等多阶剥夺现象普遍存在。

1. 工伤事故赔付不足

安全设施配备率低，工伤事故频发，直接影响职业安全。在本课题调查中，在"安全设施是否齐备"这一问题项上，选择"基本齐备"的仅为31人，占14%，而认为"有一些安全设施但不够"及"基本没有安全设施"的为172人，占79%（见图2.1-18）。农民工工伤事故发生率高，无法有效得到解决而造成的失业比例不在少数。调查中，在"身边有没有发生过工伤事故"题项上，选择"有"的农民工为149人，占68.0%（见图2.1-19）；在"发生事故后，工伤事故能否及时得到处理"这一问题项上，有77人选择不能，占52%（见图2.1-19）。未能得到有效处理的一个重要原因，是对工伤事故的认定和处理缓慢，从而进一步扩大了受害群体的贫困程度。根据对杭州市总工会的访谈，了解到目前工伤事故处理中最主要的工作是工伤赔付，这也是农民工投诉最多的。虽有法律条文，但在实际操作程序上，民工从工伤认定到法院宣判，要经过六个程序，大致需要两年时间，两年时间内大部分农民工无法承受由灾难带来的精神和经济上的压力，使工伤导致的失业生活更加困难。这个现象在农民工中具有普遍性。

2. 劳资纠纷严重

当发生劳资纠纷，农民工往往不知道如何办，即使面对无故辞退现象也无法用法律手段有效保护自己。据浙江省劳动保障监察总队领导的介绍，如果民工投诉企业不签合同，要罚企业给农民工双倍工资；如果工作

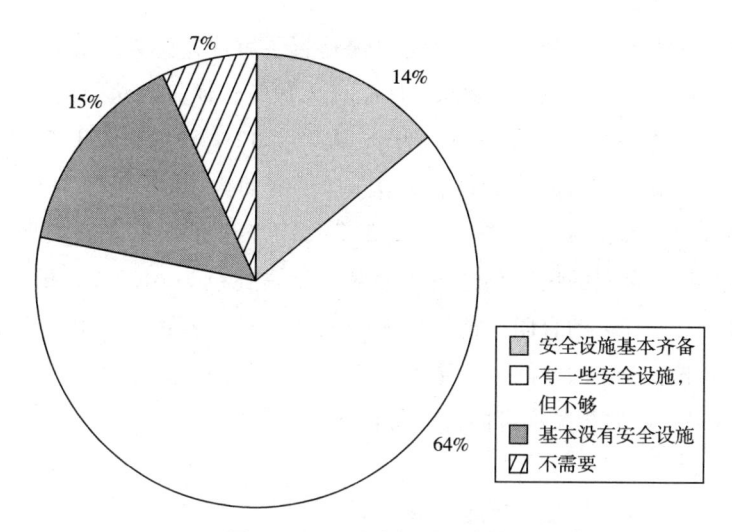

图 2.1-18 安全设施配备率

资料来源：本课题组调查。

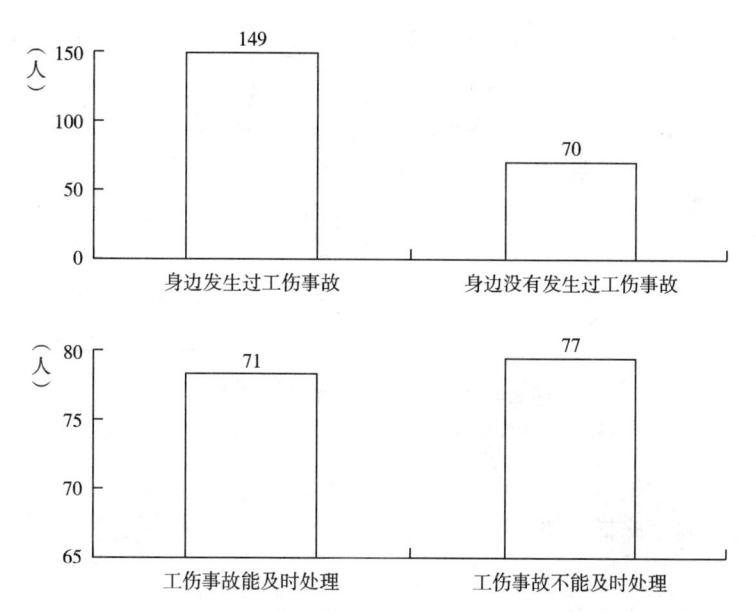

图 2.1-19 发生工伤事故比例和工伤事故及时处理比例

资料来源：本课题组调查。

一年不签合同，企业必须付农民工两年的工资。也就是说，不签合同，企业受的处罚是很重的。但是，因为对法律的生疏、缺乏维权意识，无法有效保护自身的职业权利。在本课题"你是否了解法律知识"题项上，认为自己了解基本法律知识的比例仅41人，占19%；懂一点法律的为151人，占69%，基本不了解法律知识的为26人，占12%（见图2.1-20）。具体到与他们关系最密切的《劳动合同法》，了解的为100人，占45.7%，不了解的为119人，占54.3%（见图2.1-21）。法律知识缺乏的明显后果是，导致不签合同的民工仍然占大多数，所占比例为61.2%，即只有1/3左右的民工签订劳动合同，这给用人企业随意侵犯农民工权利，开除辞退农民工留下了操作的空间。如果他们多了解一些法律，尤其是懂得《劳动合同法》，失业的情况将可能会有所转变。

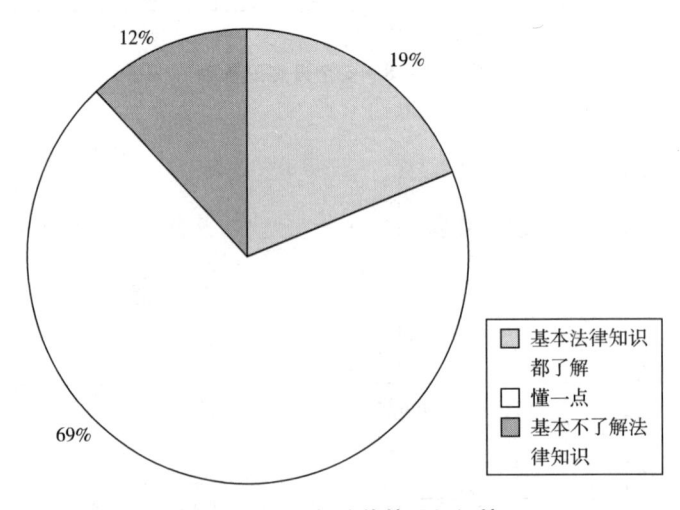

图2.1-20　了解法律情况知识情况

资料来源：本课题组调查。

3. 大幅度降低工资

案例：① 2009年3月，金华浦江县发生一起2500多名民工集体停工的群体性突发事件。因水晶行业生意整体下滑，浦江一些水晶行业企业单方面要求调整工价，按照新的计价方式，农民工的工资仅有原

---

① 浦江网：http://www.pujiang.com.cn/bbs/5294-11.aspx。

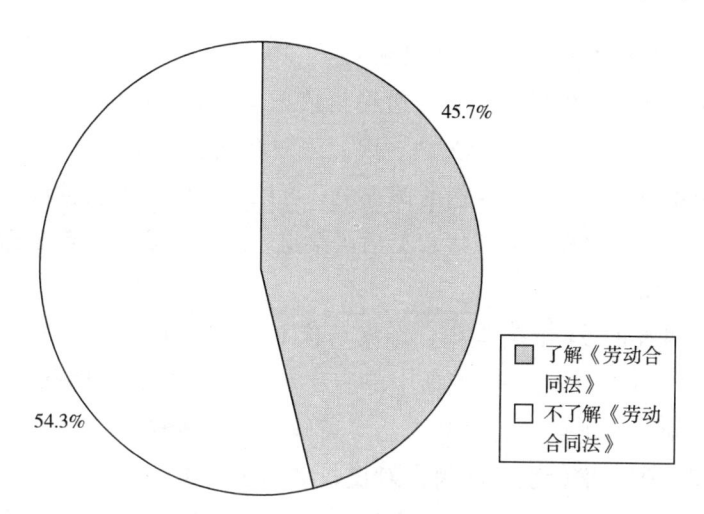

45.7% 了解《劳动合同法》
54.3% 不了解《劳动合同法》

图 2.1-21　农民工对《劳动合同法》了解情况
资料来源：本课题组调查。

来的一半。工人们不接受新工价，拒绝上班，要求恢复工价。双方难以达成一致意见，逐渐导致工人大规模停工并集体聚集，规模最大时达到 2500 多人，气氛紧张，情绪激动，更有多名工人扬言要群体上访。事件引起了浦江方面高度重视，县主要领导作出批示，县劳动监察大队、当地镇政府及派出所、村委会组成协调组到现场了解情况，召集厂方和工人代表进行面对面的调解，最终双方妥协，达成协议，消解了一次群体突发事件。

由于工价调整问题发生的农民工突发性事件并不多见，从案例中我可以看出，该群体性事件的直接原因是工价大幅度调低，农民工利益受损；深层次原因则是缺乏一种农民工利益保护的机制，这则案例反映工价调整的决定是企业单方面决定的，调整工价的决定做出后，农民工感觉不满意，但是缺乏代言人和代言组织，能代表民工利益出面与资方进行沟通，双方没有渠道，农民工只有采用非理性的群体聚众闹事来引起关注，寄希望政府出面干预。虽然，这种方法不值得推广，但从案例中也看到农民工权利意识的觉醒。在农民工权利意识觉醒的情况下，政府在农民工利益保护的制度、组织机制上加强建设，能避免类似群体性事情的发生。

（六）边缘化状态下诉求渠道缺失

农民工在城市生活中所处的边缘化状态，使他们在信息获取、表达、抗压等各方面能力上均有所欠缺，因此限制利益表达和保护机制的功能，造成诉求渠道的缺失。在我们的调查中，可以看到农民工利益诉求渠道缺失的表现，缺乏多样化的表达意见话语渠道，或者退缩，或者受到压抑而暴发不满情绪。

本次调查的 53 个个案中，个案访谈 02、05、07、08、13、14、15、24、36、41、44、47、49，谈话中都涉及表达渠道问题。根据他们对表述渠道的认知我们进行分析，其表达渠道缺失主要体现在三个方面：一是法律知识缺失、维权途径缺失，对侵权境遇表现出无奈，无法通过法律途径表达自身意愿；二是基本话语权缺失，当涉及生存、安全被忽视、发展权空缺时，他们或者无知，或者无人可讲，也无人会听，无法运用正式的组织系统、社会系统发出自己的声音；三是内部表达意愿缺失，大部分二代农民工无需求、无愿望、得过且过，当发生侵权现象时，感到无能为力，或者怨恨，或者屈从，或者放弃。像个案中的访谈对象那样，正是由于话语渠道不足，在利益受损的时候，也选择忍气吞声，产生退缩行为。

> 访谈 24：工作环境差，冬冷夏热，空调是摆设；工作时间长，差不多每天 12 个小时，即使在法定节假日上班也没有加班工资，知道《劳动法》规定，在节假日上班是平时工资的 3 倍，但也不敢提出来。

压抑而产生的退缩仅仅是矛盾的一个方面；另一个方面则是压抑而使不满情绪呈扩大化暴发。

案例：① 2008 年 9 月，浙江省宁波市象山县发生大规模群体事件。3 日上午，当地一少年从某制衣厂坠楼命危，家属质疑坠楼原因时遭治安办人员殴打。4 日中午，约 500 名村民和家属开始围攻，并用石

---

① http://club.pchome.net/thread_1_15_3562699.html。

块砸向工厂,在家属与厂方冲突过程中,围观农民工一度达到万人,部分民工加入打砸工厂行列,公安出动30多辆警车及500多名特警公安驱散农民工时,与农民工发生激烈冲突,至星期四晚上10时人群才离去。

此案例最突出的特点是无利益关系的农民工也卷入到了群体性事件中。无利益关系农民工的介入,说明了这个群体在一定程度上对政府、社会可能有不满情绪,平时他们的情绪被压抑着,一旦有了导火索,他们的不满情绪就会释放出来。由于长期压抑、缺乏解决问题的机构、缺乏代言组织等,被释放出来的劳资矛盾会显示出扩大化暴发趋势,聚集、围攻、群殴等非理性行为表达出来,从而酿成群体事件。农民工暴发群体性组织对抗事件,非但对解决矛盾不利,还造成城市人与外来农民工心理上的对抗。正如经历事件的张女士说:"感觉到我们本地人有一点害怕外地人,以前外地人多是多的,治安很稳定的,现在感觉治安没有保障了。对他们有点怕,也有点怨。"①

诉求渠道缺失,造成农民工群体就业稳定性差,失业频繁:首先,无法表达自身意愿,使农民工和企业之间的疏离、对立、矛盾增大,无法继续就职,乃至主动离职;其次,农民工放弃维护自身权益,为某些企业不正当使用农民工,随意辞退创造空间;再次,开发自我能力的途径不足,受到经济和时间因素的限制,难以培育更强的职业能力,在低层次、易被替代的职业领域循环流动。处理劳资矛盾的方法和途径不足,容易造成失业后劳资纠纷频繁发生、旷日持久,影响农民工进入新的工作岗位。

(七) 正规就业之外的行为受控失衡

处于非正规就业的农民工,游离于职业生活的边缘地带,劳动关系的松散和不稳定,从社会控制的角度看,由于缺乏劳动单位给予的组织、行为和道德舆论方面的控制,造成了他们流动无序的心理和行为特征,从而引发了行为失衡等表现(见表2.1-25)。

---

① 访谈对象,张女士。

表 2.1-25　非正规就业人员的行为受控失衡表现

失衡表现	例证和事件	原因分析
随意去职	时常存在失业的忧虑，由于担心被辞退，反而更容易因各种原因选择自动离职，以求更快地寻找到相对稳定的工作。（访谈02、访谈03、访谈16、访谈35）也可能去寻找创业机会，但因为压力之下的准备不足，创业容易以失败告终，又重新陷入新一轮的失业状态（访谈01、访谈48）	职业关系松散，没有固定的劳动合同保证工作时限，缺乏稳定的心理预期
无序流动	处于孤立的原子化状态中，不能建立城市中的新关系，对城市疏离，在就业中依赖初级的乡土关系，信息重复、资源有限，造成他们流动时没有明确目标，求职效率低下（访谈33、访谈55）	职场网络缺失，由于工作的短暂、不稳定，很难建立长期的固定同事关系
学习动力不强	在无技术、低待遇的临时工作中循环，工作只是为了满足基本的生存需要，缺乏内在发展动力，使这部分人失去了向上流动的可能性（访谈11、访谈15、访谈31、访谈53）	更换工作过于频繁，经济压力造成浮躁心态，没有学习技能和积累经验的想法
小宗犯罪	农民工犯罪成为流动人员犯罪的主体，在犯罪农民工整体中，35岁及以下的占85.7%。以侵财性犯罪和故意伤害为主，通常发生在生活处于困境或报复性冲动的情况下（朱明芬，2006）[1]	身处正规就业之外，经济时常处于匮乏状态，远离熟人社会，也不存在职业群体对其形成的道德约束
群体对抗	2007年11月北京发生农民工围堵市建委事件，包工头带领76名农民工围堵政府办公场所，声称某公司拖欠劳务费。后经证实该公司不存在拖欠行为，围堵事件被定性为包工头组织的恶意讨要行为[2]	无正式组织，无正式规范约束，不能判断所获信息真伪，一经煽动，容易出现非法群体对抗事件

资料来源：据课题组访谈记录和其他文献资料整理。

就业的稳定性和职业力密切相关。职业力是维持职业的素质和能力，受到内外两重因素的影响，外部契约和组织为个体提供了发展其职业力的环境，同时也在逐步塑造个体的内在约束力、控制力和发展动力，而个体的内在动力也反过来影响其职业力的发展，进而影响其就业稳定性。大量

---

[1] 朱明芬：《杭州农民工融入城市社会的现状调查及保障机制研究》，http://www.zhdx.gov.cn/news/2007/9/25/1190687349187.shtml。

[2] 据中国劳动保障新闻网消息，http://clssn.com/newweb/dongtai/gediygdongt/2007-12-28/1818.html。

处于正规就业之外的农民工,在高流动性和频繁失业的情形下,缺乏契约和组织对其行为的控制,也不存在职业规范和职业群体的道德和舆论控制,在外部环境不佳的情况下,极有可能发生越轨行为。

(八) 中小企业吸纳农民工劳动力能力下降

中小企业是吸纳农民工就业的主要渠道。据浙江省第一次经济普查数据,浙江各行业拥有的中小型企业数量达到30.41万家,占企业总数的99.78%;浙江省82.7%的企业从业人员集中于中小企业,达到1130.71万人(见图2.1-22)。由于制度藩篱,以及农民工人力资本和社会资本积累不足,绝大部分农民工集中在民营中小企业就业。根据我们2008年所做的调查,662名二代农民工中,在私营企业就业的占56.0%,个体性质的就业占24.0%,两者占总就业人数的80%(见图2.1-23)。但是由于外部的融资环境、经济形势、政策支持力度,内部的业态分布、产业竞争力、企业抗风险能力等因素不足,使中小企业发展受到很大限制。中小企业发展不稳定,存活率低,吸纳劳动力的能力下降,是造成农民工就业不稳定的一个重要原因。

中小企业98.7%的融资来源于银行贷款,金融机构为规避经营风险,通常不愿向中小企业提供贷款。有数据表明,中小企业因无法落实担保和抵押而被拒绝贷款的比率高达56.1%[1];另一方面,由于注册资本达不到要求,中小企业无法以股票和债券的方式进行直接融资。中小企业的倒闭往往和资金链断裂有关。在金融危机下,中央出台各种政策鼓励对中小企业贷款,但是,2009年1~2月,建行浙江省分行面向杭州地区的公司客户投放贷款75亿元,中小企业新增贷款所占比例仅为20%左右,[2] 中小企业所获贷款比例较低的原因可能与银行规避贷款风险的取向相关。政策支持力度不足。中小企业的弱小地位,决定了它和大企业在市场竞争中并非站在同一起点上,要保证中小企业的稳定发展,政策扶持是不可缺少的。由于中小企业在解决就业问题上的巨大作用,政府在面临金融危机时,实施了放开市场准入,减免中小企业税费等措施,鼓励中小企业发展。2009

---

[1] 陈昕:《中小企业发展的外部环境建设探析》,《经营管理》2008年第1期。
[2] 胡华华、沈锡权:《支持中小企业融资政策兑现几何》,http://smb.chinabyte.com/142/8794642.shtml。

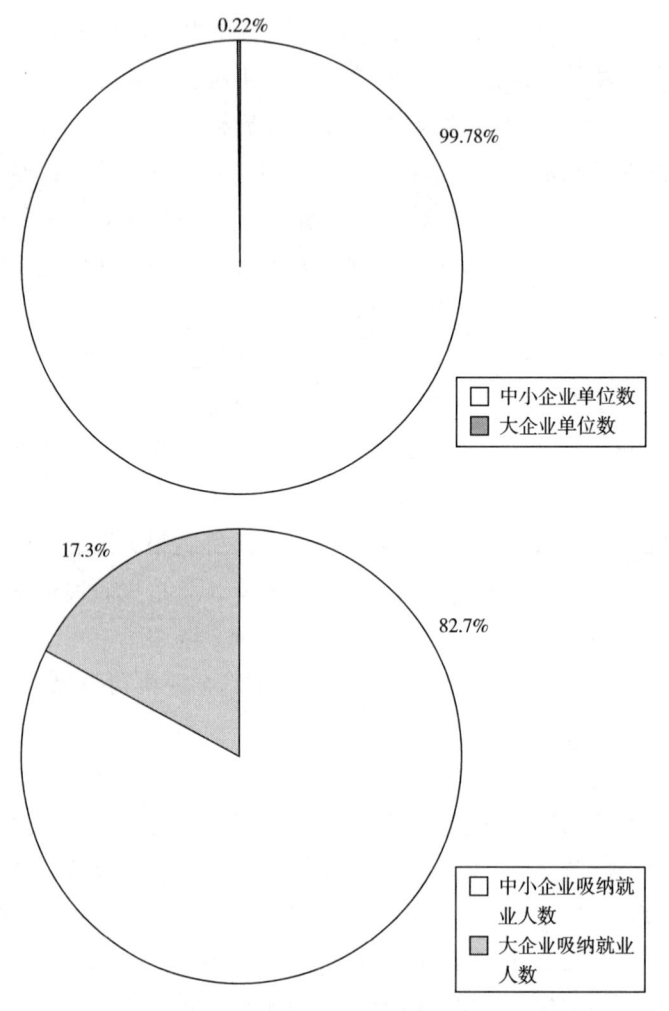

图 2.1-22　浙江省中小企业单位数和吸纳就业人数比重

资料来源：http://www.zjsme.gov.cn/list.asp?id=8182。

年中央财政中小企业发展资金从 39 亿元增加到 96 亿元，增幅近 1.5 倍。[①]但是，相对于我国 4200 多万户中小企业[②]而言，财政支持显然仍是杯水车

[①] 《危机下支持中小企业务求落实》，中国网，2009-3-12，http://lianghui.china.com.cn/2009lianghui/2009-03/12/content_17428387.htm。

[②] 《中国中小企业协会会长李子彬看好电子商务》，http://www.enet.com.cn。

第二章　社会群体与社会冲突

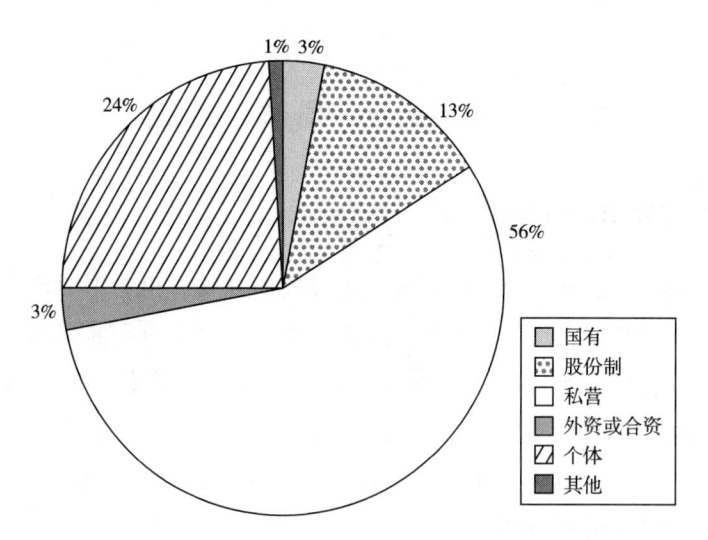

图 2.1-23　622 位二代农民工就业企业类型比重

资料来源：本课题组调查。

薪。业态结构滞后和竞争力不足。一是技术含量低，缺乏自有品牌，行业替代性强；二是企业资金和研发力量薄弱，缺乏自我更新能力。

中小企业因其准入门槛低而吸纳了大量农民工，但又因为自身实力和外部发展环境的限制，抵御风险能力较差，据统计，浙江省中小企业的存活率为 45.83%，全省每天有 240 家民营企业注册登记，同时每天有 130 家企业注销关闭。① 金融危机的到来，使得浙江省中小企业面临生存危机，根据 2008 年温州市中小企业促进会的统计，温州共计有 30 多万家中小企业，有 20% 左右的企业处于停工或半停工状况。② 作为吸纳绝大部分农民工的渠道，中小企业的低存活率，是造成农民工就业不稳定的一个重要原因，企业倒闭直接造成农民工大量失业，甚至出现因企业主逃逸而暴发农民工聚集讨薪的群体性事件。

---

① 《触摸浙江中小企业的生存状态》，浙商网：http://www.zjol.com.cn/05biz/system/2006/01/17/006445793.shtml。
② 《温州制造陷入存亡危机 20% 中小企业倒闭或半停产》，柳州中小企业网：http://www.smelz.gov.cn/news/145831.htm。

第二节 征地拆迁户群体与社会冲突

一 征地拆迁与稳定现状

随着我国经济社会的发展和城镇化进程的加快，由于土地征用制度的滞后，对农村集体土地的占用越来越多，土地征地中存在的问题也日益突出，对农业发展、农村稳定和城市改造、社会发展带来一定的威胁与隐患，产生诸如影响地方稳定、阻碍城市及相关产业发展等社会问题。仅2005年一年，全国农村因土地引起的群体性突发事件约19700起，占全部农村群体性事件的65%以上。[①]

另一方面，中国城市化道路以如此惊人的速度发展，对城市住房提出了巨大的需求。为此，对弱势群体居住的老城区、棚户区的拆迁，新城区的扩建又成为许多地方政府发展城市的必由之路。但是，当今中国不少城市在推进城市化运动过程中，弱势群体往往被歧视，合法权益往往被侵犯。一些地方政府为了所谓的形象工程、政绩工程，特别是一些开发商为了牟取高额利润，依靠某些部门，采取了比较粗暴的做法，强行进行房屋拆迁，严重损害了弱势群体的利益。在城市建设过程中，拆迁触及部分群体的利益，由此引发的矛盾冲突已成为一大社会焦点。

浙江省近年来征用农村集体土地的数量连年激增。据统计，1999～2002年，浙江省批准建设用地总面积为172.58万亩（含耕地113.57万亩），除部分使用原国有土地外，新征用农村集体土地154.69万亩（其中耕地为70%左右）。其中，2002年的征地量比1999年扩大了2.33倍（见图2.2-1）。同时，征用土地的面积占建设用地总面积的比例也在逐年提高。1999～2002年，土地征用面积占建设用地总面积平均在90%以上，其中1999年占81.88%，2000年占87.81%，2001年为90.82%，2002年达到91.98%。随着土地征用量不断扩大，城市空间向外扩展的速度也在不

[①] 于建嵘：《中国的政治现实和我的梦想》，天益网：www.tecn.cn/data/detail.php?id=22922。

断加快。由此，因征地诱发的矛盾纠纷不断上升。据有关部门统计，反映征地补偿与安置问题的来信 2000 年为 512 件、2001 年为 586 件、2002 年为 1058 件，百分比分别比上年上升 14.5 和 80.55；因土地征用问题而来省上访的，2000 年为 342 批（1015 人），2001 年为 333 批（1010 人），2002 年为 470 批（1615 人），2002 年批数比上年上升 41.14%，人数增加 59.90%。①

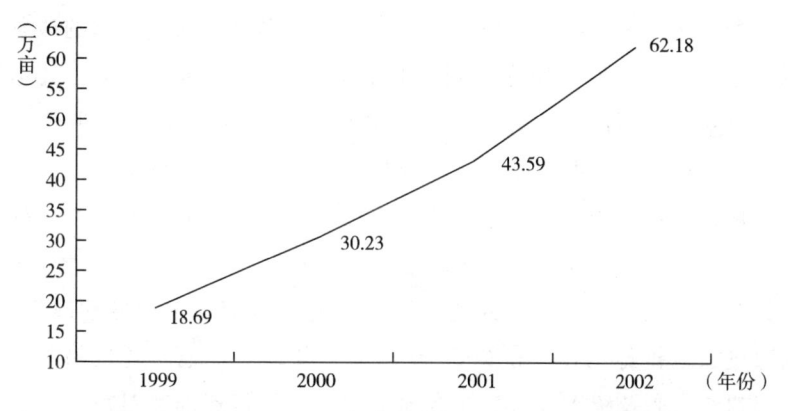

图 2.2-1　1999～2002 年浙江省征用农村集体土地数量
数据来源：浙江农网。

在现行的征地拆迁居民安置过程中，我们经常看到的是整个征地拆迁的过程几乎都由政府垄断，被征地拆迁居民只是被动地接受政府制定的一系列安置措施，其所获得的安置补偿费也是依据政府制定的安置标准来计算的，政府在整个征地拆迁安置过程中始终具有两种身份，既充当"运动员"又充当"裁判员"，这对于被征地拆迁居民保护自己的合法权益来说是非常不利的。

政府职能部门没有给私权一点博弈的空间，除了群众上访寻求权利维护的一个渠道外，尚未建立起多层面的维权机制，处于弱势的征地拆迁户缺乏维护自身合法权益的有效途径。安置各方并不能在同一个平台上进行对话，更不用说如何进行协商沟通、互动合作了，因此在长期的征地拆迁

---

① 《浙江省土地征用的基本情况》，http://old.zjnw.gov.cn/zt/land/zhengyong.htm。

中存在着许多问题难以得到彻底的解决。

根据对浙江省2002年受理反映征地问题的1862件（次）来信来访分析，群众意见主要集中在：一是反映征地补偿标准偏低的773件（次），占58.5%；二是反映征地补偿费分配不合理的190件（次），占14.4%；三是反映征地程序不合法的168件（次），占12.7%；四是征地拆迁补偿与纠纷的162件（次），占12.3%；其他28件（次），占2.1%。① 然而，被征地拆迁居民在安置工作中，作为一个利益群体，虽然人数众多，但由于其自身的文化素质不高，公民意识不强，使得这个利益群体的谈判力量较弱，这使得被征地居民在农村征地拆迁中处于不利的地位。虽然近年来，随着互联网的普及，信息透明度越来越高，被征地/拆迁群体的维权路径有一定的拓展，但是更多地呈现情绪化，甚至夸大事实，处于"散兵游勇"阶段。组织资源的匮乏使我国农民在与各利益群体的博弈中处于弱势地位，对政府决策和制度安排缺乏"话语权"。

针对征地拆迁中的各种问题，浙江省通过制定各项指导性政策建议，不断改进征地拆迁工作。自2000年以来，各地对征地问题日趋重视，杭州、温州、嘉兴及绍兴等市县在合理确定征地补偿标准和对被征地农民妥善安置等方面进行了积极探索和实践，分别被列为国土资源部征地制度改革的试点城市和工作联系点。2002年12月以来，浙江省先后下发了《关于加强和改进征地工作的通知》《浙江省人民政府办公厅关于深化完善被征地农民社会保障工作的通知》《浙江省城市房屋拆迁管理条例》《浙江省人民政府关于调整全省征地补偿最低保护标准的通知》等文件。

二 被征地拆迁群体的生存状态

（一）生存风险骤然增加

在征地过程中，农民往往处于参与主体最底层，其征地收益通过集体收益的二次分配来实现。从征地成本的角度，农民失去了赖以生存的土地，并丧失了依附于土地的相关权益，如土地收益权、土地处置权等，同时打破了他们对熟悉环境的依赖，他们的社会关系也会受到影响或打破，

---

① 《浙江省土地征用的基本情况》，http：//old.zjnw.gov.cn/zt/land/zhengyong.htm。

生存成本增加。目前的非住宅用房拆迁对于在这些企业中就业的被征地人员考虑不够，致使被征地人员的失业问题较为严重。如宁波市江东区前洋畈村拆迁后，与企业外流相对应的是村民的回流，所有原本在这些企业里就业的村民在不到一年的时间里陆续被解雇。所有残疾人又回到从前的失业状态。全村890名村民中，适龄劳动力一半以上失业。50~60岁、年龄稍大的原本可在田间劳作，而现在既无田可种也根本找不到工作。随着江东区旧村改造进展的加快，企业外流的日益严重，被征地人员的失业问题也将越来越突出。① 这使旧村改造工作的难度加大，最终影响到城市化的顺利推进。

在L县龙令镇②的银秀村的采访中，我们接触到不少"农转非"人员。他们没有工作，长期失业，说明在社会进入市场经济以后，用计划经济的方式安排就业已经不可能。原来土地征用的低廉价格，是安置劳动力后的补偿，比较合理，农民乐于"农转非"。市场经济需要公平竞争，就业岗位对任何人一视同仁，"农转非"人员不享有特权，反而处于劣势，他们文化程度低，年龄偏大，在讲效益、求利润的企业里不受欢迎。

在城市拆迁过程中，由于得到货币补偿的被拆迁户大多也因买不起同类地段的房子而选择在偏远地段购房，而大量拆迁户集聚郊外又抬升了这一地段的房价，后来的被拆迁户又难以承受较高的房价，继续向外迁移，导致被拆迁居民的"城市边缘化"。同时，由于拆迁户从开始拆迁到入住安置房之间，往往还有数月的租房期，对于一些生活困难的家庭来说，这也是一笔不小的负担。

---

① 凌彩虹、沈勇栋：《旧村改造非住宅用房拆迁的几点思考》，浙江省国土资源厅，http：//www.zjdlr.gov.cn/news/juti.aspx?id=14890&lei_id=35。

② 龙令镇是本研究重点调查地之一。它位于L县城的西南面，距城中心10公里，北面与城关镇接壤，龙令村和高土村划入城区范围，东面设有县级工业开发区，包括石地、银秀、兆家、应家、庆山和土畈6村。石地村居中；银秀、兆家、应家3村在南，镶嵌在同一条山坞中，它们的高产田却位于石地村的畈中；庆山村在西；土畈村处东。工业园区所占土地都是基本农田，经县土地利用总体规划的修订，全部降为一般农田，为征用铺平道路。强行征地激起村民的不满，兆家村开启罢免村主任的先例，应家村和银秀村相继效仿，后两个村还进行补选的活动，银秀村得到镇政府的认可，成为全县民主选举的空前事例。坞中3村的护地、上访往往统一步骤，失地农民的维权出现联动效应，是农民民主的新标志。高土村用于办企业的土地，转移到个人户下，集体资产不翼而飞。

（二）社会保障水平不高

浙江从2003年起在全国率先建立了"被征地农民基本生活保障制度"。到2003年底，全省约有39万被征地农民参加基本生活保障，共筹集资金37亿元，其中近15万名达到条件的参保对象已经开始领取基本生活保障金。截至2006年11月底，全省有227.64万名被征地农民纳入社会保障的覆盖范围，累计筹集保障资金243.49亿元，其中86.16万名符合条件的参保对象已按月领取基本生活保障金或基本养老金。从各地的实践看，浙江省被征地农民社会保障制度的基本模式主要有基本生活保障模式、基本生活保障与社会保险相结合的模式、直接纳入城镇社保体系的模式等三种模式。① 但是，从调查情况看，浙江省各地享受标准普遍在失业保险金与城市低保水平之间，有的地方尽管最高待遇标准达到城市低保水平，但由于个人缴费高，实际参保的农民并不多。有些市和县（市、区）享受标准低于城市低保水平。由于种种原因，还有相当一部分被征地农民依然游离于制度保障范围之外。而且还存在社会保障仅限养老保障，享受标准较低、缴费较高，医疗保障等还没有纳入统筹范围等问题。以宁波市为例，2008年被征地人员养老保险（男不满60周岁、女不满55周岁）缴费标准为50750元、36460元、22070元三档，享受待遇为400元/月、350元/月、300元/月，而多数农民难以承担。

而且，按照现行政策，征地拆迁农民转为居民，领取了劳动力安置费，就视同安置就业，有的人因为领不到待业证，同时由于文化、技能等方面处于弱势，找工作很难。在土地征用量大，征用时间间隔短，大批量集中开发的宁波市北仑区和鄞州区的失地农村劳动力的失业问题比较突出。调查发现，宁波鄞州区近郊9个镇73个村统计失去土地并有劳动能力的人数为17705人，已就业的13546人，失业在家4159人，失业率23.5%，其中高教园区建设成建制迁移的六村、外段、里段、林家四个村的失业率达到32.5%。在养老保险方面，现行社会养老保险政策，投保年限必须交费满15年，距离退休时间不足15年的就不能进入社会保险统筹，

---

① 孙胜梅：《浙江被征地农民社会保障制度的现状、问题及对策研究》，新华网浙江频道，http：//www.zj.xinhuanet.com/magazine/2007-03/22/content_ 9585592.htm。

这就意味着男 45 岁、女 35 岁以上就不能参加社会保险统筹。在子女就学方面，各地区对本辖区范围内的学生上学都有免缴有关费用的优惠政策，拆迁户子女原来学校和新购房学校所在地往往不一致，对学生入学有不同的规定，被拆迁人在购房期间，因办理户口和房产证需要一段时间，这期间拆迁户子女上学就成了问题，且其子女上学必须交纳一定的赞助费或借读费用。

另外，有调查显示，杭州市城中村居民的就业状况满意度低，只有 49.38%。而通过年龄与就业安置满意度的交叉分析发现，就业状况满意度基本与年龄成反比，其中 41~50 岁年龄段满意度最低。究其原因，主要是由于这些年龄段的人文化程度不高、心理预期高，并且所处的年龄也属于用人单位比较排斥的。而由于农转居居民就业状况一般，致使有 35.66% 的农转居居民认为撤村建居后实际收入有所减少。①

（三）社会适应亟待提升

社会适应是指个人或群体在与社会环境相互作用的过程中通过不断调整自己的身心状态，从而使个体或群体与社会环境相协调的状态，包括客观和主观两个层面。它是一个过程，但更是一个状态。被征地农民由于征地事件的发生，使他们不得不去改变长期以来形成的生活方式。尤其是老年人，他们中的许多人秉承"劳动即生活"的传统，却因为"失去"土地而无所适从。虽然城市化的进程，将许多的农民纳入到城市体系中来，并有利于其享受比乡村更加优越的公共产品供给，但是在精神上的自我协调还有漫长的路要走。

对于被拆迁人而言，除了房屋的"消失"，更是各种人情交往、便利生活（如就医、购物等）得以开展的依托的消失，即意味着生活环境的变化，对新环境的适应也需要一个身心备受煎熬的适应期。课题组在杭州市城乡结合部社区的实地调查中，发现被拆迁户由于原有的生活经验形成了他们不同的观念，对社区有不同的要求，所关注的社区事务也不尽相同，群体之间的这种心理疏离导致了生活中的交往缺乏，形成了群体隔离。如许多村（居）民对社区向他们收取卫生费颇感不解，因为卫生保洁费向来

---

① 杭州市建委：《市区撤村建居和城中村改造满意度调查报告》，内部资料。

是由村委会承担,这在他们看来是天经地义的事。如此一来,居民收取卫生费和原住居民不收取卫生费现象同时存在于一个社区,物业与原住居民有较大矛盾。另外,有少数拆迁户在自家阳台上养鸡,影响邻居的日常生活。这些都不同程度说明征地拆迁群体的社会适应程度还不太高。

三 利益矛盾与冲突的主要表现形式

在征地拆迁中,地方政府、开发商、村委会集体、被征地/拆迁人都处于直接的利益博弈之中。如表2.2-1所示,对各个利益主体而言,它们都有各自的利益取向,而围绕着这些利益和损失,在征地拆迁过程中就显现出许多矛盾和冲突。这些矛盾冲突主要表现在利益补偿、决策参与、暴力化拆迁等方面。

表 2.2-1 主要利益相关者的利益——损失对比分析表

主要利益相关者	利益	损失
地方政府	土地使用权出让金、税收、显示政绩、增加城市竞争力,吸引更多的投资	如果政府没有解决好征地拆迁中利益的分配问题,那么它将引起社会问题,付出更多的成本
失地农民	新的机遇,但大多农民自身不具备抓住机遇的条件	土地、就业岗位、居住房屋、生活保障等等,低成本的生活方式和发展方式
农村集体	使用土地补偿费发展集体经济的机会	土地等集体资产的丧失使农村集体失去发展的平台
拆迁户	间接分享城市经济发展带来的好处	住房、生活环境、工作、子女入学等都可能发生变动,生活水平下降
房地产开发商	高回报的行业利润	潜在的经营风险

陈铭:《我国城市建设征地拆迁利益冲突及调整》,硕士学位论文,河海大学公共管理学院,2005,第28页。

资料来源:本课题组调查。

(一) 利益补偿与预期存有巨大差距

长期以来的"效率优先、兼顾公平"的指导思想,使立法者和执法者,都忽视了对被拆迁人利益的保护。2001年的《城市房屋拆迁管理条例》(以下简称新《条例》)比1991年的《城市房屋拆迁管理条例》更体现出对被拆迁人利益的合法保护,地方政府正是利用现行土地管理法不承认农村集体土地所有者享有平等的经济权益的弱点,通过土地低价征占,高价出让,最大限度获取土地资本的增值收益。① 这里,就出现了补偿不合理,它通常表现为补偿数额偏低,不能完全填补被拆迁人因拆迁而遭受的损失。这也就是说,在政府、拆迁人和被拆迁人三方共同参与的拆迁活动中,政府、拆迁人均各取所需,只有被拆迁人遭受了净亏损,纠纷也就在所难免。

政府对土地一级市场实行垄断,地方政府利用现行土地管理法不承认农村集体土地所有者享有平等的经济权益的弱点,通过土地低价征占,高价出让,最大限度获取土地资本的增值收益。但在分享土地的转让收益或增值时,却往往忽视了被征地农民或被拆迁人的利益。仅仅给失地农民或被拆迁人规定的补偿,没有保障农民随土地增值而分享这种收益,政府和被征地拆迁人之间没有实现公平交易,利益分配机制的缺失或未制度化,使得被征地拆迁人不仅未能从城市开发中受益,反而成为城市发展的"牺牲品"。有关资料显示,土地用途转变增值的土地收益分配中,政府大约得60%~70%,村一级集体经济组织得25%~30%,农民只得5%~10%。这里,就出现了补偿数额偏低,补偿不合理,不能完全弥补被拆迁人因拆迁而遭受的损失。这引起了被征地拆迁人对政府的不满。纠纷也就在所难免。

2009年1月1日开始,浙江省开始实行最新征地补偿最低保护标准。根据规定,实行征地区片综合价补偿的,征收耕地的区片综合价不低于3万元/亩;实行统一年产值倍数法补偿的,征收耕地的统一年产值不低于1800元/亩,补偿倍数不低于16倍,补偿标准不低于2.88万元/亩。全省征地补偿最低保护标准由土地补偿费和安置补助费组成,不含青苗补偿费和地上附着物补偿费。而宁波市江北区则早在2003年就已经实行土地综合区片价,即全区不论地段如何,市级规划用地统一约为10万元,区级项目

---

① 温铁军、温厉:《中国的"城镇化"与发展中国家城市化的教训》,《中国软科学》2007年第7期。

征地约为6万元,并且再给予10%的留用地,用于发展集体经济。尽管这与原来的标准相比较有了较大幅度的提高,不过与农村居民的预期仍然存在差距。这种心理的差距成为被征地群体对地方政府等利益相关者不满的重要原因之一。这种心理差距的产生,一方面是因为被征地者作为一个"经济人",他们必须考虑到失去土地后的生存成本与生存风险,自然会对土地补偿价格抱有较高预期;另一方面是土地/房屋的初次交易和二次交易之间存在的巨大利润空间,地方政府通常以较低的价格从农民手中获得集体所有土地后,再以国有土地的形式高价出让,其间会产生高额的土地增值,这样的"剪刀差"为政府获得极其丰厚的土地出让收入。这也导致了被征地拆迁人提出更高的利益诉求。

在调查中,我们发现部分被拆迁人心态不平衡。例如杭州拱墅区拆迁工作点多面广,拆迁主体众多,而且大量的被拆迁人经济和住房条件都比较差,各个不同层次、不同类别的拆迁单位为了加快推进拆迁都结合各自的实际,出台了不尽相同的优惠措施,造成被拆迁人形成了"得陇望蜀"和相互攀比的不良心态,直接制约了拆迁工作的推进。

(二) 征地拆迁程序不规范、参与机制不健全

征地程序不规范。在现有的拆迁条例中,并没有规定明确、具体、公正的操作程序来予以保障。实践中,拆迁人往往采取先入为主的办法,先委托房地产估价机构对拆迁范围内的所有房屋分户评估,分户出具评估报告,以此为依据,使用各种手段要求被拆迁人接受。在征地拆迁中,由于政府过于强势,征地拆迁的有关法定程序能省则省、能免则免,现行土地征用程序基本走内部程序。已有的征地与补偿安置公告、补偿安置方案、听取意见等都是事后程序,土地征用过程中,被征地拆迁人几乎没有任何发言权,征地征与不征,补多与补少,征多少、补多少,完全由政府说了算。政府职能部门没有给私权一点博弈的空间,除了群众上访寻求权利维护的一个渠道外,尚未建立起多层面的维权机制,处于弱势的征地拆迁户缺乏维护自身合法权益的有效途径。

征地审批手续不规范。有的用预审替代合法的征地手续,用部分审批手续替代最终的用地手续,或更改项目规划、未批先建,少批多建,边批边建,以租代征等,有的还弄虚作假骗批土地项目。如2004年瑞安市陶山

镇霞林村村委用村民代表会议签到表伪造村民代表签名出让村集体所有承包给村民30年的100亩水田，骗取省政府批文。

目前，我国土地不能交易，最终导致土地产权的拥有者（农民或被拆迁人）在法律上没有资格作为土地交易的一方，无权参与谈判。整个征地拆迁的过程几乎都由政府垄断，被征地拆迁居民只是被动地接受政府制定的一系列安置措施，其所获得的安置补偿费也是依据政府制定的安置标准来计算的，政府在整个征地拆迁安置过程中始终具有两种身份，既充当"运动员"又充当"裁判员"。安置各方并不能在同一个平台上进行对话，被征地拆迁人始终处于被动和弱势状态，对征地的前期工作参与不够，他们的谈判能力不对称，对征地、工程建设没有发言权和知情权，被征地拆迁人对不合理的征地补偿安置方案缺乏抵抗能力，由于"信息不对称"，缺少民主程序、缺乏透明度，也是被征地拆迁人有抱怨、不满情绪的重要原因。从调查中，我们发现，被征地拆迁群众很难真正参与到拆迁决策、政策制定、建章立制和工作落实的全过程，征地拆迁群众的知情权、参与权和监督权难以保证。

（三）拆迁政策不够完善，相对滞后

从国有土地拆迁政策看，1991年国务院出台《城市房屋拆迁管理条例》，虽然一些内容现在看来未免有失偏颇，但由于其很好地考虑到被拆迁人最基本的居住要求，所以当时其推动较为顺利，并保证了拆迁形势和整个社会的稳定。2001年修订后的国务院《城市房屋拆迁管理条例》最大的一个变化之处就是突出了货币补偿方式。但杭州市拱墅区拆迁工作的实践表明，拆迁货币补偿方式在当前与现实有所脱节，主要原因是有关部门评估所依据的市政府公布的基准价与市场上的商品房价格差距太大，虽然2006年4月17日杭州市委发文件规定被拆迁人选择货币补偿的，按照市场价格评估的原则确定补偿价格，但缺乏具体的操作办法，导致被拆迁人用其被拆迁房屋所得到的货币补偿款不可能购买到同地段的同等面积商品房，因此，绝大多数的被拆迁人不愿意选择货币安置。

从集体土地拆迁政策看，目前全国没有一部统一的拆迁法规，而浙江省人大通过的《杭州市征用集体所有土地房屋拆迁管理条例》确实对杭州市征用集体所有土地范围内的房屋拆迁起到了很好的指导作用，但随着经济建设的不断发展，新情况、新问题层出不穷，已滞后于实际，以至当前拆迁矛盾丛生。

（四）征地拆迁暴力化

正常的征地拆迁工作是发展地方经济、重塑城市形象、改善人民群众工作和居住环境的好事，是符合广大人民群众根本利益的。但是，涉及广大被征地农民和被拆迁居民的切身利益，特别是涉及相当数量的弱势群体时，征地拆迁无疑存在一定的困难。对此，在征地拆迁工作中，有的地方工作方法则过于刚性化，如在拆迁之前不进行必要的公示，就随意在房子上写上很大的"拆"字，甚至不签拆迁协议就停水断电、上房揭瓦，严重影响拆迁户的正常生活；有的工作人员把思想暂时不通的拆迁户称为"刁民"；把确有困难的群众称为"钉子户"。农村征地时，在农民未知情的前提下，直接用挖掘机填土平地。例如，征地部门在银秀村"依法""合法"征地的攻势失灵后，只能选择强制手段。派出数辆拖拉机偷偷填土，推土机下田，将肥泥推掉。村民打电话给新闻单位，得到答复是它们属于政府机构，不能干预政府的征地。园区一方采取攻势，村民采取守势。园区人员四五人对付一人，强行将阻拦的村民拉开，或抬或扔或揉，村民盛真芳的颈部被挫伤，倒在地上仍被反复踢打。妇女张某的大拇指被镇干部扭住，反拉到背后，重伤，手臂也重伤。我们采访她时，已历半年，伤痛依旧。曾患鼻癌的马某，被三四人抛起，头柱地，昏倒。妇女陈某昏厥。共有30多位村民受伤，80多岁的老人下跪，乞求停止施暴。村民用录像机拍摄，马上被砸，致使现场没有实证。当村民增加到300人，将纸厂的大门拦住，有的睡在地上阻止警车驶出。盛夏时节，温度近40℃，极易中暑，他们顽强抗争。镇派出所已无能为力，特警赶来，将阻止的村民一一拖开，强行打开通道，将关押意见领袖的警车驶出。

更有甚者，一些县市动辄动用国家暴力机器来实施征地拆迁。如洞头县发生政府为商业利益与民争地，在2003年、2006年发生"10·7"事件和"7·11"惨案后，省高院二审判决确认洞头县政府《关于在全县范围内废止浅海滩涂使用权证的通知》违法，但县政府仍动用公安，在北岙镇小三盘村再次发生事件。龙游县政府未经村民同意，2005年与采砂老板签订248亩沙滩，两年来村民为此事数次上访都未得到解决。2007年5月27

日，县政府为履行合同派出1000余人进入桥头江沙滩，防暴警察全副武装，村里所有通信设施被中断，历时整整20小时。

特别值得注意的是，近几年，某些地方政府把拆迁工作交给所谓的"拆迁公司"，而不再直接与被征地/拆迁者接触。由于"拆迁公司"完全采取商业化的运作，加上工作人员素质参差不齐，在实际的拆迁过程中容易与群众产生矛盾和冲突。我们在宁波的访谈中得知，一些地方政府甚至将所谓的"钉子户"直接委托黑社会背景的人员来处理，由于这些人来势汹汹，当事人不敢强行反抗，群众也不敢阻止。2009年以来，台州市路桥区、温州市瓯北镇等地先后发生了暴力强征的局部群体性事件。

被征地拆迁人对征地拆迁的抗争方式，一般表现为对媒体倾诉，与政府谈判，上访，诉诸法院，最后无奈则选择暴力抗争。征地拆迁的冲突疏远干群关系，影响政府公信力，引起相对剥夺感，积累社会情绪导致社会不公，弱化社会安全感侵害合法权益，引发群体性事件。

四 征地拆迁矛盾引发的社会冲突

（一）疏远干群关系，影响政府公信力

在以往的征地拆迁中，有些地方政府的领导为谋取政绩，大造"形象工程""政绩工程"，造成了征地拆迁规划不合理，安置补偿不到位，征地拆迁管理工作的规范性、透明度不够。[①] 一些地方政府片面强调加快城市建设，忽视了征地拆迁当事人利益的保护。征地拆迁主管部门面对征地拆迁当事人的申诉和上访，不想管、不敢管、不会管，或冷、硬、推、拖，或不闻不问，或敷衍塞责，或处置不当，或将矛盾层层上交，导致重复上访、越级上访不断增多。

调查中，被访者告诉我们：为了保护耕地，银秀村村民代表前往市信访局，接待人要他们回去看征地批文，他们回到工业园区，园区副主任徐某敲桌子骂人，说百姓无权看批文，要看批文法庭上见，他愿意倾家荡产奉陪到底。其实，这位领导显然是以权压人，《征用土地公告办法》明确规定，要将"征地批准机关、批准文号"公之于众，征地部门不主动出

---

① 王才亮：《农村征地拆迁纠纷处理实务》，法律出版社，2006，第15页。

示，使人怀疑征地的合法性。征用基本农田，手续复杂，决不会轻易达到，不批先征，或调整为普通农地报批的现象普遍存在，对银秀村的征地也不例外。

因征地拆迁纠纷问题长期得不到公正、合理解决，部分被拆迁人对征地拆迁主管部门失去信任，往往迁怒于政府，静坐示威，围堵党政机关，严重影响了党和政府在人民群众中的形象。在土地征用过程中，农民不满和控告的主要对象是地方各级政府和村级基层组织。① 同时，大量拆迁纠纷的存在，还直接影响到投资者对政府的信任度，影响到投资环境。

在L县牛溪村的调查中，我们明显感觉到村民对村干部在征地中的做法极为不满，村里决定征地的会议到风景区的宾馆举行，甚至跨县，不让村民过问，麻痹入会人员，以求"顺利"通过。村委书记的房屋很大，拆去围墙大造临街店面房二十来间。城区的民房除农民公寓外一律停建，而书记却享受特权，仍大兴土木，而且所处位置优异，是他卖地有功的奖赏。如此的做法，不但疏远了干群关系，而且对基层政府形象的破坏力非常大。

此外，在坊间百姓中不断流传的有关政府和开发商合谋，行政权力的滥用，政府权力腐败等消息，成为引发和激化社会矛盾的重要根源，这种权力寻租导致的不公平，更加激化了征地拆迁中的利益冲突，不利于合法的征地拆迁工作的开展，社会的稳定。

（二）引起相对剥夺感，积累社会情绪

有的地方政府和部门没有认真考虑开发存在的社会问题，如失地农民或被拆迁人今后的生活出路、就业安排、养老保险等等，而是粗暴地介入征地和拆迁的安置工作中，以单方面命令的方式制定安置政策和安置措施，不以被安置居民的实际需求作为安置工作的前提。他们在失去安身立命的"土地"和"房屋"后，得到的回报实质上无法保证其正常的生产与生活，引起社会不满情绪。

对被征地农民中的中老年人群而言，他们将自己的身份仍界定为农

---

① 赵德余：《土地征用过程中农民、地方政府与国家的关系互动》，《社会学研究》2009年第2期。

民。社会心理学认为，个体的知觉存在"通过与他人比较来认识自己"这样一种途径。在调查中，我们了解到有的地区，征地甚至造成了"种田无地，上班无岗，保障无份"的"三难"境地。而与城市居民比较，自然会引发被征地拆迁群众对政府的拆迁行为的不满，相对剥夺感油然而生。对城市拆迁户而言，他们在社会适应上还有漫长的路要走，在与非拆迁户的交往中也存在许多的纠葛和矛盾，积累怨气在所难免。

（三）导致社会不公，弱化社会安全感

由于安置工作中大量不对等现象的存在，并且由于征地拆迁户在传统安置工作中的弱势地位，缺乏申诉和谈判的渠道和力量，政府在矛盾出现时，仅仅以简单粗暴的方式来强迫征地拆迁户接受自己的安排，大量的社会矛盾就此被激发，政府的公信力一时间一落千丈。一些对政府失去信任的被征地/拆迁户求助于网络或境外媒体，这在某种程度上使个体的社会不公正感得到大肆传播，影响全体社会成员的社会观念。

另外，由于受到个体视野的局限，被征地/拆迁群体对于征地拆迁收益往往不能全面观察和考虑，而对于失地引起的成本却看得很清楚。在这种情况下，征地拆迁户通常会将安置不善引起的一系列损失都归咎于征地拆迁工作的本身，这就使得征地拆迁户在后续的征地拆迁过程中会自觉地产生一种恐慌心理。由于这种群体恐慌心理的蔓延，还没有被征地拆迁的农民会对这种他们看来直接影响到自己生活、工作的征地拆迁工作采取一种不合作的态度，甚至是采取一些极端行为来抵触和阻挠征地拆迁工作的进行，比如阻挠企业施工、故意阻塞交通、暴力对抗施工、群众上访等。

（四）侵害合法权益，引发群体性事件

近年来因征地拆迁引发的矛盾日益突出，各地因征地拆迁而发生的纠纷事件层出不穷，老百姓甚至对拆迁出现了剧烈的对抗。有的地方政府认为，农民要求过高，甚至刁蛮，使拆迁成为"天下第一难"，以至阻碍城市化进程。农民清醒地看到，在现行土地征用和房屋拆迁法律法规前提下，不可能扭转房屋被拆迁的事实，只可能通过各种努力实现家庭利益最大化。因此，他们通常采取突击搭建、突击装修、改变旧房用途等方式以期增加拆迁补偿，如果达不到目的，则采取集体抗争、群体上访甚至群体械斗。

被征地/拆迁集体上访所表现出的无组织性和流动性的社会行为，极易使冲突激化，失去抑制理智的能力，导致违反社会共同规范的越轨行为，严重的还会破坏生产，影响社会治安。同时也会给社会其他成员造成情绪的感染，从反面强化人们的无序意识和对法律的轻视，特别是坚持无理要求、行为偏激的集体上访，对社会的稳定是一种威胁。集体上访形成对政府权威的一种挑战，对政府的信任和形象产生怀疑和动摇，打乱社会秩序，非常不利于社会的和谐与稳定。

五 征地拆迁矛盾与冲突的动因

（一）地方财政增长与经济发展：行政体系的压力

目前，经济发展对于中央和地方政府而言都是具有特殊重要性的政策目标，尤其对于地方政府而言，经济发展不仅与工业化以及伴随而来的城市化进程密切相关，而且其成果还会直接增加地方政府的财政收入。① 政府作为公共权力的执行者以及公共利益的代理人，必须制定完善、公平、公正、透明的拆迁政策，这种公共政策可以是法律，也可以以部门规章、地方性法规为载体。但事实上，行政权力过多地向投资开发商倾斜。行政权力是为公共利益服务的，当然不能忽视投资开发商的利益，但如果偏向投资开发商，就有失公正。地方政府往往在利益驱动下产生强烈的征地动机。地方各级政府每届上任时都绘出一张发展蓝图，并以 GDP、引资额、财政收入、城镇居民住房面积、人均收入增长等多项经济指标向人大会议进行报告，作为考核考评的制度安排。这一制度的建立，为各级政府追求经济增长速度而不顾经济增长质量和不计资源消耗的增长模式提供了诱因，导致地方政府认为在提供土地方面要求批准征用土地面积越多越好，征地拆迁速度越快越好，造成越权批地、边报边批、未批先征、未批先用等现象层出不穷。当前，土地出让金与征地成本之间存在巨大的利益空间。有资料显示，土地增值收益占 51%～93%，政府通过"征用—转让"这一过程，获得了大量的权力租金，这也是城市扩张的一个利益驱动，为

---

① 赵德余：《土地征用过程中农民、地方政府与国家的关系互动》，《社会学研究》2009 年第 2 期。

政府"政治寻租"创造了环境。

　　法治社会的征地拆迁行为，要求开发商严格按照《合同法》的规定，公平合理地取得和补偿产权人的土地房屋财产，即与产权人在自由、平等、公正的原则下谈判，讨价还价，政府只对开发和拆迁方的资格、指标等进行程序上的审批，不能介入任何实体内容。然而，在越来越火热的"城市经营"活动中，地方政府往往把自己看成了实质上的"老板"，对外交易（如土地批租、引进资金、引进项目）中奉行"等价有偿"原则，为了所谓有"建设"与"发展"，竞相出台优惠政策，甚至唯恐"让利"不及。而在与本地拆迁户的"交易"中，却往往是另一副面孔，总是认为群众是"政府的人民"，政府要群众怎么着群众就得怎么着，即使损害一些群众的利益也是"理所当然"。

　　除了上面提到的法律规定方面以及固有的行政文化给政府行政行为带来的影响，更重要的是地方政府的财政状况特征给农村征地拆迁带来不可避免的利益博弈和冲突。我国实行的是分税制的财政管理体制，分税制是在中央与地方之间，根据各自的职权划分税源，并以此确定各自的税收权限、税收体系、税务机构和协调财政收支关系的一种财政体制。我国实行的分税制考虑的主要是加强中央政府的宏观调控能力，因此，贯彻了"收入大头在中央、支出下流到地方"的分税制改革精神，将主要税种划分为中央税或中央地方共享税（如消费税、关税、海关代征的消费税和增值税、中央企业所得税等为中央税种，增值税、资源税、证券交易税划为共享税，其中增值税的75%归中央），而只将一些税源分散、税额小、隐蔽性强、征收难度大、成本高的税种留给了地方（如营业税、个人所得税、地方企业所得税、印花税等），这就造成地方财政出现财源弱化、收入增长难度大的困境。然而在财政支出方面，地方财政却承担了大部分的支出责任，包括政治经济、社会、文化各个方面，从而出现了地方政府财政收入与支出不对称的局面。因此，财政分权的存在以及地方政府在财政方面的困境决定了地方政府的自利性，地方政府纷纷投入到招商引资的竞争中。我们在调查中发现，由于正处于大规模的城市化建设中，地方财政税收的增加必然需要企业规模的壮大，因此常常以招商规模作为地区发展的指标，这种行为的目的性必然导致行政行为偏向企业，使政府行为超越社会管理和公共服务的职能,成为赢利型的具有自身利益的政府,从而导致在征地拆迁中不得不与民争利。

(二) 政府与开发商的合谋

由于自利性的驱使,各级地方政府都在大规模的城市建设中拓展自身的利益诉求,通过经营城市,使地方政府实际上逐渐成为"赢利型政府"。政府征用土地,实现了政府的目标,促进了公共利益,政府获得了一定的财政收入。由于这种潜在收益的大量存在,使政府对征用权的使用存在着极大偏好。征地和拆迁成为城市新增建设用地和旧城改造的唯一资金来源。

政府作为一级土地市场的垄断者,为了实现自身利益,利用手中的行政权力为自己谋取利益,一些地方政府与开发商"合作",共同分享开发的好处,开发商通过房地产开发获得的高额利润则成为政府和寻租者的租金。一些地方政府官员借着"经营城市"的幌子,暗地里进行权钱交易。在房屋拆迁过程中一些行政权力已经被开发商"买断",开发商的利益与某些官员个人利益合二为一。部分地区在开发商的贿赂下,地方政府帮助其进行土地出让、房屋估价、项目规划、安置补偿等。有的地方政府还对房地产开发商进行"设租",迫使开发商为保证自己的利益而不得不向政府"寻租"。

也就是说,在利益的驱动下,地方政府主要不是站在农民的角度给农民一个公道合理的补偿,也不是处于公正裁决的位置,却是为了在这一过程中用尽各种策略,让被拆迁/征地户屈服,从而能够分享征地拆迁所带来的好处。为了实现这一目标,地方政府充分利用了自己的权力和资源,从政策的制定到征地拆迁工作的具体实施都掌控了整个拆迁过程。

(三) 决策参与机制不健全,多元协商体系缺失

在现有的拆迁条例中,并没有规定明确、具体、公正的操作程序来予以保障。实践中,拆迁人往往采取先入为主的办法,先委托房地产估价机构对拆迁范围内的所有房屋分户评估,分户出具评估报告,以此为依据,使用各种手段要求被拆迁人接受。征地拆迁管理工作的规范性、透明度不够,征地拆迁规划没有充分听取被征地拆迁人的意见,在规划审批前没能以适当形式予以公示,群众的知情权未得到充分尊重。在调查中,我们发

现，地方政府为了顺利地完成征地/拆迁任务，利用信息不对称的方式"忽悠"农民，以骗取他们的签名，实现"形式"的合法性。课题组认为，土地所有权的出让，应该召开村民大会，如条件不允许，可以分组举行，让村民充分表达自己的观点，决定自己的命运。调查中的某些村的征地跳过这一程序，村官变相运用手中的权力，使村民别无选择地顺从，本质上属于强制行为。从表面上看，这种签字出于村民之手，具有法律效力，但仅仅是表象，不是真正的民意。

从调查中，我们发现，被征地拆迁群众很难真正参与到拆迁决策、政策制定、建章立制到工作落实的全过程，征地拆迁群众的知情权、参与权和监督权难以保证。在L县银秀村，其200亩水田位于石地村的留板畈，圈入龙令工业开发区内，但这是"基本农田"，受法律保护。田中竖立标志碑，对征地部门来说十分刺眼，暗中将它移走，使百姓抓不到实据。土地价格不公平，石地村每亩三四万元，银秀村仅2.8万元，拖欠多年才付清，更激起村民的不满。征地部门见机行事，试图满足人们的心理需求，提到每亩3.2万元。商业手段在银秀村不起作用，村民仍不同意。一计不成，又生一计，扬言相邻的兆家村和应家村都已同意，以此软化银秀村。在征地拆迁工作中，政府不仅是最大范围内的公共利益的唯一代表者，还是包括公共利益在内的各种社会不同群体或阶层的意志和利益主体之间的协调者和仲裁者，同时还是拥有处于绝对优势地位的公共权力主体之间的协调者和仲裁者。作为当事人的广大被征地农民无法以平等的身份公正地参加到征地拆迁安置政策的制定、实施过程中去，而被动加入征地拆迁活动，这无形中又纵容了政府权力的无限膨胀。

所谓多元协商体系，是指在多元分化的社会背景下，公民及其社团以协商合作为手段，参与公共事务的直接或间接治理，以实现多元主体间的和平竞争与合作，推动社会和谐有序地发展。公共政策的实施必然涉及各方利益群体，为了体现公共政策的公平性和减少实施过程中产生的矛盾纠纷，有必要在制定公共政策过程中将各类利益群体和社会公众的意见考虑进去，即需要搭建一个让各利益群体和社会公众参与协商讨论的平台。而政府作为社会公共利益的信托人，作为利益冲突的主要协调者，应该承担起构筑交易成本低廉、简便易行的利益纠纷协商机制的责任，提供民主、公平、公正的利益博弈和多元协商平台，这也是政府的基本职能。

有关旧城改造、危房拆除的政策制定，关系到民众的切身利益，理当鼓励公民积极参与和广泛征求利益相关人的意见。然而，事实上，政府在制定征地拆迁相关政策时，却存在将他们拒之门外，或者将这一决策视为地方政府与开发商两方面的事，甚至片面地站在开发商的立场上无视公民的权利保护。调查中发现，村民对暗箱操作极为不满。有一位村组长，竟连自己的田被卖也一无所知。2003年11月20日，他获悉溪边2.6亩水田被卖，与村主任交涉，村主任却说那是村所有的沙滩。明明是水田，被说成沙滩；小组所有，被说成村所有，村民不仅被剥夺知情权，连所有权也被剥夺。征地过程中，村民的基本权益难以确保。征地拆迁成了政府与开发商之间的利益博弈，而真正的利益相关人却被忽视了，他们的相应权利也被剥夺了，丧失了为自己争取权益的资格。

（四）利益诉求渠道：阻碍与隔阂

罗尔斯认为，公正是利益的协调和平衡，是通过博弈形成一种均衡。虽然说，我们也发现，有些民众在利益表达时，可能欠缺公允。但民众情绪的发泄之所以出现偏颇，并不仅仅是民众之错，更大的问题是出自社会利益表达渠道的堵塞。利益表达渠道的畅通是消解社会不满和冲突意识的基本要件之一，社会中总存在这样那样的矛盾与冲突，如果有顺畅公平的解决之道，则群体性事件会大大减少。表面上看，中国社会的利益表达途径很多（例如信访制度、人民代表大会制度、政治协商制度），此外还有行政领导接待制度（如市长接待日、书记信箱、市长热线等），但对弱势群体而言，这些渠道往往存在着这样那样的问题，且在法律上并无有效保障，导致民众无法有效地表达他们的利益诉求，以至对基层政府充满怨气，在极端情况下这种不满情绪被引发，在信息不公开的情况下，流言推波助澜，进一步促成群众与基层政府的对抗，最终失控造成群体性事件。

事实上，也正因为弱势群体利益表达渠道的不通畅，话语权较小，才会转而通过"无直接利益冲突"来发泄不满。弱势群体由于自身的组织化程度低、利益表达话语权的缺失与渠道的不畅通，以及较弱的利益表达能力和政府官员的观念滞后与角色错位,因而不能有效地参与政策制定,不能系统、深入地表达其利益诉求,从而陷入了"利益失衡—权利失衡—利益失衡"的困境,越来越处于社会的底层和边缘。诚如孙立平所言:"从实际情况看,当前利益关系的失衡,与缺乏民众参与的机制,特别是缺乏不同利益主体的利益表达机制和利益博弈机制,有着直接的关系。"①

一些拆迁户因不满强行拆迁,采取自焚等极端行为,这表现出农民群体在受到不公平对待而又缺乏有效的利益诉求渠道时的一种绝望的抗争,很难说不是走投无路之后的悲愤表达方式。但是从集体行为理论来看,部分过激行为主体代表了在土地问题中,由于利益的不平衡,而发自农民群体的呼声,引起了政府和各社会群体的高度关注。同时,由于缺乏有效的利益诉求渠道,各地由征地拆迁引起的群众上访、静坐、围攻事件屡见不鲜,不利于社会的和谐发展。

(五)农村居民的社会分化,村委会集体的"代理人"角色

目前,我国土地不能交易,最终导致土地产权的拥有者(农民或被拆迁人)在法律上没有资格作为土地交易的一方,无权参与谈判。在征地过程中,村委会成为集体利益的代言人和维护者。在被调查地的征地拆迁过程中,村委会的相关负责人都是受镇政府统一领导、统一调度的,在具体工作中直接与农民协商谈判,积极做村民的思想工作,成为镇政府的代言人。在补偿费用的分配上,农村集体经济组织实际上是村干部起着决定性作用,被安置的农户的个人利益往往得不到保证。如果村干部得不到足够报酬,他们既不会成为称职的代理人,又不会成为称职的当家人,而仅仅是一些图谋个人私利的"撞钟者",他们甚至利用乡村关系的矛盾来获取私人好处。② 在农村的征地过程中,农民个体的利益是分散的,村干部往往无法从村民那里得到足够的报酬允诺,而与开发商和乡镇相比较,后者的利益预期明显要高得多,因此,他们并没有真正从农民的角度考虑。

我们调查发现,村财务人员不少是实权派,在农民失地时得地,有的

---

① 孙立平:《失衡:断裂社会的运作逻辑》,社会科学文献出版社,2004。
② 吴毅:《村治变迁中的权威与秩序——20世纪川东双村的表达》,中国社会科学出版社,2002,第247页。

巧妙地在其他村占地，神不知鬼不觉。一般村民发现村官在其他村占地，不易察觉财务人员也组合在一起，玩同一套权术。账目已经明朗，却无人过问，得不到解决，说明农村事务存在很多死角，需要治理。

与村干部相似，城市社区居委会干部也处于双重角色之中。当无法获得足以产生动力的正当经济报酬，但可以从其职位上获取其他不正当的灰色收入，而且当与居民产生冲突时，社区干部还可得到街道政府的庇护，因此他们自愿充当上级政府的代理人。在实际运作中，他们一方面受到来自上级的行政管理；另一方面是来自社区居民的舆论监督，此外还要算计自身利益，处境较为尴尬。

由于资源的短缺，在排斥竞争的条件下，人为的制度性的选择也会导致人们之间的分化，社会分化实际上是社会资源的重新分配，它既表现在财富上的分化，也表现在价值观念和生活方式的差别。而社会分化的后果之一就是在社会群体之间形成矛盾与冲突，尤其在社会高速发展阶段，这一矛盾与冲突极易凸显与激化。在当前的社会发展中，社会分化已不仅仅是生活区域、社会文化、财富分配上的差异，更主要的则是在当前及今后的发展中，各阶层在分配社会公共资源的差异。对政府而言，防范因为社会分化而引起的社会震荡，就要按照市场规律，依靠法律，合理地、有效地配置社会公共资源，其中最为重要的是要保护人口数量庞大的弱势群体的利益。

不得不承认，曾经用来形容农村的"同质性高，人际关系比较密切"字句已逐渐不再适用这些快速现代化、城市化或者处于征地过程中的农村了。由于相差悬殊的征地补偿价格和不同的分配补偿方式，村民出现极度两极分化的现象。首先，失地农民与村中没有被征地的农民出现两极分化。在被征地的村中，有些村庄的村委会全部是用征地的补偿款上缴全村的农业税，有些村庄甚至由村委会代缴全村的水电费，也有的村庄将土地补偿款给全村村民平均分配。这种不公平的分配方式导致村民出现两极分化，全村一方面出现部分失地农民因补偿金额不足而生活难以为继；另一方面则出现没有被征地的农民却因其他村民被征地而生活水平上升，由此导致失地农民的生活水平相对下降。其次，征地前以务农收入为主的农户与征地前以非农收入为主的农户出现两极分化。一般来说，征地的结果使征地前以务农收入为主的农户生活水平下降，而征地前以非农收入为主的部分农户生活水平有所提高。再次，村干部和村民出现两极分化。由于缺乏必要的监督机制，在征地过程中出现暗箱操作，村委会中饱私囊。最后，相邻的不同村因征地补偿价格不同而出现两极分化。相邻的两个村由于不同的补偿标准，使村民生活水平出现显著差距。比如有些因村里有较多的机动地，所以对征地农民用机动地划地补偿，对村民生活没有影响，农民生活满足，无后顾之忧。

征地前，他们基本上有着共同的利益诉求，相互交往频繁而单纯，而在征地后，由于利益分化，原来铁板一块的利益共同体被逐渐分化了，这也使得农民削弱了维护自身权益的力量。

（六）"作为武器的弱者"：拆迁户与其他利益主体的纠葛

与土地有关的权利和利益主体大体上有六个：中央政府、地方政府、农民、开发商、城市居民、工商企业。工商企业要获得工业厂房或商业楼宇，就需要土地；城市居民要住房子，只能向开发商购买；开发商要盖房子，必须获得土地。在目前的制度下，工业与城市住宅用地由地方政府——通常是县市级政府——独家供应。地方政府获得土地的途径则有两个：拆迁旧城区，及向农民征用农地。

应该说，不同的主体在土地上的权利和利益是不同的，甚至是对立的：农民和城市拆迁户希望政府大幅度提高补偿标准；开发商和企业却希望压低买地价格，因而，间接地希望压低征地补偿标准；地方政府财政高度依赖土地财政，所以一方面它希望压低征地和拆迁补偿标准；另一方面又乐于抬高土地出让价格；中央政府则希望控制工业化与城镇化用地规模，提高土地利用效率，同时确保社会稳定，缓解农民和城市居民的不满。所有这些利益主体的诉求，依其各自的身份，都是合理的，但是，从公共利益的角度看，任何一方的权利和利益都不应当是绝对的，正确的处置方案是让各方利益保持平衡。

现在的问题是，这种平衡从制度角度看很难实现。原因在于，在这一套错综复杂的利益格局中，地方政府与其他五方都发生直接关系，并且是利益纠葛的集中点。地方政府的土地政策对城市居民、工商企业、开发商、农民的影响最直接，中央的法律和政策也必须依赖地方政府才能作用于其他利益主体；另一方面，地方政府本身又希望通过经营土地获得GDP政绩和财政收入。正是这一点，让地方政府很难保持公平姿态。地方政府普遍给予工商企业以用地优惠，并与开发商站在一起，农民和城市居民则经常成为利益受损者。在这个过程中，有些地方政府有意地忽略或扭曲中央的法律、政策，能够增进自己利益的就执行，反之就拖延不执行。

（七）行政管理不到位：拆迁矛盾的潜在推手

在拆迁中，由于拆迁人政策把握不严，相关责任部门对拆迁地块的管理、配合不够紧密，让被拆迁人有机可乘，有利可得，从而形成了征地拆迁矛盾重重。

拆迁人政策把握不严。拆迁人，特别是社会拆迁人的违规，评估单位不规范操作，致使被拆迁人获得非正常装修数倍的经济补偿，直接影响拆迁工作。目前，在拆迁实际工作中，一个项目不论规模大小、工期长短，较为普遍地存在着"前紧后松""因人而异"等执行标准不统一的问题。"前紧后松"，是通过前期政策宣传，安置方案、安置办法等相关措施较为优惠，一部分被拆迁人与拆迁人经协商而达成拆迁协议。而剩余部分则由于种种原因提出过高要求，拆迁人为了缩短拆迁工期"不得不放宽补偿标准"满足住户要求，形成了前后补偿标准不统一的问题。"因人而异"是被拆迁人为了增加补偿金额，通过相关社会关系或自身强烈要求等方式，迫使拆迁人给予照顾，造成了补偿标准不统一。

相关责任部门对拆迁地块的行政管理不到位，与拆迁单位配合不够密切。《杭州市征用集体所有土地房屋拆迁管理条例》第七条规定：征用集体所有土地需拆迁房屋的，在城市规划主管部门核定拆迁用地范围后，市土地管理部门应立即将拆迁用地范围公告并通知有关部门，在拆迁用地范围内暂定办理下列事项：（1）通知公安部门暂停办理户口的迁入、分户；（2）通知有关部门暂停办理房屋的买卖、交换、翻（扩）建、析产、赠与、分户、租赁、抵押等；（3）通知工商行政管理部门暂停核发营业执照、临时营业执照。

另外，由于相关部门与拆迁单位的衔接不够紧密，思想重视程度不够，管理力度不大，导致冻结后户口的迁入现象仍然普遍。调查中，我们得知，杭州市拱墅区运河商务区在冻结后，仍迁入常住户口450余人，仍有店铺92家在经营,仍有外来人口6800人租用该地块房屋居住。

被拆迁人利用政府管理漏洞,通过拖、骗、闹等各种手段,获得高额的经济利益。拖,就是拖时间,在进户丈量阶段,拒绝评估公司进户丈量;在核对、评估、双签阶段拒绝拆迁人上门协商;在拆房整地阶段,拒绝腾房交房。目的有两个,一是在拖延的这段时间内,可以继续获得出租收入,拖一个月就是上万元收入;二是给拆迁人施加压力,迫使拆迁人"放水"。骗,就是提供虚假信息。一般形式:搞突击装修,获得装修成本数倍的经济补偿;冻结后迁入户口,在拆迁过渡和回迁安置中获得利益;家庭成员中已享受福利分房者,隐瞒外面房源事实,在回迁安置中获利。闹,就是提出与拆迁无关的附加要求,从中得利。例如子女就学、医药费用、家庭纠纷等。

第三节 "农转居"新市民群体与社会冲突

"农转居"群体是一个特殊群体。这一群体的形成和发展深受我国及地区政治、经济、社会等方面因素的影响,群体成员有着特殊的特征,有着特殊的利益诉求。

一 浙江城市化与农转居群体形成

农转居这一特殊群体是在包括浙江在内的我国特殊的城市化过程中形成的。城市化是一个世界性的潮流,纵观当今世界,没有一个国家或地区能置身于这一潮流之外。然而,各个国家和地区的城市化又存在着许多差异,有的差异甚至是极其显著的。之所以如此,简而言之,是由于特定的社会、历史、政治、经济及文化的差异所造成的。探讨浙江乃至我国农转居群体的问题,就必然要了解这一问题产生的社会历史背景,即我国的城市化及其道路。

(一)城市化的概念

城市化(urbanization)目前学术界的定义尚不一致。《简明不列颠百科全书》提出,人口城市化是"人口集中到城市或城区的过程。这种过程可能有两种方式:一是通过城市地区数量增加;二是通过每个城市城区内人口的增长"①。《中国大百科全书·社会学卷》提出,城市化是"社会经济关系、人口、生活方式等由农村型向城市型转化的过程"。联合国教科文组织出版的《社会科学词典》,从不同的角度提出了不同定义。地理及经济学家们认为是城市中心向周围影响及扩展;农村社会学家们认为是人口中城市特征的出现;人口学家认为是人口集中的一个过程;社会学家们认为是人口集中的过程,其中城市(镇)人口占地域人口比率的增加。城市化是一种世界性的社会经济现象,是社会经济关系、乡村分散的人口、劳动力和非农业经济活动及人们的生活方式由农村型向城市型转化,城市相应地成长为经济社会发展的主要动力的过程。

城市化首先是城乡关系的转型,其标志是城市在社会经济社会生活中逐渐占据主导地位。城市化的起点应该追溯到工业革命的开端。在工业革命之前漫长的农业社会中,城乡关系是典型的"城市乡村化",即"乡村在经济上统治着城市","真正的大城市在这里只能干脆看作王公的营垒,看作真正的经济结构上的赘疣"②。而工业革命则从根本上扭转了这种城乡关系:工业化使城市以前所未有的速度向前发展,改变了原来城市的生产方式和生活方式,加速了乡村人口和非农业经济活动向城市集中的过程,城市化的时代从此开始了。

城市化是一个动态过程,是一个历史的范畴,是由社会经济发展的客观规律决定的,人们既没有力量改变它的进程,使它超越某些必经的阶段,更不可能从根本上阻止它的进程。但在不同的国家和地区,由于其所处的社会、经济、文化和地理等条件的不同,在同一阶段所表现出来的城市化进程可能不同;同样,同一城市在不同时期,其城市化进程也会表现出不同的特点。

城市化过程所涉及的领域和包含的内容是多元化的。人口城市化是最主要的表现,即乡村人口向城市集中,城市人口在总人口中所占的比重逐步提高。在传统的农业社会,手工业者一般都散居于乡村,即使在现代中国,改革前的社队企业和改革后的乡镇企业(尤其是村办企业)也散布于广大的乡

---

① 《简明不列颠百科全书》第2卷,中国大百科全书出版社,1985。
② 《马克思恩格斯全集》第46卷(上),人民出版社,1975,第480页。

村地区。但从世界范围来看，产业的城市化和人口的城市化基本上是同步的，两者都是建立大机器工业生产体系的内在要求。有的学者甚至把人口城市化看做是产业向城市集中的结果。日本的上田正夫认为，城市化是一种进行状态，即在某一地域内，随着生产力的发展、资本的积累，产生了现代化的生产方式，然后在工业化的推动下，以一个与国家经济发展相适应的形式，吸引人口相对集中。根据他的理解，人口城市化是因为城市中能够提供大量的就业机会和比乡村更先进的生活条件，而创造就业机会和生活条件的因素在于第二产业和第三产业在空间上向城市集中。

生活方式向城市型转变，城市的生活方式扩展到其他领域；人际间的血缘、亲缘关系削弱，业缘关系强化。在城市环境中，每一种谋生手段都带有职业的性质，职业在人际交往中越来越占重要地位，个人联系渐居次要地位，相处态度及道义倾向都以对方的职业为转移。基于职业利益和行业利益的社会经济组织取代了乡村中基于家族纽带、地方情感的社会经济组织。[①]

城市本身是一种地域景观，因此城市化过程的直观表现就是地域景观的变化，是人口和产业在空间上集中所导致的地域分异的过程。

（二）浙江的城市化与城中村的形成

如上所述，城市化实际上是发生在农村与城市之间的社区、人口、生产方式、生活方式及社会组织等诸多方面的转化。其中最直观的是人口和地域景观。人口的基本特征是农村人口向城市集中，人口和经济活动的密度逐渐提高，就业和经济活动方式日趋多样化。地域景观主要是城市地域不断扩展，在那些从来不是城市的地域，非农业经济活动、居住区位不断集中，城市功能不断扩大，使乡村地域转变为城市地域，即乡村城市化。

浙江的城市化最主要的是改革开放以来的景象。之前浙江的城市化过程发展缓慢，且波动很大。1949～1957年，包括国民经济三年恢复时期和其后的"一五"时期，伴随着国民经济的逐步恢复与发展，城镇人口平均每年增长14万人，快于全省总人口的增长，城市化水平由1949年的

---

① 参见R. E.帕克《城市：对于开展城市环境中人类行为研究的几点意见》，载宋俊岭译《城市社会学：芝加哥学派城市研究文集》，华夏出版社，1987年。

11.8%上升到1957年的14.3%。1958~1965年城市化进程出现了剧烈波动。由于国民经济的大起大落，城市人口大进大出，城市化水平陡上陡下。1958~1960年，由于经济建设指导思想上的急于求成，强调"以钢为纲"和"大跃进"，许多工业项目盲目上马，导致农村人口大量涌入城市，3年中，全省城镇人口净增229.5万人，年平均增长76.5万人，城市化水平由1957年的14.3%上升到1960年的22.4%，出现了"超前城市化"的特征。1961~1965年，由于贯彻"调整、巩固、充实、提高"的八字方针，停建、缓建了一大批建设项目，同时大力精简城市人口，充实农业第一线，导致城镇人口连续5年出现负增长，5年共计减少165.2万人，城市化水平由1960年的22.4%下降到1965年的14.3%，重新回落到1957年的水平。1966~1977年，由于"文化大革命"，国民经济发展遭受严重挫折，同时知识青年的上山下乡，城镇人口迁出大于迁入，城市化水平在12年中大多徘徊在14%上下，最低年份1970年只有12.96%，倒退到了1953年的水平。1978年以后，浙江城市化进入了持续快速发展阶段。据"五普"资料显示，2000年，全省城镇人口已达2235.66万人（全省总人口为4593.06万人），城市化水平已上升到48.67%。根据城市化进程的阶段性规律，浙江的城市化正处于加速阶段。所谓的城市化进程的阶段性规律是1979年美国地理学家尼诺瑟姆（Ray M. Northam）发现的，即各国城市化进程所经历的轨迹，可以概括成一条稍被拉平的"S"型曲线。中国学者高佩义援引英国的数据资料，基本上证实了这一曲线的存在。

  随着城市化水平的提高，许多原来是农村的土地被划入城市，使建城区面积扩大。浙江省设市的城市建成区面积从1989年的503平方公里扩展到2006年的1744.16平方公里（见图2.3-1）。[①] 2007年浙江省城镇建成区面积达到2315.63平方公里。在城市化过程中，尤其是改革开放以来，城市不断扩展，原来城乡结合部的土地被大规模征用，村庄逐渐被城市建成区包围，但在二元户籍制度的约束下，人口仍然是农业户口，社区建筑景观、人口、经济、行政、生活方式等方面与城市社区有着明显的差异，

---

① 建成区面积指城市行政区内实际已成片开发建设、市政公用设施和公共设施基本具备的区域。

成了城市中的"孤岛",形成了所谓的"城中村"。

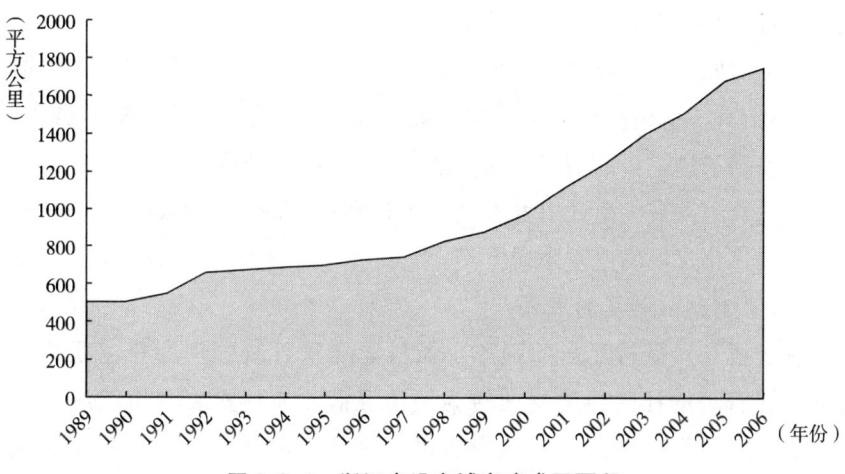

图 2.3-1　浙江省设市城市建成区面积

资料来源:浙江建设信息港。

在城市化过程中,现代大城市逐步由聚落、村落、小城市、中城市发展而来,建城区域扩大是一种普遍的社会历史现象,我国农转居前的"城中村"却是具有特殊性,是我国特殊的城市化道路的产物。长期以来,我国长期实行刚性的城乡二元化管理和建设体制,而且在许多方面都表现出城市偏向。早期的城市征地过程中,为了节约建设成本,城市建设往往是绕开村庄征地,城市发展"要地不要人",由此催生了一大批"城中村"。这些被城市包裹进来的村落在土地被征后,除了每亩少许的征地补偿外,很少顾及其他更为重要的深层次问题。

土地征用是国家出于城市化进程中公共目的的需要,将农村集体所有的土地有偿变为国家所有土地的行为。土地征用是一种行政行为,具有强制性、补偿性和权属转移等特征。土地征用会导致集体土地所有权的丧失,农民会失去赖以生存的土地。土地是农民生存的根本,而以往的征地制度明显把两者割裂开来,形成了大量的失土农民。基本做法是将"城中村"视为一类独立的用地单元,往往采用"保留村镇用地"的做法来解决"城中村"问题。"保留村镇用地"主要包含两个方面:一是根据"城中村"人口增长预测,按照 60~80 平方米/人的标准划出村民安置用地,供村民居住；二是土地开发方将其征用村镇土地中的8%~12%作为"村镇经济发展用地"返还，由村镇自行开发。这样做一方面是政府为了照顾农民的利益；另一方面也是为了减少征地过程中的阻碍。这一处理方法虽然解决了当前的某些燃眉之急，但实质上并未解决"城中村"的本源问题。从长远来看，"保留村镇用地"仍会被城市建成区包围，反而使"城中村"的存在得到了进一步的加强，这样既不利于城市土地的集约使用，也不利于城市的长远发展。由此引发农民的生计和城市的长远发展双重问题，成为城市现代化发展的严重障碍。

（三）浙江农转居的成效

农转居是对撤村建居的别称。撤村建居从行政管理的角度是将原来按照农村管理的社区整建制地转为城市社区，撤销村委会组织组建居民委员会，农村居民因此转为城市居民。这是一项涉及面广、政策性强的工作。浙江工作比较扎实，使这项工作成效比较显著，所有撤村建居村庄基本上保持了平稳过渡，社会比较安定，居民的生产生活有了一定程度的改善。

（1）加快了城市化建设的步伐。杭州市乡镇数量由2000年的234个减至2007年的136个，街道数量则由30个增至62个。绍兴市乡镇的数量由2000年的153个减至2007年的97个，街道数量则由6个增至20个。随着农转居，对原有的农居实施旧村改造，农民整体实施农转居、由农民变成市民，行政村实施撤村建居、旧村落变新社区。城市化步伐进一步加快。

（2）理顺了城市管理体制。农改居后，在一定程度上打破了城乡二元结构的壁垒，统一了建设和管理标准，统一了基础设施，理顺了农居混杂的管理体制。特别是各地在实施旧村整治改造后，新建的行政村办公和娱乐设施使用权归新居委会，较好地解决了社区建设硬件设备条件不足的问题，提高了社区建设硬件档次。杭州市对170个农转居社区，采取分类整治，搞好环境卫生与生态整治。同时做好"上改下"、截污纳管、小商小店清理等工作。抓好农改居社区基础设施的配套建设。

（3）加速了农村股份制改革。撤村建居前，村级集体经济由村经济合作社管理。有的村民因分散居住，很少了解村级集体资产状况。农转居时依法对村集体经济资产实行清产核资,清产核资后的集体资产折股量化方案须张榜公布征求村民意见,使每个村民了解原行政村有多少资产,资产量化到个人,明晰了产权,有利于全体村民参与监管集体资产。杭州2006年155个撤村建居单位中完成股份制改革的有94个,其中,第一批撤村建居的有32个(共34个),第二批的55个(共77个),第三批的7个(共44个),正在开展的有12个。加快股份制改革步伐,按照量化资产必须占集体净资产"两个80%"的最低限额来加以量化,明确集体资产产权,保障股东合法权益,发展壮大集体经济,为今后社区建设和发展奠定基础。办好股份经济合作社,加强集体资产经营管理,用好10%的留用地,提高经营管理水平,增强集体经济的实力和活力。加大社区费用投入,降低社区自身负担。要把承担部分社区费用开支作为股份制合作社的基本职能,税前列支,摊入成本,减轻社区的负担。

(4)普遍实行了社区化管理。随着居民由农民转变为市民,管理方面出现了一些明显变化。原来村民委员会变成的居民委员会,普遍推进了社区建设,而社区建设的重心又是为居民提供更加优质的服务,极大地方便了居民的生活,提高了生活品质。用杭州市拱墅区庆隆村党支部书记叶庆的话说:现在的小区有专业的物管,楼下有大片的绿化带,还有协警、保安24小时巡逻,"我们住得很舒心"。

(5)居民的生活水平总体上有提高。农民在村改居后既享受了原村民的福利待遇,又在一定程度上获得了城市居民的相应待遇,收入水平普遍提高。杭州市拱墅区庆隆村,2002年进行了股份制改造,村民都成了"股东"。同时,村里积极发展村级物业经济,大量物业项目的建成,为村级收入的快速增长提供了支撑。随着登云路拓宽,杭州图书城、杭州电子市场和时代电子市场相继落成,庆隆周边商业氛围渐浓。2006年村集体收入超过1800万元。每位"股东"拿到了1.2万多元的"分红"。由村里投资在建的12.8万平方米的庆隆大厦集商业、居住、办公写字楼于一体,每年有望获得1000多万元收益。该村撤村建居后,每户村民最少分到3套高层公寓,3套面积加起来最小190多平方米,最大有380平方米,而且还能拿到七八十万元的补偿金。目前,七成以上的村民家都有了私家车,有的还换了两三辆。可以说,大多数村民都成了百万富翁。

虽然，浙江的农转居总体上基本保持了平稳、健康的态势，但是，由于这一工作涉及每个人的切身利益，在有的地方也出现了一些问题，有的甚至是比较严重的问题，需要引起高度重视。

二 农转居过程中的主要问题与冲突

进入城市生活曾是人们的向往，甚至于是梦想。亚里士多德（Aristotle）说：人们为了生活来到城市，为了活得更好而留于城市。在很长的时期里，人们包括学者们也认为，只要农村户籍转变成了城市居民，就是实现了城市化。从人口统计、行政管理等角度的确如此。然而，由于多种原因，农转居问题远比人们想象得要复杂，并不是简单的户籍改变所能解决的，农转居的新市民群体也存在着许多问题。如果不采取切实有效的措施，就会对社会稳定造成影响。

（一）农民转居民后的就业问题

农转居劳动力就业困难。由于农转居的劳动力文化程度普遍偏低、年龄偏大、劳动技能偏弱，在劳动力市场择业难度大，农转居劳动力的失业率相对偏高。同时"小富即安"的农民意识，也制约了农转居劳动力的就业愿望，有的村民依靠原来每月能享受的几百元福利收入勉强生活，对择业岗位较为挑剔，宁可闲居在家，不愿从事劳动管理较严的工作。根据我们的调查，① 2008年农转居新市民群体的下岗失业率达到8%（见图2.3-2），明显高于杭州市的平均水平。

即使是就业者，在职业分层结构中也比较低。农转居新市民群体专业技术人员只占4%，干部及行政人员占17%，相应地，工人占到了27%（见图2.3-3）。

在自然状态下的城市化，人口的转移、非农就业是同步的。城市化过程本身具有的选择机制，使那些文化程度较高，或有一技之长，并且适合城市就业的人迁往城市，同时使不适合者，或不愿意在城市就业者留在农村，继续从事传统的产业。而因撤村建居而涌现的新市民群体，

---

① 本次调查由杭州师范大学政治经济学院社会学系与拱墅区民政局合作进行，在杭州市拱墅区的所有撤村建居社区进行的，调查时间为2008年9月30日。样本量为当地居民476人，外来人口235人。以下凡同一调查的数据，不再注明。

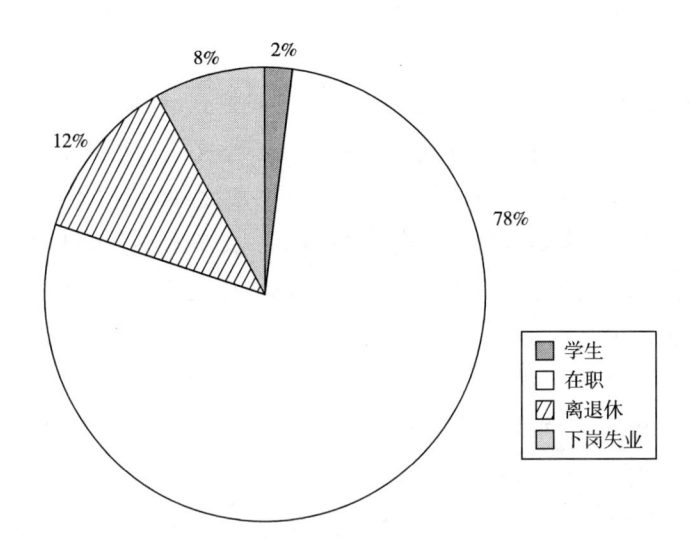

图 2.3-2　2008 年农转居居民在业情况构成

资料来源：本课题组调查。

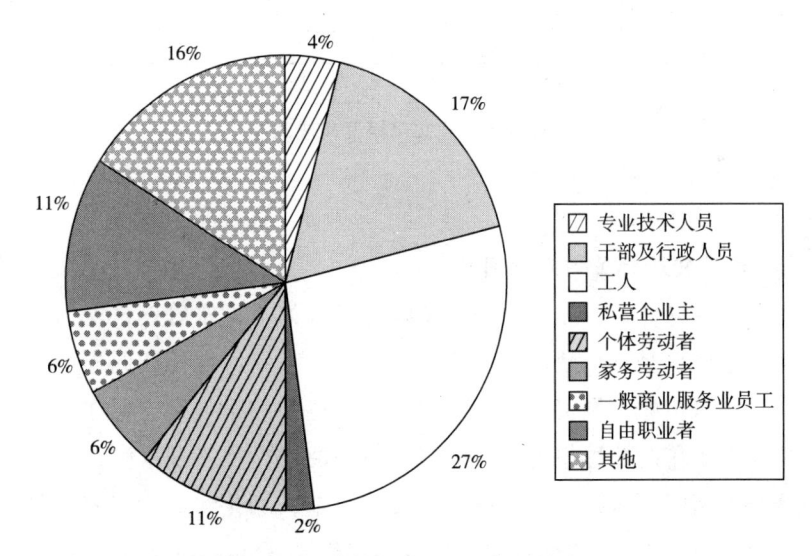

图 2.3-3　农转居社区居民职业构成图

资料来源：本课题组调查。

在农转居前已经基本失去了土地，这迫使他们选择非农就业。农转居时因为不得不实行整体性转移，个人无从选择，但在城市就业的取向又没有放弃，因而容易出现个人的就业意愿与就业岗位之间的错位，增加了就业的难度。

影响村转居就业的重要原因除了前文已经提到的原因外，农转居新市民群体文化程度偏低也是一个重要的原因。小学文化的占到15.6%，初中文化的占37.7%，高中文化的占18.9%，三项之和达到72.2%。有中专文化的占4.8%，大学专科文化的占17.9%，大学本科及以上文化的仅占4.4%（见图2.3-4）。文化程度低，有专业特长的人少，因此在就业竞争中处于劣势地位。

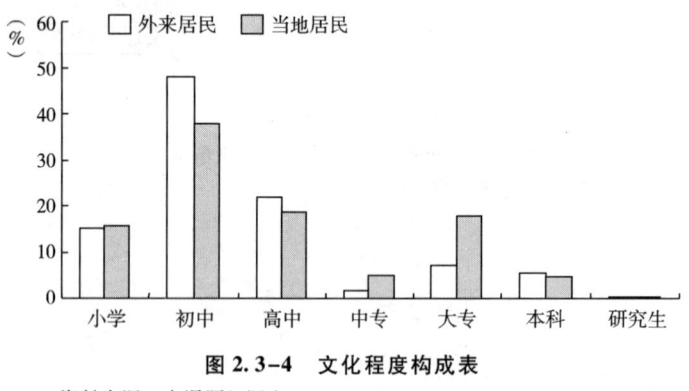

图 2.3-4 文化程度构成表

资料来源：本课题组调查。

（二）农转居社区的建设问题

农转居社区建设，尤其是基础设施建设，如上下水管网、电网等，从理论上说，应该是城市建设的一部分，应当与其他城市社区同样由政府及相关部门按城市建设投资，而且也的确有相应的政策规定，但在实际执行中，往往由于传统的思想观念及部门利益的驱动，得不到落实，致使一些农转居新市民群体对社区的环境、治安、卫生、绿化和道路等满意程度不是太高。图2.3-5、图2.3-6、图2.3-7、图2.3-8和图2.3-9显示，对上述项表示满意和较满意的在60%左右，认为一般的在35%左右。需要说明的是，这样的满意率还是由相当多的农转居社区自己从集体经济中投入了较多的资金。

另外，社区服务也存在经费等方面的困难。调查发现，撤村建居后的新建居民委员会，多数是由原来的村民委员会翻牌而来，基本套用了原来

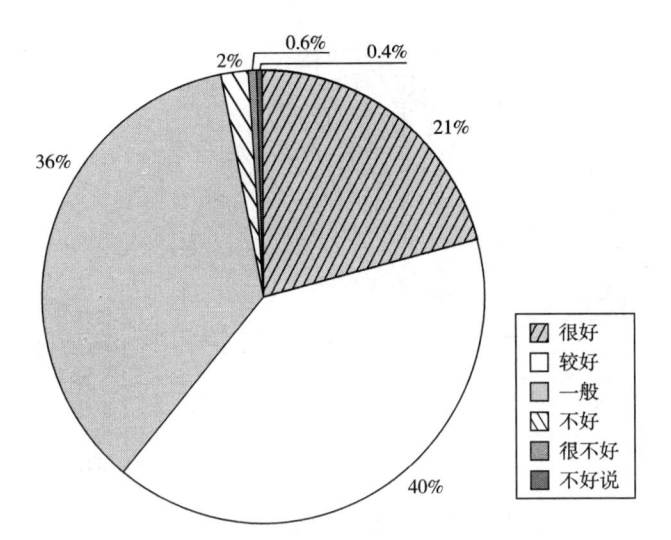

图 2.3-5 农转居社区居民对社区环境的评价构成图
资料来源：本课题组调查。

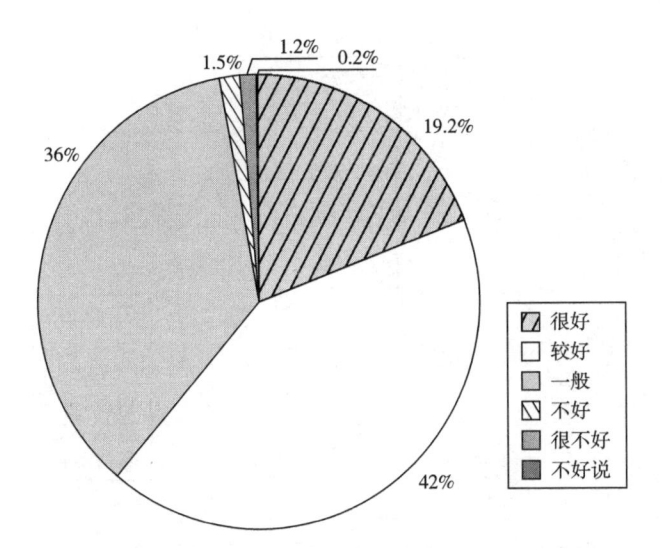

图 2.3-6 农转居社区居民对社区治安的评价构成图
资料来源：本课题组调查。

行政村的管理模式，有的村民至今仍习惯将其当成村委会，削弱了撤村建居的工作效果。从撤村建居的现状看，按2000~3000户的规模组建社区居民委员会的为数不多。现在大多数撤村建居的居民委员会的户数在300~

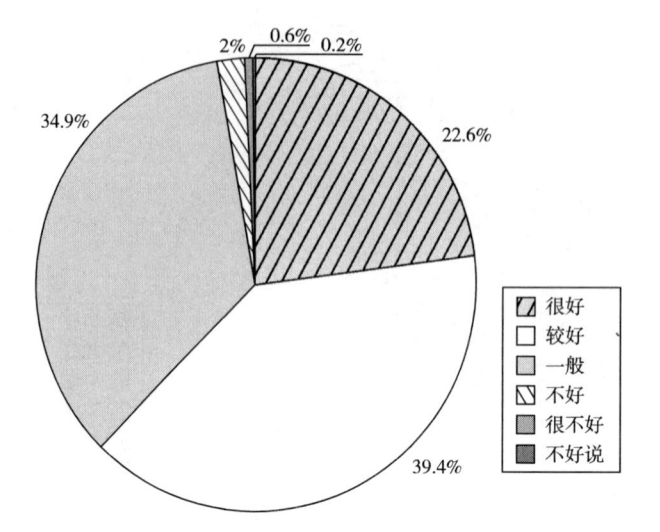

图 2.3-7　农转居社区居民对社区卫生的评价构成图

资料来源：本课题组调查。

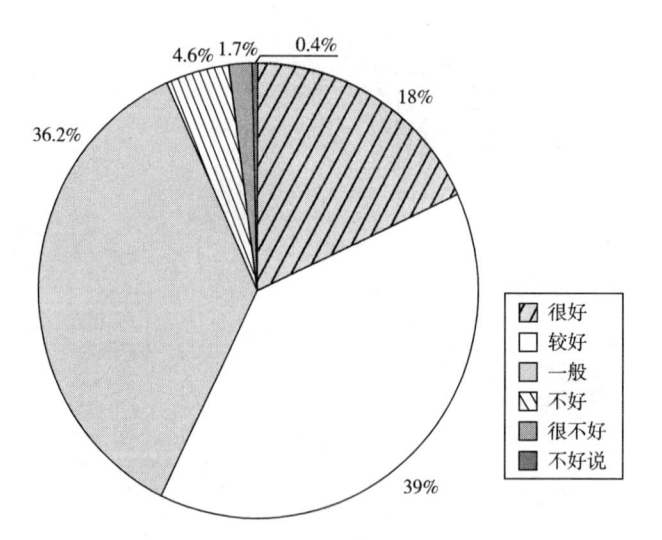

图 2.3-8　农转居社区居民对社区绿化的评价构成图

资料来源：本课题组调查。

800户之间，财政给社区划拨经费按居民数核算，即使给予适当的照顾，总经费也明显低于老社区，在一定程度上影响了居委会的工件，影响了社区建设。实际上，这些新建社区与老社区相比，工作不是少了，而是多

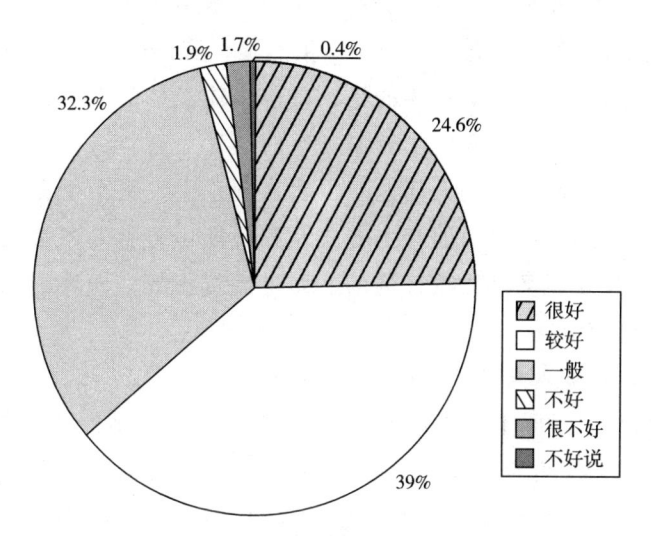

图 2.3-9　农转居社区居民对社区道路的评价构成图
资料来源：本课题组调查。

了。原因在于这些社区都有大量的外来人口，外来人口的服务不能少，工作经费却没有。

（三）集体经济发展问题

农转居社区的集体经济是一个非常敏感且涉及面很广的问题。它既涉及原来村集体经济的管理，又有改居过程中的量化到个人，还包括农改居后的集体经济发展，财产、资金的管理并不断增值。集体资产量化后管理的难度较大。据调查反映，集体资产（资金）的量化涉及人员界定、时间界定及公益分配等诸多因素，工作量大，政策性强。现在大多数采用的方法，一是撤一村建一居，原村两委（村民习惯称两委即党支部或党委、村民委员会，实际还应增加经济合作组织的管理委员会，是三委。以下仍称两委）的干部班子人员不变；二是管辖范围及对象不变，原村级组织的管理职能、权利义务整体移交新的居民委员会；三是集体资产不变，原村集体经济性质不变，村级集体所有的资产（包括债权债务）全部划归新建立的居委会所有；四是原村福利待遇的享有对象和政策不变；五是原村两委会制定的各类政策及对外签订的各类经济合同均延续不变，即"五不变"。"五不变"办法只是权宜之计，若长期拖而不决，村民变股东后对集体资产的保值、增值仍不放心，有的干部也认为依靠股份合作制经营集体资产，依然存在流失的隐患，若处理不好，也可能产生新的矛盾。更重要的是，目前集体经济的发展大都以房租为主，经营中多数求稳，发展比较慢，有的居民有意见。但是如果冒较大风险经营，又担心引起更大问题。虽然在理论上，甚至于在政策上党组织、行政组织和经济组织的产生方式及其功能区分都是很清楚的，但在实际上，交叉兼职又是比较普遍的，如果搞得不好，出现决策失误等问题将是难以避免的。

（四）较高收入与房租食利有闲者问题

农转居新市民群体的经济收入大多数都比较高。他们不仅高于外来的"无村籍"的打工者，也远非普通的市民工薪阶层可以望其项背。所调查，月收入超过10000元的超过了11%，超过5000元低于10000元的达到21.5%，超过3000元低于5000元的达到32.1%，低于1000元的只有7.7%（见图2.3-10）。之所以如此，其原因是房屋出租的收入占的比重比较大，占收入的44.3%（见图2.3-11）。有的"村民"，完全依靠房屋出租收入过着悠闲的日子，成为新型的"租金食利阶层"。即便是"村民"自己住宅的铺面，有的也都租给别人经营，自己只是按月收房租。较高的

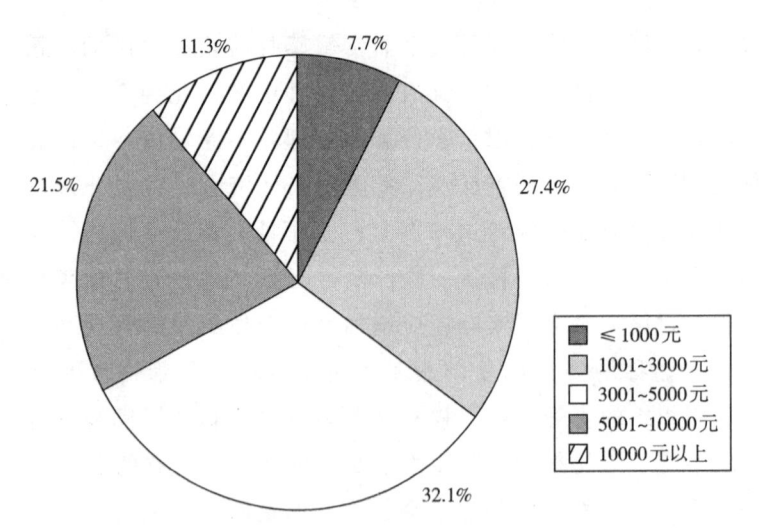

图 2.3-10　农转居社区居民 2008 年 7 月的实际收入图
资料来源：本课题组调查。

收入和较多的空闲时间，既可以提高生活品质，提高个人的素质，从事文化、科技等活动以增加对社会的贡献，也可能是社会稳定的不利因素，即人们平常所说的"无事生非"。

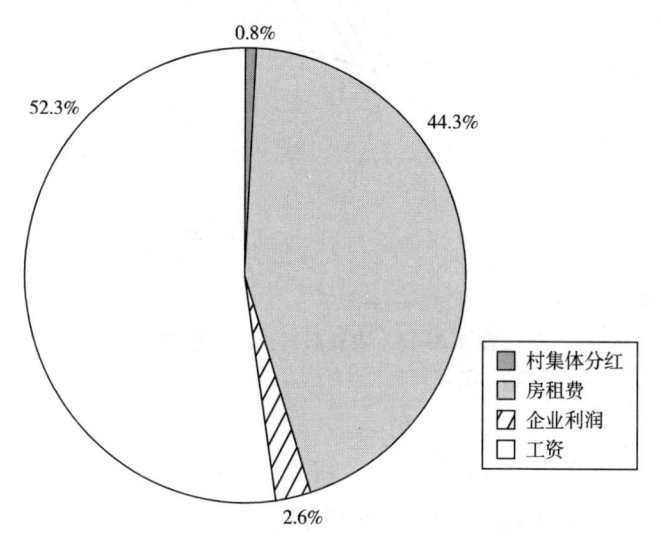

图 2.3-11　农转居社区居民 2008 年 7 月收入来源图
资料来源：本课题组调查。

可以说，农转居新市民群体正在引发一系列重要的社会变迁。在变迁过程中，出现了值得注意的群体分化现象，给市民化进程带来复杂的社会后果。①

（五）农转居对居民生活影响不显著问题

一般说来，某件事物对人们越有积极的影响，人们越多地持肯定态度。调查所知，村转居对居民生活影响并不是很显著。调查对象中有 55% 的人认为村转居对他的生活没有影响，25% 的人认为村转居对他的生活稍有影响，只有 20% 的人认为有影响（见图 2.3-12）。

农转居如果对居民的生活有影响，那么是何种影响呢？36% 的被调查者认为，农转居使自己的生活变得更好，44% 的被调查者认为差不多，还

---

① 请参见王萍《撤村建居过程中的群体分化问题》，《浙江社会科学》2008 年第 2 期。

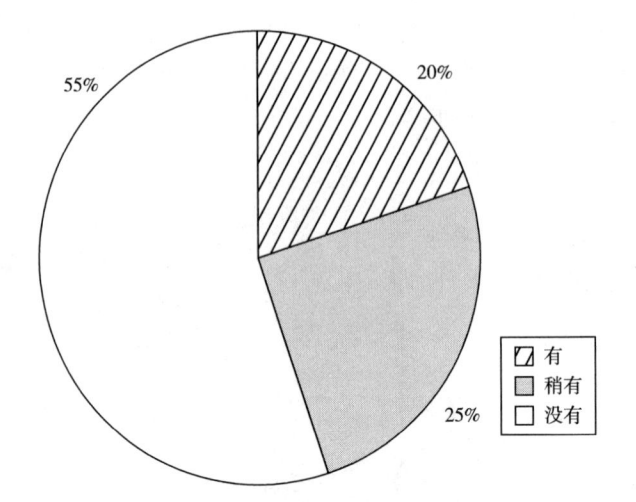

图 2.3-12　农转居对生活的影响

资料来源：本课题组调查。

有3%的被调查者认为变得更不好。可见，居民的对农转居给他们的生活带来的变化评价并不高（见图2.3-13）。

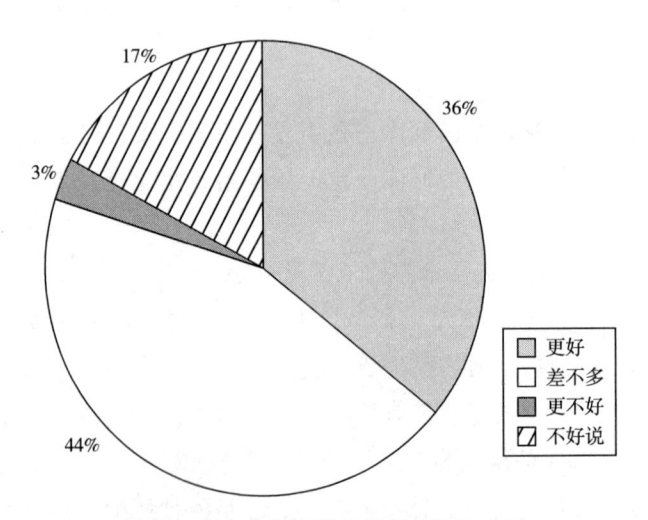

图 2.3-13　农转居社区变好变坏构成图

资料来源：本课题组调查。

（六）制度的社区与现实的村庄问题

撤村建居实现了由农村向城市的转变，户籍也由农民转变成了居民，从而在制度层面上实现了城市化。然而，现实中这类社区仍然保留着明显的村庄特征。村庄是一个以血缘、亲缘、宗缘、地缘等社会关系网络构成的生活共同体。农转居新市民群体虽然在制度上已经市民化了，即使其生活水平和生活方式非常城市化，但原有的社会关系网络并没有因此而发生断裂，没有城市化。"村落社区"与城市的"街道社区"和"单位社区"都有很大的差异，它不是一个由陌生人构成的生活共同体（如街道和物业小区），也不是一个仅仅由于业缘关系而构成的熟人社区（如单位宿舍大院），而是一个由原来的村民组成的由血缘、亲缘、宗缘和地缘关系结成的传统的互识社会。据调查，农转居新市民群体中原社区的居民占到89%（见图2.3-14）。农转居新市民群体的户口也同样以本社区占绝大多数，占到89%以上（见表2.3-1）。制度的社区与现实的村庄问题会影响到诸如人际关系，包括两委干部选举等问题。这是其他老社区所不存在的。

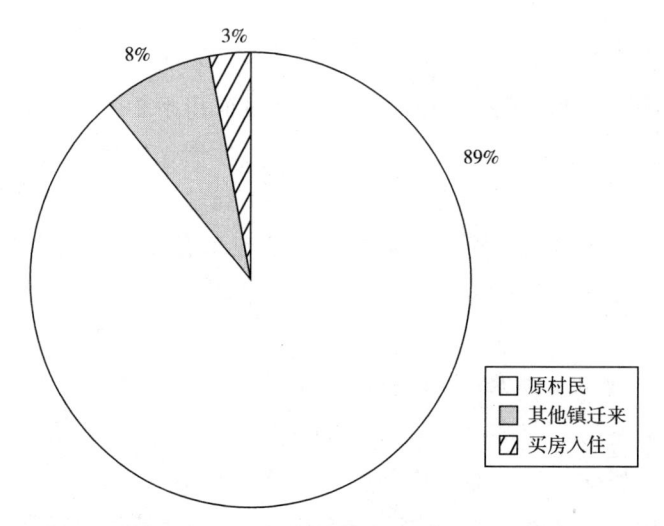

图 2.3-14　农转居社区居民来源分类构成图

资料来源：本课题组调查。

表 2.3-1　居民目前的户口

单位：%

	外来居民	当地居民
本社区	11.9	89.5
本市其他社区	7.2	5.5
市郊其他社区	1.3	1.5
外地城镇	28.5	1.7
外地农村	51.1	1.9
合　计	100.0	100.0

资料来源：本课题组调查。

（七）被动城市化衍生的被剥夺心理问题

农转居前的"城中村"是二元体制下城市化过程中"要地不要人"的政策选择的产物，在一定程度上是对农村居民剥夺的结果。而农转居又是在政府主导下自上而下实施的，不同于以往城市化中的人口迁移，产业发展和人们的非农就业同步发生。人们要实现由农村向城市的转移的梦想，是要经过艰苦奋斗，是主动的城市化。与此相比较，农转居新市民群体的城市化却是被动的城市化。首先，是土地征用是被动的，由此产生了被剥夺感。其次，是即使当年土地征用给予了相当多的土地补偿，但是当周边土地升值后又有了新的补偿标准，便会以当前的新标准与当时的标准进行比较。因而，在调研中我们常常听到的反映是，当年给土地补偿的是多少，现在的是多少，或者政府征用后出售时是多少，由此产生了心理极大的不平衡。被剥夺心理几乎成了农转居新市民群体的心结。

（八）外来人口聚居引发的种种问题

农转居社区是大量的外来人口的聚居地，大量的外来人口又是农转居新市民群体出租房屋，增加收入的重要目标人群。两者相互依存，又往往产生各种矛盾，引发诸如经济纠纷、治安事件、环境卫生等多种问题。

第四节　网民群体与社会冲突

一　网络生活已经成为现实社会生活的重要组成部分

当今的人类社会，正在快速步入信息网络时代。遍布全球的互联网络，逐渐把在地理空间上散布于世界各地的机构、群体和个人，日益紧密地联系在一起，而最终的趋势，则必将会是把它们共同融合进一个新的电子网络世界之中。"人们通过自身行动所建构出来的网络社会系统，不仅构成了我们时代一个最为突出的特征，而且也正在演变为一种全球性力量"①。

近年来，中国互联网络获得了快速的发展，"网民群体"的数量，不断攀升。中国互联网络信息中心（CNNIC）发布的《第 30 次中国互联网络发展状况统计报告》数据显示，截至 2012 年 6 月底，中国网民数量达到 5.38 亿，互联网普及率为 39.9%。2012 年上半年网民增量为 2450 万，普及率提升 1.6 个百分点。我国 IPv4 地址数量为 3.30 亿，拥有 IPv6 地址 12499 块。我国域名总数为 873 万个，其中 cn 域名数为 398 万个，网站总数升至 250 万个。微博用户数量由 2011 年底的 1.37 亿增至 1.70 亿，增速达到 24.2%。②

有数据表明，浙江省堪称是"网络大省"，从互联网络发展的总体情况看，不论是网民数量、网络应用还是网络基础建设，在全国都位居前列。据中国互联网络信息中心发布的《2011 年浙江省互联网络发展状况统计报告》，2011 年浙江省网民数量为 3052 万，年增网民 266 万人，浙江省互联网渗透率为 56.1%，在全国中位列第 5 位，高于全国 38.3%的整体水平。2011 年浙江省使用手机上网用户数达到 2379 万人，占浙江省总体网民规模的 78.0%，高于全国平均水平。③

---

① 贾英健：《全球化与人的存在方式》，《理论学刊》2002 年第 5 期。
② 数据来源：中国互联网络信息中心（CNNIC）2012 年 7 月发布的《第 30 次中国互联网络发展状况统计报告》。
③ 数据来源：中国互联网络信息中心《2011 年浙江省互联网络发展状况统计报告》。

在这样的发展态势下，我们应当充分注意到的是，当代信息化发展及所伴随的互联网络的普及应用，正在并且将继续对人们的工作和生活产生多种多样的影响。尤为重要的是，互联网络为人类构筑了一个特定的生存空间——"网上社会"。由此，人们在现实的社会生活空间以外，又拓展出另外一个全新的行为活动空间，这在以往的人类历史上，的确是从未有过的。

不少学者在讨论互联网络的物理属性以后，更对于这种基于特殊的物理空间而建构起来的社会空间的社会文化属性，做出了深刻的阐述，也给出了十分形象的比喻。比如，美国学者埃瑟·戴森就曾指出，"网络可以成为我们所有人的潜在的家"，但"网络不是一个简单的家，而是由上千个小家庭和社区自我营造、定义并设计的一种环境"。① 也有学者索性直接断言，当代信息化的推进，必将引致的一个结果，就是所谓"网络社会的崛起"。从事网络社会研究的美国著名学者曼纽尔·卡斯特尔（Manuel Castells），就将其所著"信息时代三部曲"之一的一卷论著，直接命名为《网络社会的崛起》（*The Rise of the Network Society*）。②

我们认为，可以使用"网上社会"和"网下社会"的概念，来分别指称电子网络空间里的"虚拟社会"和互联网络之外的所谓"现实社会"。这两者在本质上，都是真实的社会存在。人们在"网上"和"网下"所展开的两部分的行为活动和生活内容，最终由人这一唯一可能的行为主体而关联和贯通起来。

应当看到，互联网络，既是一个功能强大的媒介手段，同时更成为人们进行信息交流和沟通互动的形态特殊的"行为活动场域"。其自身具有的虚拟性、全球性、便捷性以及去中心化等诸多优势和独特魅力，吸引着越来越多的人徜徉其中。在很大程度上以及在诸多的社会生活领域当中，展现为"虚拟电子空间形态"的互联网络这一"特殊存在"，对于现实社会生活的深刻影响力，正在日益增加。互联网络自身，正在由一种"传播

---

① 〔美〕埃瑟·戴森：《数字化时代的生活设计》，海南出版社，1998，第11~12页。
② 曼纽尔·卡斯特尔（Manuel Castells）著《网络社会的崛起》，夏铸九、王志弘等译，社会科学文献出版社，2001。

媒体",而演变和转型为传递社会信息、激活交流互动、聚合社会资源、引导舆论趋势的一个至关重要的"平台"和"枢纽"。网民群体力量的壮大,及其网络生活的方方面面,已经演变为当今社会生活的一大特色,值得人们充分关注。

一句话,互联网络的现实影响力是不容忽视的,网民群体的力量同样是不容忽视的。

二 从"网络事件"的典型实例看网民群体的聚合联动机制

通常,人们会把经常上网的人称为"网民",这已经成为一种指称习惯。但准确而言,我们更应当在"网络行为主体"的意义上把握它。"主体"是行为活动的策动者和发出者,相应地,"网络行为主体",则是指那些在电子网络空间里面,或依托于电子网络空间,而展开网络行为活动的人。网络行为,也主要是指人们在"虚拟的电子网络空间"里面展开的行为活动,以及那些主要依托于互联网络得以展开但又不绝对限定为"纯粹虚拟形态"的行为活动。显然,可以充任网络行为主体的,只能是现实社会生活中具有一定的"网络行为能力"(即掌握一定的电脑和互联网络使用技能)的人。"网上社会"和"网下社会"之间的持续互动和紧密贯通,也恰恰是由人这一"行为主体要素"及其各类具体的行为活动而真正得以实现。

当越来越多的人走向互联网络,凭借网络电子空间独有的传播互动优势而整合在一起的时候,一种庞大的社会力量就得以形成了。它根源于现实的社会生活,滚动发展并且活跃于互联网络之上,而反过来则又深刻影响甚至干预着现实生活的某些重要方面。这种影响和干预作用,大多通过"网络事件"的集中暴发和强力冲击显现出来。

一个时期以来,我国国内所发生的一系列"网络事件",比如"躲猫猫事件""公款出国旅游事件""邓玉娇受侵害案",以及"温州购房门事件"和"杭州飙车案"等,都是可以给我们提供足够警醒和深刻反思的鲜活教材。

在此,我们结合"杭州飙车案"的实例,对网民群体的聚合联动机制和网络舆情的快速生成机制作些分析,以此为基础,再进一步探究在当今的网络时代，社会各层面包括各级政府部门，应当怎样理性地面对网民群体和网络舆情，怎样引导和发挥其维护社会公平正义的积极作用，以及怎样防范和化解盲目的群体行为影响社会稳定、扰动社会秩序的消极作用等问题。

"杭州飙车案"整个事件发展演变的情况还原①

之一：

2009年5月7日晚，一名男青年在杭州文二西路过斑马线时，被一辆狂飙的三菱跑车撞飞，送医院抢救无效死亡。

悲剧发生后，肇事者一副不以为然的样子，肇事者家长辩称"他年纪还小，你们手下留点情……"而肇事者同伴更是在现场放肆地说笑，甚至称要花钱摆平。离三菱跑车不远，停着几辆崭新的豪华车——英菲尼迪、保时捷、法拉利。

之二：

5月8日凌晨，事件在网上曝光，网友一片哗然，对肇事者及其父母进行"人肉搜索"。在杭州的论坛上，发出一个《富家子弟把马路当F1赛道，无辜路人被撞起5米高》的帖子，引来大批网民发表对飙车族的声讨。也有网友提供信息说，肇事者胡斌是杭州师范大学体育系大二学生，曾获得杭州首届卡丁车大赛冠军。而其在接受采访时也不讳言常和朋友飙车。受害者为25岁的谭卓，毕业于浙江大学，系某公司员工。

这起交通肇事案很快在全国引发了巨大的反响。网上流传着浙江大学学生写给杭州市市长的《公开信》，谭卓的学弟学妹们这样写道："这样的事件在杭州不是第一起，当晚被撞的行人如果不是谭卓，也许会是张卓、李卓……是你，是我。我们的城市不再安全，我们每次过马路打酱油也许都有生命之忧。这样的杭州，真的适宜我们居住吗？还是只适宜那些有跑车的华族们嬉戏？"

---

① 案例材料主要根据"新浪""搜狐"等知名网络媒体转发的相关新闻报道和评论汇编而成，特此说明。

之三：

杭州交警部门专门成立了事故调查组，除西湖区交警大队事故民警外，交警支队事故处、法制处的相关人员也已介入调查，对"5·7"事件进行更加广泛的调查和取证。

5月8日，杭州市市长蔡奇批示："这是一起骇人听闻的惨剧，市交警支队要很好分析，进一步采取措施，严禁违法超速行车。对肇事者要依法严处，痛下决心，彻底解决违法超速行驶问题。"5月8日晚，公安机关以涉嫌交通肇事罪为由，依法将胡斌执行刑事拘留。

5月8日下午，交警部门在新闻发布会上通报，根据肇事者及其同伙的供述，初步调查当时肇事车在事故发生时速度大约为每小时70公里。此言一出，引来一片哗然，很多人觉得这个时速不准确。各方对此表示强烈的质疑。有的网民干脆讽刺性地创造出一个"欺实马"的新名词，一时流传开来。有网上评论说，一匹"欺实马"，将杭州交警送上了风口浪尖。舆论纷纷质疑交警对此案的处理有故意偏袒肇事一方之嫌。这些质疑还包括：人们由胡斌的QQ空间在案发后数小时还曾经更新而猜测，胡斌在肇事后并未在第一时间被刑拘。同时，有媒体报道披露，胡斌驾驶的肇事车涉嫌改装，且该车有多次违章以及超速记录，如在沪杭、杭宁高速上两次超速，在限速120公里的沪杭高速上时速达210公里，超速75%。

5月8日晚，数千人自发聚集到事发现场，悼念谭卓。

之四：

5月10日，杭州市公安局负责人表示，5月7日晚事故发生后，公安机关于5月8日依法对涉嫌交通肇事罪的肇事者胡斌执行刑事拘留。对该案的处理，公安机关将以事实为依据、以法律为准绳，依法、严格、公正办理，确保事实清楚、证据确凿。案件办理的进展情况，将依据法律规定的程序及时向社会公布。针对广大人民群众反映强烈的超速行驶、酒后驾车等危害公共安全的违法行为，该负责人指出，公安机关将进一步严格管理，加大整治力度，依法从重惩处，有效保护广大人民群众的生命财产安全，维护良好的道路交通秩序。

在舆情的压力之下,杭州警方于 5 月 11 日改称,肇事车具体超速程度,还需要综合分析现场勘验、证人证言、影像资料、车辆鉴定等因素才能得出科学正确的结论。

之五:

5 月 11 日 11 点 10 分,"5·7"交通事故的事发现场路段被临时交通管制,禁止一切社会车辆入内。11 点 25 分,身着闪光背心的七八人拿着卷尺和测量仪器出现在道路的斑马线上,拉开卷尺开始仔细测量。接受杭州交警委托的专门研究汽车鉴定的浙江省计量科学研究院的专家,以及从全国各地请来的近 10 位汽车鉴定方面的权威专家,参加现场勘查。为了在现场勘查过程中尽可能少受外界因素干扰,专家们专门选择凌晨时分勘查,以便获得更准确的现场信息。

在大批交警的"守护"下,专家们分成几组,根据交警介绍的肇事车行驶路线和停车点、谭卓被撞及被撞飞后落地的具体位置,分别在斑马线、绿化带及各个事故点进行认真的测量,有几个重要事故点还重复测量了好几遍。现场勘查工作一直持续到 12 日凌晨 0 点 10 分。

5 月 12 日,杭州市公安局负责人介绍,为客观、公正、科学地判定肇事车辆涉及的超速行驶和车辆改装问题,公安机关已委托浙江蓝箭产品质量司法鉴定事务所进行鉴定。

5 月 14 日,事故鉴定报告发布,车速 70 码结论被推翻,事故车在事发路段的行车速度在 84.1km/h~101.2km/h 范围,且肇事车辆的发动机进排气系统、前照灯、悬挂、轮胎与轮辋、车身内部已在原车型的基础上被改装或部分改装。

之六:

5 月 15 日,杭州市公安局召开新闻发布会,公开回应舆论普遍关注的有关问题。市公安局常务副局长、新闻发言人郑贤胜表示,公安交警部门认定,肇事者胡斌在"5·7"交通肇事事故中承担全部责任,受害方谭卓无责任。根据委托的鉴定机构出具的鉴定报告,肇事车辆存在违法超速行为，时速在84.1公里至101.2公里范围。杭州公安局向检察院提请逮捕肇事者，并就之前70码的说法致歉。

该发言人还表示，警方对城市道路发生的飙车、非法改装车上路等严重危害人民群众生命安全的交通违法行为，将始终坚持依法严管重罚，发现一起，查处一起，绝不姑息。根据公安机关所收集的证据、查明的案件事实，以及刑法第133条的规定，胡斌的行为涉嫌"交通肇事罪"。最终，胡斌的行为构成何种罪名，将由人民法院依法判决确定。

而就在当天上午，在浙江在线、杭州网联合直播的"民主促民生"网上访谈中，杭州市委书记王国平和网民进行了网上恳谈。王国平表示，"保护市民的生命安全是每一位城市管理者最重要的职责。谭卓的不幸遇难，我作为市委书记有不可推卸的责任。……市委、市政府将以铁的决心、铁的手腕，依法从严从快查处此事，严防此类悲剧在杭州重演。"

……

三 以"杭州飙车案"为代表的一系列网络事件的基本启示

启示之一：现实利益矛盾、社会不公和价值冲突是事件频发的根源

人类的社会生活是"共同体的生活"。数量庞大而内容繁杂的公共事务，事关各类社会群体的切身利益，因而会在人们的"日常话语"中被反复提及和持久讨论，公共舆论由此而萌生出来。在封建社会，君王或说是圣贤之辈，会凭借自身的高尚品行或高风亮节，而时不时地做出一些"礼贤下士"之举，会俯身倾听民众的声音和意见，比如，中国古代就曾有"自古贤圣，乐闻诽谤之言，听舆人之论"① 的说法。但客观地说，受制于当时的历史条件尤其是政治运作框架，这类"听舆人之论"的情况，并不具备普遍性，而仅仅是特殊的个例而已，其从根本上是缺乏制度性的支撑条件和保障机制的。

---

① 《晋书·王沉传》。

现代社会的社会运作和管理机制，尤其是其基本的政治架构，则与传统封建社会的情形大不相同，"民意""舆情"和"公共舆论"等的公开表达和发挥作用，已经成为公众政治参与和社会参与的一种有效形式和基本内容。公众自由地表达利益诉求和各种意见，已经不是君王或圣贤的"恩赐"，而是现代公民的一项基本权利和生活内容。在公众以及权力阶层的社会认知和价值理念上，现代社会的治理，也正在逐步走出"让别人讲话"的肤浅认识阶段，而进入"人人都有权利表白和讲话"的深刻认识阶段。在此意义上理解，关注和研究"舆情"，自然已成为推行现代社会治理所不可或缺的一项基础工作。

中国社会的现实发展当中，由"转型"的时代特征所决定，其间交织着的，是各类不同的社会群体的利益分化，社会整体结构与社会运作体制的裂变与重组，以及社会成员思想价值观念和行为方式的碰撞冲突、内在困惑甚至某些难以避免的偏差或扭曲。面对较为急剧的社会变迁，人们必将体验和经受更为复杂的社会状况与心灵感悟，要同时承受"社会剧变"与"灵魂剧痛"的双重煎熬。"转型"背景下的社会，连同身处其中的人们，都变得相当浮躁而又变异多端。在这样的社会背景条件下，人们要认识和把握社会，要干预和改变社会，其难度和复杂性，都是前所未有的。

各种"网络事件"的暴发，固然各有其具体的促成原因和目标诉求，但从根本上来看，在任何一次"网络事件"的背后，其实都有值得我们去深刻反思和全面检视现实社会生活之欠缺与不足的社会元素。如果我们把"网络事件"比作喷发出耀眼而浓烈的烟雾与灰烬的火山的话，那么，这种"火山"的根基和源头，则还在于社会生活内部，客观上存在着各种"结构性的挤压"，它们就如同激流碰撞的炽热的"岩浆"一样，除非自身实现了转向或得到了有效的化解，否则，其最终爆发就不可避免。

必须清醒地看到，随着当代社会信息化程度的不断提高，人们对互联网络的一切，会越来越熟悉，再加上互联网络本身又具有平等自由、高效便捷以及全球贯通等独特的运行优势，所以，可以断言，在将来的中国社会，必定还会有更多的社会成员，将其原有的现实生活中的行为活动空间，延展到基于电子网络空间的"网上社会"之中。同时，只要现实社会生活中的"碰撞"与"挤压"还在，"网络事件"的出现就不可避免。

启示之二：互联网络是实现网民群体聚合联动的基础性平台

在今天的信息网络时代，相当大比例的社会成员，会将互联网络这一新兴媒体作为自己政治参与和社会参与的有效平台。在网上持久而深入的交流互动中，一方面，网民群体之间的相互关系会逐步固定下来；而另一方面，代表着来自不同利益群体的社会成员之意见和态度的种种网络舆情，也会从中得以凝聚和定型。而这两者，都将作为一种现实的社会力量，在网下的社会生活中发挥巨大的影响和作用。其具体的框架和机制见图2.4-1。

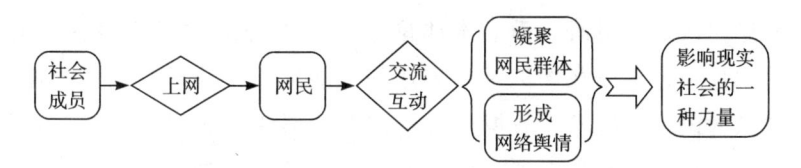

图2.4-1 互联网络舆情框架和机制结构

依托于电子网络空间，网民群体在获取大量信息的基础上，不断进行多方面的交流互动，从而形成一定的网络公共舆论，并以此来干预现实生活世界。网民群体的这种政治参与和社会参与机制见图2.4-2。

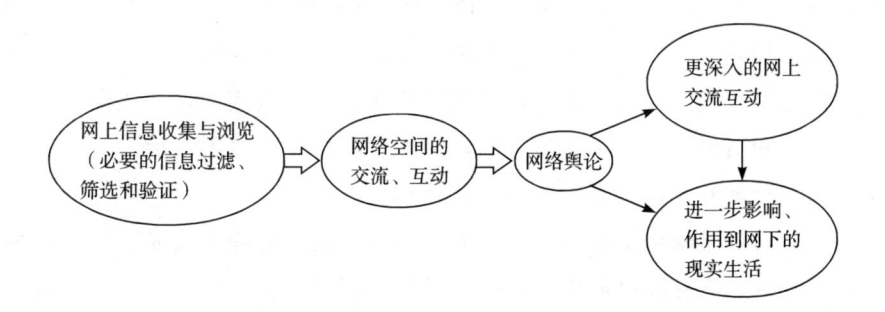

图2.4-2 网民政治参与和社会参与机制结构

启示之三：网络舆情是社会变迁发展的"晴雨表"

在很大程度上来讲，"网络事件"的突发和得到某种"应急式的"处置，折射出的恰恰是相关利益群体包括一些弱势群体在现实社会生活中的"无奈"，同时也折射出我们的现实社会生活之正常运行，存在一定程度的"梗阻""乏力"和"低能"。而从积极的意义看，我们可以断言，在很多情况下，网民群体所引发的各种"网络事件"，以及其中所蕴涵的网络舆情动向，都不是"无中生有"和"庸人自扰"，而是在针对现实社会生活中存在的"欠缺""不公"和"问题"，发挥十分宝贵的"疗救作用"，其"建构"的价值非常值得珍视。

有研究者指出，"舆情是由个人以及各种社会群体构成的公众，在一定的历史阶段和社会空间内，对自己关心或与自身利益紧密相关的各种公共事务所持有的多种情绪、意愿、态度和意见交错的总和。"与此相应，如果在认识论层面（而非本体论层面）上理解"舆情信息"的话，它指的就是通过物质载体记录和表达的，能够反映公众情绪、意愿、态度或意见的语言、符号、数据、消息，以及那些以非记录形式存在的口头言论、表情、行为举止等内容。"网络舆情"，即是"通过互联网表达和传播的各种不同情绪、态度和意见交错的总和。"它本身也是源于现实的，只不过是人们将表达和传播舆情的场所或渠道拓展到了互联网上。①

舆论，是多数人共同的、较为一致的意见，其通过各种形式和途径公开表达出来。信息网络时代的人们，对互联网络的依赖程度正呈现日渐增加的态势。互联网络，既是网民群体交流互动和壮大自身的公共平台，同时也是凝聚各方意见和形成公共舆论的民意空间。从根本上说，网络舆情也必然是源自现实社会生活，源自网民群体背后的真实的社会成员。网络舆情反映和折射出的，正是某些社会群体真实的（有时则难免是被渲染和变得极端化的）情绪、意愿、态度和意见。

舆情尤其是网络舆情，展现的是社会利益关系的冲突碰撞和社会群体的心态浮现，它在网民群体聚合联动以及"网络事件"的形成中，具有某

---

① 刘毅：《网络舆情研究概论》，天津人民出版社，2007，第 51~53 页。

种"枢纽"作用。

互联网络,会日益成为一种聚合与汇集各方社会力量的"民意渠道"与"公共空间"。"各种基于数字技术/集制作者/销售者/消费者于一体、消解了传统的信息中介的媒体系统称为'共有媒体'。如此共有媒体,即是指由所有人面向所有人进行的传播"①。在"网民群体"的队伍变得日益庞大的同时,网络舆情对于社会生活的现实影响力,其在匡复社会正义、扭转社会不公、维护公民合法权益等方面所发挥的积极作用,自然也会与日俱增。

因此,从有效且有序地推进良性的社会治理的角度看,各级相关部门认真做好舆情调研工作,深入分析各类社会群体的利益诉求和价值指向,及时了解社会整体的舆情动态,为实施有效的疏导和化解创造便利条件,就变得至关重要。

启示之四:当代中国的网民群体发挥着匡复社会正义的重要功能

或许,现实社会生活中的人们,对于"舆情"和"舆情信息"之类的概念并不陌生,因为他们时时处处会感知到它们的存在。但从我国民主政治发展和社会有效治理的实际运作层面来看,相关个人、群体与机构部门的理念储备、制度设计和体制机制建构等,都还存在着不少欠缺,有待于在实践中付诸长期的努力,不断加以弥补。

我们认为,互联网络的快速发展,为当代中国民主政治的发展和社会治理的优化,提供了绝佳的舆论平台。有观点认为,"随着科技的进步,在信息时代的开端,公与私的含义和边界都出现了不容忽视的游移。……'公众'失去了原有的实体性的意义,变得非实体化和无形化。新的公众不仅没有形体,甚至也没有空间位置。构建它的是在社会的多样化空间中发生的公众谈话,有几乎无穷无尽的声音参与进来。"②

在某种意义上讲,当前网络舆情在我国社会生活中所发挥的影响力日渐增大的事实,已经非常明确地显现和警示出这样一个问题:如果人们在

---

① 胡泳:《众声喧哗——网络时代的个人表达与公共讨论》,广西师范大学出版社,2008,第5页。
② 胡泳:《众声喧哗——网络时代的个人表达与公共讨论》,广西师范大学出版社,2008,第4页。

现实社会生活中，一时难以找到较为顺畅的意见表达和利益维护渠道，或者说在这些方面的实际运作中遭受到压制或挫败的话，那么，社会舆论的"网络化转向"就成为一个必然的选择。一个时期以来，在我国发生的一系列的所谓"网络群体性事件"，都充分印证了这一点。

原因很简单，那就是互联网络具有卓越的信息传播和舆论聚合优势，而我们却恰恰漠视了这些东西，未能做好相关的引导、沟通和矛盾化解工作。换言之，假如我们相关的一些个人和职能部门，能够及时关注互联网络上的舆情动向，适时采取一些权威的信息发布、舆论引导和有效沟通措施的话，很多群体性事件的发展轨迹，可能就会发生极大的逆转。其因处置不当和应对乏力而在非理性状态下导致事态不断升级，而最终所带来的严重的后果，在很大程度上都可以减轻甚或避免。对此，我们应该进一步给予深刻的反思。

无论是网民群体还是网络舆情，其与现实社会生活的关系都水乳交融、密不可分。即在社会生活中，一旦出现某种与公众利益密切相关的公共事务，各方的关注点马上聚集起来，在舆论漩涡快速滚动的过程中，一种为各方共同认可的声音会凝结下来，并且变得一天天强大起来。而这种声音，恰恰就是一种不容忽视也不容扼杀的民主参与的力量。

第五节　访民群体与社会冲突

访民群体是我国特有的一个社会群体。在社会转型时期，信访是我国特有的社会成员利益受损时的一种特殊救助形式，信访既可以反映社会结构微观层面的人际冲突，也可以反映宏观层面的社会冲突，既可以发现引发社会冲突的潜在因素，也可以探究社会冲突的根源所在。信访被看做是基层社会稳定的"晴雨表"与社会冲突的"痛苦指数"。浙江从 2004 年到 2009 年，信访总体规模在 40 万人次左右，剔除重复上访，大约也有 30 万人次。以此推算，全国大约有访民群体 1000 万人，如果加上他们的家庭人口，那涉及的人数就更多。这是一个比较庞大而冲突频次、烈度、强度也很高的群体。

一 浙江省 2004~2009 年信访总体情况

信访主要包括来信和来访两种形式，而来访又包括个人来访和集体来访，并且来访的统计还包括来访批次和人次。以下将围绕浙江省信访局提供的 2004~2009 年的信访材料进行分析。

1. 信访总量仍在高位运行，总体呈走低趋势

信访总量仍在高位运行，除 2007 年略低于 40 万件次外，其他年份都在 40 万件次以上，其中最高的是 2004 年 553349 件次，最低的是 2007 年 390422 件次（见图 2.5-1）。而就每年的变化率来看，分别为 -3.0%、-11.3%、-18.0%、19.1%、-7.2%。其中，2008 年的变化率是正向的，也就是说信访总量是增长的，而且增长的比例将近 20 个百分点，其他年份都是下降的，因此总的来说信访总量呈走低的趋势。

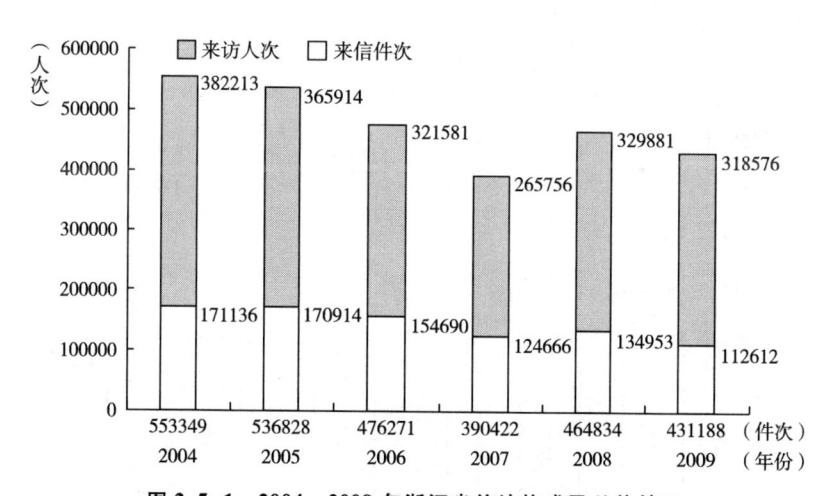

图 2.5-1　2004~2009 年浙江省信访构成及总体情况

资料来源：本课题组调查。

2008 年可以看做是历年信访情况的一个拐点，无论是信访总量、来访人次、来信件次在 2007 年下降的基础上，都呈现反弹，而且增长率都较高。据省信访局的分析，认为上升的主要原因有 3 点：一是奥运会后信访量出现明显反弹；二是进入下半年，开展县委书记接访活动，各地信访量明显上升；三是受宏观经济的影响，因企业停产、倒闭、裁员引发的劳资

纠纷问题以及经济纠纷问题凸显。

2. 来访信件总量走低,但重复信件比例逐年增高

来访信件次占信访总量的比例一直维持在三分之一左右,每年略有减少。除2008年外,来信的总量在走低,每年的变化率分别为-0.1%、-9.5%、-19.4%、8.3%、-16.6%。其中2004年来信171136件次为最高值,比最低的2009年112612件次高出52.0%。但重复信比例逐年增高,从2004年33.5%增长到2009年38.5%,而且是在来信总量减少的情况下,重复信的比例还在增高(见图2.5-2)。来信总量和重复信比例的反向变化,一方面可能是因为来信反映问题的成本低,群众希望通过反复来信,引起重视,解决问题;另一方面可能是群众来信反映问题的解决难度大或解决的效率和满意度存在问题,因此群众反复反映。

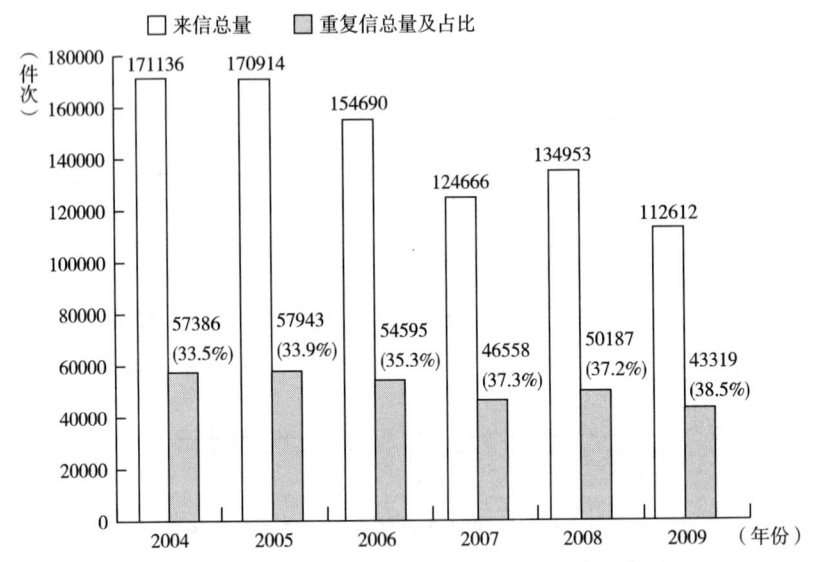

图2.5-2 2004~2009年浙江省来信总量、重复信总量及占比
资料来源:本课题组调查。

3. 来访人次与来访批次同向变化,重访人次、重访批次占比与之逆向变化

来访人次与来访批次的变化方向一致,变化率也相差不多。来访人

次与来访批次的最高值都出现在 2004 年，分别为 382213 人次和 100269 批次；最低值出现在 2007 年，分别为 265756 人次和 70631 批次。来访人次每年变化率分别为 -4.3%、-12.1%、-17.4%、24.1%、-3.4%；来访批次每年变化率分别为 0.42%、-12.0%、-20.3%、24.1%、-3.4%。

重访人次、重访批次占比与来访人次、来访批次呈逆向变化。重访人次占比均高于重访批次占比，但两者的变化趋势基本相同，两者的最高值都出现在 2007 年，分别为 36.8% 和 31.0%，是最低值年份的两倍左右，最低值出现在 2004 年，分别为 21.7% 和 15.7%（见图 2.5-3）。

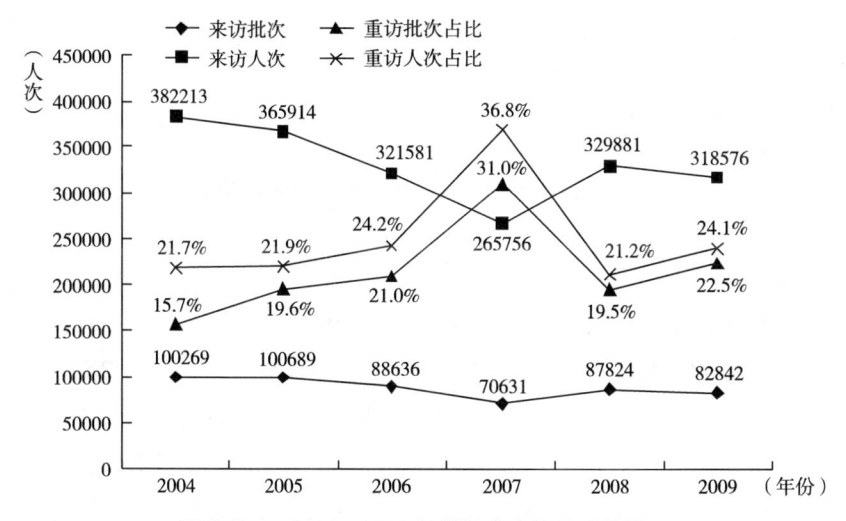

图 2.5-3　2004～2009 年浙江省来访及重访情况

资料来源：本课题组调查。

4. 集体重访人次、批次占比均上升，集体访人次变化率略大于集体访批次

集体重访的人次与批次占比均在上升。集体重访的人次占比 2004 年为 16.4%，而 2006 年则上升为 27.0%；集体重访的批次占比 2004 年为 13.5%，而 2006 年则上升到 23.0%。两年间两者都上升了 10 个百分点（见图 2.5-4、5）。

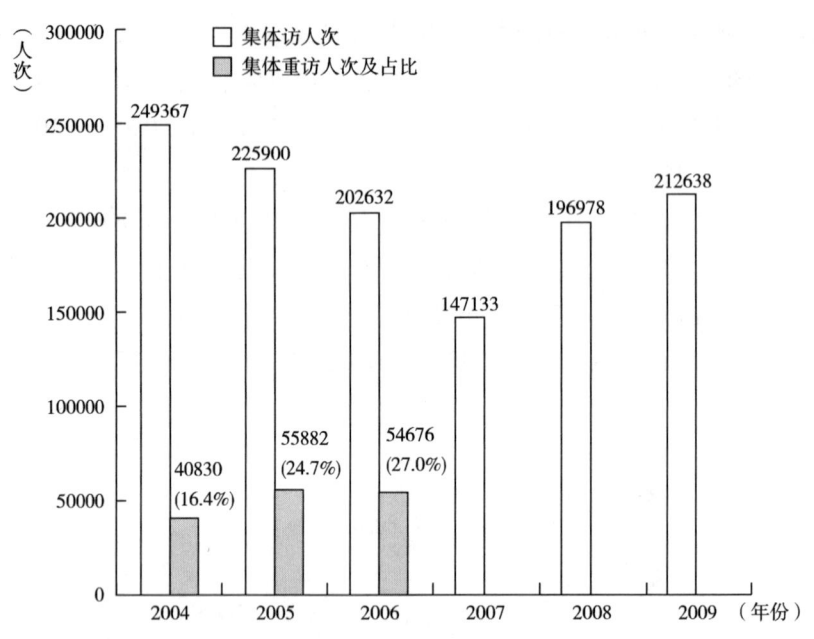

图 2.5-4　2004~2009 年浙江省集体访人次、集体重访人次及占比
资料来源：本课题组调查。

集体访人次每年的变化率分别为 -9%、-10%、-27%、34%、8%，略高于集体访批次变化率：-4%、-12%、-15%、23%、6%（见图 2.5-6）。而历年的集体访规模分别为 18.2 人、17.1 人、17.4 人、15.0 人、16.2 人和 16.5 人，平均规模为 16.7 人。集体访容易造成群体性事件，而集体访的规模则是影响集体访转变成群体性事件的重要指标。一般来说，集体访规模在 20 人以下是较不易形成群体性事件的。

5. 2004~2009 年浙江省信访内容构成

2004~2009 年浙江省信访涉及内容，主要都是国土资源类问题、城乡建设类问题、行政执法及涉法涉诉问题、劳动和社保类问题及基层干部违法违纪问题，在 2007 年这六方面的问题占到信访总量的 61.9%，2008 年占 60.4%，2009 年占 65.4%。

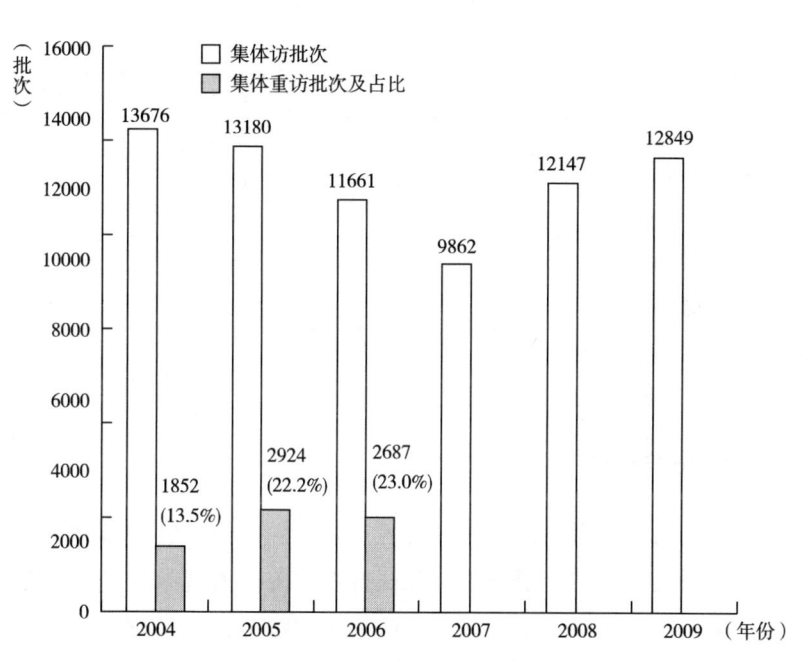

图 2.5-5　2004~2009 集体访批次、集体重访批次及占比
资料来源：本课题组调查。

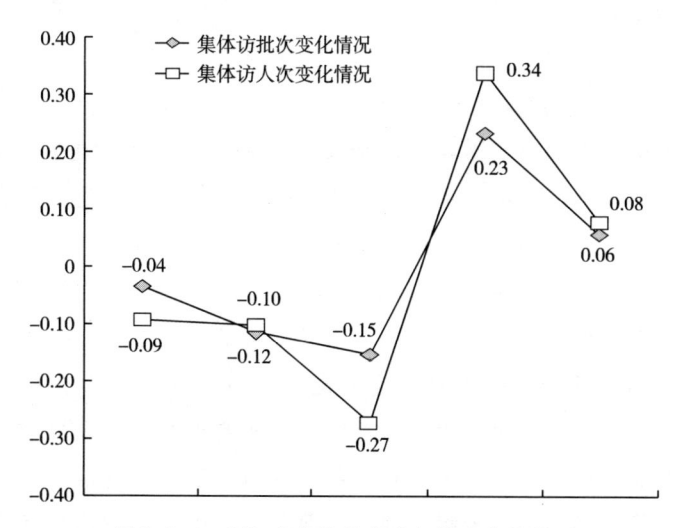

图 2.5-6　浙江省集体访人次与批次变化情况
资料来源：本课题组调查。

表 2.5-1　2007～2009 年各类信访问题占总信访量比例

单位：%

	2007	2998	2009
国土资源类问题	17.5	13.8	13.9
行政执法及涉法涉诉类	11.5	12.9	10
基层干部违法违纪类	11.4	11.5	4.5
城乡建设类	11.2	11.4	19.6
劳动和社保类	10.3	10.8	17.4

资料来源：本课题组调查。

二　访民群体的主要构成

当前，信访群体主要由以下 8 类人员构成：征地拆迁户群体、环境受损者群体、农民工群体、要求落实优扶待遇和复员安置政策的部分复退军人群体、要求给予生活补助和落实相应待遇的辞退民办教师群体、要求解决养老保险和医疗保险等待遇问题的农村电影放映员群体、要求提高退休保障待遇的各类"企退"群体，以及涉法涉诉类群体。前三类群体我们在前面章节中已有专节分析，这里主要分析后五类群体与社会冲突的相关问题。这后五类群体中的前四类我们称为特殊群体。

所谓特殊群体主要是指因经济及社会结构调整导致部分个人和群体的社会利益受损，以及新中国建立以来政府、单位、企业、集体所积累的一些历史问题而形成的群体。他们中有要求提高退休保障待遇的国有、集体企业里的教师、企业领导、专业技术人员，要求落实优扶待遇和复员安置政策的部分转业退伍军人，包括参加越战、边防支队、武警、进藏部队、二等战功以上退役军人，下岗后要求重新安置的退伍军人，要求提高安置补偿标准的水库移民，要求补办退休退职手续的精简人员，冤假错案人员，民办教师，有的要求享受医疗补助政策或要求按月足额发放生活补助费的单位改制、兼并人员以及农村电影放映员、农嫁女等群体。虽然特殊群体常常是信访群体的一个组成部分，但鉴于其成员的特殊性和成因的复杂性，在此我们觉得有必要将其专门作为一类群体加以具体分析。

就浙江省而言，特殊群体包括企业军队转业干部 2.18 万人、民办教师

4.2万人、要求"退改离"3万人、"五八城迁"1万人、"60年代精简下放"3万人、农婚知青3万人、电影放映员近4000人。据浙江省信访局2009年统计,这些信访群体全省有20多个,他们活动非常频繁,如2008年7月8日,全省涉及4市17县107名农村电影放映员为养老保险问题跨地区来省上访;2009年6月15日,绍兴、金华等地100多名转业士官统一穿着迷彩服或旧军装、佩戴军功章聚集到省行政中心上访。他们的上访与利益诉求有很大关联性,大多集中在要求享受政策、提高待遇、落实保险等方面,而且很多是全国性的,政策由中央制定,处理难度较大。

（一）要求落实优扶待遇和复员安置政策的部分复退军人群体

从总体情况而言,全省有各类复退人员约140万,其中纳入抚恤补助范围的残疾军人、红军失散人员、在乡复员军人、带病回乡退伍军人和参战、参加核试验军队退役人员（即"两参"人员）等在重点优抚对象12.1万人。但由于种种原因,该群体中部分人员择机上访情况突出。对这些人员仔细甄别之后,大致又可以分为4类。

一是部分不在"两参人员"政策范围的退役人员。这类人员要求参照"两参人员"给予身份认定并享受生活和医疗补助待遇。涉及对象大约4000人,如嘉兴铁二师人员、温岭市27军80师部分人员以及桐乡市52基地退役人员等。实际上,这类人员并不符合中央关于"两参人员"的政策范围,但他们自认为符合中央政策并以此上访不止。本来出示中央相关文件或可平息此类上访,但是有关"两参人员"认定的政策文件的秘级程度为机密级,不能够下发市县,甚至省里也仅在保密规定允许的范围内对各地予以传达。因此此类上访人员很难被说服,上访行为也难以平息。

二是部分1954年试行义务兵役制后入伍,现在年龄在60岁以上的农村退伍兵。这类人员要求纳入国家抚恤补助范围,或帮助纳入养老、医疗保险,保障其基本的老年生活。涉及人员大约15万人。造成这类人员上访的关键原因是其被搁置于社会保障政策之外,处于抚恤补助、社会养老保险和最低生活保障政策都无法调节的尴尬境地。同时,"两参人员"的生活补助政策和现行义务兵优待政策也造成了该群体一定程度的心理失衡。

三是部分企业下岗失业志愿兵（士官）和自谋职业的转业士官。这类人员要求一般是重新安排到机关事业单位和国有企业工作,或是比照企业下岗军转干部享受相关待遇，落实养老保险、医疗保险和住房补贴等社会保障待遇，并给予一定生活困难补助。涉及人员中有企业下岗失业转业志愿兵（士官）近4000人，自谋职业的转业士官4600多人。

四是部分下岗失业的城镇残疾军人。这类人员由于失业后家庭负担沉重，总体生活水平较低，因此通过上访要求安排其到事业单位或国有企业再就业，并提高抚恤补助标准。涉及人员大体有2000余人。

（二）要求给予生活补助和落实相应待遇的辞退民办教师群体

浙江省从1978年开始，对民办教师队伍实行"治理整顿、择优转正、培训进修、改善待遇"的政策。到1996年，浙江省民办教师队伍整顿工作基本完成。据统计，民办教师转正总数在11.2万人以上，辞退民办教师约4万人，约占22.8%。目前，这一群体还有约3万人。他们的诉求主要有3点。一是认为自己符合年老病残民办教师离岗后生活待遇的条件，而有关部门没有认真执行以上文件，因此要求落实待遇。二是认为教学能力和水平比自己差的民办教师没有被辞退，而自己却被辞退，当时的整顿存在不公。如有些人认为自己是受"两案"牵连（指林彪案和四人帮案）被辞退，认为当时被辞退系派性斗争的缘故，因此要求重新认定审查他们的问题，恢复其在岗民办教师身份并落实离岗待遇。三是认为自己年轻时对教育事业作了贡献，而现在已经年老体弱、生活贫困，希望政府解决老有所养问题，在晚年应该给予一定的生活补助和待遇落实，如有些根据有关政策经考核不合格被辞退的民办教师，2009年以来，这类民办教师更加活跃，甚至多次群体性上访，台州、金华、丽水三地尤甚。

（三）要求解决养老保险和医疗保险等待遇问题的农村电影放映员群体

据浙江省文化厅2002年初步统计，浙江全省有农村电影放映员3899人，其中乡镇办的放映员3549人，村办或企业、民营办的116人，个体办的234人。连续从事电影放映工作25年以上的有1084人、20年以上的1274人。由于经济快速发展，人民生活水平提高，农村电影市场逐步萎缩，农村电影放映员的收入减少，生活水平受到影响。从1996年开始，这一群体中就开始出现连续不断的上访事件。尽管浙江省采取了一系列措施如制定政策、继续聘用以及进行经济补偿来解决问题，但是并未受到良好效果。这一群体的上访呈现频率越来越高、规模越来越大的趋势。据统计，2001~2009年，该群体到省级层面上访26次，而仅2009年一年，就上访8次。其中有组织、有计划的大规模串联上访3次，人数最多的一次达到122人，如2008年7月8日，全省涉及4市17县107名农村电影放映员为养老保险问题跨地区来省上访。仔细分析这一群体的上访情况，可以发现该群体发动上访的人员，往往没有被正面对待过或者是只采取了一次性经济补偿的缘故，而其上访要求往往也是解决养老保险和医疗保险等待遇问题。

（四）要求提高退休保障待遇的各类"企退"群体

各类"企退"群体一般是指原来是国家干部，后来服从组织分配从机关、学校、部队进入企业并在企业退休的人员群体。这一群体不仅包括已经在政策上进行支持的"企退"军转干部，还有以下几类人员：一是政调企干部，即从国家机关调到国有企业工作并在企业以企业人员退休的人员；二是建国初期参加工作的企退干部，即建国初期参加工作和建设的国企退休干部，一直享受国家行政级别调资，并享受同等待遇，但退休后却被作为普通职工退休；三是企业复转干部与军转志愿兵；四是国企退休的工程技术人员和医师；五是建国前参加工作的老工人，等等。这一群体由于浙江省《关于对企业退休军转干部发放补贴的通知》造成的待遇和政策差别而开始上访。如"政调企"干部和建国初参加工作的企业退休干部，他们有的参加过土改、抗美援朝，立过功受过奖，但"名义干部，实质工人待遇"，退休后作为普通职工退休，奉献与回报的差距及待遇的前后落差太大，让他们产生了一种"被剥夺感"。

（五）涉法涉诉类群体

涉法涉诉类群体是指那些信访案件依法属于人民法院、人民检察院、公安部门和司法行政部门处理的访民群体。信访诉求主要集中在对法院判决或裁定不服，反映司法不公、执法不力等问题。最近一个时期，这类访民群体人数呈上升趋势，根据统计，浙江省高院2007年接访903件，2008年接访2279件，2009年接访3529件；进京上访中浙江省2007年达1096次，2008年达1192次。2009年浙江省进京涉诉信访的人数（集体访按一人计算）共计875人，但信访登记达2268次，人均登记2.6次之多，较为典型的是进京上访登记10次以上的21人中，加上在浙江省内的信访登记，全年累计信访登记达624次。浙江省高院2009年接访的7000多次中近3000次是来访5次以上的老访户。2010年前4个月，来浙江省高院上访的集体访有12批达370人次，发生拦截领导车辆、拉横幅等达12次之多。①

从信访内容案件性质及案由角度对涉诉信访案件进行纵向考查：目前涉诉信访主要以民事案件为主，行政案件也开始突出。民事案件案由上看多是与民生密切相关的利益纠纷类案件。浙江省2009度进京上诉的涉诉案件涉及民事、行政、刑事、赔偿、执行等共计2268次，其中民事案件有1100次，占了48.5%位居第一，行政类案件有633次，占27.9%位居第二。以案由标准对浙江省绍兴两级法院2007年到2009年6月之前涉诉民事信访案件进行类型化考查，农村土地征用类占到19.7%，城市房屋拆迁类占17.3%，企业破产重组类占15.1%，劳动和社会保障类占15.9%，人身损害赔偿类占23.4%，其他类占8.6%，几类案件所占比例基本持平，征地补偿、拆迁、社会保障、人身损害都与人民群众的生存利益密切相关。②

特殊群体人数众多，诉求集中，利益诉求有很大关联性，其诉求可概括为四句话：没有保障的要求纳入保障，保障水平低的要求提高待遇，没有政策的要求制定政策，政策标准低的要求提高政策水平。总的来说特殊群体的利益问题也是物质利益问题，但由于有不少是长期积累的历史遗留问题，而且很多是全国性的，政策由中央制定，处理难度较大。再加上政策不完善、不平衡、不连续、相对滞后以及执行不善等问题，存在着解决时不彻底性，彻底化解任务繁重，难度大，群众不信服等问题，因此也容易复发。

---

① 数据来源：《浙江省高级人民法院涉诉工作情况介绍》，2010年7月5日浙江省政协调研会涉诉信访工作汇报材料。
② 数据来源：《浙江省高级人民法院涉诉工作情况介绍》，2010年7月5日浙江省政协调研会涉诉信访工作汇报材料。

三 对访民群体与社会冲突值得关注的几点判断

(一) 物质利益型冲突为主

在对浙江省的研究中,我们发现,社会的矛盾冲突主要是社会群体间的工具性冲突和社会群体与政府间的工具性冲突。无论是社会群体间的工具性冲突还是社会群体与政府间的工具性冲突,主要都是利益表达和利益博弈的问题,而此类冲突在历年的信访总量中所占比例都较大,如在2007~2009年,主要都是国土资源类问题、城乡建设类问题、行政执法及涉法涉诉类问题、劳动和社保类问题及基层干部违法违纪类问题(见表2.5-2)。

表2.5-2 2007~2009年各类信访问题占总信访量比例

单位:%

	2007年	2008年	2009年
国土资源类	17.5	13.8	13.9
城乡建设类	11.2	11.4	19.6
行政执法及涉法涉诉类	11.5	12.9	10
劳动和社保类	10.3	10.8	17.4
基层干部违法违纪类	11.4	11.5	4.5

资料来源:本课题组调查。

在这类冲突中,社会成员一般会先寻求经济解决方式。如果其经济利益得到了满足,冲突就可以得到解决。但如果诉诸经济方式无效,这类冲突就很可能转化成为诉诸政治方式,包括正常的法律途径和非正常的暴力等。用政治方式来争取经济物质利益的社会冲突仍然属于物质利益的工具性冲突,但如果解决得不好,就可能转化成为非物质利益的价值性冲突。

而涉及价值冲突范畴的,诸如宗教冲突、民族冲突、意识形态冲突等(如"法轮功",西藏、新疆的民族分裂主义活动等),对我国核心价值观念、基本政治原则的冲突具有不可协调性,这类冲突的强度与烈度较大,但这类冲突在浙江省不占主导地位,较为稀少。从总体来看,浙江省目前社会冲突主要是物质性的,其性质大多为非对抗性、非政治性的人民内部的矛盾冲突,极少数为对抗性、政治性的敌我性质的社会冲突。因此，当前浙江省绝大多数社会矛盾和冲突具有非对抗性和可协调性。

（二）权利维护型冲突上升

权利包括权力和权益，可以是一种资格，也可以是一种主张或选择，还可以表现为自由和相对优势，但从根本上说权利也是一种利益，只是这种利益区别于纯粹的物质利益，既可以包括物质利益也可能涉及非物质利益，既可以是手段，也可以是目的。权利具有相互性和相对性的特点，即一个权利的扩张总是依赖于另一个权利的收缩，而权利的扩张又不是无限制的，而是有一定边界的，因此各方在维护自身权利的过程中，就可能与他方发生矛盾冲突。现代社会这种权利冲突变得越来越广泛和普遍了，主要内容包括农村政务公开问题、党风廉政建设问题、干部作风问题、反映干部腐败问题、环境受损问题等非物质问题。涉及环境污染问题的冲突，如2003年丽水青田滩坑水电站事件、2005年金华东阳画水镇事件、2005年绍兴新昌药品污染事件、2005年湖州长兴蓄电池厂污染事件等，影响群众的居住环境、生活质量和农业生产。又如基层干部换届选择问题，在选民资格、选票认定、选举程序等方面可能监督缺失，存在干预选举和贿选等问题，引发群众的不满。2008年上半年因换届选举引发的信访有1575件，而下半年更是增长49.9%，达2361件。

（三）外来人口引发的社会冲突增多

根据浙江省人口计生委全员流动人口统计数据，2009年浙江省流动人口总量为2006万人，其中省际流动人口1785万人，约占流动人口总量的88.98%，占到了总人口的三分之一。外来流动人口在促进经济社会发展的同时，也带来一定的压力。这些外来人员往往地域相近、人缘相亲、语言相通、感情相投，一有同乡"遭受不公侵害"容易抱团集聚引发集体上访，处理不好极易引发群体性事件。就2007年1~5月，慈溪市信访局共受理群众信访2259件次，同比减少25%，但外来人员来访50批共204人次，同比分别增长8.2%和13%；同一时期萧山区共受理外来人员来访95批504人，同比分别增长9.2%和21.1%。外来人员中少数人的过激行为起到"蝴蝶效应"，一些无直接利益关系的人参与其中，将合理诉求与无理取闹交织在一起，给处置工作增加了难度。而随着浙江经济发展的需求，外来人口还在不断增加，并且许多地方出现了外来人口超过本地人口的现象，由外来人口引发的信访特别是集体上访也在呈逐年上升趋势。

（四）对司法处理存有疑虑或不服的涉法涉诉类冲突持续增多

2006年以来，涉法涉诉类问题一直处于上升状态，占信访总量的比重由10%左右上升至2009的15%以上。其中民事案件为主，行政案件突出。据有关部门统计，近年来，群众进京到全国人大等中央机关上访总量中，涉法涉诉上访占到了1/3。信访诉求主要集中在对法院判决或裁定不服，反映司法不公、执法不力等问题。尤其值得引起重视的是据省高级法院统计，2009年在全省法院受理的一审行政诉讼案件中，以乡镇政府为被告的案件，排名多发案件第10位，败诉率则高达53.85%。主要问题是违反法定程序、越权行政、不履行或者拖延履行法定职责等违法行政行为。涉法涉诉信访居高不下，客观上是利益格局深刻调整、社会矛盾易发多发的综合反映，主观上是政法机关执法理念、执法能力与人民群众的期望不相适应的集中表现。

（五）矛盾冲突复杂性增高、激烈度增强，处理成本加大

现阶段矛盾冲突复杂性增高。第一，表现在参与主体的多样化，过去的参与主体主要是利益的直接相关人，如环境污染周边的农民、拆迁居民、企业退休职工，现在扩大到了水库移民、外来农民工、高等院校学生、出租车司机等，甚至一些"无直接利益群体"也参与进来。

第二，组织程度明显提高，目前发生的诸多群体冲突事件有一定的组织性，有的上访请愿由有一定知名度的人士担当组织者，影响力和号召力较大，有的个别地方甚至成立非法组织与政府对抗。

第三，有的利益诉求过高，超出当下政策极限，有的按政策解决了，并已签订息访协议书，又提出新的要求，解决起来难度很大。

矛盾冲突的激烈度是指"各冲突方面能量消耗以及它们卷入冲突的程度"，如果在冲突中所消耗的能量越多，卷入程度越高，则冲突的激烈度就越大，通常表现为冲突卷入人数的规模、冲突引发群体性事件的强度、冲突采用手段的烈度。就2009年来看，来省集体上访达551批次9523人次，同比分别上升62.5%和53.8%，其中20人以上来省集体上访124批

次6242人次，同比分别上升了6%和27.6%，平均每批增加了9人。打横幅、举标语、呼口号、静坐甚至阻断道路交通、冲击接待场所、围堵党政机关大门现象屡有发生，携带刀具和汽油、抛撒传单、集体下跪、喝农药、留遗书、写血书情况也时有出现。如2009年7月27日，宁波市鄞州区横街镇雷庄村47名上访人到省行政中心上访，围堵冲闯大门；2009年8月31日，杭州市萧山区进化镇大汤坞新村300余名村民到省行政中心上访，在省府路跪拜、躺地，一度造成交通中断。

解决信访问题的社会成本也越来越高。目前信访工作"属地管理"和"零指标""一票否决"的制度，在某种程度上造成各级信访部门往往采取"花钱买平安"的做法，甚至采用"稳控"的措施。浙江省"稳控"一名上访人员的平均费用为17万元，绍兴市越城区为稳控一名长期进京上访老户，专门聘请了9名保安进行24小时追踪稳控，一年费用就需要十几万元。各地陷于疲于应付的困境，由此付出的大量人力和物力，也成为基层难以长期承受之痛。

第三章
社会关系与社会冲突

在社会转型时期,发生社会冲突的原因往往是多元的而非一元,并呈现日益复杂化的趋势,而社会关系是其中的重要因素之一。社会关系是人们在社会交往中形成的较为普遍的联系或行为模式,是社会大众在共同认可及遵守的行为标准规范下的一种互动。这种互动因个人社会地位的不同而扮演不同的角色。社会关系涉及政治、经济、文化和生活诸方面的各种复杂的关系,它是某种个人关系或人际关系普遍化之后所形成的,具有相当数量的两类人之间的一般关系。目前,现实中客观存在着的基本的并与社会冲突有着重大关联性的社会关系就是劳资、干群、贫富三大社会关系。这三大关系已不再局限于一般意义上经营者与员工、干部与群众、富裕者与相对贫困者的关系,而是直接关系到社会冲突的重要环节。

在本章中,我们将结合现阶段浙江经济社会发展的实际情况,采取"自下而上"与"自上而下"相结合的视角,直接从民生的角度调查劳资关系、干群关系、贫富关系,以及其中涉及的重点群体,通过客观指标来呈现发展的社会结构现状、通过主观指标来呈现公众的社会心态,进而揭示其情境定义和行动方式的取向,从而实现对社会冲突及程度的分析(见图3-1)。

社会心态是社会转型期和深化改革发展时期社会群体的社会心态,是整个社会感受、社会情绪基调和社会共识,代表着广泛的民意与民愿,对此不应掉以轻心。公众情绪与感受是社会冲突的一种心理折射。公众对于

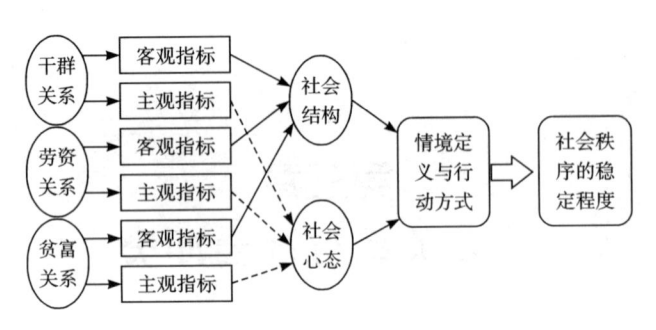

图 3-1　干群、劳资、贫富三大关系研究谱系

目前自身生活状况、周围社会关系和生活环境、国家和政府的信心,以及对于经济社会的信心直接影响他们的行为。

在本章的研究过程中,我们将以浙江省社会科学院调研中心 2009 年 1 月至 2009 年 7 月在浙江省进行的"社会关系与社会稳定"大型问卷调查结果为主要依据,试图了解、认知、把握当前社会各群体对这三大关系的感受、心态、情绪、状态、走势。

此次调查覆盖了全省 4 个市,8 个区,16 个街道的 32 个居委会和村委会。① 共发出问卷 1200 份,最后获得有效问卷 1159 份,问卷有效回收率为 96.58%。其中农民工群体的样本量为 144 份,而其他社会群体包括国家公务人员、经理人员、私营企业主、专业技术人员、办事人员、个体工商户、商业服务人员、产业工人、农业劳动者、学生和失业无业人员,样本量为 1015 份。在总样本量中,男性占 54.5%,女性占 45.5%;年龄上,18~29 岁占 29.9%,30~39 岁占 22.6%,40~49 岁占 24.6%,50 岁及以上占 22.8%。样本的基本情况见表 3-1。

---

① 按照地理区划,浙江省一般可被划分为浙东北和浙西南两个板块,将这两个板块作为初级抽样框,在每个初级单位中抽取 2 个二级单元(区县),在每个抽取的二级单元中抽取 2 个三级单元(街道、乡镇),再从每个三级单元中抽取 2 个四级单元(居委会、村委会)。最后根据人口比例从 32 个四级单元抽取 1200 个样本。

表 3-1　样本的基本情况

单位：%

性　别	男	54.5	收入水平	0~0.6万元/年	12.5
	女	45.5		0.6万~1.2万元/年	20.5
年　龄	18~24	16.2		1.2万~2.4万元/年	30
	25~29	13.7		2.4万~3.6万元/年	15.4
	30~34	11		3.6万~6.0万元/年	14.3
	35~39	11.6		6.0万元/年及以上	7.2
	40~44	11.3	职业类型	国家公务人员	5.4
	45~49	13.3		经理人员	3.3
	50~54	10		私营企业主	5.6
	55~59	8.3		专业技术人员	9
	60~65	4.5		办事人员	8.8
文化程度	初中及以下	46.2		个体工商户	11.7
	高中	28.1		商业服务人员	6.8
	大专	12.8		产业工人	15
	本科及以上	12.9		农业劳动者	10.7
地　区	杭州	32.2		失业无业人员	5.7
	湖州	18.9		学生	4.2
	温州	32.3		其他	13.8
	衢州	16.7			

资料来源：本课题组调查。

第一节　劳资关系与社会冲突

顾名思义，所谓资方即为出资人一方，而劳方则是提供劳动以获得报酬的一方。根据职业及其2008年的家庭人均收入水平，将私营企业主、经理人员归为"资方"，将产业工人、商业服务业人员、技术人员归为"劳方"，其他（国家公务员、农民、办事人员、无业人员等）作为劳资双方以外的参照群体，具体如表3-1.1所示。在分析劳资关系方面，只分析劳资双方的比较，而在劳资关系的评价方面，则加上参照群体的评价。

表 3.1-1　劳资双方及参照群体家庭人均收入比较

劳资关系的主体	家庭人均收入水平（万元/年）	个案数	标准差
资方（私营企业主、经理人员）	11.3458	93	18.9975
劳方（产业工人、商业服务人员、技术人员）	1.7056	327	3.9278
参照群体（公务员、农民、个体户、办事员、学生、其他）	1.6198	681	2.2132
总计	2.4668	1101	6.7132

资料来源：本课题组调查。

浙江省由于第二、三产业发达，私营和个体经济相对发展充分，劳资关系方面表现出的特征和问题具有一定的特性。总体来看劳资关系不容乐观，主要表现在劳动合同签订率偏低；劳资纠纷发生率偏高；但同时我们也看到劳动者维权意识正在觉醒，维权途径走向理性化。

一　劳动合同签订率偏低，仅为 60%

调查数据显示，在被调查的 327 位劳动者中，与用人单位签订了劳动合同的为 60%，有 40% 的劳动者没有与用人单位签订劳动合同（见图 3.1-1），这与 2008 年 1 月 1 日开始正式实施的《劳动合同法》的要求是不符的。

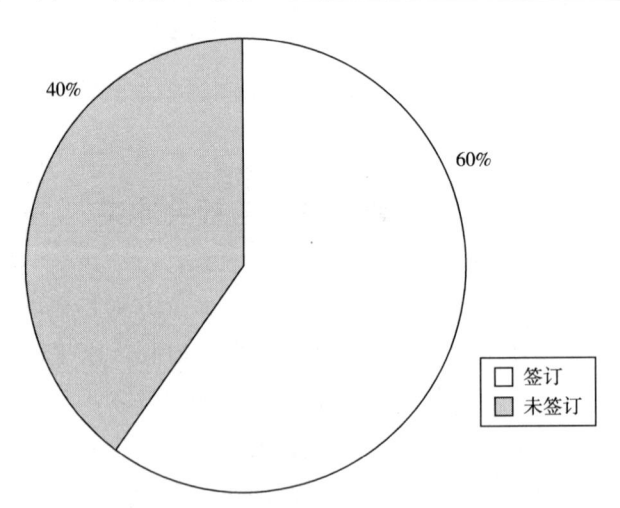

图 3.1-1　劳动者签订劳动合同情况

资料来源：本课题组调查。

劳动合同是劳资双方建立劳动关系的基本形式，对劳资双方都是有益的：对于劳方来说，劳动合同是其合法劳动权益的重要保障；对于资方来说，可以充分调动劳动者的积极性和创造性，提高劳动生产率，增强企业的活力。而且，签订劳动合同，明确劳资双方的权利、义务，也可以有效的预防和减少劳资纠纷的发生。

但执行过程中为什么劳动合同签订率还是不高呢？首先，从我国劳资关系的发展过程来讲，改革开放以后，尤其是1980年代允许农民进城务工经商以来，较长时间内劳资关系的背景是劳动力资源相对过剩、城乡就业待遇差别比较大，农民为了寻求生存，不得不忍受各种不合理的制度安排。

劳动合同签订率偏低，给劳资关系埋下了隐患。根据《中国劳动统计年鉴》记载的数据，2001~2006年我国劳资关系中的争议和纠纷中有关劳动合同的争议一直都在25%以上（见表3.1-2）。而60%的劳动合同签订率，不仅是"量"上的问题，而且还存在"质"的问题。在"进入用人单位时是否会与用人单位进行工资待遇方面的协商"问题上，有260位劳动者参与调查，其中有50.8%的人表示有过协商，有49.2%的人没有协商过。这从另一个侧面印证了资方力量的强势在一定阶段内还保留较高的"惯性"。

表 3.1-2　近几年我国各类劳动争议案件的发生数

单位：件

年份 类型	2001	2002	2003	2004	2005	2006
劳动报酬	45172	59144	76774	85132	103183	103887
社会保险	31158	56558	76181	88119	97519	100342
变更劳动合同	4254	3765	5494	4465	7567	3456
解除劳动合同	29038	30940	40017	42881	54858	55502
终止劳动合同	10298	12908	12043	14140	14015	12366
当年劳动纠纷总数	119920	163315	210509	234737	277142	275553
劳动合同类合计	43590	47613	57554	61486	76440	71324
劳动合同类占总纠纷的百分比	36.35%	29.15%	27.34%	26.19%	27.58%	25.88%

数据来源：《中国劳动统计年鉴》，中国统计出版社，2007，第156~157页。

二 劳方对同事关系、上下级关系的评价低于资方

同事关系主要表明群体内部团结程度,上下级关系主要表明群体间协调程度。从表3.1-3的均值比较可以看出,劳方对社会关系四个维度融洽程度的评价都低于资方,而参照群体的评价介于劳资双方之间,高于劳方低于资方。不管是在横向的同事关系,还是纵向的上下级关系,都呈现这个特点。

就均值比较的检验来看,劳资双方在与自己直接上司的关系融洽程度、所在单位老板与下属关系的融洽程度以及自己所熟悉社区劳资关系的融洽程度这三个方面存在着显著的差异;而在与自己周围同事的关系上则不存在显著差异。

此外,从表3.1-3可以看出,三个群体与周围同事的融洽程度均高于自己与直接上司的融洽程度,高于所在单位上下级融洽程度,高于熟悉的街道、乡镇的上下级融洽程度。这说明劳动者对自身的社会关系还是比较满意的。

表3.1-3 职业群体的社会关系评价(10分为满分)

		您自己与您的直接上司(领导)的关系融洽程度	您自己与周围同事们的关系融洽程度	您所在单位领导(老板)与下属关系的总体融洽程度	您熟悉的本街道、乡镇的总体上劳资关系融洽程度
资 方	均 值	8.57	8.74	8.36	7.74
	标准差	1.126	1.047	1.155	2.058
劳 方	均 值	7.54	8.28	7.17	6.27
	标准差	1.816	1.388	2.010	2.426
参照群体	均 值	7.83	8.43	7.71	7.13
	标准差	1.970	1.574	2.016	2.348
检验值		$p<0.001$	$p>0.05$	$p<0.001$	$p<0.001$

资料来源:本课题组调查。

三 劳资纠纷发生率偏高,劳资关系趋于紧张

首先体现在,表示与用人单位发生过纠纷的劳动者占9.2%。调查数

第三章　社会关系与社会冲突

据显示，在回答"是否与用人单位发生过劳资纠纷"问题的262名产业工人和商业服务人员及技术类人员中，有24人表示"发生过"，占9.2%（见图3.1-2）。

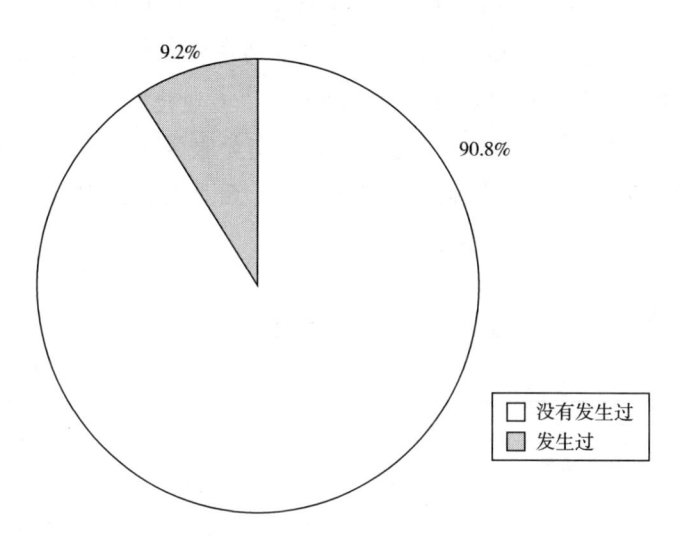

图 3.1-2　劳动者对"是否与资方发生过纠纷"的回答
资料来源：本课题组调查。

9.2%是个什么概念呢？根据《中国劳动统计年鉴》2007版，中国2006年有16岁以上人口10.3506亿，经济活动人口为7.8244亿，全国就业人口（年末）7.64亿，当然这里面包含大量的农村就业人口，全国城镇就业人口只有2.831亿。而2006年发生的集体劳动争议与劳动者申诉案件数为31.7162万，劳动者当事人数为67.9312万人。如此计算，中国2006劳动纠纷和争议案件发生率为0.2%。当然，本调查的数据与全国统计数据存在几个不一致。首先，劳动统计年鉴只考虑登记在册的，而本调查是以"发生过"为标准，而不一定在相关部门登记在案；其次，劳动统计年鉴的数据是当年一年内发生数，本调查是劳动者在用人单位工作以来的历年发生数的总计。再次，对"纠纷"概念的理解可能也不一致，《中国劳动统计年鉴》是以诉于法律为界线，不起诉的不计算，而本调查是以调查对象自我界定的"纠纷"为标准，只要调查对象认为算是"纠纷"即计算在内。但即使考虑到这三点差异，浙江省劳动关系的纠纷发生率仍然是偏高的。2006年浙江省发生的登记在册的劳动纠纷案件数为21036起，占全国总数的7.63%。这与浙江省第二、三产业发达、企业总数较多之间存在直接的关联。

劳资矛盾纠纷今后几年可能会越来越多。社会不同群体对今后几年劳资关系矛盾和解并不看好。调查显示，同意或比较同意"工人与老板矛盾越来越多"说法的，国家公务人员占到56%，专业技术人员占51.0%，办事人员占51.1%，个体工商户占36.3%，商业服务人员占48.7%，产业工人占47.2%，农业劳动者占52.3%，失业无业人员占70.0%，学生占68.2%，其他占54.2%（见表3.1-4）。

表3.1-4 您是否同意以下说法？

单位：%

	工人与老板的矛盾越来越多					
	说不清楚	很不同意	不太同意	无所谓	比较同意	非常同意
国家公务人员	5.1	5.1	27.1	6.8	44.1	11.9
经理人员	2.6	2.6	48.7	10.3	35.9	0.0
私营企业主	9.5	1.6	38.1	14.3	28.6	7.9
专业技术人员	5.2	4.2	19.8	19.8	42.7	8.3
办事人员	3.1	0.0	27.1	18.8	41.7	9.4
个体工商户	11.4	2.3	34.1	15.9	26.5	9.8
商业服务人员	6.4	1.3	28.2	15.4	42.3	6.4
产业工人	8.2	4.4	25.2	15.1	37.1	10.1
农业劳动者	9.8	2.3	23.5	12.1	39.4	12.9
失业无业人员	2.9	1.4	11.4	14.3	57.1	12.9
学生	4.5	3.0	13.6	10.6	57.6	10.6
其他	3.9	0.6	24.5	16.8	41.3	12.9

资料来源：本课题组调查。

但值得注意的是，劳资双方对于劳资矛盾的看法，存在较大的差异。劳方显得比资方更为消极，对于"工人与老板的矛盾越来越多"的态度，劳方认为比较同意和非常同意的占了48.6%，比资方高出12个百分点（见表3.1-5）。

表 3.1-5　劳资双方对"工人与老板的矛盾越来越多"的态度

单位：%

	说不清	很不同意	不同意	一般	比较同意	非常同意	
资　方	6.9	2.0	42.2	12.7	31.4	4.9	N=102
劳　方	6.9	3.6	24.3	16.5	39.9	8.7	N=333
	$X^2=13.035$　df=5　$p<0.05$						

资料来源：本课题组调查。

四　劳动者理性维护权益意识普遍较强

首先，比较明显的是，劳动者的维权意识已经觉醒。调查数据显示，在问及"在您遇到变相克扣工资或欠薪时，你会怎么办"，有70.2%的人选择"会想办法维护权益"，这表明大多数劳动者在遇到诸如工资拖欠之类的权益问题时会有维权的想法，这是他们维权意识觉醒的体现（见图3.1-3）。

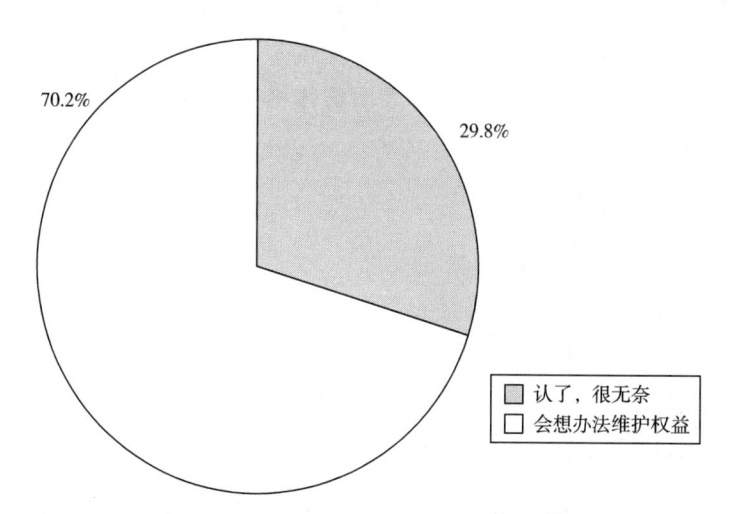

图 3.1-3　劳动者对遇到变相克扣工资或欠薪时的行动倾向
资料来源：本课题组调查。

应该说劳动者维权意识的觉醒存在多方面的原因。一方面是我们国家通过法律建构、制度规定等方面强化劳动权益保护，比如在1995年开始实施《劳动法》，2008年开始正式实施《劳动合同法》；另一方面，是国家和社会舆论也付出了极大的努力,比如温家宝总理亲自为农民工讨要工资,从中央到地方各级媒体都一再报道劳动权益保护方面的进展、存在问题并极力寻求相关政府部门的介入;同时劳动者群体自身文化素质水平提升、现代观念增强,尤其是年轻的劳动者比上一代劳动者更加重视用工规范和劳动权益。这些多方面的因素共同促进了劳动者群体维权意识的提升。但现在的问题也很明显,比如维权成本较高、部分劳动者维权实施困难等障碍,这些问题的解决需要进行深入的调查与分析。

其次,劳动者的维权途径倾向于理性化、合法化。在表示"会想办法维护权益"的调查对象中,选择"自己找老板或本单位领导部门理论""自己找劳动保障局或相关政府部门投诉"的人数最多,而且这两项选择比例都超过一半。在最容易引起"集体事件"或"群体事件"的"找其他相同遭遇的人一起想办法"的倾向中选择比例并不高,这说明在那些维权意识已经觉醒、倾向于采取一定行动来维护劳动权益的人群中,他们的第一选择并不是"集体闹事",也不是搞什么"大动作",而是首先自己找管理层领导或老板本人进行"理论",或诉诸劳动保障等政府部门投诉维护自己的"理"与"权益"。这都表明群体维护权益的行动倾向主流,还是"合法化维权"倾向(见图3.1-4)。

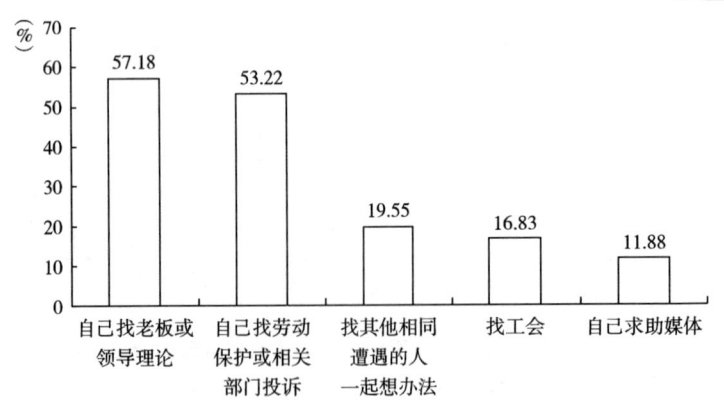

行动选择	比例(%)
自己找老板或领导理论	57.18
自己找劳动保护或相关部门投诉	53.22
找其他相同遭遇的人一起想办法	19.55
找工会	16.83
自己求助媒体	11.88

图 3.1-4　劳动者遇到欠薪时的行动选择
资料来源:本课题组调查。

这就提醒我们,面对理性的劳动者及其理性的维权方式,政府更应该回应他们的理性诉求,不能爱理不理,更不能"不作为"导致他们诉求无门。只要这种"合理、合法"的维权之门是敞开的,而且是真诚、有效的,那么群众维权就不会出"乱子"。问题的关键是要提升这种合理、合法的维权途径的有效性。

五 劳方对资方及工会的期待

(一)加强对资方社会责任宣传的同时,必须加大对资方的法律约束

调查的数据结果表明,在影响本地劳资纠纷增减趋势的主要因素上,资方选择最高的因素是企业家的社会责任感(有30.1%的人选择该项,共有103位参与调查);劳方选择最高的因素是法律的严厉程度(有25.6%的人选择该项,共有306人回答该问题);而参照群体最高选择也是法律严厉程度(25.4%的人选择该项,共有720人回答该问题),具体见图3.1-5。

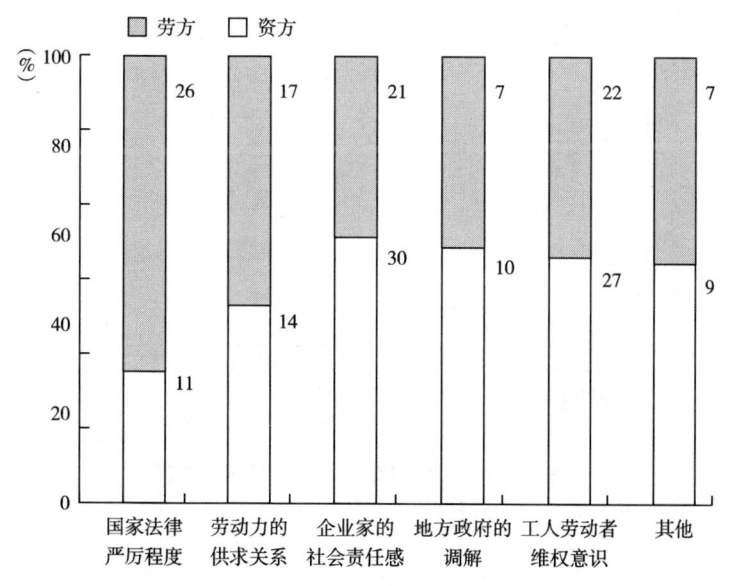

图3.1-5 劳资双方劳资纠纷影响因素的选择
资料来源:本课题组调查。

这说明在对待劳资纠纷的影响因素问题的判断上,资方更倾向于用内在的意识觉醒和社会责任感实现自我约束,而劳方与普通社会公众更倾向于依靠法律这一外在约束手段达到对资方的约束。前者的实质是道德约束、软约束，而后者的实质是法律约束、硬约束。针对我国改革开放以来经济与社会发展的实践而言，也针对我国目前处于社会主义初级阶段而言，软约束总体上讲是不可靠的。当然，这并不是说完全不要软约束，我们在重视硬约束的同时，也呼唤软约束。但我们必须肯定在现阶段硬约束应该放在第一位，软约束放在第二位。这也是我国在2008年实施《劳动合同法》的根本原因。

（二）工会维权职能有待强化

工会是工人维护自身权益的组织，但目前工会履行的实际职能不能令大多数劳动者满意，在倾向于采取行动维护劳动权益的人群中，我们的调查发现劳动者选择通过工会维权的比例比较低，在三次选择中所有选择"找工会"的只有16.83%，在第一选择中选择工会的只有4.7%，见图3.1-6。

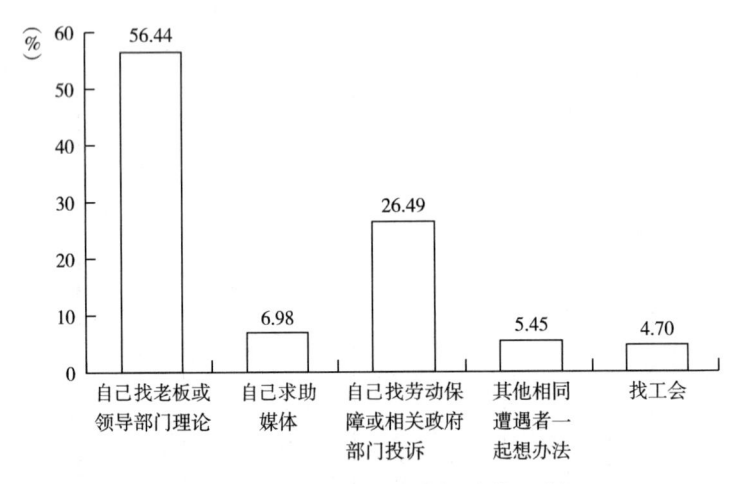

图3.1-6 劳动者遇到欠薪时的第一选择

资料来源：本课题组调查。

根据《中华人民共和国工会法》，我国工会的性质是"职工自愿结合的工人阶级的群众组织"，中华全国总工会及其各工会组织代表职工的利益，依法维护职工的合法权益。部分地区的工会实践（比如义乌工会）也表明，工会维权是减轻政府负担、化解劳资矛盾的有效途径。但现就浙江全省的情况来看，工会维权在劳动者群体当中获得的认可程度还比较低。

因此，今后在劳资关系的协调与纠纷化解方面，应当加强工会建设，强调工会功能的发挥，尤其是注重工会作为劳资双方"中介""桥梁"地位的建设，这对于促进劳资关系的良性运行将起到不可替代的作用。

第二节 贫富关系与社会冲突

改革开放以来，中国的收入和财富分配的差距在不断拉大，20世纪90年代中后期以来更是如此。而收入差距和贫富分化成为人们关注的焦点。收入差距的过度扩大不仅是经济学上的效率与公平问题，而且更多的是与社会稳定相联系。在一定的生产关系容量内，要保持经济持续快速增长，必须有一个稳定的增长环境。而贫富差距问题不但影响社会心理，诱发社会不满情绪，容易生成社会不稳定的心理温床；而且影响社会秩序，诱发犯罪活动，危害社会治安；不但影响社会结构，容易生成不均衡甚至畸形的社会结构；而且影响社会制度，有损社会公正和政治权威，严重时甚至会危及国家安全和统一。

最近几年，随着经济快速发展，浙江居民收入差距不断拉大。城乡差距、行业差距、城乡内部差距等都快速扩大。按照联合国有关组织对人均收入基尼系数的判别标准：基尼系数小于0.2，表示收入高度平均；0.2~0.3之间表示相对平均；0.3~0.4之间表示相对合理；0.4~0.5之间表示差距偏大；0.5以上表示高度不平均，通常将0.4作为警戒线。2008年，浙江城镇、农村居民收入基尼系数分别为0.3310和0.3614。虽然，尚处于0.4以内的合理区间，但是浙江也进入了一个比较敏感的阶段。这种差距一旦超过一定的区间，个体之间的相对剥夺感越来越强烈，势必会影响到社会的稳定。

一 不同收入群体的职业分布呈现集中化

如果以个体的年收入水平作为出发点来测度不同职业群体在各收入层的构成情况，我们看到，年收入低于1.2万元的人员中，产业工人和农业劳动者就占了近四成（39%）。年收入处于1.2万~2.4万元之间的被调查者中，个体工商户、商业服务人员和产业工人三者合计就高达46.4%，占了近一半。另外,专业技术人员、办事人员、个体工商户、产业工人和其他人员在年收入在为0.4万~3.6万元的群体中,比例都介于10%~20%之间。年收入3.6万~6.0万元的被访者中,国家公务人员、专业技术人员、办事人员和个体工商户合计63.9%。而对于年收入为6万元以上的人主要集中于经理人员和私营企业主这两个职业群体,占了65%(如表3.2-1所示)。

表3.2-1 不同收入群体的职业分布情况

单位:%

	0~0.6万元/年	0.6万~1.2万元/年	1.2万~2.4万元/年	2.4万~3.6万元/年	3.6万~6.0万元/年	6.0万元/年以上
国家公务人员		1.38	4.39	6.10	15.79	7.79
经理人员		0.92	0.31	2.44	7.24	22.08
私营企业主		2.29	0.63	3.05	9.21	42.86
专业技术人员	3.01	5.05	8.15	14.63	17.76	5.19
办事人员	0.75	5.05	9.09	15.85	15.79	3.90
个体工商户	6.02	13.76	11.91	10.98	14.47	10.39
商业服务人员	1.50	8.72	11.29	4.88	3.95	1.30
产业工人	1.50	21.10	23.20	16.46	5.26	2.60
农业劳动者	24.06	17.89	10.66	4.88	0.66	
失业无业人员	30.83	5.50	0.94	2.44	0.66	
学生	26.32	1.83	0.63	0.61	1.32	1.30
其他	6.02	16.51	18.81	17.68	7.89	2.60
总计	100.00	100.00	100.00	100.00	100.00	100.00

Pearson Chi-Sq=955.272　n=1063　df=55　p<0.001。
资料来源:本课题组调查。

Chi-Square检验显示,不同收入群体在职业分布上存在显著差异。特别是在偏低收入人群和偏高收入人群[①]中,个体的职业分类都显现出集中化的特征。譬如,偏低收入人群主要集中于农业劳动者和无业/失业人员和学生等三个职业群,偏高收入人群则主要集中于国家公务人员、经理人

[①] 在这里,我们将年收入0~1.2万元、1.2万~3.6万元和3.6万元以上分布定位为偏低收入人群、中等收入人群和偏高收入人群。

员和私营企业主职业群体。同时,中等收入人群的构成比例的离散性明显高于前面两个收入人群,国家公务人员、专业技术人员、办事人员、个体工商户和产业工人等职业群体的构成比率并不存在大差别。

二 社会公众普遍感受贫富差距较大

(一) 七成居民认为贫富差距较大

贫富差距问题是中国社会转型过程中的焦点社会问题之一。经历了改革开放三十年,浙江省不论是经济总量还是城乡居民的收入水平,都有了跨越式发展,但与此同时,贫富差距的进一步拉大又是一个不得不面对的现实。

我们的调查显示,接近七成的被访者认为本地贫富差距程度很高或较高(69.3%),而认为"不太高"或"不高"的仅占调查总体的5.1%(见图3.2-1)。

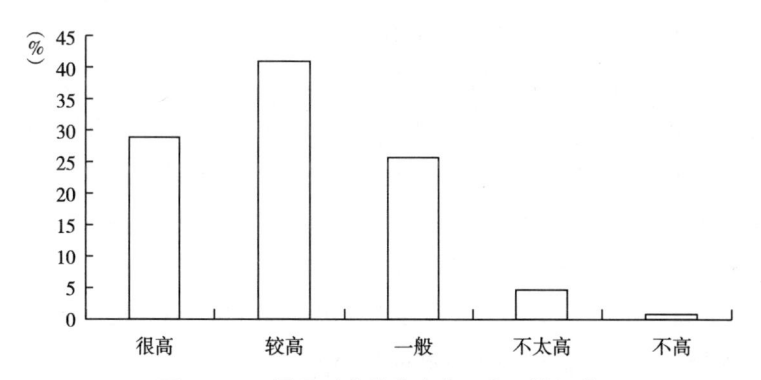

图3.2-1 居民对当地贫富差距状况的评价

资料来源:本课题组调查。

(二) 文化程度越低者越认为贫富差距大

不同文化程度的居民,对贫富差距程度所持有的态度存在差异。大专和本科及以上人群中,分别有42.6%和51.7%认为当地贫富差距程度较高(见表3.2-2)。在认为贫富差距很高的所有被调查者中,随着学历的升高,具有这一主观感受的比例反而减少。由于Gamma系数为0.093,我们看到文化程度与贫富差距程度评价之间具有低度的统计相关性,文化程度大约可以消减贫富差距评价主观判断大约9.3%的变差。

表 3.2-2　文化程度与贫富差距程度状况评价

单位：%

		文化程度			
		初中及以下	高中①	大专	本科及以上
贫富差距程度	很　高	33.1	28.0	25.7	16.8
	较　高	38.3	39.1	42.6	51.7
	一　般	22.2	27.4	29.0	29.5
	不太高	5.8	4.6	2.7	1.3
	不　高	0.6	0.9	—	0.7
	总　计	100	100	100	100

Pearson Chi-Sq = 28.930　Gamma = 0.093　n = 1139　df = 12　p < 0.01
资料来源：本课题组调查。

（三）偏低收入群体认为贫富差距过大的比例较高

从收入水平来看，认为贫富差距程度偏高（很高或较高）的被调查者，主要集中于年收入 0.6 万 ~ 1.2 万元和 1.2 万 ~ 2.4 万元这两个收入群。随着收入的增加，认为贫富差距偏高的被访者比例具有下降的趋势（见表 3.2-3）。在认为贫富差距程度很高的人中，偏低收入人群、中等收入人群和偏高收入人群的比例分别为 40.8%、43.8% 和 15.4%，而表示差距程度较高的分别为 31.6%、43% 和 25.4%。通过比较，我们看到，认为"差距不太高"的人主要集中于中等收入层，"差距不高"的则主要集中在低收入人群，尤其是其中略为偏高的那部分人。

表 3.2-3　不同收入群体与贫富差距状况评价

单位：%

		收入水平						总计
		0 ~ 0.6 万元/年	0.6 万 ~ 1.2 万元/年	1.2 万 ~ 2.4 万元/年	2.4 万 ~ 3.6 万元/年	3.6 万 ~ 6.0 万元/年	6.0 万元/年以上	
	很　高	13.5	27.3	29.3	14.5	11.2	4.2	100
	较　高	13.8	17.8	29.6	13.4	17.2	8.2	100

---

① 包括中专/职高，由于篇幅所限，表格中未标明。下同。

续表

	收入水平						总 计
	0~0.6万元/年	0.6万~1.2万元/年	1.2万~2.4万元/年	2.4万~3.6万元/年	3.6万~6.0万元/年	6.0万元/年以上	
一 般	8.7	17.0	32.2	19.4	12.5	10.2	100
不太高	8.7	10.9	32.6	21.7	21.7	4.4	100
不 高	14.3	28.6	28.5	—	28.6	—	100

Pearson Chi-Sq = 39.622　　n = 1047　　df = 20　　p<0.01

资料来源：本课题组调查。

三 社会公众对贫富分化趋势表示担忧

（一）超过五成的居民对未来贫富分化表示担忧

对于未来当地的贫富分化趋势，超过50%的人对未来的贫富分化表现出了不同程度的担忧，认为未来贫富分化会缓和很多和有所缓和的只有261人，占22.8%（见图4.3-1）。总体比较而言，不论是对当前贫富差距状况的评价还是对未来贫富分化的趋势判断，居民都表现出了忧虑，说明贫富分化问题已经成为浙江省当下和未来相当长一段时间内所要面临挑战的重要社会问题之一。

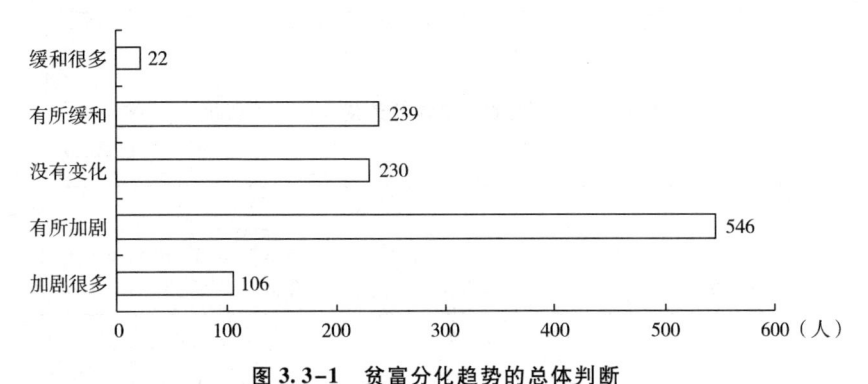

类别	人数
缓和很多	22
有所缓和	239
没有变化	230
有所加剧	546
加剧很多	106

图 3.3-1　贫富分化趋势的总体判断

资料来源：本课题组调查。

（二）女性比男性在贫富分化趋势上更显乐观

在对未来贫富分化趋势判断的问题上，不同性别的被访者表现出显著的差异性（见表3.2-4）。无论选择加剧很多还是有所加剧，男性中的比例都要高于女性，而在其他三种回答中则正好相反，女性中的比例皆高于男性。相关分析表明，性别与贫富分化趋势判断之间存在弱相关关系（V=0.118）。某种程度上反映了女性比男性在看待贫富分化趋势问题上更显乐观。

表3.2-4　性别与贫富分化趋势判断

单位：%

		未来贫富分化趋势				
		加剧很多	有所加剧	没有变化	有所缓和	缓和很多
性别	男	11.7	49.2	18.3	19.5	1.3
	女	6.3	46.1	22.3	22.6	2.7

Pearson Chi-Sq=15.964　V=0.118　n=1143　df=4　p<0.01

资料来源：本课题组调查。

（三）不同收入群体认为未来贫富分化趋势不容乐观

通过检验，不同收入群体对于贫富分化趋势的总体判断上并没有显著的差异。不论是中等收入群体，还是偏低抑或偏高收入群体，对未来的贫富分化趋势都持不容乐观的态度。从表3.2-5中，我们可以看到，认为"缓和很多"的比例相当低，居民的这种反映很值得引起相关的重视。

表3.2-5　不同收入群体与贫富分化趋势判断

单位：%

	收入水平					
	0~0.6万元/年	0.6万~1.2万元/年	1.2万~2.4万元/年	2.4万~3.6万元/年	3.6万~6.0万元/年	6.0万元/年以上
加剧很多	10.8	10.8	6.6	8.5	13.2	5.3
有所加剧	40.8	45.3	49.7	47.5	51.7	59.1
没有变化	26.2	15.6	22.8	20.7	14.6	13.2
有所缓和	20.8	25.0	19.6	20.7	19.8	22.4
缓和很多	1.4	3.3	1.3	2.6	0.7	—

Pearson Chi-Sq=29.823　n=1049　df=20　p>0.05

资料来源：本课题组调查。

四 仇富现象存在，但贫富关系较平和

（一）七成多居民认为"仇富"现象存在但不严重

在社会转型时期，贫富差距的不断扩大引起了许多的社会问题，其中关于"仇富"的相关报道在媒体上屡见不鲜。那么，在民众眼里，"仇富"现象到底呈现一种什么态势？在调查分析中，我们发现，认为存在"仇富"现象并且非常严重的仅为3.8%，认为"有，比较严重"的占19.4%；而认为"有，但并不严重"和"有，但只是个别现象"的人最多，合计占总体的73.1%；认为不存在仇富现象的比例为3.8%（见图3.2-2）。从总体上而言，人们一方面对"仇富"现象的存在性持有普遍性的肯定；另一方面大部分人认为"仇富"现象并不严重，更多的还是较个别的现象。

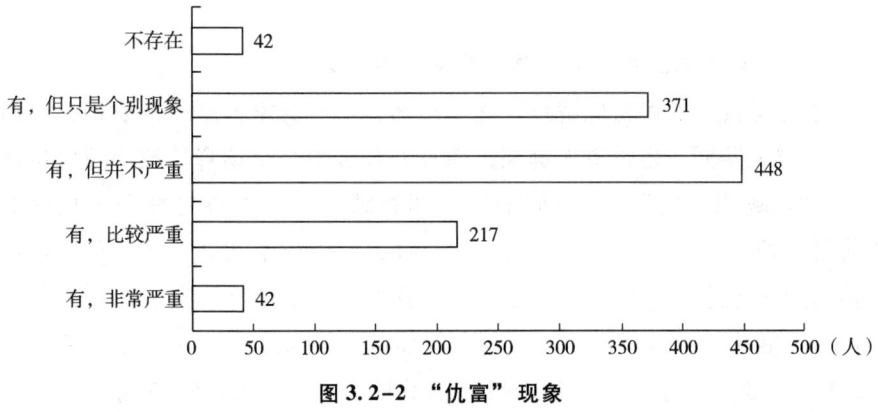

选项	人数
不存在	42
有，但只是个别现象	371
有，但并不严重	448
有，比较严重	217
有，非常严重	42

图3.2-2 "仇富"现象

资料来源：本课题组调查。

（二）文化程度越高认为"仇富"现象越严重

不同文化程度人员对"仇富"现象的看法上，体现为文化程度越高，认为"仇富"越严重；文化程度越低，认为"仇富"越不严重，只是个别现象（见表3.2-6）。有29.5%的本科及以上学历者认为"仇富"现象非常严重或比较严重，该比例分别比大专、高中和初中及以下学历者高出3个、5.9个和9.5个百分点；26.9%的本科及以上学历者认为"仇富"现象不存在或仅为个别现象，该比例在初中及以下学历者中高达44.3%，相

差近 18 个百分点。数据分析表明，受教育程度的增加，与"仇富"现象的严重与否的判断存在负向相关。

表 3.2-6　文化程度与对"仇富"现象的判断

单位：%

	文化程度			
	初中及以下	高中	大专	本科及以上
有，非常严重	2.9	3.5	6.1	4.7
有，比较严重	17.1	20.1	20.4	24.8
有，但并不严重	35.7	42.4	46.3	43.6
有，但只是个别现象	38.4	31.1	27.2	24.9
不存在	5.9	2.9	—	2.0

Pearson Chi-Sq = 34.979　n = 1120　df = 12　p < 0.001

资料来源：本课题组调查。

（三）六成以上居民对"富人"给予积极评价

有报道说，在民营经济最发达的温州，一些身家丰厚的富翁每天出门必须有熟人陪同，生怕遭人绑架，而且尤其害怕公众场合，被心理医生认为是"广场恐惧症"。但我们的问卷调查结果并不支持这种令人担忧的"仇富"情形。问及"如果把当前的有钱人作为一个社会群体，您给他们的社会责任感打几分？"在 1124 个有效样本中，平均得分为 5.69，中位数为 6.0。其中，"0～4 分"的人占总体的 19.1%，"5～7 分"的人占 62.3%，"8～10 分"的占 18.6%。从分值的分布上看，5～7 分区间最集中，占到总体的六成多，这在一定程度上说明民众对富人的社会责任还是给予了积极的评价，并没有出现网络上所流传的"紧张"态势。

五　公众对富人及政府的期待

改革开放后，浙江与全国其他省份一样，作为衡量居民内部收入分配差距的基尼系数呈现不断上升的态势。在调查中，我们清楚地看到，不论学历高低、收入多少、职业差异，公众都对贫富差距的不断扩大表现出了忧虑。收入差距过大反映了资源分配的不均等，它容易造成局部的对立情绪，甚至激化各种社会矛盾，影响和谐社会的建立。

（一）增强富人社会责任感

为了考察居民对"富人"社会角色的期待，我们设计了"您认为有钱人是否有帮助穷人的义务？"这一问题。认为"绝对有，他们的财富是穷人创造的"的占8.7%，"应该有，他们的财富也是穷人的贡献"的比例高达58.8%，而认为"应该没有，他们的财富是他们自己努力得来的"的人占总体的11.6%（见图3.2-3）。总体来看，六成以上的被调查者认为富人有义务帮助穷人，可见大部分公众对富人有着"参与社会建设，推进社会整合"的主观期待。

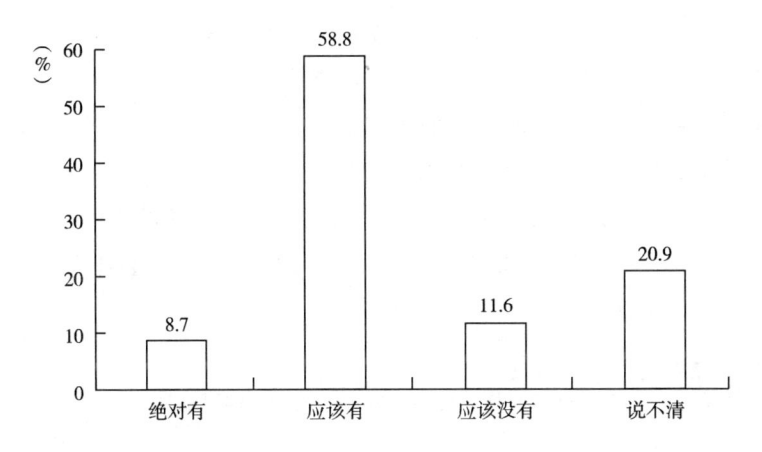

图3.2-3 居民对富人社会角色的期待
资料来源：本课题组调查。

这说明"富人"在履行社会责任方面距离公众的预期还有一定的距离。中国富人一直背负"为富不仁"的骂名。虽然这其中有着一定的历史原因，但是"富人"自己的问题也是症结所在。2008年，"汶川地震"的发生，一方面出现了许多积极投身慈善事业的富人；另一方面也出现了一些拖欠甚至拒绝支付捐赠款的企业和个人，围绕着"富人"的社会责任一度成为全社会的重要话题。虽然，浙江的"富人"一直以来就有积极投身社会事业的传统，但是公众对于他们的期待热情不减。如果他们能够通过各自的实际行动投入到社会建设中去，对于缓和富人与大众的关系，拉近彼此的距离不无裨益。

（二）调整政策，提高居民收入水平

增加居民的收入，提高居民的生活水平，是我们现代化建设的终极目标。在金融危机的严峻形势下，要扩大内需，刺激消费，就必须提高居民收入水平；另一方面，我们从调查中发现，提高整体的收入水平，也是维护社会稳定，保障社会和谐发展的"安全阀"。

然而，在询问"各级政府正在调整相关政策，以缩小贫富差距，您认为实现社会分配公平的可能性"时，认为较小（包括非常小和比较小）的占有相当比例。其中，国家公务人员占48.4%，经理人员占57.9%，私营企业主占39.7%，专业技术人员占49.0%，办事人员占56.2%，个体工商户占31.8%，商业服务人员占40.5%，产业工人占48.7%，农业劳动者占40.3%，失业无业人员占40.6%，学生占36.4%，其他占41.5%。也就是说，约有一半公众对政府缩小贫富差距、实现社会分配公平政策调节的效果不看好，如再加上"难以说清楚"的社会公众，那么对这一政策调节信心不足的公众则高达80%以上，而认为通过政策调整有可能（包括"比较大"和"非常大"）缩小贫富差距、实现社会分配公平的公众仅占一成多（见表3.2-7）。

表3.2-7　您认为实现社会分配公平的可能性

单位：%

	非常小	比较小	难以说清楚	比较大	非常大
国家公务人员	11.7	36.7	35.0	15.0	1.6
经理人员	18.4	39.5	31.6	7.9	2.6
私营企业主	11.1	28.6	44.4	15.9	0.0
专业技术人员	5.2	43.8	39.6	11.5	0.0
办事人员	18.4	37.8	35.7	8.2	0.0
个体工商户	7.0	24.8	54.3	12.4	1.6
商业服务人员	15.2	25.3	49.4	8.9	1.3
产业工人	15.2	33.5	45.6	5.7	0.0
农业劳动者	14.9	25.4	47.0	11.9	0.7
失业无业人员	17.4	23.2	43.5	11.6	4.3
学　　生	9.1	27.3	53.0	9.1	1.5
其　　他	17.8	23.7	48.0	9.9	0.7

资料来源：本课题组调查。

要提高居民收入水平，特别需要进行社会政策战略性框架设计。在收入贫富分化日趋显现的过程中，低收入群体的心态也会发生变化，失业工人在特殊情况下会倾向于群体性事件、失地农民更倾向于集体上访。浙江省在建构社会安全网络方面走在全国的前列，取得了令人瞩目的成就，但继续夯实社会保障体系的路还很漫长，这直接关系到浙江社会结构和社会关系的变迁。其中，尤其需要加大对低收入群体的社会支持。

第三节　干群关系与社会冲突

干部和群众关系是社会关系中一项最基本的关系，也是全社会十分关注的重大关系。党和政府一直高度关注这一问题，坚持人民群众是真正英雄与人民是创造历史动力的马克思主义基本理念，倡导群众路线和从群众中来，到群众中去，一切依靠群众，一切为了群众，并制定了一系列方针、制度和政策来建构干部与群众的鱼水关系。但在社会快速转型进程中，干群关系如何？它对于社会稳定有着什么样的影响？这仍然是人们高度关注的一个社会问题。作为经济发达地区的浙江省，干群关系的情况如何呢？根据我们调查，我们对当前浙江干群关系与社会稳定情况大致有如下判断：

一　社会公众对干群关系的评价不高

（一）对干群关系"没有感觉"的居多

干群关系和谐与否，对于构建社会主义和谐社会关系重大。从总体上看，干部与群众之间保持一种有限的合作关系，冲突时有发生，有时矛盾还相当尖锐。干群关系越往基层情况越不容乐观。不管承认与否，当下的干群关系难以称得上融洽，局部或者一定时期甚至有些紧张。

调查显示，关于当前的干群关系感受，3.0%的人认为"很紧张"；12.8%的人认为"比较紧张"，48.9%的人对于干群关系"没有感觉"，另外31.8%的人认为干群关系"比较融洽"，3.5%的人认为干群关系"很融洽"（见图3.3-1）。

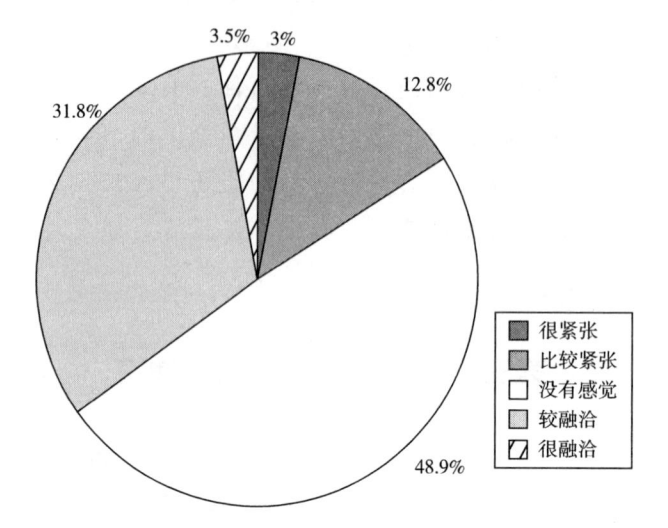

图 3.3-1　群众对干群关系的总体评价

资料来源：本课题组调查。

值得注意的是，在干群关系问题上这么高的比例选择"没有感觉"，使我们不得不感到当前干群关系的一种微妙。其中的原因可能很多，既可能有认为自己是一个局外人，又身处社会下层，接触面狭窄，不了解情况，也可能有自感人微言轻，说了也白说，还是少管闲事，不说的好。还可能是信心不足，很多群众曾经对干部寄予厚望，但一些现实问题无法圆满解决使得对上级部门和领导干部失去信心。但无论什么原因，都说明干群关系并不融洽，甚至是生疏乃至一定程度的紧张。

（二）对干群关系趋于缓和仍抱有期待

调查统计显示，大部分被调查者对于未来几年干群关系发展趋势持乐观态度，其中43.9%的人认为未来的干群关系会"比现在缓和一点儿"，8.8%人认为这对关系会"比现在缓和很多"；少部分的人对未来干群关系持较悲观态度，3.1%的人认为未来的干群关系要"比现在紧张很多"，13.3%的人认为会"比现在紧张一点"；另外，还有30.8%的人认为未来干群关系将"没有明显变化"（见图3.3-2）。

对今后的干群关系发展趋势判断，表明人们一方面对此仍有一种信心；另一方面也表明人们期待干群关系能出现好转。此外，政治面貌影响

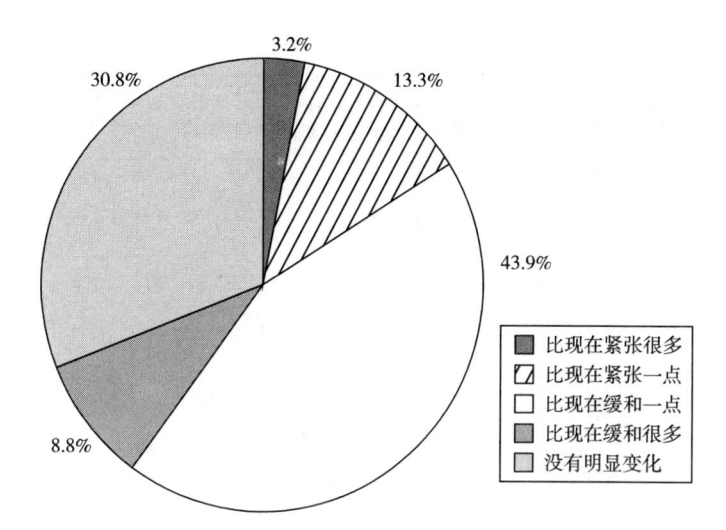

图 3.3-2 群众对干群关系发展趋势的总体判断

资料来源：本课题组调查。

群众对干群关系的判断。不同政治面貌的群众中对未来干群关系的预测存在显著差异。在对未来干群关系预测中，认为未来干群关系会趋于紧张的排序，依次是民主党派，50.00%；无党派人士，27.50%；群众，14.40%；共青团员，18.70%；中共党员，15.70%。民主党派人士认为干群关系会趋于紧张的比例最高，中共党员对未来干群关系的预测则最乐观。

二 干群交往状况并不乐观

在与本社区（村）干部在路上见面时，一般会主动（非常主动和比较主动）打招呼的，作为普通群众的商业服务人员和产业工人分别仅占20.3%和25.1%，农业劳动者主动或比较主动打招呼的比例高点，占到41.9%。这可能与村落社区还更多是一个熟人社区相关。回答"不认识"的，商业服务人员与产业工人分别占到了25.3%和34.0%。而本社区（村）干部主动与群众打招呼的比例却出奇低，所有社会群体几乎都没超出5%，其中社区（村）干部主动与个体工商户、商业服务人员打招呼的仅分别占0.8%和2.5%（见表3.3-1）。

表 3.3-1　您与本社区（村）干部在路上见面时一般会主动打招呼吗？

单位：%

	非常主动	比较主动	很随意，打不打招呼无所谓	对方主动打招呼	没遇见过	不认识
国家公务人员	23.3	43.3	16.7	5.0	5.0	6.7
经理人员	13.2	34.2	34.2	0.0	5.3	13.2
私营企业主	7.8	42.2	34.4	1.6	7.8	6.3
专业技术人员	6.3	36.5	21.9	5.2	6.3	24.0
办事人员	10.2	27.6	37.8	4.1	8.2	12.2
个体工商户	10.0	33.8	37.7	0.8	3.8	13.8
商业服务人员	5.1	15.2	46.8	2.5	5.1	25.3
产业工人	7.5	17.6	28.3	5.0	7.5	34.0
农业劳动者	8.8	33.1	42.6	5.9	3.7	5.9
失业无业人员	2.9	37.1	42.9	5.7	2.9	8.6
学　生	3.1	18.5	26.2	3.1	21.5	27.7
其　他	18.6	30.1	28.8	7.1	3.2	12.2
总体情况	9.9	29.7	33.4	4.3	6.2	16.6

资料来源：本课题组调查。

普通群众在回答"您与本街道（乡镇）干部在路上见面时一般会主动（非常主动和比较主动）打招呼"问题时，这一比例比与社区（村）干部主动打招呼的比例还要低，仅为一成多。其中，商业服务人员为15.4%，产业工人为18.8%，农业劳动者为21.8%，失业无业人员为22.9%，学生为15.4%。普通群众选择"不认识"的比例则高达50%左右。其中，专业技术人员占48.5%，个体工商户占35.6%，商业服务人员占48.7%，产业工人占54.7%、农业劳动者占53.4%，失业无业人员占40.0%、学生占66.2%。而选择本街道（乡镇）干部主动与普通群众打招呼的寥寥无几，最高的产业工人也仅为3.8%，个体工商户还不到1%（见表3.3-2）。

表 3.3-2　您与本街道（乡镇）干部在路上见面时一般会打招呼吗？

单位：%

	非常主动	比较主动	很随意，打不打招呼无所谓	对方主动打招呼	不认识
国家公务人员	21.7	45.0	16.7	0.0	16.7
经理人员	10.5	31.6	34.2	0.0	23.7
私营企业主	7.9	39.7	33.3	1.6	17.5
专业技术人员	4.1	25.8	16.5	5.2	48.5
办事人员	8.2	24.5	34.7	1.0	31.6
个体工商户	6.8	30.3	26.5	0.8	35.6
商业服务人员	1.3	14.1	33.3	2.6	48.7
产业工人	5.0	13.8	22.6	3.8	54.7
农业劳动者	6.0	15.8	22.6	2.3	53.4
失业无业人员	2.9	20.0	35.7	1.4	40.0
学　生	3.1	12.3	15.4	3.1	66.2
其　他	10.9	24.4	28.2	1.9	34.6
总体情况	7.0	23.2	26.1	2.2	41.4

资料来源：本课题组调查。

调查结果所显示的干群关系如此之生疏，实在让我们吃惊。不过现实生活中一些现象也印证了社会公众的这一感受。干部平时接触群众太少，村民平时难得见到干部，老百姓基本上是"自己管自己"。大部分乡镇干部都在忙招商引资，即使分配做群众工作，也往往不出乡镇大院，等着群众上门，批字、盖章。现在还有很多乡镇干部都生活在城区，一般是星期一早上从城里去上班，星期五下午返城，有的甚至当天就来回。在乡镇有限的工作时间内，一些乡镇干部办公逐渐呈机关化倾向，表现出"天热不下乡、下雨不下乡、无交通工具不下乡"的"三不"现象，进农家院落与农民朋友谈心交心的时间更是少得可怜。俗话说，亲戚不常走，关系就生疏。干群之间长时间不相往来，情感的距离就会越来越远，干群关系也自然生疏起来。在一些地方，党员干部与人民群众原来的血肉关系、鱼水关系、水乳关系，已慢慢变成了"蛙水关系""萍水关系""油水关系"，甚至是"水火关系"。① 这使干部与群众不能形成合力，不仅影响了经济建设的进程，而且降低了社会信任感，影响了社会的稳定。目前，以发泄不满，以怀疑一切政策举措，以凡事皆不值得信任为主要特征的"无直接利益冲突"日渐增多。社会公众认为干部没有心思为群众服务是干群关系紧张的主要原因，社会公众普遍认为官员腐败、贫富分化与社会治安是社会冲突最主要的三大诱因。

三 社会公众对干部廉洁程度评价较低

在对党政干部素质的评价中，我们采取让群众打分的方式（其中最低为0分，满分为10分），对群众眼中的干部"人品""工作作风""生活作风""对群众的态度""廉洁程度""公平性""执行国家政策力度"等相关素质进行了调查。从总体得分来看，群众对各级干部的人品的评价均值最高，为6.82分，依次是工作能力，6.70分，工作作风6.62分，对群众的态度和执行国家政策能力，6.47分，生活作风6.29分，公平性5.93分，得分最低的是廉洁程度5.93分（见图3.3-3）。这也和我们在调查"群众对干群关系紧张原因的认识"中得到的结果相印证。

与此相对应，在干群关系紧张原因的认识上，46.9%的人认为"紧张"的原因是"腐败问题严重"；29.2%认为干群关系紧张的原因是"干部没有用心思为群众服务"；认为"干部任用不民主"和"干部的工作能力不够"人分别为9.7%和7.5%。从调查结果来看，干群关系紧张的主要原因在于干部不能廉洁自律和很好地为人民服务，也就是群众对干部的角色期望和干部角色扮演之间的脱节（见图3.3-4）。

---

① 所谓"蛙水关系"，指某些党员干部需要群众时，就像青蛙一样往水里跳，把群众当成真正的英雄；不需要群众时，就跳上岸来，摆出高人一等的架势，指手画脚发号施令。所谓"萍水关系"，指某些党员干部和群众表面上亲亲热热，内心里却怨气声声，隔膜重重，谁也不把谁看成真心朋友，党员干部不体察民情，群众也不买他们的账，进进出出如同萍水相逢。所谓"油水关系"，指一些党员干部有好处就办事，没有好处不办事，服务关系变成了纯粹的利益关系、金钱关系，干部群众如同油和水，根本合不到一块。而"水火关系"更到了互不相容的地步。

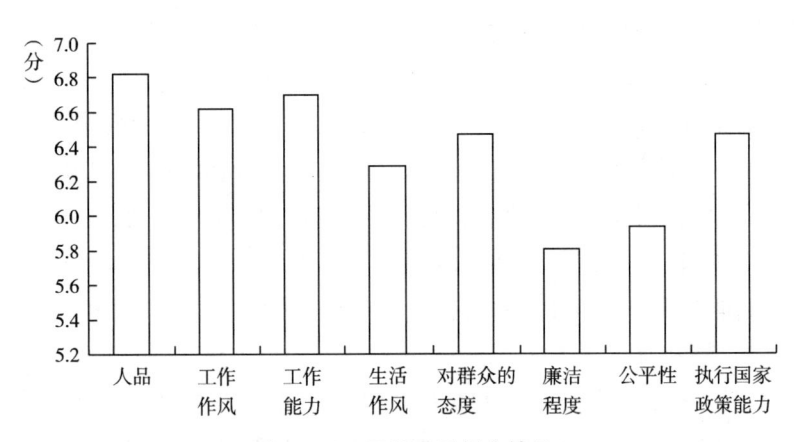

图 3.3-3　干部素质得分情况

资料来源：本课题组调查。

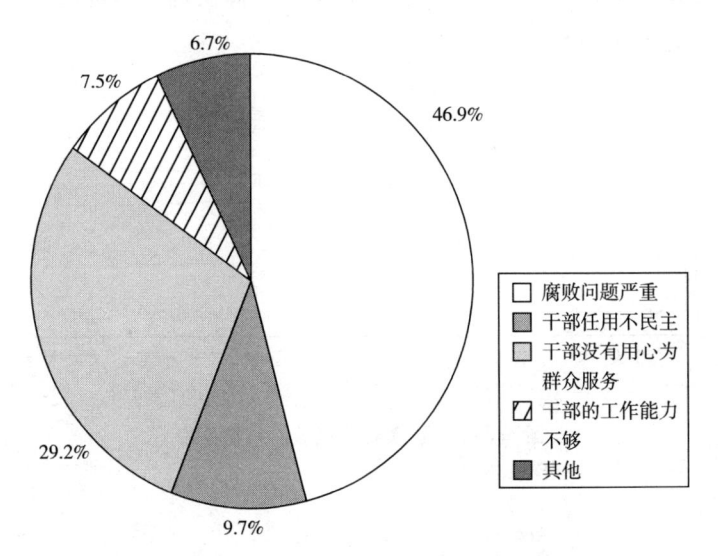

图 3.3-4　群众对干群关系紧张原因的认识

资料来源：本课题组调查。

四　社会公众对各级政府的信任呈现逐级递减的现象

在对各级政府的信任度的测量中，我们采取让群众打分的方式（其中，最低为0分，10分为满分，从0至10，信任度不断上升）。在调查中，涉及群众对"中央政府""省级政府""地市级政府""县区级政府""街道（乡镇）级政府"以及"村社区"等的信任度。从总体得分来看，群众对各级政府的信任度均值都大于 6 分，总体而言对各级政府较为信任。其中，群众对中央政府的信任度最高，其平均分为 8.6；对省级政府的信任度次之，均值为 8.05；对"地市级政府""县区级政府""街道（乡镇）级政府"以及"村社区"的信任度依次递减，分别为 7.32，6.86，6.54和 6.47，对社区（村）管理机构的信任度最低；另外，群众对各级政府信任度的标准差中，对中央政府信任度标准差最小，为 1.816，低于"省级"的 1.908，群众对"地市级政府""县区级政府""街道（乡镇）级政府"以及"村社区"的信任度的标准差依次递增，分别为 2.065，2.226，2.370，2.562。这表明群众对中央政府信任度打分较为一致，对其他各级政府的打分差异依次增大，在村、社区层次，群众对管理机构的信任度差异最大（见图 3.3-5）。

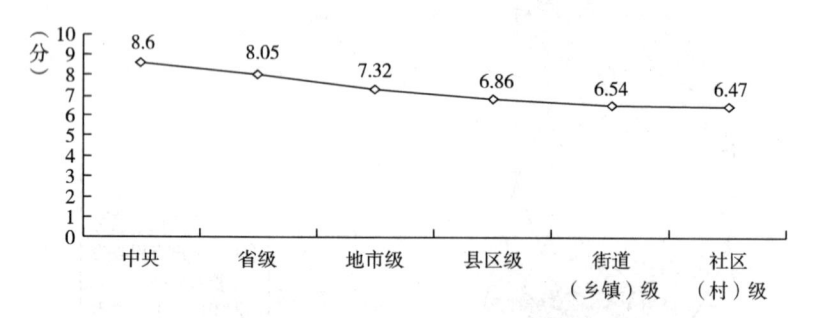

图 3.3-5　群众对各级政府的信任度

资料来源：本课题组调查。

究其原因，在我们看来，主要是随着经济社会的不断发展，社会转型加快，干群关系主体关系疏远。基层政权组织的战斗堡垒作用没有发挥，基层干部的基础工作较薄弱，部分干部作风不扎实，甚至一些部门和干部不敢面对群众，深入群众，由此，基层干部和群众之间的距离开始拉远，群众不愿搭理乡村干部，甚至有困难时，除非不得已才去找干部；而基层干部也不愿深入农户家中与农民谈心，了解他们的疾苦，为他们的生产、生活乃至家庭出谋划策。群众只有在征收税款、计划生育等伸手向农民要钱时才能见到他们。由此导致群众对基层干部不认可，不信任。

五 群众对干部及政府的期待

（一）干部要关心和扶持困难群体

从总体来看，困难群体能够得到村和基层干部的关心和帮助的频率不是很高，大部分是每年一到几次，或者数年一次，甚至是从来没有。这也解释了为什么在调查中有29.2%的人认为干群关系紧张的原因是"干部没有用心思为群众服务"。

其中，在"本社区（村）生活困难群众能够得到社区（村）干部关心与帮助"和"本社区（村）生活困难群众能否得到街道或乡镇干部关心与帮助"的调查中，我们发现在社区（村）干部这一层次，5.2%的人认为，生活困难群众能得到社区（村）干部关注，认为"大约每月1~2次"的为17.9%；"数年来关心一次"和"从来没有关心过"分别为6.5%和8.0%；部分群众（34.6%）认为社区干部对困难群体的关心与帮助每年1到数次；33%的群众对社区干部是否有关心困难群众的行为表示不了解（见图3.3-6）。

在街道或乡镇干部层次，3.4%的人认为，生活困难群众能得到街道或乡镇干部"大约每周1~2次"，认为"大约每月1~2次"的为9.3%；"数年来关心一次"和"从来没有关心过"分别为11.4%和19.2%；11.4%的群众认为基层干部对困难群体的关心与帮助"每年1到数次"。13.1%的群众对基层干部是否有关心困难群众的行为表示不了解（见图3.3-7）。

从两个层次的比较情况来看，村（社区）干部和群众之间的关注频率要高于街道或乡镇基层干部，这也和村（社区）干部作为自治组织群体成员和领导者的特殊人群，就生活在群众中间，能更频繁接触和了解群众有很大关系。这就要求我们在构建和谐社会的过程中，要加大对村（社区）管理者的培训和教育，加强他们的服务意识和服务能力，能够及时反映社区群众的问题和需求，并帮助解决。

（二）社会公众普遍认为改善干群关系是政府重要工作之一

干群关系生疏、融洽度不高乃至紧张，已严重影响了政府形象、政府公信力以及社会发展与稳定。因此，着力去改善干群关系，恢复干群原本应有的鱼水关系、血肉关系是目前政府应努力做的一项重要工作。

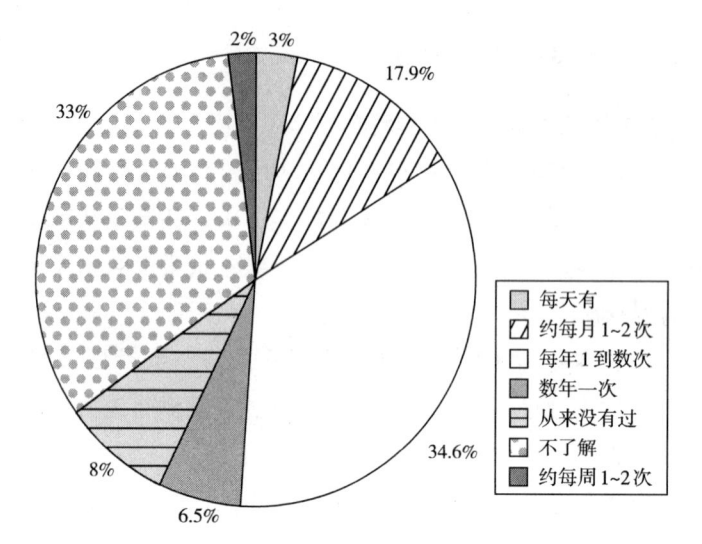

图 3.3-6 本社区（村）生活困难群众能够得到社区（村）干部关心与帮助的情况

资料来源：本课题组调查。

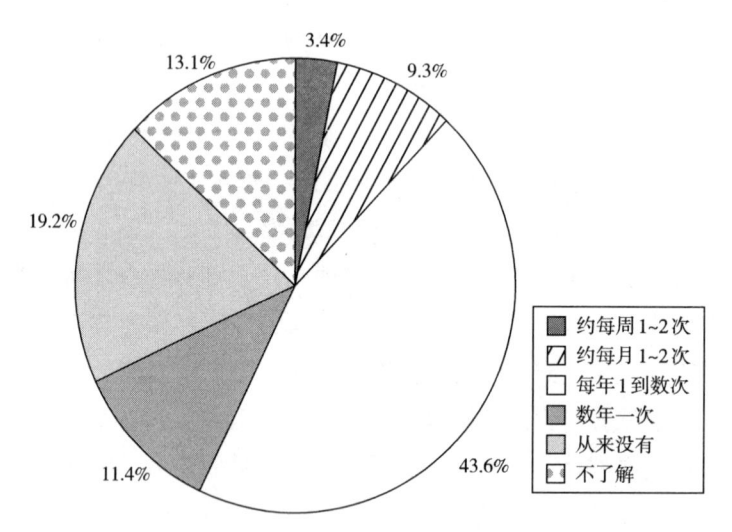

图 3.3-7 本社区（村）生活困难群众能够得到街道或乡镇干部关心与帮助的情况

资料来源：本课题组调查。

调查中，在询问"您是否同意改善干部和群众关系是政府的工作重点"问题时，社会群体普遍赞同（包括比较同意和非常同意）。其中，国家公务人员占93.4%，经理人员占89.7%，私营企业主占73.4%，专业技术人员占84.5%，办事人员占86.6%，个体工商户占81.1%，商业服务人员占74.4%，产业工人占86.7%，农业劳动者占79.4%，失业无业人员占82.1%，学生占87.9%，其他占87.7%（见表3.3-3）。这一方面说明干群关系目前已到了非下大力气狠抓不可的地步，应成为政府重要议事日程；另一方面也说明社会公众对干群关系好转有着深深期待。

表3.3-3 您是否同意以下的说法？

单位：%

	改善干部和群众关系是政府的工作重点					
	说不清楚	很不同意	不太同意	无所谓	比较同意	非常同意
国家公务人员	3.3	1.7	0.0	1.7	46.7	46.7
经理人员	0.0	0.0	5.1	5.1	56.4	33.3
私营企业主	3.1	3.1	3.1	17.2	35.9	37.5
专业技术人员	1.0	1.0	1.0	12.4	43.3	41.2
办事人员	1.0	1.0	2.1	9.3	48.5	38.1
个体工商户	3.0	0.0	3.8	12.1	37.9	43.2
商业服务人员	2.6	3.8	7.7	11.5	42.3	32.1
产业工人	1.9	0.0	1.3	10.1	35.4	51.3
农业劳动者	3.7	0.7	4.4	11.8	43.4	36.0
失业无业人员	3.0	1.5	0.0	13.4	52.2	29.9
学 生	0.0	1.5	1.5	9.1	50.0	37.9
其 他	1.3	0.0	3.2	7.7	41.9	45.8

资料来源：本课题组调查。

同时，加强官员与百姓沟通，改善干群关系还是有效促进社会稳定的排在第一位的选项。在询问"您认为下列哪些措施可以有效促进社会稳定，请选择最重要的第一项"时，36.7%的受访者认为是加强官员与百姓的沟通（见表3.3-4）。

表 3.3-4 您认为下列哪些措施可以有效促进社会稳定，请选择最重要的第一项

单位：%

项目	加强官员与百姓的沟通	提高工人待遇	改善贫困地区生活条件	稳定物价	提高困难群体收入	健全社会保障体系	反腐败	加大犯罪打击力度
	36.7	25.0	11.7	11.7	6.7	1.7	5.0	1.7

资料来源：本课题组调查。

第四节 社会稳定感知影响因素的多元回归分析

我们在前面描述、分析了劳资关系、贫富关系和干群关系这三大基本社会关系。由于诸要素间存在较为复杂的线性关联，为了比较它们的"净影响力"，还需借助于高级的统计分析方法。为此，接下去我们将运用多元线性回归的方法对社会冲突感知影响因素进行分析。

一 研究设计

（一）因变量及其操作测量

在这里，我们将居民对当前社会稳定程度高低的判断作为因变量——"社会稳定感知"，在问卷中它被呈现为 0~10 的量表。由于多元线性回归要求因变量必须为定距变量及以上。为此，我们将社会稳定感知变量近似于定距变量。

（二）自变量及其操作测量

我们所使用的自变量主要分为五大类。

一是个人基本特征变量，包括（1）性别、（2）年龄、（3）文化程度、（4）政治面貌、（5）年收入、（6）职业。性别采用了男性编码为 1 的虚拟变量；文化程度以初中及以下为参照，将高中、大专和本科及以上编码为 3 个虚拟变量；职业以失业无业人员为参照，并编码为 10 个虚拟变量；政治面貌分为中共党员和非中共党员，其中中共党员编码为 1 的虚拟变量；收入和年龄则为连续型变量。

二是空间分布变量。我们以衢州作为参照，杭州、湖州和温州分别编码为 3 个虚拟变量。

三是经济地位认同变量，该变量是定序的，但为了分析方便，将其近

似地作为一个定距变量来处理。

四是社会公正感变量。问卷中该变量操作化为"干部选拔""收入分配""受教育机会""就业选择"和"司法审判"等5个维度，运用李克特五级量表加以测量，将其近似于定距变量。

五是社会关系变量，包括劳资关系变量：（1）职业关系得分，问卷中该变量操作化为"您自己与您的直接上司（领导）的关系融洽程度""您自己与周围同事们的关系融洽程度""您所在单位领导（老板）与下属关系的总体融洽程度""您熟悉的本街道、乡镇的总体上劳资关系融洽程度"等四个维度，运用10分制评分法，取平均值。（2）劳资关系判断，为定序变量，将其近似于定距变量。贫富关系变量：（1）贫富差距感。（2）"仇富"现象。这两个变量均为定序变量，将其近似于定距变量。干群关系变量：（1）干群关系判断，为定序变量，将其近似于定距变量；（2）干部素质得分，操作化为"人品""工作作风""工作能力""生活作风""对群众的态度""廉洁程度""公平性""执行国家政策力度"等8个维度，运用10分制评分法，取平均值。

（三）统计模型

我们使用多元线性回归方法来进行分析，回归系数以普通最小二乘法（OLS）估计。方程如下：

$$Y = B_0 + B_1X_1 + B_1X_1 + B_1X_1 + \cdots + B_iX_i + \varepsilon$$

其中 Y 代表研究因变量，即个人的社会稳定感知，X_1、$X_2 \cdots X_i$ 分别代表个人基本特征、地区、经济地位、社会公正感、社会关系等自变量，B_1、$B_2 \cdots B_i$ 分别代表各自变量的偏回归系数。B_0 和 ε 分别代表常数项和随机误差。

二 统计结果与分析

表3.4-1列出了社会稳定感知对诸自变量的多元线性回归的非标准化系数，以及模型的拟合优度统计量。在模型1中，独立变量大约解释了15.3%的方差（调整后 R-square = 0.092），在加入劳资变量后，模型2的解释力增强，达到了25.1%，说明劳资关系对于社会稳定感知的影响力较大，模型的解释力较强；而加入贫富关系变量后，模型3的解释力为25.3%，解释力变化不大；模型4加入了干群关系变量，解释力增强，达到了32.2%。

表 3.4-1　社会稳定感知影响因素的多元回归分析

	模型 1	模型 2	模型 3	模型 4
常数	4.21*** (0.45)	2.21** (0.78)	1.64* (0.83)	2.08** (0.8)
性别（男性）	0.1 (0.11)	0.29 (0.17)	0.34* (0.17)	0.32* (0.17)
年龄	0.02*** (0.01)	0.02* (0.01)	0.02* (0.01)	0.01* (0.01)
初中及以下参照				
高中	0.13 (0.14)	-0.26 (0.20)	-0.21 (0.20)	-0.12 (0.2)
大专	0.23 (0.19)	-0.04 (0.27)	0.05 (0.27)	0.09 (0.26)
本科及以上	0.21 (0.22)	-0.01 (0.30)	0.08 (0.30)	0.17 (0.29)
党员（=1）	0.23 (0.16)	0.32 (0.21)	0.33 (0.21)	0.33 (0.21)
年收入	0 (0.00)	-0.01 (0.01)	0 (0.01)	0 (0.01)
失业人员为参照				
公务员	0.63* (0.28)	0.73* (0.38)	0.66 (0.38)	0.26 (0.37)
经理	-0.04 (0.34)	0.13 (0.43)	0.08 (0.43)	0.21 (0.4)
私营企业主	-0.32 (0.29)	0.08 (0.51)	0.06 (0.51)	0.43 (0.53)
专业技术人员	0.02 (0.23)	0.25 (0.32)	0.19 (0.33)	0.24 (0.32)
办事人员	-0.27 (0.23)	0.13 (0.33)	0.11 (0.33)	0.19 (0.31)
个体工商户	-0.473* (0.21)	-0.03 (0.38)	-0.04 (0.39)	0.11 (0.38)
商业服务人员	0.03 (0.24)	0.28 (0.36)	0.25 (0.36)	0.54 (0.34)
产业工人	0.07 (0.20)	0.21 (0.32)	0.22 (0.32)	0.32 (0.31)

续表

	模型1	模型2	模型3	模型4
农业劳动者	-0.07 (0.22)	0.5 (0.44)	0.61 (0.44)	0.87* (0.43)
学生	0.6 (0.32)	1.76 (1.61)	1.31 (1.63)	1.01 (1.52)
衢州为参照				
杭州	-0.74*** (0.18)	-0.78*** (0.27)	-0.75** (0.27)	-0.87*** (0.25)
湖州	-0.62*** (0.19)	-0.38 (0.29)	-0.37 (0.29)	-0.32 (0.28)
温州	-0.93*** (0.17)	-1.03*** (0.26)	-0.95*** (0.27)	-0.90*** (0.25)
地位认同	0.19** (0.07)	-0.01 (0.11)	-0.04 (0.11)	-0.02 (0.1)
社会公正	0.72*** (0.08)	0.71*** (0.12)	0.66*** (0.12)	0.35** (0.13)
职业关系得分		0.28*** (0.08)	0.29*** (0.05)	0.17*** (0.05)
劳资矛盾判断		0.12 (0.05)	0.12 (0.08)	0.11 (0.08)
贫富差距			-0.20* (0.10)	0.12 (0.1)
"仇富"现象			0.07 (0.09)	0.03 (0.09)
干群关系				-0.03 (0.1)
干部素质评分				0.29*** (0.05)
Adjust R square	0.153	0.251	0.253	0.322
F	8.886	6.879	6.411	7.629
P	0	0	0	0

说明：表中各变量系数为未经标准化的回归系数（B），括号内为标准值（std. error）；
***p<0.001 **p<0.01 *p<0.05
资料来源：本课题组调查。

模型1，在个人特征中，年龄是主要影响因素。年龄每增加1岁，人们的社会稳定感知就上升0.02个单位。国家公务员相对于失业无业人员来说平均高出 0.63 个单位，个体工商户平均低 0.473 个等级。其他的自变量诸如性别、文化程度、党员身份和年收入对应变量不具有统计显著性的影响。

在空间分布变量中，我们看到，以杭州、温州等为代表的发达城市的影响在统计学上都具有显著意义。杭州、湖州和温州相对衢州分别平均减少 0.74、0.62 和 0.93 个等级。在地位认同和社会公正感方面，都对社会稳定感知具有显著影响。主观经济地位较高的人们的社会稳定感知要比地位较低的高得多，高出大约 0.19 个单位；社会公正感与社会稳定感知具有显著正影响，其边际影响度为 0.72。

模型 2，加入了劳资关系变量，其中职业关系得分对社会稳定感知的影响性较大。其得分每增加 1 分，稳定感将上升 0.28 个单位。但值得注意的是引入劳资关系变量后，地位认同失去了作用，原因可能是劳资关系变量通过地位认同作用于社会稳定感知，即劳资关系评价较高者其对自我的地位认同也较高。

模型 3，加入贫富关系变量，其中贫富差距感对社会稳定感知有影响，贫富差距增加 1 个单位，社会稳定感降低 0.2 个单位。但"仇富"现象没有影响。前文已经分析过，当前"仇富"现象并不严重，因而其对社会稳定感知影响力没有统计显著性是正常的。

模型 4，加入干群关系变量，其中干部素质评分对社会稳定感知影响显著，评分每增加 1 分，社会稳定感知上升 0.29 个单位。但干群关系没有统计显著性，其原因可能是对干部的评分中已经包含了对干群关系的评价。

综上，我们可以看出对社会稳定感知造成影响的因素是多元的，劳资关系、贫富关系、干群关系都在不同程度地起着作用，在前文中也相应地提出思考。此外，不同地区的非均衡发展、对个体对自身地位的认同、个体的社会公正感也影响着社会稳定感。

要警惕非均衡发展可能带来的"陷阱"，正如"木桶原理"所阐释的那样——"一个木桶的最大容量不是由最长的板所决定，而是受制于最短的那块板"，衡量一个地区乃至一个国家的发达程度，相对落后的这个"板"则是最受众人所关注的。调查表明，相对落后地区居民对社会的稳定感明显强于发达地区，而事实上贫富差距却大于发达地区。其中的原因较为复杂，但一定程度上反映出落后地区承载着维护社会稳定的压力较小。虽然《2008年浙江省国民经济和社会发展统计公报》显示，2008年浙江省群众安全感达 95.65%，被认为是全国最具安全感的省份之一。但是，在地区层面，相对落后地区在追赶发达地区的过程中，一定要帮助贫困群体，缓解贫富矛盾，促进社会稳定。

要提高社会公众的地位认同　我们在调查中看到，职业地位较低群体在地位认同上倾向于中下层。这些人认为自己属于中下层，他们中既有体制改革的利益受害者，也有城乡二元社会结构的失利者，还有市场体系中社会经济地位下降者。他们经历了社会地位"下移"，内心充满了"相对剥夺感"。也正是这种流动的社会体验，促使他们缺乏充分的社会稳定感。因此，要提高他们的社会稳定感，首先要提高他们对自身地位的认同。

要提高社会公众的社会公正感　比较而言，客观的收入差距对于社会稳定感知并没有显著影响，而是诸如社会公众的社会公正主观判断产生较大作用，这说明现实生活中存在的许多不合理和不规范的因素，尤其是在"干部选拔""收入分配""受教育机会""就业选择"和"司法审判"等方面的不平等或有失公正的制度设置，都最终影响到民众对当前社会稳定状况的判断。

第四章
社会冲突总体性分析

第一节 社会冲突总体状况

一 四个"倒U型曲线"拐点没出现助推社会冲突频发

"倒U曲线"拐点是美国著名经济学家、1971年诺贝尔经济学奖得主西蒙·库兹涅茨在1955年的美国经济协会演讲时提出的。他经过对18个国家经济增长与收入差距实证资料的分析，得出了收入分配的长期变动轨迹是"先恶化，后改进"，或用他自己的话说是"收入分配不平等的长期趋势可以假设为：在前工业文明向工业文明过渡的经济增长早期阶段迅速扩大，尔后是短暂的稳定，然后在增长的后期阶段逐渐缩小"[①]。

西蒙·库兹涅茨"倒U假说"已不仅被应用到增长与分配的关系问题上，而且还被扩展应用，提出了第二产业的产值比重和劳动力比重的倒U曲线、区域经济发展的倒U曲线、社会问题倒U曲线以及环境污染的倒U曲线。姑且不论这一假说是否是一种规律，我们现在只是把它作为一个分析问题的工具。按照这一曲线的假设，社会经济发展到一个相对高级成熟的阶段，根据世界发达国家经验，这一阶段一般是在人均GDP 3000美元

[①] 库兹涅茨：《经济发展与收入不平等》，转引自丁任重、陈志舟、顾文军《"倒U假说"与我国转型期收入差距》，载《经济学家》2003年第6期。

到 6000 美元时，这个"倒 U 型"拐点就会出现，经济、社会、环境就会进入一个理想的、成熟的发展期。这个"成熟型社会"不仅是像美国经济学家罗斯托在其《经济增长的阶段》一书中所说的经济增长在起飞之后达到的一种经济状态。而且还包括社会产业就业结构、贫富、地区差距、环境污染、社会问题等"倒 U 曲线"拐点已经出现，有一个均衡合理、弹性较大、开放灵活的社会结构，还有一个社会问题能够得以释放，社会诉求得以回应，社会冲突得以消解的制度化机制，等等。我们在考察浙江经济社会发展状况时，发现 2010 年浙江人均 GDP 就已经达到了 7678 美元，但除了区域差距的"倒 U 型曲线"拐点已经出现外，其余 4 个"倒 U 型曲线"的拐点仍未出现，理想的成熟的发展状态并没有在人们期待中成为现实。这也助推了社会冲突的频繁暴发。

（一）收入差距"倒 U 型曲线"拐点还未出现

从 20 世纪 80 年代开始，浙江进入国民经济持续增长的阶段，与此同时，居民的收入差距也进入了一个持续的扩大时期，而且有进一步扩大的趋势。浙江城乡居民收入差距扩大，"六五"时期城乡居民收入之比最低的 1984 年为 1.50∶1（以农村居民人均纯收入为 1，下同），到了 2000 年，城乡居民收入差距扩大到 2.08∶1，2004 年城乡居民收入差距达到 2.39∶1，2008 年为 2.45 倍，与 2000 年相比，又有明显的扩大（见图 4.1-1）。[①] 如果考虑城镇居民从单位得到的各种实物收入、享受的住房公积金，城乡居民间的收入差距更大，初步测算，城乡居民的收入差距已超过了 2.6 倍。

2006 年，城镇居民收入的基尼系数（衡量居民内部收入分配差距的指标）为 0.3217，农村居民的基尼系数为 0.3607，2007 年分别为 0.3315、0.3535。2008 年分别为 0.3310、0.3614。如果城乡居民一起计算，全省居民收入的基尼系数超过了 0.40 的收入差距警戒线。与此同时，高低收入家庭收入差距倍数扩大，高收入阶层在全部收入中获得了更多的份额，而低收入阶层的收入份额则不断下降。2003 年，农村收入最高的 20% 的家庭人

---

① 数据来源：杨建华主编《民生为重看浙江》，浙江人民出版社，2008，第 37、59 页；浙江省统计局、国家统计局浙江调查总队《2008 年浙江省国民经济和社会发展统计公报》，见浙江统计网。

均纯收入 11460 元，收入最低的 20% 家庭人均纯收入仅 1750 元，贫富的收入之比为 6.55∶1，与 2002 年的 6.16∶1 相比，差距有了明显的扩大。2008 年，农村居民中收入最高的 20% 家庭人均收入为 19818 元，收入最低的 20% 家庭人均收入为 2766 元，两者收入之比为 7.16∶1，比 2007 年的 7.02∶1 又有所上升，进入贫富差距偏大行列（见图 4.1-2）。[①] 到目前为止，浙江的经济增长与收入差距的相关性来看，在达到 6000 美元后，收入差距的拐点仍未出现。

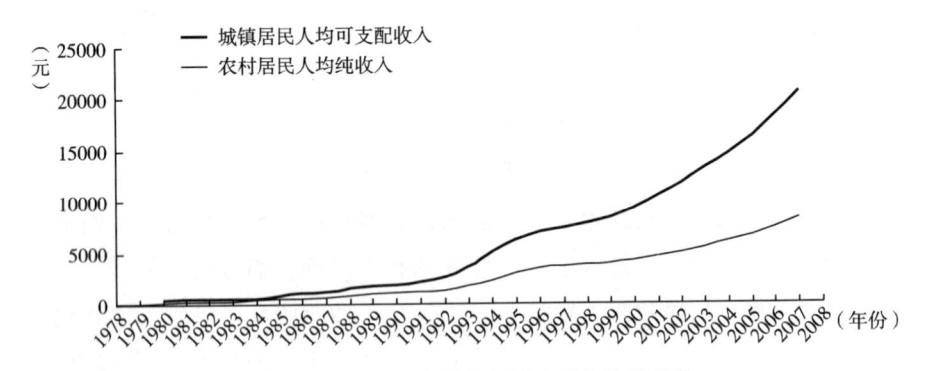

图 4.1-1　浙江经济增长与城乡收入变化趋势

资料来源：本课题组调查。

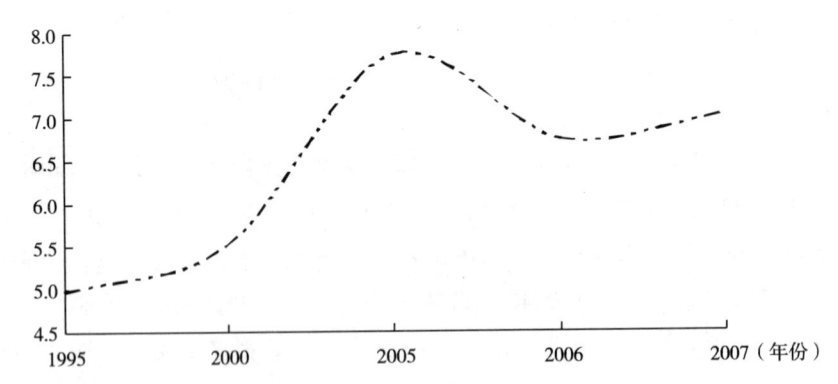

图 4.1-2　浙江最高 20% 收入农户与最低 20% 收入农户的相对收入比

资料来源：本课题组调查。

---

① 数据来源：杨建华主编《民生为重看浙江》，浙江人民出版社，2008，第 300 页。

（二）第二产业产值比重和劳动力比重"倒 U 型曲线"拐点仍未出现

即在从农业社会向工业社会或从传统社会向现代社会转变过程中，第二产业的产值比重和劳动力比重在工业社会初期呈现上升趋势，当人均 GDP 达到一定程度之后，第二产业的产值比重和劳动力比重就会下降。根据工业化国家的一般经验，当人均 GDP 达到 1000 美元左右，第二产业的产值比重达到 50% 左右时，即达到了倒 U 曲线的拐点。浙江在 1996 年达到 1000 美元时，第二产业产值比重达到 52.10%，到 2008 年 6000 美元时这一比值仍在 53.9% 高位上（见图 4.1-3）。[①] 浙江第二产业的产值比重没有随人均 GDP 增长而出现拐点并行倒 U 型的右边不断下降，第三产业的产值比重仍未超过第二产业。第二产业的就业比重从 1996 年的 33.8% 上升到了 2007 年的 47.6%（见图 4.1-4），而 2007 年全省第三产业从业人员的比例仍只为 32.3%。第二产业产值与从业人员比重的倒 U 型曲线拐点都没出现。[②]

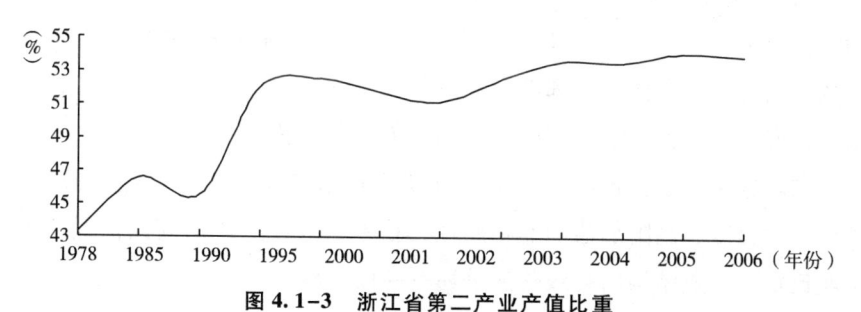

图 4.1-3　浙江省第二产业产值比重
资料来源：本课题组调查。

按照国际 6000 美元相关国家及地区经济发展的客观规律表明，当人均 GDP 大于 1000 美元时，其标准就业结构大致为第一产业占 15.9%、第二产业占 36.8%、第三产业占 47.3%。当人均 GDP 在 3000 美元时，第一产

[①] 数据来源：浙江省统计局《2008 浙江省统计年鉴》，中国统计出版社，2008；《浙江省国民经济与社会发展统计公报》（2001~2008），见浙江统计网。
[②] 数据来源：浙江省统计局《2008 浙江省统计年鉴》，中国统计出版社，2008。

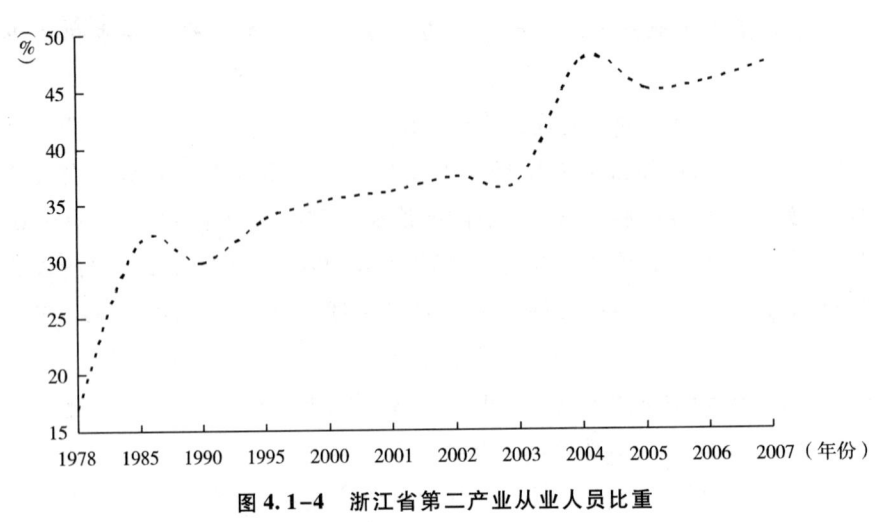

图 4.1-4　浙江省第二产业从业人员比重

资料来源：本课题组调查。

业劳动力比重一般降到 20% 左右，而发达国家第一产业就业人口比重则低于 10%，第二产业就业人口比重为 20%~40%，第三产业就业人口比重为 50%~70%。但从浙江 GDP 的三次产业结构看，无论是 GDP 产值比重还是从业人员的就业比重，都没有完成从二、三、一的结构向三、二、一的结构转变。目前，浙江人口产业结构一方面仍属传统的"二、三、一"鼓型结构。这说明浙江传统工业的占比仍占经济结构主体，而高科技含量、高信息化程度、高附加值的非物质性、技术服务性产业份额比仍低于传统工业比重，产业结构向高级化演进还有一段距离。

（三）环境污染"倒 U 型曲线"拐点仍未出现

环境污染倒 U 型曲线是指在工业化的过程中，伴随着人均 GDP 的增加，环境污染的程度将呈现上升的趋势；随着人均 GDP 的进一步提高，环境污染程度会逐年呈现下降的趋势。但浙江在 6000 美元时资源环境压力仍是突出问题。从浙江环境污染情况来看，根据统计资料，没有经过处理或不达标的废水、废气、废渣等三废的排放量一直呈现上升趋势（见图 4.1-5、6、7）。由于浙江一些高消耗、高排放的落后生产能力仍未全面淘汰，主要污染物排放量超过环境承载能力，水、土壤等污染严重，固体废物、汽车尾气、持久性有机物等污染持续增加，节能减排任务仍十分艰巨。

2006年和2007年浙江单位GDP能耗分别为3.52%和4.18%，未能达到年均下降4.4%进度要求。2006年和2007年浙江COD排放总量年均下降1.5万吨，也未达到规划目标进度要求。[①] 我们的总体判断是环境污染还处于倒U曲线的左侧，且离拐点还有一定距离。

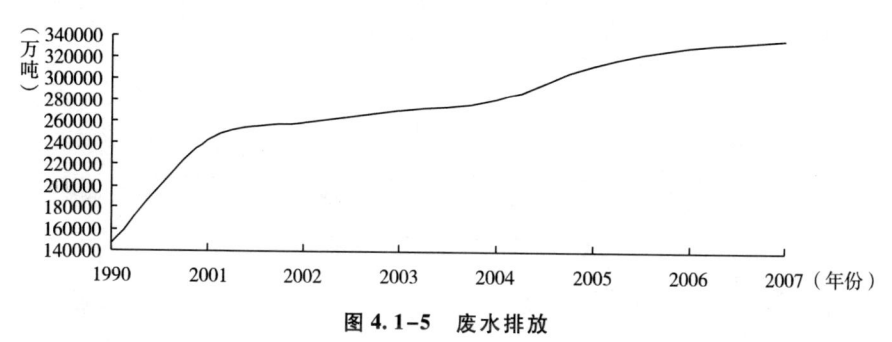

图4.1-5　废水排放

资料来源：本课题组调查。

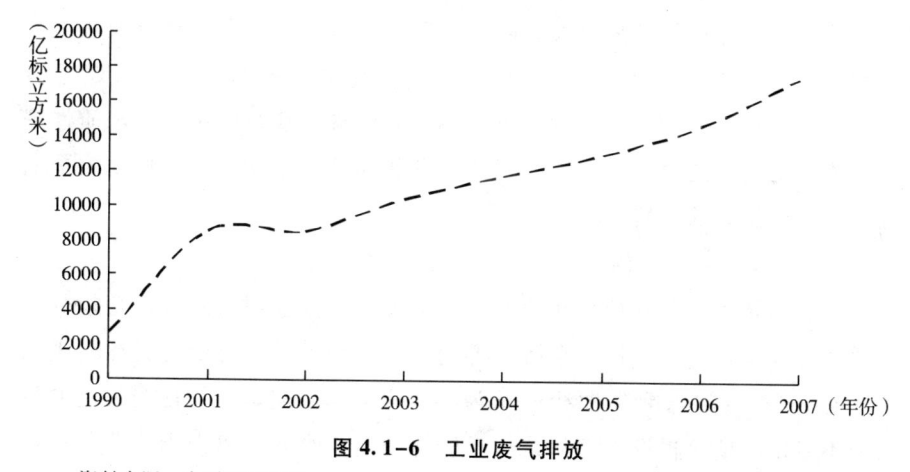

图4.1-6　工业废气排放

资料来源：本课题组调查。

从国际经验看，在人均GDP2000～3000美元发展阶段，将更加重视环境问题，但总体上还呈恶化趋势，只有当人均GDP达到4000～5000美元左右时，环境质量才会好转。但浙江省环境倒U型曲线拐点仍未出现，资

[①] 参见浙江省发改委课题组《浙江省国民经济和社会发展第十一个五年规划纲要中期评估报告》，内部稿。

图 4.1-7　工业固体废物排放

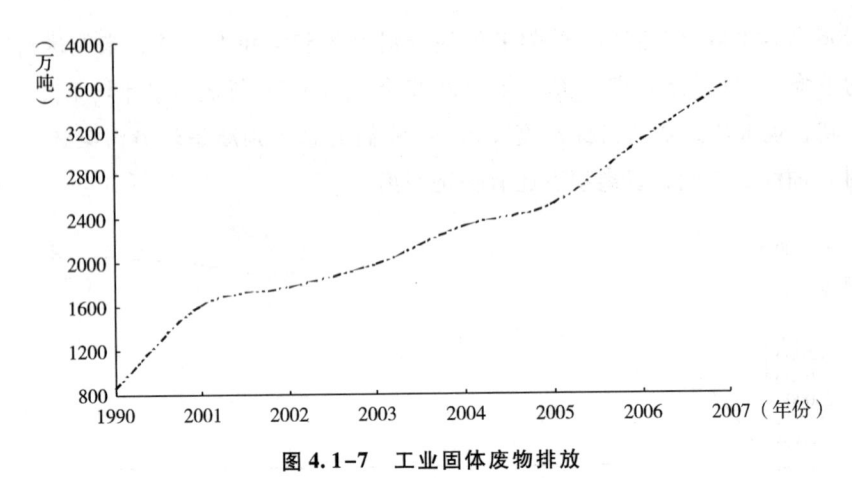

资料来源：本课题组调查。

源和环境压力还很大，在"十一五"期间仍是一个突出的社会问题。再加上土地与水资源日益趋紧约束，耕地面积的持续减少使先进制造业基地建设和城市建设缺乏发展空间。浙江省目前人均水资源占有量仅 1687 立方米，① 低于国际公认的 1700 立方米的用水紧张警戒线，区域性、水质性缺水，成为土地、能源之后制约经济社会发展的又一瓶颈。这一切都成了浙江下一阶段发展的严峻挑战。

（四）社会问题"倒 U 型曲线"拐点仍未出现

人们把转型时期的社会问题曲线，也可视为社会纠纷曲线，是指社会矛盾纠纷线呈现比较平稳、平缓，再到矛盾纠纷上升，再恢复到比较平缓的状态。"社会问题倒 U 曲线"认为工业化早期中期是一个社会失范的阶段或不稳定时期，再进入到问题与矛盾达到顶点时期，相当于工业化中期向后期转变阶段，然后问题与矛盾逐渐减少，倒 U 曲线出现拐点，这大致相当于工业化后期阶段。浙江人均 GDP 6000 美元时期已大致进入工业化后期向工业化发达阶段转型，但浙江社会矛盾总体仍处于上升期，群体性事件增多，不同利益群体间纠纷矛盾多发。我们选择每万人刑事案件立案率这一指标来分析，浙江"十五"期间每万人刑事案件立案率从 2001 年

---

① 数据来源：浙江省统计局《2008 年浙江省国民经济与社会发展统计公报》，见浙江统计网。

的 68.21 件猛增到 2005 年底的 111.25 件，增长了 1.63 倍（见图 4.1-8）。同时，2000～2004 年每万人刑事案件嫌疑人数分别为 19.49 人（2000年）、22.83 人（2001 年）、21.45 人（2002 年）、21.80 人（2003 年）、24.54 人（2004 年）。[①] 其中，2002 年比 2001 年有所下降，但从 2003 年又有所反弹。因此，从总体上说，浙江社会秩序好转的相对拐点仍未出现。

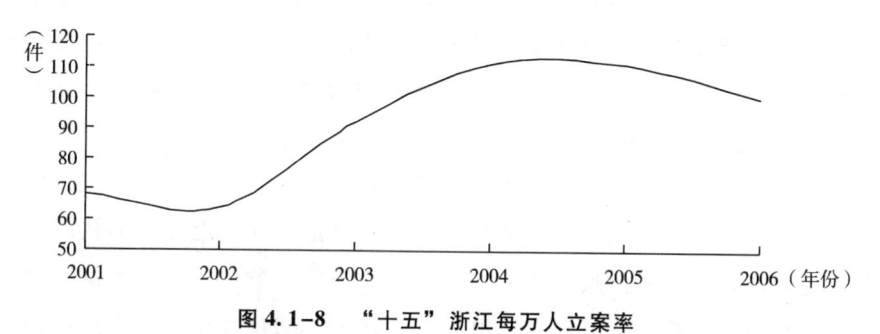

图 4.1-8　"十五"浙江每万人立案率

资料来源：本课题组调查。

通过以上分析，我们发现，浙江经济社会发展尽管取得了巨大成就，实现了人均 GDP 7000 美元的跨越。但是，在向 1.2 万美元发展进程中，仍面临着经济结构转型升级、社会结构优化合理、社会贫富差距拉大、生态环境改善、社会矛盾增多等一系列问题的严峻挑战。浙江"倒 U 型曲线"拐点大多仍未出现的事实已严肃地向我们警示，那种认为只要经济搞上去了，社会问题、收入不平等、生态环境就可以自然而然得到解决改善的观点是错误的。这就提醒我们，要使收入公平、区域差距、环境保护、社会问题等"倒 U 型曲线"出现拐点，必须加大社会调节力度，完善市场经济体制，健全社会公平制度，维护社会正义秩序，以此保障社会良性健康持续发展。

二　当前社会冲突的主要类型

社会冲突是"不同主体（个人或群体）为了某种目标或价值观念而激

---

① 2000～2001 年数据为作者根据当年的犯罪嫌疑人数及浙江省人口数计算所得，2002～2004 年为浙江省公安厅提供的现成数据。

烈对立的社会互动方式和过程。根据不同的划分标准，冲突可由不同的分类。从规模上划分，有个人之间和集团之间的冲突；从性质划分，有经济冲突、政治冲突、思想冲突、文化冲突、宗教冲突、种族冲突、民族冲突，以及阶级冲突和国际冲突等；从方式和程度上划分，有辩论、口角、拳头、决斗、仇杀、械斗、战争等。"①

科塞根据不同的标准对冲突进行了分类，根据冲突发生的空间和冲突的不同，他把冲突分为外部冲突和内部冲突，一个社会系统与其外部的矛盾和对抗，即为外部冲突，一个社会系统内群体之间的不和，是内部冲突。② 在科塞看来，外部冲突有利于建立和维持群体的身份和边界线，加强群体内部的整合，因为外部冲突可以引起群体内成员的自我觉醒，增强成员的认同感和参与感。而内部冲突有利于界定群体，增强群体认同，而且通过允许在内部发泄敌对情绪和将反对者排除出群体，来促使群体保持整合和稳定。根据个人或群体运用冲突的方法（即将冲突作为手段还是作为目的）又可将冲突分为现实性冲突和非现实性冲突。③ 为了区分这两者，科塞用一个命题来展开论述。现实冲突是指个人或群体只是将冲突作为达到目的的手段，达到了目的，冲突即告结束，"如果行动者找到了同样可以满足自己需求的满意的替代方式，冲突就会结束"。在现实性冲突中存在着手段上的功能替代途径。而非现实性冲突是指一方不指向冲突对象的纯粹发泄敌对情绪的行为，它不是为了达到某种特殊的效果，冲突本身是它的目的，是发泄不满情绪的途径。往往表现为找替罪羊、出气筒。

社会学家又从性质上来区分，社会冲突可以分为工具性冲突和价值性冲突。这两种类型的社会冲突在目标特征、行为方式、组织资源、政治化水平、暴力程度、持续时间、社会影响等各个方面均有所不同，但又可以在一定的条件下相互转化。"如果冲突是工具性的，并被视为实现冲突群体清晰明确目标的手段，冲突的暴力性水平将会下降"④。国内学者于建嵘

---

① 郑杭生主编《社会学概论新修》，中国人民大学出版社，2003，第138页。
② 科塞：《社会冲突的功能》，华夏出版社，1989，第54、73页。
③ 科塞：《社会冲突的功能》，华夏出版社，1989，第34页。
④ 乔纳森·特纳：《社会学理论的结构》上卷，华夏出版社，2001，第168页。

也提出了同样的看法。①

我们认为，这些划分都很有启示意义，但根据中国当下的实际状况，仅是这些单一维度的划分还不能很清晰地把握社会冲突的类型，不能很清晰地把握冲突的主体，以至无法更清晰地认识冲突的原因、冲突的程度以及冲突可能发展的趋势。因此，我们认为冲突可从两个维度来划分为四大类型（见图4.1-9）。

Ⅱ 社会群体与政府间的工具性冲突	Ⅰ 社会群体间的工具性冲突
Ⅲ 社会群体间的价值性冲突	Ⅳ 政府、社会群体间的价值性冲突

图 4.1-9　社会冲突的四种类型

第一个维度是从冲突的根源和目标来划分，即为什么发生冲突，冲突为了达到什么样的目标。从这个维度来分，可区分为工具性冲突和价值性冲突两大类，工具性冲突主要是针对权利、地位、资源分配不均等方面发生的冲突，价值性冲突则主要是指价值观念和信仰不一致。群体越是在工具性的问题上发生争端，他们就越有可能寻求实现自己利益的折中方案，因此冲突的激烈性就越小。群体越是在价值问题上发生冲突，在冲突中激起的情感与介入的程度就越强，因此冲突就越为激烈。前者涉及具体的物质利益，后者涉及抽象的价值、信仰、意识形态。利益可以交换、妥协，但价值与信仰具有不可妥协性，冲突时强度与烈度更大。

第二个维度是从冲突的主体来划分，也就是发生在谁和谁之间。从这个维度看，可以有社会群体之间的冲突和社会群体与政府之间的冲突两大类。这样，现代社会中的社会冲突就可以分为四大类，即社会群体间的工具性冲突，社会群体与政府间的工具性冲突，社会群体间的价值性冲突，社会群体与政府间的价值性冲突（见图4.1-9）。上述对社会冲突类型的

---

① 于建嵘：《抗争性政治：中国政治社会学基本问题》，人民出版社，2010，第23~24页。

清晰划分，无疑为我们研究社会冲突的弥合机制提供了一个良好的分析基础。

我们根据社会冲突的根源及目标和主体，将目前发生的社会冲突划分为四大类：社会群体间的工具性冲突、社会群体与政府间的工具性冲突、社会群体间的价值性冲突以及社会群体与政府间的价值性冲突。

（一）社会群体间的工具性冲突

这是一种最常见的一般性的社会冲突，因为只要有人群的地方，就有冲突。一个村内部的一个家庭和另一个家庭之间经常为了一些事情发生冲突，两个家属之间也会发生冲突。这里的工具性是个笼统的概念，主要是利益，包括物质上的和非物质上的利益。这种冲突在传统社会经常由地方绅士阶层来调解和解决，现在则由村委会、村党支部来调解。无论是传统绅士还是现在的村委会和党组织，在冲突解决过程中扮演的是裁判的角色。如果裁判过程不公正，那么社会冲突有可能上升为社会与政府官员之间的冲突。当前，这一类冲突发生更是频繁。社会转型导致社会分化加速，新的社会群体不断出现，社会中的利益主体也越来越多元化。在这种情况下，不同群体间利益的矛盾与冲突，利益的博弈，将会成为一种常规性的社会现象，成为我们社会生活中的家常便饭。如劳工之间、贫富之间的冲突，目前也大多还是属于这样一类的冲突。但政府如果在这类冲突的解决中不公正，也有可能使其转变为社会群体与政府间的冲突。如劳资双方的冲突，农民工因被拖欠工资而上访请愿静坐等。

（二）社会群体与政府间的工具性冲突

如非法收费、土地纠纷、征地拆迁、公共利益分配等等。这类冲突在当今中国社会也越来越多，有的还导致群体性事件。但这些冲突及群体性事件，主要还是利益表达和利益博弈的形式之一。这是我们认识和处理新时期社会矛盾与社会冲突，认识和处理群体性事件的一个最基本的背景和基点，万万不可动辄就将这些社会冲突与群体性事件刑事化、政治化，说成是坏人捣乱的结果。其实，有些社会冲突及由此引致的群体性事件的发生，往往是与一些政府部门的工作失误有着直接的关系，比如征地拆迁中的群体性事件、因拖欠农民工工资导致的群体性事件等，有些政府部门本身往往就是引致事件发生的因素之一。

（三）社会群体间的价值性冲突

主要表现为信仰和宗教上的冲突。这类冲突背后或许有经济和政治的原因，但其组织原则是信仰和宗教。从冲突的角色来看，这类冲突很多表现为宗教派别之间的冲突，它们经常是为了不同的信仰或者理念。也表现在政党或社会团体之间。在中国，各正教教派之间的冲突并不明显，例如基督教和佛教之间并没有什么冲突，而主要体现在正教和邪教之间，以及邪教和邪教之间。邪教之间的冲突在中国上升得很快，尤其在广大的农村地区，经常发生邪教之间互相打杀的事件。

（四）社会群体与政府间的价值性冲突

在这类价值性冲突中，有一类是工具性冲突解决不了而演变成价值冲突，如征地拆迁、社会公共产品分配、非法收费等。也有像社会腐败、社会不公正等产生的冲突。长期以来，官与民之间关系没有得到很好的处理。部分官员比较喜欢使用强势的力量解决问题。比如说，处理计划生育、城管执法、农民工问题喜欢用强硬的手法，处理之后难免有各种各样的冲突，这久而久之，也会导致社会群体与政府间的价值性冲突。还有一种是宗教和政府之间的冲突。无论是正教还是邪教，和政府之间的冲突都存在着。这一大类的冲突最难处理，任何社会都一样。其中，邪教之间的冲突以及邪教和政府之间的冲突，既对社会生活构成挑战，也对政治权威构成挑战。

因此，有必要对社会冲突有个客观的认识。很多社会冲突不可避免，也是常态社会的一个标志。无论政治怎样变化，都会有这样那样的冲突。对这样的冲突，要坦然处之，加以管理。还有一些社会冲突，不管哪个社会，哪种政治制度，都必须加以控制，例如邪教。从世界范围来看，各个国家，无论何种社会制度，在发展的过程中都经历过不同阶段的社会冲突和抗议运动，所不同的是一些社会治理体系较之另外一些体系更能消化社会冲突和抗议运动。如果社会治理体系具有高度的消化能力，社会冲突和抗议运动往往变成社会进步的动力。但如果社会治理体系没有消化能力，那么社会冲突和抗议运动就很容易导致社会不稳定的根源。

（五）工具性冲突快速增长导致价值性冲突情绪滋生

在社会转型的加速期，社会分化的烈度、速度、深度和广度比任何时期都要深刻,以至社会整合常常难以适应它的变化而使社会出现"断裂和失衡"现象,而这正是导致社会问题大量涌现、社会冲突与不稳定的根本性原因。著名的政治学家亨廷顿关于现代化引起不稳定、现代化伴随着风险的观点已经得到了许多国家经济社会发展经验的验证。

国际经验也表明,经济增长并不是与社会稳定相伴相生的,相反,其有可能成为社会稳定的破坏因素。托克维尔在其《旧制度与大革命》中指出,社会不稳定并不在于人民的长期贫困,而在于他们生活条件随着经济增长的大幅度改善,在于法国大革命前的那种史无前例的、持续而稳定增长的繁荣,以及由此引起的一种普遍的不安定情绪。在他看来,当一个人同时被手铐和脚镣所束缚时,他对自由的憧憬微乎其微;然而一旦手铐被打碎,脚镣的存在就会变得百倍的不能容忍。美国社会学家丹尼尔·贝尔《后工业社会的来临》也指出,公平报酬和公平差距的衡量原则问题将是后工业社会中最令人烦恼的问题之一。他进一步解释道,随着收入差距的缩小,随着民主更加明确,对平等的期望会快速增加,而且人们会进行更加令人反感的比较。换言之,"人们可能受的苦减少了,但他们的敏感度提高了"。这也就是"托克维尔效应",即受苦少了,束缚少了,敏感度却提高了,余下的痛苦与束缚就越发难于容忍。①

我们在前面实证研究中看到,社会群体间关系紧张导致群体性事件不断增多,尤其是劳资之间、贫富之间、官民之间的紧张与矛盾。近些年来,劳资之间的争议、矛盾和冲突不断增加。据学者洪大用的统计,当官的与老百姓之间、管理者与被管理者之间以及穷人与富人之间是当前中国最容易发生冲突的群体,而我们前文的分析也证实了这一问题。

当工人权益受到侵害的事情不断发生时,一些地方政府为了追求经济增长,片面地强调改善投资环境,对资方侵害工人权益的事情睁一只眼闭一只眼。在一些地方,甚至由此导致了具有一定规模的社会抗议行为,个别的甚至酿成暴力刑事案件。在如何处理劳资关系上,政府处于一个非常尴尬的境地:一方面致力于"劳动人民当家作主";另一方面地方政府为了吸引外资投资办厂,大多迁就投资者。还有不少基层干部为了自身的利

---

① 托克维尔:《旧制度与大革命》,冯棠译,商务印书馆,2012。

益，与投资者多保持一种私人关系。在利益牵引下，他们其实对劳动者的工作与生活状态非常清楚，但从不干预。即使有大胆的媒体闻讯采访报道，他们也多半采取不合作态度，甚至干扰记者追踪真相。而每当事态严重时，如一些大火烧死了工人，事后追查时，总是发现地方政府有关部门的干部根本没有按规定督促投资者装置消防设施。但这类事情的处理，往往在"为了不打击投资者的热情，保护地方经济增长"的借口下，匆匆了结。

另外的一种突出的冲突现象，则发生在政府与民众之间。政府是各种经济社会政策的制定者和执行者。而许多经济和社会政策往往都是与人们利害相关的。我们不可能想象，一项政府的政策对各个群体的利益都具有同样的含义。一项政策对这部分人比较有利，而对另一部分人比较不利，是很正常的事情。就以我们的许多改革措施来说，也往往都具有这样的利益结果。比如住房制度改革、就业制度改革、社会保障制度改革等等，都会产生这样的利益结果。而在过去的一年间，一个引人注目的现象就是由拆迁导致的矛盾和冲突。目前，以发泄不满，以怀疑一切政策举措，以凡事皆不值得信任为主要特征的"无直接利益冲突"，说明执政的民意基础在流失。治本的措施在于痛下决心施行以政改为龙头的综合配套改革，形成标本兼治之态势，民间的不信任情绪才能逐步消解。

表 4.1-1 社会上最容易冲突的群体

	最容易冲突的群体	
	频数	百分比（%）
穷人与富人之间	997	16.9
当官的与老百姓之间	2602	44.1
城里人与乡下人之间	150	2.5
有财产的人与无财产的人之间	196	3.3
管理者与被管理者之间	1019	17.3
高学历者与低学历者之间	133	2.3
工人与白领之间	51	0.9
不回答	61	1.0

续表

	最容易冲突的群体	
	频数	百分比（%）
不知道	677	11.5
小　计	5886	99.8
缺失值	8	0.2
总　计	5894	100.0

数据来源：洪大用《快速转型时期的经济社会失衡与社会矛盾》，见社会学视野网，http://www.sociologyol.org/yanjiubankuai/xuejierenwu/hongdayong/2007-07-06/2751.html。

我们再以浙江为例，在上面的分析中我们看到，尽管浙江在2008年就已经达到人均GDP 6000美元，但贫富、产业就业、地区、环境污染的"倒U曲线"拐点仍未出现。同时随着经济社会的快速转型和利益格局的不断调整，浙江社会的经济体制、社会结构、利益格局、思想观念都发生了空前变革，原有的社会结构、社会关系、经济增长方式等方面的矛盾和问题依然不可忽视，而潜在的不稳定因素仍然存在，一些深层次的矛盾和问题逐渐显现。这些在给我们带来巨大发展动力的同时，也带来了这样那样的社会矛盾和冲突。大量实证研究表明，目前的社会矛盾、冲突大多都是工具性冲突，是社会多元主体和多种利益矛盾的体现，是历史遗留问题与现实问题的碰撞，是利益诉求与其他诉求的叠加。这些方面利益冲突的加剧，成为持续性的社会冲突的风险源，但这些问题的参与者具有理性化的目的，有一定的自我约束力。在这类冲突中，社会成员一般会先寻求经济解决方式。如果其经济利益得到了满足，冲突就可以得到解决。对政府的冲击强度小，较少出现严重的越轨行为和直接破坏政府设施的情景。如果诉诸经济方式无效，这类冲突就很可能转化成为诉诸政治方式，包括正常的法律途径和非正常的暴力等。

如浙江东阳"4·10"事件就是由于社会诉求机制不畅而导致的一起影响甚大的群体性事件。地方政府对事件已有相当的心理准备，但从事后来看，他们对形势的估计仍显不足。村民越聚越多，后来有两三万人，声势浩大。警方发现对峙下去可能会造成大规模冲突，开始主动撤离。但此时，外围的村民坐在路上阻止官方撤离，造成混乱。情绪激动的村民开始追打身穿警服或政府配给雨衣的执法人员，一些执法人员纷纷扔下警棍、橡皮棍、盾牌，并脱去钢盔和制服，撤离现场。东阳农民的集体性暴力抗议正是对一系列违反环境正义行为的控诉。

这类工具性冲突正在快速增长，导致价值型冲突情绪在不断滋生。我们从这类冲突中可以看出，从一般的低度、隐性冲突发展到诉诸暴力的冲突是有一个演变过程的，是冲突双方互动的结果。尽管这些争取经济社会权益的社会冲突，仍然属于工具性冲突。但是，如果解决得不好的话，就有可能转化成为非物质利益的价值性冲突。这是需要引起我们高度重视的。

三 当前社会冲突的正功能与反功能

根据帕森斯和墨顿的功能主义理论，功能是指有关维持体系均衡的活动，是"可以观察到的客观后果"。这种后果依其对社会协调所起的作用性质可分为"正功能"和"反功能"。正功能是指某一结构要素或某一行动对社会协调作出的贡献。反功能则指导致社会协调性和适应性下降，或导致功能紊乱的后果。

社会冲突是一种客观的社会现象，一切社会都存在着社会冲突。正确认识冲突的正功能，把冲突与矛盾"常态"化，也就是把它当做正常状态，是社会运转不可缺少的组成之一。我们应该辩证地看待当前的社会冲突问题。从前文的分析中可以看出，当前浙江呈现的各类社会冲突绝大多数属于工具性冲突，且主要是因为利益分配结构失衡、利益表达渠道受阻所致，是不涉及冲突核心价值的对抗，是社会系统可容忍、可加以利用的社会性抗争。诚如于建嵘所认为的，"因利益冲突引发的维权活动和社会心理失衡发生的社会泄愤事件，以及各种暴力情景引发的社会骚乱都对社会秩序产生了一定的影响，但这些事件只是一种民众表达利益诉求或情绪的方式，不是针对政权的政治性活动，虽然会对社会治理结构带来一定的影响，但不会带来政治结构的重大变化，不会影响到中国政治统治的完整性，也不会从根本上影响政府管治的有效性。"[①] 孙立平也指出，"一般地

---

① 于建嵘：《当前我国群体性事件的主要类型及其基本特征》，《中国政法大学学报》2009年第6期。

说，利益表达型的抗拒和冲突，是比较理性的，其目标是简单而单纯的，就是为了实现某种利益要求，而没有其他更多的政治和意识形态因素夹杂在里面，因而规范起来也比较容易"[1]。因此，我们不必"谈冲突而色变"，也不必习惯性地套用"刁民"思维，更不必动用武力致使冲突逐步增压、升级。

任何一个社会都不可避免地存在冲突现象，完全和谐的社会是不存在的，而且和谐也不是一种孤立的、静态的和谐，而是一种动态的和谐，它只有在不断化解矛盾冲突的过程中才能达到。对于冲突，我们常常抱有一种偏见，即认为冲突不是什么好事情，习惯把冲突往坏处想。但社会冲突也具有社会整合的功能，是构建和谐社会的背景、过程和条件。正像科塞所认为的那样，冲突绝不仅是一种破坏社会稳定与整合，单纯只引起变迁过程的因素，冲突对于社会的团结、一致、稳定、整合同样具有重要促进作用。当然，我们并不否认某些冲突的确会破坏群体的团结，导致特定社会结构的解体，只是我们更想强调的是，社会冲突同样具有正向功能，起到了一种社会安全阀作用，一定程度上宣泄了社会成员的不满情绪，减轻其对社会有机体的负面影响，有助于维护社会系统的稳定[2]。

冲突的正功能主要表现在：第一，通过社会冲突，社会公众的分歧、对立和敌对的情绪得以发泄，有利于群体的统一和团结，从而避免更深的仇恨和激烈的对抗，也避免了对社会体制的冲击。这正是减压功能，通过这一功能减轻或缓解冲突双方的敌对情绪，在一定程度上可以起到转移矛盾焦点，避免矛盾的积累与冲突的暴发。比如劳资冲突的指向是劳资关系，而不是社会的分配机制；干群冲突指向的是干部素质而不是政府的合法性；贫富冲突指向的是贫富差距的事实，而非致富途径的合法性。因此，这些冲突都属于低度的、物质性的冲突，只要调节得当，是有利于整个社会系统的。

第二，通过社会冲突，既确立群体成员的认同感，强化群体共同意识。同时，冲突的暴发也会引起社会强烈反响与政府的高度重视，有助于

---

[1] 孙立平：《失衡：断裂社会的运作逻辑》，社会科学文献出版社，2004，第132页。
[2] 刘易斯·科塞：《社会冲突的功能》，孙立平等译，华夏出版社，1989。

化解社会矛盾，增强社会的凝聚力，特别是通过形成强大的舆论压力，敦促问题的妥善解决。这样一种社会整合功能，也有助于社会的发育与发展。例如，从劳资冲突中，我们看到了同事关系的密切，群体成员的参与感增强，以及社会的沟通机制形成。

第三，通过社会冲突，激发新规范、新规则和新制度的创设。这显示出了社会冲突所具有的社会预警与创新功能。政府通过社会冲突可以看清问题的要害所在，主动调节社会关系，打开社会消极不满情绪宣泄的合法通道，发挥社会矛盾化解器的作用。冲突—调整—再冲突—再调整，新的规则、规范和价值观念被创造出来，从而促进社会的变革，促进社会结构的整合与完善，重新形成社会发展合力。这从我们不断完善的《劳动合同法》《公务员法》等都可看出。

因此，妥善、合理、及时地解决社会冲突，可以使社会各方切实维护自身的合法权益，合法可控的社会冲突具有保证社会健康发展的连续性、减少两极对立的可能性、防止社会系统的僵化与蜕变、增强社会组织的适应与创新、促进社会秩序的协调与整合、实现社会发展内在张力的激活与完善等正向功能。当然，冲突正功能的实现是有条件的，是需要一个富有弹性的制度化的社会结构，将冲突分布到社会结构的各个方面，从而产生积极的作用，促进社会的整合和社会结构的完善。并且，对于冲突，我们也还是要追根溯源去解决。无论是马克思和韦伯，还是达伦多夫和科塞，都指出冲突根源具有物质性的一面，而非价值观念和信仰。

我们看到社会冲突的正功能，并不等于我们对冲突"视而不见"。我们应该充分注意社会冲突的负面性与反功能。从冲突的反功能来看，社会冲突是一种内耗，如劳资冲突影响资方的投入积极性，同时影响劳方生产的积极性，进而影响生产的有序性和社会经济的发展；干群冲突影响了政府系统的有效运行，同时也加大了政府职能履行的成本；贫富冲突则直接影响到社会团结与稳定。所以，社会冲突的反功能主要表现在它损害社会利益，损耗社会资源，损毁社会关系。

第二节　社会冲突的深层诱因

从前面五大群体及三大关系实证研究来看，导致社会矛盾冲突，重点集中于劳资关系、征地拆迁、环境污染、干部违法乱纪等领域。征地拆迁、拖欠农民工工资、劳工权益、环境污染等往往是造成社会冲突的主要起因,可是,这些问题是如何造成的?由谁造成的?为何久拖未解决而最终酿成"社会冲突"?我们认为这些问题是有深层原因的。

一 高增长、高代价的发展

"发展"是时代主题之一,是"执政的第一要务",但发展的社会代价有哪些?这些社会代价引发哪些社会问题?由于我们目前还缺乏评估"发展代价"的社会的和文化的维度,没有在"发展"的整体框架内对成效和代价深刻思考与衡量,没有在发展的过程中自觉地采取有效措施预防和尽可能地减少社会代价,我们在减少社会代价方面是做得不够的,出现了一些高代价的增长。也就是代价的付出大于或等于发展之所得,特别是出现了大量的非必要性代价,发展的成本过高,消极后果严重。目前浙江经济增长在很大程度上仍是以自然的高消耗、社会的高成本换来的。如环境污染、生态破坏、资源紧缺、社会福利不足、劳资关系紧张、土地纠纷、社会公正度与社会信任度不高等,我省经济发展依然没有摆脱高投入、高生产、高污染的传统粗放模式,呈现出一种"高增长、高代价"的态势。

(一)增长方式仍然粗放,对"以经济建设为中心"理解片面

市场经济是人类文明进步的结果,是人类社会在一定时期内的经济规律,它本身具有道德的合理性。市场经济并非是资本主义社会所特有的经济现象,社会主义社会也可以有市场经济,而社会主义市场经济本身就是道德经济。一个成熟的市场经济体系是需要成熟的道德支撑的,必须遵守自由买卖、公平有序的竞争、诚实信用等基本道德要求,另外,市场经济是竞争经济,既离不开规则,也需要法律,因此,现代市场经济也是法制经济、契约经济、理性经济。

由于我国市场经济发起于经济发展水平较低之时,而且从计划经济体制向市场经济体制转型的过程中,并没有完全消除计划经济体制,还保留着一部分计划经济体制的内容,因此,此时的市场经济还不是完全的、成熟的市场经济。而且,在经济体制转型过程中,公平竞争、诚实信用等市场机制赖以正常运行的规则并没有融入社会经济生活中去,结果造成了市场经济的混

乱，恶性竞争频发，假冒伪劣横行。再加上社会转型时期，我们更多地强调的是个人对集体、对国家应承担的义务，却忽视了市场经济倡导的个人自由和权利，这样一来，集体主义与个人利益就可能发生冲突。

在很长一段时期内，有些地方片面理解"以经济建设为中心"的指导思想，认为社会发展就是经济的增长，因而只是注重抓经济建设，"一心一意发展经济"，不少政府官员把"中心"变成了"唯一"，变成了"全部"，其他各项事业为中心工作服务变成了为中心工作让路，逐渐变得无足轻重、无关紧要。在一些基层政府的行政理念上，一切服务于中心，一切为了中心。其日常行政行为中，最感兴趣的莫过于念经济经、算经济账、讲经济效益、观经济行情、增经济数字；也导致一些地方政府热衷于参与微观经济活动，而疏于基本的社会管理和公共服务；偏好于在经济生活内部的统筹和协调，而不屑于在经济生活与其他社会事业之间进行统筹和协调。其直接的管理后果是，经济指标是部分地上去了，但与人民生活密切相关的其他社会事业的发展却严重滞后，人的全面发展的基本需求未能得到保障和满足。

浙江粗放型经济增长方式特点，市场制度尚不完善，"唯GDP"目标导向的干部考核制度，无法形成有利于加快转变发展方式的系统性政策合力。这种粗放的增长方式对社会问题和矛盾的形成有根源性的作用，它以透支劳动力、自然资源、生态环境资本以及损害公民财产权、劳动权、健康权和环境权为代价，直接导致了许多社会问题，如环境污染、劳资关系、土地纠纷引发的群体性事件、重大安全事故的频发等。同时，经济运行的高昂代价也制约了各级政府在教育、医疗卫生、社会福利、文化建设等方面的投入，直接导致社会发展和经济发展的不协调。在这种情况下，各种社会矛盾的存在和恶化将危及甚至中断进一步发展所需的土地、自然资源、生态环境、劳动力资本的持续和稳定供应。

（二）社会公正度不高，社会利益失衡严重

目前经济发展已经成为硬道理，但社会公正还没完全成为硬道理。从许多发展中国家的经验看，不公平、不公正的增长会使社会发展停滞、衰退甚至崩溃，也使得一些新兴发展中国家陷入"中等收入陷阱"。像巴西、阿根廷、墨西哥、智利、马来西亚等，在20世纪70年代均进入了中等收入国家行列，但直到2007年，这些国家仍然挣扎在人均GDP3000美元至

5000美元的发展阶段。究其原因主要是这些国家长期以来只注重经济增长速度，忽视社会公正建设。一方面，收入差距过大，中间阶层的"夹心化"造成内需增长不振；另一方面，城市化进程中形成新的二元结构，贫富差距和社会安全的缺失激化社会矛盾。只有让更多的人分享发展的成果与机会，社会才能稳定才能长治久安。

当前人民群众日益增长的公共产品、公共服务及基本社会权利保障需求与这种需求供给、保障不足、供给失衡的矛盾日益突出。需要按照社会公正原则与理念切实保障社会成员基本权利，维护每个社会成员的机会平等，按照贡献进行分配和社会调剂。通过阳光、公平、有效的执法与司法，重树法律信仰，重建法律救济的魅力。建立起社会公平正义的原则与制度，使人们确信"这个社会讲道理"，"这个社会有公道"，"这个社会不撒谎"，"这个社会不会无视、放纵不公正的事情"，从而使社会秩序有牢固的内在根据。

利益失衡是当前社会发展中的一个突出问题。它在浙江省表现主要有：分配格局失衡。在浙江的实证研究中，我们发现，利益分化的累积效应与"低层次的橄榄状分层结构"是并存的。利益分化不只是包含收入分化，但收入分化是利益分化的最直观表现形式或结果。我们在2010年所进行关于社会收入问卷调查[①]中发现，尽管没有各群体收入的纵向变化的数据，却可以间接证明利益分化的累积效应命题。

---

① 浙江省社会科学院调研中心于2010年6月份开展了以"浙江省城乡居民收入分配问题实证研究"为主题的大型问卷调查。问卷内容既包括了城乡居民收入情况的客观指标，也包括了他们对收入分配的感受和评价。本次调查建立在简单随机抽样计算的基础上，采用分层、多级、概率与人群规模成比例抽样（PPS）的方法。抽样调查覆盖了全省6个市，12个区、县，它们包括杭州市下城区和淳安县，湖州市吴兴区和长兴县，绍兴市绍兴县与嵊州市，温州市鹿城区与苍南县，金华市金东区与磐安县，丽水市莲都区和缙云县，20个街道、乡镇的40个居委会和村委会。在回收的1195份问卷中，有效问卷1152份。样本情况：男性占56.2%，女性占43.8%；农业户口占53.7%，非农户口占46.3%；党员占17.1%，共青团员占12.9%，民主党派占0.8%，群众占69.2%；年龄上，18~30岁占23.0%，31~40岁占28.9%，41~50岁占27.9%，50岁及以上占19.9%；文化程度上，初中及以下占47.8%，高中/中专/职高28.3%，大专占10.7%，本科及以上占13.2%；职业类别，包括了国家公务人员（3.9%）、经理人员（2.3%）、私营企业主（4.0%）、专业技术人员（15.5%）、办事人员（8.7%）、个体工商户（20.9%）、商业服务人员（10.2%）、产业工人（10.8%）、农民工（12.1%）、农业劳动者（7.4%）和失业无业人员（4.0%）十一类人群。

1. 收入平均数较高,"被平均"现象突出

问卷调查中,个人年收入平均达到了 5.31 万元,标准差为 9.02,标准差超过了均值,这是因为有部分人的收入偏离均值较大。进一步把个人年收入细分为七组(见表 4.2-1),从表中可以看出年收入 1 万~2 万元和 6 万元以上的占比都超过了两成,如果将 1 万元及以下与 1 万~2 万元合并成一组,则收入分布呈"两头大,中间小"的形状,并且越往收入高的一端越小,这是因为中高收入比例偏低。再看累计百分比,53.8% 的人收入在 3 万元及以下,如此看来,平均收入的 5.31 万元确实是"被高平均"了,实际上收入离散度较大。

表 4.2-1 分组别个人年收入情况

	频率	百分比(%)	有效百分比(%)	累计百分比(%)
1 万元及以下	125	12.5	12.5	12.5
1 万~2 万元	219	22.0	22.0	34.5
2 万~3 万元	192	19.3	19.3	53.8
3 万~4 万元	118	11.8	11.8	65.6
4 万~5 万元	83	8.3	8.3	73.9
5 万~6 万元	46	4.6	4.6	78.5
6 万元以上	214	21.5	21.5	100.0
合 计	997	100.0	100.0	

资料来源:本课题组调查。

69.2% 的人认为近 5 年贫富差距变大,66.4% 的人认为今后的贫富差距还要拉大。不同收入群体对生活的期望值的差异也非常明显。认为今后 5 年内生活水平"会提高"的人数比例,低收入组仅占 31.0%,中等收入组为 59.1%,高收入组占 77.8%。高收入家庭对于生活水平提高的期望值显著高于中低收入家庭,也间接反映了利益分化的累积效应。

2. 群体收入差异度较大,收入差距极化趋势已经显现

在收入的分组别分析中我们已经看到"两头大,中间小"的形状已经形成,那么,收入差距的"两头"是否已经"极化"了呢?按照学术界通常使用的"五分法",将个人年收入由低到高进行排列,然后分为低收入组、中低收入组、中等收入组、中高收入组和高收入组五个分层组,然后

对比各组的收入差距。

从表中可以看出,20%高收入组的个人年收入均值超过了150000元,而20%低收入组的则不足10000元,前者是后者的15倍,也就是说高收入组一年的收入相当于低收入组15年的收入。各组间的差距都超过了10000元,其中,差距最小的是20%中等收入组与20%中低收入组,前者比后者高出10488元,前者是后者的1.5倍。另外,我们还统计了各个组的收入和占总收入的比例,统计结果非常严峻,20%低收入组占有的收入仅占总收入的3.5%,而20%高收入组占有的收入达到了总收入的58.7%,已经出现了财富向一端聚集的现实(见表4.2-2)。

表4.2-2 不同收入组个人收入情况

	低	中低	中等	中高	高
个人年收入均值(元)	9193	20216	30704	49429	156207
标准差	4060	2276	3388	8152	163091
占总收入比例(%)	3.5	7.6	11.6	18.6	58.7

资料来源:本课题组调查。

利用分组数据进一步计算出基尼系数,浙江省总体基尼系数达到0.486,城镇基尼系数为0.43,农村基尼系数为0.53。

3. 不同职业收入差别大,形成四个梯队

从职业类别来看,收入可以排成四个梯队,排在第一梯队的分别是私营企业主(23.32万元/年)、经理人员(12.06万元/年)和国家公务人员(7.27万元/年);排在第二梯队的分别是个体工商户(5.73万元/年)、专业技术人员(5.27万元/年);排在第三梯队的分别是商业服务人员(4.43万元/年)、办事人员(4.35万元/年);排在第四梯队的则是产业工人(3.38万元/年)、农民工(2.67万元/年)、失业无业人员(2.59万元/年)和农业劳动者(2.35万元/年)(见表4.2-3)。排在第一梯队的私营企业主收入是排在第四梯队的产业工人的6.90倍,是农民工的8.73倍,是失业无业人员的9.0倍,是农业劳动者的9.92倍。在本调查中农民工的收入比浙江省流动人口动态监测调查的数据略高,后者年收入为2.3万元。而失业无业人员的收入却高于农业劳动者,因为除了正规的职业外,收入来源正朝向多样化的趋势发展，失业无业人员的收入来源于援助性的社会保障或是他人馈赠，也可能来自于房屋出租等经营性收入和股票收益等投资性收入，因此其实际收入比单纯依靠农业收入的农业劳动者要高一些。

表 4.2-3　不同职业群体的收入情况

	国家公务人员	经理人员	私营企业主	专业技术人员	个体工商户	办事人员	商业服务人员	产业工人	农民工	农业劳动者	失业无业人员
个人年收入均值（万元）	7.27	12.06	23.32	5.27	5.73	4.35	4.43	3.38	2.67	2.35	2.59
标准差	3.49	10.33	31.15	4.81	6.23	4.03	8.95	3.17	2.76	2.82	2.73

资料来源：本课题组调查。

各职业群体的收入水平分收入段来看，国家公务人员、经理人员和私营企业主超过五成的人收入在6.0万元以上，专业技术人员超过五成的人收入在3.6万元以上，而农民工近三成的收入在1.2万元以下，超过五成的人收入在2.4万元以下，农业劳动者和失业无业人员的情况与农民工较相近（见表4.2-4）。

表 4.2-4　不同职业群体的年收入分组情况

单位：%

	0.6万元以下	0.6万~1.2万元	1.2万~2.4万元	2.4万~3.6万元	3.6万~6.0万元	6.0万元以上	
国家公务人员		2.56		7.69	25.64	64.1	100
经理人员			8.7	4.35	13.04	73.91	100
私营企业主		5	7.5	12.5	17.5	57.5	100
专业技术人员	1.31	5.23	17.65	18.95	26.8	30.07	100
办事人员		4.65	25.58	30.23	24.42	15.12	100
个体工商户	4.83	10.63	14.98	16.43	26.09	27.05	100
商业服务人员	0.99	13.86	33.66	21.78	19.8	9.9	100
产业工人	3.74	5.61	37.38	32.71	12.15	8.41	100
农民工	6.67	21.67	35.83	18.33	13.33	4.17	100
农业劳动者	27.4	20.55	20.55	15.07	8.22	8.22	100
失业无业人员	22.5	17.5	22.5	15	15	7.5	100

资料来源：本课题组调查。

职业群体的这种收入分层在各收入组的分布中，进一步体现出来，属于第一梯队的国家公务人员超过八成（89.74%）属于中高收入组和高收入组，经理人员73.91%属于高收入组，私营企业主72.5%属于中高收入组和高收入组。属于第二梯队和第三梯队的职业组与第一梯队相比，在中高收入组和高收入组的比例下降，在中等收入组的比例上升。属于第四梯队的主要分布在中低收入组和低收入组（见表4.2-5）。

表4.2-5 不同职业群体在各收入组的分布情况

单位：%

	低	中低	中等	中高	高	总计
国家公务人员	2.56		7.69	43.59	46.15	100.00
经理人员	4.35	4.35	17.39		73.91	100.00
私营企业主	5.00	10.00	12.50	17.50	55.00	100.00
专业技术人员	9.15	18.30	16.99	28.76	26.80	100.00
办事人员	9.30	24.42	30.23	20.93	15.12	100.00
个体工商户	16.43	14.49	16.43	26.57	26.09	100.00
商业服务人员	19.80	28.71	22.77	18.81	9.90	100.00
产业工人	18.69	28.04	33.64	11.21	8.41	100.00
农民工	34.17	30.00	18.33	13.33	4.17	100.00
农业劳动者	53.42	15.07	16.44	6.85	8.22	100.00
失业无业人员	42.50	20.00	15.00	15.00	7.50	100.00
总计	19.92	20.02	19.92	20.12	20.02	100.00

资料来源：本课题组调查。

4. 对工资性收入不满意占到4成多，对救助性社会保障不满意和说不清的占到8.6成

对工资性收入非常不满意、比较不满意和说不清楚的人占到67.2%，对救助性社会保障（低保、救济、补助等）非常不满意、比较不满意和说不清楚的人占到86.4%（见表4.2-6）。

表 4.2-6 社会成员对收入的满意情况

项目	非常不满意	比较不满意	说不清	比较满意	非常满意
工资性收入	12.7	28.7	25.8	29.8	3.1
救助性社会保障（低保、救济、补助等）	8.5	12.9	65.0	12.0	1.6

资料来源：本课题组调查。

5. 对生活感到紧张与困难的占到 3.5 成，感到生活压力增大的占到 8.3 成

当问到"目前的收入对于家庭生活来说，情况如何"时，民众的选择还是比较居中，认为"绰绰有余"和"非常困难"的都很少，分别为 2.92% 和 3.63%。选择"比较宽裕"的有 15.73%，47.38% 的人是"略有结余"，认为比较紧张与非常困难合计还有 33.97%（见表 4.2-7）。这是一个不小的群体，不可忽视。

表 4.2-7 收入对于家庭生活的情况

	人数	百分比（%）	有效百分比（%）	累计百分比（%）
绰绰有余	29.00	2.91	2.92	2.92
比较宽裕	156.00	15.65	15.73	18.65
略有结余	470.00	47.14	47.38	66.03
比较紧张	301.00	30.19	30.34	96.37
非常困难	36.00	3.61	3.63	100.00
总计	992.00	99.50	100.00	

资料来源：本课题组调查。

对未来几年家庭的经济压力判断来看，民众认为经济压力越来越大的占了 44.37%，认为经济压力越来越小的仅 20.41%，另有 27.82% 的人认为不会有明显变化（见表 4.2-8）。可见民众对于未来经济压力持比较悲观的态度。

表 4.2-8　对未来几年家庭经济压力的预测

	人数	百分比（%）	有效百分比（%）	累计百分比（%）
经济压力越来越大	437	43.83	44.37	44.37
经济压力越来越小	201	20.16	20.41	64.77
经济压力不会有明显变化	274	27.48	27.82	92.59
不知道	73	7.32	7.41	100.00
总计	985	98.80	100.00	

资料来源：本课题组调查。

而认为经济压力越来越大民众中，低收入组和中低收入组的比较高于其他组，相反，认为经济压力越来越小的民众中，低收入组和中低收入组的比例低于其他组。也就是说，当下的收入状况影响着民众对未来经济压力的预期，现在的压力越大，对未来压力的预期也大（见表 4.2-9）。

表 4.2-9　经济压力在不同收入组的分布情况

单位：%

	低	中低	中等	中高	高	总计
经济压力越来越大	24.26	21.51	20.82	19.45	13.96	100.00
经济压力越来越小	16.42	20.40	17.41	21.89	23.88	100.00
经济压力不会有明显变化	15.69	17.52	19.71	19.71	27.37	100.00
不知道	19.18	20.55	26.03	19.18	15.07	100.00
	19.90	20.10	20.20	20.00	19.80	100.00

资料来源：本课题组调查。

在问到"身边熟悉的人中，大家的生活压力情况"时，比自己预期的经济压力还悲观，认为"明显在增加"的占33.06%，认为"有一定增加，但不明显"的占近五成（49.95%），而认为"有一定减弱"的占5.46%。也就是说，感到生活压力在增加或有一定增加的合计有83%（见表4.2-10）。民众感觉到自己身边的人生活压力是在增大，其实也是自身压力增大的一种反射。

表 4.2-10 对他人生活压力的判断

	人 数	百分比（%）	有效百分比（%）	累积百分比（%）
明显在增加	327	32.80	33.06	33.06
有一定增加，但不明显	494	49.55	49.95	83.01
没有变化	106	10.63	10.72	93.73
有一定减弱	54	5.42	5.46	99.19
明显减弱	8	0.80	0.81	100.00
总 计	989	99.20	100.00	

资料来源：本课题组调查。

在问到您认为物价变化情况会如何时，八成民众认为会上涨，其中认为会"大幅度上涨"的占38.057%，而认为"有一定涨幅，但完全在百姓的承受范围内"的占五成（50.51%），有近一成的人认为"不太会上涨，政府会控制得很好"（见表4.2-11）。

表 4.2-11 对物价变化的看法

	人数	百分比（%）	有效百分比（%）	累计百分比（%）
大幅度上涨	376	37.713	38.057	38.0567
有一定涨幅，但完全在百姓的承受范围内	499	50.05	50.506	88.5628
不太会上涨，政府会控制得很好	98	9.8295	9.919	98.4818
会下降	15	1.5045	1.5782	100
总 计	988	99.097	100	

资料来源：本课题组调查。

6. 人们对未来增收及生活改善信心不足

"您认为现在生活有困难的人在未来一段时间会如何"，大部分人认为他们的生活改善不明显，其中9.83%的人认为"大多将会越来越困难，依靠自身和政府都无法明显改善生活"；47.62%的人认为"大多数将主要依靠自己的努力改善生活，但改善不会明显"；9.93%的人认为"将主要依靠政府的调节和救济改善生活，但成效不会明显"，这三者相加占到

67.48%。而认为"主要在自己的努力下，生活将会明显改善"的仅占 23.4%（见表 4.2-12）。

表 4.2-12 对生活有困难的人对未来生活的预期

	人数	百分比（%）	有效百分比（%）	累计百分比（%）
大多将会越来越困难，依靠自身和政府都无法明显改善生活	97	9.73	9.83	9.83
大多数将主要依靠自己的努力改善生活，但改善不会明显	470	47.14	47.62	57.45
将主要依靠政府的调节和救济改善生活，但成效不会明显	98	9.83	9.93	67.38
主要在政府的帮助下，生活会得到较为明显的改善	91	9.13	9.22	76.60
主要在自己的努力下，生活将会明显改善	231	23.17	23.40	100.00
总计	987	99.00	100	

资料来源：本课题组调查。

利益分化的累积效应之所以发生，根本原因在于人们对稀缺性生产要素的占有关系与占有程度不同。阶级分化理论之所以复兴，与现实生活中的这一现象密切相关。在纷繁复杂的诸种利益分化中，具有根本性质的利益分化是在关键性生产要素占有方面的分化。这种分化不仅导致了利益分化的累积效应，也直接影响了利益分化的性质与社会功能。

（三）社会利益差别化格局的形成

随着社会主义市场经济的深入发展，不同社会群体和阶层的利益意识在不断被唤醒和强化，对利益的追求成为社会行为的强大动力，势必在不同的利益主体间产生矛盾与冲突，具体表现在地区之间、城乡之间、工农之间、行业之间、不同所有制企业群体之间等产生的各种矛盾与冲突，其结果就是社会贫富差距的拉大。目前存在的问题包括，农民增收缓慢，就业压力增大，城乡困难群体增多，各阶层之间缺乏相互沟通、对话的有效机制，新旧阶层之间的裂痕呈扩大趋势，被边缘化的弱势群体不得不面对不平等的分配。

改革实际上就是一个社会利益和资源再分配的过程。体制改革打破了过去总体性的利益结构，推动了浙江社会阶层利益结构的多元化进程。伴随着旧体制的打破与新体制的重构，社会各阶层的利益格局不断地进行分化和重组。由于浙江社会各个阶层在改革中所处的支配社会资源权力及地位上的差异，使得社会各阶层在享有经济发展改革成果的利益格局上存在着巨大的差距。但是，随着由增量带动存量改革的深层次推进，社会利益和资源出现了重新集聚的态势，利益分化和利益矛盾日益激烈化。

在浙江的改革开放过程中，不同社会成员的资源占有不同，起点条件和机会际遇各异，而市场机制在决定利益分配时并不考虑这些差异，相反更倾向于通过强化差异来获得效率。同时，由于某些关键领域的改革尚未完成，一些非市场因素，如城乡分割的二元社会制度安排、行业垄断、腐败以及再分配制度的不完善不合理等，对利益分配格局都产生了较大影响。正是在这种情况下，浙江的利益差别化格局形成，出现了较为明显的利益分化，不同社会阶层和群体之间的收入分配差距不断扩大。

如在浙江温州，要素拥有程度差异带来的收入分配差距有突出的表现。改革之初，一部分敢闯敢拼的温州人依靠自己勤劳的双手迅速致富，这部分温州人手头都有大量的闲散资金，这就是他们掌握的要素，他们掌握的要素越多，可以拿出来投资的钱就越多。近年来争议颇大的温州炒房团就是这样一个例子。他们利用自己手中掌握的比别人多的要素投入参与分配，带来比别人更多的收入，并把得到的收入的一部分又转化为资本要素进一步投入参与分配，这势必使其收入分配差距动态扩大化。同时，在社会转型时期，由于政治、经济等体制不完善，也出现了一些利用体制漏洞获取社会利益的现象，如通过以权谋私、偷税漏税等手段获取社会利益。

20世纪90年代中期以来，我国社会对立性的利益分化现象凸显成为社会生活中的显著问题。农民失地、劳资纠纷、城市拆迁、房价飙升……诸种社会现象的背后，是对立性的利益分化。这些对立性利益分化，往往引致广为关注的不良社会后果：强势群体不断获利，弱势群体的利益遭受剥夺，甚至引起上访或群体性冲突事件。例如房价高涨很大程度上是政府与房产商共谋的结果,普通的工薪阶层作为无奈的受损者,不得不承受起房贷的沉重压力。大规模征用农民承包地是近年来遍及浙江的现象,高度分散的农民在与企业、政府等强势主体的竞争中总是处于弱势地位,围绕征地的冲突屡屡发生,博弈的结果几乎总是强势群体对弱势群体的胜利。权力的失衡、弱势群体权力表达途径的缺失,① 是弱势群体合法权益不能得到有效维护的主要原因,换言之,是对立性利益分化演变为负向利益分化的主要因素。目前,这种类型的负向分化表现较为突出。

(四) 利益失衡严重

利益失衡是当前社会发展中的一个突出问题。它的表现主要有:分配格局失衡,财富分配失衡,发展机会失衡。我们仍以浙江为例。首先是分配格局失衡,企业劳动者收入偏低,尤其是农民工工资太低。浙江的最低工资标准虽然作了9次调整,但是仍然达不到社会平均工资的40%,而且缺乏正常的工资增长机制;城乡居民收入增长远低于财政收入与企业利润增长,尤其是农民收入增幅更低。近十多年财政收入和企业利润的增长大大超过了城乡居民收入增长,从1995年到2009年,浙江省财政收入增长15.6倍,工业企业利润增长21倍,城乡居民人均收入仅分别增长3倍和2.4倍。劳动者占GDP比重,1990年为50.4%,2008年降为41%,在年度计划指标中地方财政收入年增长率或年均增长率都比城乡居民收入增长率高出整整一倍。

分配制度不合理,导致了城乡居民收入差距与基尼系数不断扩大。2009年浙江省城乡居民收入差距达到2.46倍,如果考虑城镇居民从单位得到的各种实物收入、享受的住房公积金,城乡居民间的收入差距更大。城乡居民内部高低收入家庭收入差距倍数也在扩大。高收入群体在全部收入中获得了更多的份额,而低收入群体的收入份额则不断下降。2009年浙江省城乡居民收入差距达到2.46倍,农村居民中收入最高的20%家庭人均收入为21473元,收入最低的20%家庭人均收入为2988元,两者收入之比为7.19:1;城镇居民10%最高家庭收入对最低收入家庭人均收入倍

---

① 具体参见陈剩勇、林龙《权利失衡与利益协调——城市贫困群体利益表达的困境》,《青年研究》2005年第2期;吴毅:《"权力—利益的结构之网"与农民群体性利益的表达困境——对一起石场纠纷案例的分析》,《社会学研究》2007年第5期。

数达到 8.19 倍，基尼系数如果城乡居民一起计算，全省居民收入的基尼系数超过了 0.40 的收入差距警戒线。

财富分配失衡。浙江省市场发育仍不成熟，经济秩序不规范，经济社会体制改革不到位，垄断经营带来一些行业收入畸高，在企业改制、土地出让、城市拆迁、项目承包等过程中，由于暗箱操作、低估资产、竞相优惠等，导致国有、集体资产流失和社会财富不平等分配。人民群众对国有资产、集体资产和个人财产的支配权和收益权还缺乏有效的制度保障。要素配置的市场化程度还不高，还存在许多不应有的垄断现象，形成了大量的不等价交换。税收占国民收入的比重过高，导致政府对社会财富的支配权过大。权力过于集中又缺乏有效的监督和制约。省市县政府仍在直接管理一些企业，一些政府部门利用其所掌握的行政权力继续投资新办公司，产生了新的政企不分问题。公共财政支出仍有一部分是投入到竞争性行业中，损害了市场公平的原则。政府还没有退出一些垄断性行业、暴利行业，民资进入这些行业存在各种障碍，审批经济依然存在。

发展机会失衡。受身份限制，工人、农民向上流动机会和空间变小，社会流动存在诸多不公正障碍。自 20 世纪 90 年代后期以来，普通农民、工人向上流动趋缓，向下流动增速，在单位、部门中，徘徊于较低职位或边缘，上升空间和发展机会受阻，在深层结构上遭遇了来自"精英联盟"的"权力排斥"。目前贫富差距拉大、社会利益失衡的一个主要后果是公众"社会不公正感"的增强，由此带来弱势群体普遍的心理失衡、怒气和怨气积聚，招致了相当一部分社会成员对社会的普遍不信任和不满情绪，引发了社会性的心理失衡现象，加剧了由此产生的各种负效应，并导致社会冲突的增多。

要警惕非均衡发展可能带来的"陷阱"。正如"木桶原理"所阐释的那样，"一个木桶的最大容量不是由最长的板所决定，而是受制于最短的那块板"，衡量一个地区乃至一个国家的发达程度，相对落后的这个"板"则是最受众人所关注的。调查表明，相对落后地区居民对社会的稳定感明显强于发达地区，而事实上贫富差距却大于发达地区。其中的原因较为复杂，但一定程度上反映出落后地区承载的维护社会稳定的压力较小。虽然《2008 年浙江省国民经济和社会发展统计公报》显示，2008 年浙江省群众安全感达 95.65%，被认为是全国最具安全感的省份之一。但是，在地区层面，相对落后地区在追赶发达地区的过程中，一定要帮助贫困群体，缓解贫富矛盾，促进社会稳定。

一个合理的现代社会结构应当表现为能够为每个成员依据个人能力提供上升流动的空间和条件，一个开放的现代社会是一个以能力为衡量标准的社会，不以先赋因素而是自致因素来最终决定个人的社会地位，也就是在社会流动中公平实现个体社会地位的变化和提升。建立优胜劣汰的竞争机制和社会流动机制，形成一个以能力为衡量标准的社会。合理、充分的社会流动是社会充满生机和活力的源泉，只有实现社会的良性流动，社会才能在飞速前进中化解社会冲突，保持稳定与平衡，从而成功地跨越"中等收入陷阱"。

改革开放30多年来，浙江尽管已经初步形成了一个现代社会流动机制的模式，但我们在2011年进行的社会流动问卷调查中发现了一些问题，①主要是底层社会流动以水平流动为主，上层社会流动遵循"精英再生产"的逻辑。位于社会较底层的农民虽然实现了从农村到城市的地域流动，从农民到农民工的身份转变，但他们从事的仍是体力劳动，职业地位并没有上升，他们的社会流动是以水平方向的流动为主的。而办事人员、国家公务人员等较高社会地位的职业世袭率都比较高。父代职业是国家公务人员的，子女成为国家公务人员的比例高达45.5%，经理人员、私营企业主的子女成为国家公务人员的比例也高达14.3%，其余职业类别的子女成为国家公务人员的比例都低于10%。一般说来，较高的职业继承性或世袭率说

---

① 本次调查采用分层、多级、概率与人群规模成比例（PPS）的抽样方法，在全省11个城市按照地理区划和经济发展水平，抽取了浙东北和浙西南的6个城市，再根据经济发展水平及城乡人口比例，每个市抽取相应数量的区、县及乡镇，然后按照街道（乡镇）——居委会（村委会）——家庭户——个人逐层抽样，总的样本量为1300份，回收有效问卷1213份。样本情况：男性占53.9%，女性占46.1%；已婚占85.3%，未婚占14.7%；农业户口占42.6%，非农户口占57.4%；党员占24.3%，共青团员占11.6%，民主党派占0.3%，群众占63.8%；年龄上，20岁以上占11.6%，25～35岁占29.6%，36～45岁占32.0%，46～55岁占24%，56岁以上占2.8%；文化程度上，初中及以下占43.1%，高中/中专/职高占21.1%，大专占13.3%，本科及以上占22.4%；职业类别，包括了国家公务人员（9.2%）、经理人员（4.0%）、私营企业主（3.9%）、专业技术人员（17.6%）、办事人员（16.1%）、个体工商户（15.9%）、商业服务人员（6.7%）、工人（14.0%）、农业劳动者（10.5%）和失业无业人员（2.1%）十类人群。

明社会的流动性欠缺，社会系统的封闭程度较高，社会的传统色彩较浓；而较低的职业继承性和世袭率则表明社会有较高的流动性，并且社会系统的开放程度和社会的现代化程度也较高。

底层的水平流动和上层的"精英再生产"逻辑都反映了浙江阶层流动还不够畅通。从农民、工人中分化出来的中间阶层增长缓慢。其向上流动趋缓，向下流动增速，在单位、部门中，徘徊于较低职位或边缘，上升空间和发展机会受阻。在深层结构上遭遇了来自"精英联盟"的"权力排斥"。这是一种利用行政赋权获取社会资源而独霸发展机会、独吞利益结果的社会排斥现象。排斥的结果对个体而言，就业和发展机会不公，前景不明，难以理性预期，就社会结构而论，改变和扭曲了市场竞争中具有起点公平的"后致性"（靠个人后天的受教育及专业努力等因素）原则，"先赋性"（靠家庭、血缘背景等先赋因素）的地位分配机制作用增强，失去了一个靠后天努力、公平、有序竞争获得体面的社会地位的阶层示范效应。

此外，社会结构方面的城乡二元结构还没完全打破。尽管浙江城乡二元的经济社会结构有了很大的松动，但并没有从根本上打破这种结构，城乡间在经济、社会、制度等方面存在很大差异，经济社会制度中"城市偏向"问题还十分突出。以户籍身份为标志的先赋因素对个人社会地位的获得具有至关重要的影响。没有城市和本地户籍的人在就业、住房、子女就学、社会保障等方面要受到一系列歧视性待遇，因而限制了社会流动。户籍制度等计划经济的手段在市场经济日益成熟的社会中为社会流动设置了重重障碍，影响了浙江经济社会的发展。

目前社会利益失衡、社会流动不畅的一个主要后果是公众"社会不公正感"的增强，由此带来弱势群体普遍的心理失衡、怒气和怨气积聚，招致了相当一部分社会成员对社会的普遍不信任和不满情绪，引发了社会性的心理失衡现象，加剧了由此产生的各种负效应，并导致社会的不稳定性趋势增加。

二 权力与权利结构的失衡

"权力结构"失衡现象加剧，"官本位"思潮的泛滥和人民群众的"选举权、参与权、知情权、表达权、监督权"等"五权"以及"人民当家做主"在实践中没有得到很好的落实，致使公共政策质量不高，官民之间信任度下降,官民矛盾扩大。权力结构失衡导致人民群众的"基本权利"在一些地方和部门没有得到尊重,这又直接致使一些地方、一些部门和个人公权私用、特权腐败、权力不作为和乱作为,甚至官商勾结、官黑勾结侵犯公众利益或群众利益的事时有发生,造成群众基本权利丧失、情绪对立,对政府的不信任感增强,最终可能酿成由偶发事件导致的群体性事件,造成社会的不稳定性。历史经验证明,权力不受制约是社会动乱的祸根。

(一)体制改革遭瓶颈,政府转型不到位

第一,政社不分现象严重。我们的各级政府在社会领域仍然充当着运动员的角色,很多市场与社会的矛盾都转化成了政府与市场、政府与社会的矛盾,这是社会矛盾在当前形势下越来越多牵制了各级党委和政府精力的体制性因素。政府的大包大揽导致人民群众的自我教育、自我管理、自我服务得不到完全发展,公民社会和社会自治发展缓慢;社会事务纷繁复杂,社会问题各式各样,社会需求千差万别,利益关系错综复杂,政府包揽一切既不堪重负,已经难以有效解决日益增多的社会经济问题,也导致社会管理领域出现一些空白。缺乏有效的社会监督与制约机制,为权力寻租和腐败滋生也提供了空间。

第二,社会管理中的"盲点"和薄弱环节不断增多,但社会管理方式仍相对落后。市场经济体现在社会管理中的一个表现就是单位人更多地成了社会人,现在浙江有70%以上的人生活、工作在非单位体制中。同时,改革开放以后大量出现的非国有企业组织,特别是民营企业也已不具备大部分社会职能,逐渐变成或者根本就是单纯的社会劳动场所,员工的生活和劳动有明显的分界,体制改革和结构转换为整个社会带来了更宽更广的公共空间。浙江省社会管理基础正由传统的单位向社区转变,但社会体制改革与社会管理方式还相对滞后,不能适应社会结构转型要求。崇尚权力,任何事都需一把手亲自抓,所谓"老大难,老大难,老大到了都不难"。这种社会管理中的"批示导向"沿袭了传统社会的权力崇拜、个人崇拜意识。还有一些地方政府的干部,对经济工作很熟悉,谈论本地区、本单位经济发展的思路和对策,都有较强的针对性、前瞻性和可操作性,相反对社会管理却相对生疏,并未彻底摆脱计划经济时期的管理套路和方法,还是依赖会前动员、会议贯彻、文件部署、审批把关、执法检查等行政手段,名目繁多的评比、达标、创建活动，劳民伤财，治标不治本，甚至扰乱正常秩序。还有的更是依赖会战、决战形式来进行，出现了"奋战多少天，拿下某某地"运动式的突击行动，并成了各部门竞相仿效的惯用手段。一些地方政府特别是基层政府，在履行社会管理职能的过程中与管理方式上，秉持一种"衙门"习气，依法管理的自觉性不强，管理中的自由裁量度过大，官僚主义和形式主义还有较大市场。部分社会管理者在出了安全事故和问题之后，习惯运用罚款、取缔、关闭等手段，缺乏其他更加有效的管理手段。

第三，政府对社会事务管理的缺位、越位仍较严重。缺位表现主要有：政府提供的社会公共服务明显不足；对人民群众应有的合法社会权利保障水平不高；大量社会事务管理主体缺位，如对网络社会、流动人口、社会组织及分散化状态下的社会成员管理缺位较多；社会管理法律制度尚不健全，许多社会事务管理缺"法"，无法可依。政府公共服务标准制定存在"缺位"；社会管理职能配置不能适应社会新特征、新情况，社会管理人才相对紧缺；社会管理职能分散化，综合管理和协调部门"缺位"。政府"越位"主要表现在：对公民及社会组织经济行为事前审批太多，对公民个体应有的社会权利不当干涉时有发生，政府还承担了大量本属城乡社区与社会组织的事务。

第四，以公共利益为名压制个人权利。当前我国社会矛盾冲突还有相当部分表现出来的是公共利益与个人利益之间的矛盾冲突。尽管在公共利益优先的国家，个体权利同样不能被漠视，但在现实中，一些地方管理部门不仅忽视人民群众的基本权利，而且往往把公共利益部门化，以多数原则为幌子，将利益分配给所谓看不见的多数人，而把损失分摊给没有任何话语权的弱势群体。公共利益的强势成为一个现实，在它面前，任何权利都相形褪色、没有力量只剩下孤零零的由权利转换而来的个人利益在无力地抵抗。近年来的自焚抗拆、舍身维权不断出现正是这一现象的写照。

当前一个认识误区就是以为创新社会管理就要扩张政府权力，政府社会与公民，就是要想方设法"管紧、管牢、管死"。一个国家的和谐程度，决定于其是把社会公平正义作为最高原则，还是以社会效益最大化为标准。注重权利，就会在决策时对重大事项的社会稳定效应作出基本考量，以人民群众的生存权和发展权为重，在解决社会矛盾冲突时，正视人民群众利益诉求的正当性与合理性，不以公共利益压制个人利益。当前中国的社会分配是以身份为纽带的，不同的社会阶层与身份，资源配置的方式和手段不同，公务员与普通农民工他们之间的社会地位、资源获取方式、关系网络大相径庭。因此，社会排斥不仅表现为显性的制度上，更反映在文化心理层面、社会关系网络层面等比较深层次的地方，正式制度与非正式制度共同构筑了社会排斥机制。

（二）社会发育不成熟，公共治理结构不健全

一个以市场经济为基础的社会，其经济社会生活的正常运作，需要政府、市场和社会的共同作用。我们目前是政府强大（权、钱集中），企业较强，社会弱小、发育不良。三十年的改革中我们忽视了社会领域，在政府与市场的权力格局上的真空地段建立起公民社会组织，发挥满足社会公共服务、整合社会资源、参与社会管理、化解各种危机、均衡群体利益、协调社会关系重要作用，加快推动全社会的善治进程。

改革开放前社会整合的基础和机制主要是在单位，改革开放后，单位人更多地成了社会人，社会运行的基础已是非传统单位体制，而社会整合的基础则已从单位走向了社区。以浙江省为例，社会结构快速转型，非传统单位制人员快速增加，2007年，浙江省年末从业人员为3250万人，而在非公有经济公司、部门里从业人员就高达2285万人，占全部从业人员的70.3%，与2002年相比增加了857.3万人，年均增加171.5万人。2007年末全省常住人口为5060万人，而截至2007年6月，全省登记在册流动人口已达1670余万人，与常住人口比例为1∶3，其中外省籍流入的占84.4%。[①] 浙江省还有1000多万已经生活在城镇但户籍仍属农村的进城农民群体。现在浙江有70%以上的人生活、工作在非传统单位体制中，外来人口、社会组织、虚拟社会，给社会管理与整合带来了新的挑战。但城市社区、农村社区的建设以及社会组织的建设不规范，社会力量培育相对薄弱，对社会机制的顺畅带来了一系列的问题。这些社会建设的相对滞后给社会控制、社会整合带来一系列问题。

---

① 数据来源：浙江省公安厅暂住人口在册网；参见杨建华执行主编《2008浙江社会发展蓝皮书·社会卷》，杭州出版社，2008年1月。

目前浙江省社会公共治理结构还很不健全。社会组织，尤其是提供社会公共产品与服务普通百姓的社会组织数量偏少，规模偏小，结构不甚合理，现行管理体制与手段不能适应培育发展要求，远不能满足各界、各群体、各行业公民、法人巨大社会需求。目前浙江每万人拥有社会组织数仅为4.79个，远低于发达及一般发展中国家与地区。社会服务水平不高，社会组织提供公共产品与服务能力不强。社会组织管理法规还不健全。

目前在城市管理中形成的"政府—社区"体制在一定程度上克服了"政府—单位"体制的弊端，但社区作为一个社会自治组织，却没能充分发挥出自治功能，反而呈现出严重的行政化倾向。这种严重的行政化倾向，又难以改变公民分散化状态，实现有效的社会管理。基层社区行政性、事务性负担过重，削弱了基层自治组织实行自治管理的能力。在企事业单位的社会管理和服务事务大量溢出，政府许多社会管理职能和公共服务事务向社会转移，而在社会"中介"管理载体又缺位的现实条件下，社区居委会和村民委员会便成了装载大量社会管理和服务事务的"筐"，本属政府相关部门管理的事务都硬性摊派到社区。根据一些社区的抽样调查，社区居委会平均承接上级政府部门的工作任务多达56项，上级部门硬性要求建立的台账、资料多达145册，指定上墙挂牌多达19块，各类评比、创建、检查、达标活动更是多得不胜其烦。在农村，村民委员会的工作同样存在行政化、半行政化现象，某些方面比社区居委会更甚。

（三）社会排斥造成部分社会群体社会权利的相对贫乏

社会排斥是指一个群体长期不能在政治上、经济上、文化上进入主流社会，与主流社会处于社会网络的断裂状态。社会排斥导致的问题是综合性的，它不是单独的一个问题或一个问题的单方面。同时，社会排斥导致的问题又具有连锁性或累积性。社会成员在某一个层面遭受的排斥，往往会导致他在另一层面的排斥。随着社会的发展，他们与强势群体或一般群体的差距会越来越大，而且，社会发展越快，这部分人也被社会抛得越远。社会排斥造成部分社会群体，尤其是弱势群体医疗权、社会保障权、就业权、公共权等相对贫乏、缺失，就可能会以非理性的方式由社会排斥造成的权利相对贫乏。

社会排斥另一个明显的就是政策排斥，政策排斥事实上是社会权力排斥的一种表现形式。这种社会排斥因为其表面的"合法性"而容易被人们认为是"理所应当"。但是，公共政策的一些"排斥"行为，不仅有害于社会权力的公共性本质，而且如果得不到控制，还将给社会带来巨大的发展风险。目前最为严重的政策排斥莫过于已经实行了半个世纪之久的户籍制度以及城乡二元分割政策。尽管城乡二元分割的壁垒正逐渐被打破，大量的农村剩余劳动力纷纷转移到城市中寻求他们生活的新天地。然而，城乡二元分割的体制性障碍仍然在客观上起着社会阻隔的作用，从农村中转移到城市的农村剩余劳动力依然享受不到与城镇人口同等的国民待遇，并不得不忍受一系列的歧视政策。浙江全省3000余万城市人口中，有1500万人仍是农村户口，属于不能享受同城待遇的进城农民。全省农村户籍有3750万，居住在农村的有2150万，还有1600万常住城镇。全省流动人口有1650万，其中省外流动人口1000万左右，占浙江一半人口处在体制之外。如何让他们享受到经济社会发展的成果，同时又纳入主流的社会生活，这是社会发展要努力解决的问题。但由于受到体制、机制的一些障碍，还多少存在着一些社会排斥，而这种社会排斥会给社会稳定带来严重的负面影响。

三　制度化治理机制的缺失

（一）社会诉求机制不畅

中国早在两千多年前的西周就有"防民之口，甚于防川"的古训，西方有"社会安全阀"的理论，说的都是一个意思，就是要政府给民众一个利益诉求的机制和渠道。长期以来，我们一直采取封闭的单向维度的利益表达机制，这种传统的利益表达机制已经滞后于多样化利益诉求的社会现实，无法满足现代社会发展的需要。在利益主体多元化、利益差别显现化的今天，利益表达问题，尤其是困难群体的利益表达问题，已经成为一个非常重要的问题。建立健全各群体的利益表达机制是社会建设的重点，利益表达不畅，沟通失灵必然导致民意堵塞，影响社会稳定。利益表达机制的功能，在于为具有不同利益诉求的社会群体提供充分反映自己利益要求的常规性途径，让各种不同意见和对立性情绪尽情地发泄出来，避免它们不断累积而造成不可收拾的社会后果。

目前弱势群体在追求利益上处于无力状态，他们在国家政治构架中缺少利益代表，缺少表达自己利益的制度化方式，如信息获得机制、要求表达机制、施加压力机制、要求凝聚机制、利益协商机制、矛盾解决机制。不少地方政府对于一些社会问题还很被动，民众不闹政府不管，大闹大管，小闹小管，采取的是"堵"的办法。一些地方政府在多重压力之下大力维护以"零非访"等为指标的稳定，而民众在权利救济极度困难时不得不以种种非常规方式进行维权。"维稳"多半是以压制和牺牲弱势群体的利益表达为前提而短暂实现的。个别地方政府维稳更是将民众的利益表达与社会稳定对立起来，把公民正当的利益诉求与表达视为不稳定因素，常动用警力等暴力工具来压制和牺牲弱势群体的利益表达，以实现一时的社会稳定。

我们目前依然缺乏制度化的渠道来保障各阶层与地方政府之间的沟通，由于对不稳定因素估计过分严重，维护稳定，消除不稳定因素，也就成了各级政府的一项重要甚至首位的工作。久而久之，甚至逐步形成了一种有着固定套路的工作模式。一个流行的口号和做法，就是将不稳定因素消灭在萌芽状态。而各个地方采取的措施更是五花八门。有的地方设立"不稳定因素排查日"制度，乡镇甚至村都要制度化地排查不稳定因素，有的专门召开不稳定因素排摸会，对不稳定因素排查摸底。同时，稳定问题成了重中之重，在稳定的问题上宁左勿右。一到重要的日子，就如临大敌，严防死守。有的地方要求，"把不稳定因素排查工作纳入到社会治安综合治理目标中统一考核，群防群治"。这样，把社会中一般的矛盾和问题与治安联系起来，就为用国家暴力手段对付不稳定因素打开了方便之门。其结果是，在整个社会中形成了一种僵硬的处理人民内部矛盾，甚至是处理日常事务的方式。

个体或组织为了获得和维护自身的合法利益，需要社会疏通和增加广大人民群众的利益表达、诉求渠道，使群众的诉求渠道更多，范围更广，更为便利，成本更低。群众诉有门，投有声，回有音，群众诉求大门畅通无阻更得人心，否则公民的利益表达将很难落到实处。这些年来，尽管我们已经在制度建设方面作出了巨大的努力，同时，在市场化的过程中，民众的理性化程度在提高，整个社会的理性化程度在增强。例如，在调查中，当被问及"您赞同工人因拿不到工资而采取的以下行为吗？"时，大多数被提问者表现出了理性维权的倾向（见表4.2-13、14）。

表 4.2-13　集体静坐

单位：%

	说不清	不应该	应　该
国家公务人员	15.3	71.2	13.6
经理人员	15.4	79.5	5.1
私营企业主	19.0	71.4	9.5
专业技术人员	22.9	47.9	29.2
办事人员	12.5	69.8	17.7
个体工商户	16.7	63.6	19.7
商业服务人员	16.7	64.1	19.2
产业工人	21.0	49.7	29.3
农业劳动者	15.3	53.4	31.3
失业无业人员	25.7	48.6	25.7
学　生	13.8	63.1	23.1
农民工	20.0	62.1	17.9
其　他	17.4	64.5	18.1
总　　计	17.8	60.3	21.9

资料来源：本课题组调查。

表 4.2-14　堵路或其他方式以引起公众和政府关注

单位：%

	说不清	不应该	应　该
国家公务人员	5.1	81.4	13.6
经理人员	15.4	82.1	2.6
私营企业主	16.1	69.4	14.5
专业技术人员	20.8	57.3	21.9
办事人员	13.7	75.8	10.5
个体工商户	11.4	74.2	14.4
商业服务人员	7.8	68.8	23.4
产业工人	10.2	67.5	22.3
农业劳动者	12.9	54.5	32.6
失业无业人员	21.7	62.3	15.9
学　生	18.5	72.3	9.2
农民工	7.1	69.3	23.6
其　他	11.7	75.3	13.0
总　　计	13.3	69.0	17.7

资料来源：本课题组调查。

然而,由于制度建设的系统性不够、制度冲突、缺失及制度失效等问题,中国目前依然缺乏制度化的渠道来保障各阶层与地方政府之间的沟通。例如,当被问及是否赞同"工人因拿不到工资而上访"时,大多数被访者都表示赞同(见表4.2-15)。

表 4.2-15 工人因拿不到工资而上访

单位:%

	赞同且支持	赞同但不支持	不太赞同	坚决反对	其他
国家公务人员	31.7	36.7	15.0	16.7	0.0
经理人员	66.7	15.4	17.9	0.0	0.0
私营企业主	44.4	28.6	22.2	4.8	0.0
专业技术人员	69.5	14.7	11.6	4.2	0.0
办事人员	50.0	26.5	16.3	6.1	1.0
个体工商户	57.3	27.5	13.7	0.8	0.8
商业服务人员	60.3	21.8	15.4	2.6	0.0
产业工人	66.0	16.7	12.2	4.5	0.6
农业劳动者	71.6	15.7	7.5	3.7	1.5
失业无业人员	56.5	24.6	14.5	2.9	1.4
学 生	53.8	29.2	12.3	4.6	0.0
农民工	69.8	16.5	11.5	2.2	0.0
其 他	45.1	27.5	22.2	5.2	0.0

资料来源:本课题组调查。

在现阶段,利益集团在利益表达渠道和表达方式等方面存在组织困境。组织形式比较单一、组织发育的成熟度不高,其领导或成员参与公共政策决策的机会不多(如参加政府的委员会、咨询委员会或协商机制等),与政府的磋商难以机制化、常态化,利益诉求难以进入政策议程;另一方面,弱势群体合理、合法、合情的利益诉求渠道更没完全建构形成。这些都会使得他们中的一些人可能会采用一些非理性的方式,来表达他们的利益诉求,来维护自己的利益,来抗争社会强加给他们的不合理的做法。我们应构建正当利益表达的制度性平台和制度性渠道,实现利益表达制度化。

（二）制度化化解水平不高

社会冲突每时每刻都存在于人类社会，冲突本身并没有什么可怕的，怕的是视而不见或是没有一种由制度进行规范和调节。认识到冲突不可避免地、每时每刻地存在于我们的社会，是我们能够采取理性行为和理性政策的前提条件。没有成熟的制度对冲突进行规范调节，而是采取压制性的做法消灭冲突，或是采用行政手段禁止不同利益的博弈，营造表面上的一致与和谐，实际上被压制的冲突并没有消失，而是隐形地运行在社会里。冲突的长期累积有可能在某个短时间内以爆破性的速度扩展开来，造成一种"火山爆发"的社会危机，这种"社会火山"式的爆发就带有了极强的危害性和破坏性。

根据社会安全阀理论，冲突本身就是人们通过一定的方式而且是公开的，释放一定的对立情绪或不满意。不论问题如何解决，这种释放本身首先会缓解、减压，从而避免了对体制的攻击与更高政府的仇恨。同时这种释放、减压也有利于问题的明朗化与相关政府、社会部门找到问题的突破点，通过群众参与、专家参与等找到问题症结，这样也不会积重难返。因此，解决问题的办法就是建立规则、程序，强化制度化建设。制度化就是"用一套制度巩固和正当化新的原则、利益和规则"。美国学者亨廷顿曾经指出过，发达国家与不发达国家在政治上最大的区别不在于政府形式，甚至也不在于政治参与的程度，而在于是否达到了足够的制度化水平，建立了有效的社会控制，制度化才是长治久安的良方。而社会民主制度的多元化机制就为社会冲突提供了疏通的渠道，民主制度也为社会各个群体和阶层提供了多样化的意见表达渠道和利益表达机制，而这些疏通的渠道可以让社会上的问题、不平等和冲突因素通过社会利益博弈机制得到解决的可能。这样的制度化的方式就是要增强制度对于利益矛盾、利益冲突的容纳能力，增强用制度化的方式去解决利益矛盾、利益冲突的能力。

和谐社会应该是一种开放、灵活、包容的社会状态，通过可控制的、合法的、制度化的机制，各种社会紧张能够得以释放，社会诉求得以回应，社会冲突得以消解。这就需要政治体制具有一定的弹性，主动建立起有效的"安全阀"机制，为社会和谐与政治体制自身提供持久的活力和生命力。因此，我们不应当把利益表达看得过于敏感而讳莫如深，而应当用有效的制度安排来加以规范和疏导。这样，才能降低其对社会生活冲击的程度。利益表达是一种很好的"安全阀"，通过允许自由表达而防止对抗倾向的堵塞和积累，为社会冲突提供合法的路径与机制。建立公众广泛参与的多向维度的利益表达机制，为各社会阶层提供顺畅的利益表达的制度平台，便成为构建和谐社会的前提和基础。具体说来，就是要加强与各个社会团体、社会组织的交流，增强与群众沟通的能力，并依法、及时、合理地处理群众反映的问题，形成规范的对话、协商和处理问题的反应机制。同时，要充分发挥人大、政协以及社团、行业组织、社会中介组织的作用，建立人民代表大会、专家委员会与社会组织三者共同作用的公众参与模式。

第五章
弥合社会冲突的系统建构

冲突与和谐是社会的一种常态，是社会的一体两面。但是，不管怎样，从冲突走向和谐始终是人类社会孜孜以求的生存状态，因为即便在强调社会冲突之正功能的科塞那里，"冲突"的概念也不是无所限制的。[①] 我们研究社会冲突，最终目的就在于弥合社会冲突，促进社会和谐。

第一节 社会冲突的利益弥合

利益冲突是人类社会一切冲突的基本根源，也是很多冲突的实质所在。从社会群体与社会关系的实证研究看，尽管社会冲突很多，信访量很大，但是绝大多数的社会矛盾、社会冲突实际上都是工具性的利益冲突。工具性的利益冲突大多是理性的冲突，涉及的一般是有无多少的问题，如征地拆迁和移民中的补偿标准，劳工权益，访民群体中的企业转业军人、民办教师、电影放映员等要求提高社会保障待遇等问题都是如此。这样的矛盾和冲突往往是可以用谈判、妥协、讨价还价的方式解决的，其中演变成足以造成大规模社会动荡的因素很少。换言之，这样的

[①] 宋林飞认为，科塞所强调的具有正功能的"冲突"是作了限制的，并不泛指一切社会冲突。科塞使用的"冲突"概念具有三层含义：（1）是指不涉及双方关系的基础、不冲击核心价值的对抗；（2）是指社会系统内不同部分（如社会集团、社区、政党）之间的对抗，而不是指社会系统本身的基本矛盾，不是革命的变革；（3）是指制度化了的对抗，也即社会系统可以容忍，可加以利用的对抗。具体参见宋林飞《西方社会学理论》，南京大学出版社，1997，第324页。

矛盾与冲突，与社会政治的稳定，没有什么直接的联系。有的利益矛盾看起来好像也很剧烈，也很吓人，但其实质仍然是利益的问题。同时，现在一些地方社会矛盾突出，责任与其说在民众不如说在政府，很多是因为政府工作没做好、做到位。这就需要增强制度对于利益矛盾、利益冲突的容纳能力，增强用制度化的方式去解决利益矛盾、利益冲突的能力。因此，建构起利益均衡的制度框架对弥合社会冲突就有着极其重要的意义了。

一 当前社会利益分化特征与表现

（一）社会利益分化的特征

当前社会利益分化具有3种基本特征。第一，利益分化表明一种既定的利益关系被打破。改革开放打破了既往的利益格局和利益关系，使得社会利益基于一种新的原则而迅速地实现了重组，所以，改革开放也意味着利益分化。原本社会成员之间的同质性生活，迅速地被一种差别所取代。

第二，利益分化表明一种新的利益关系迅速形成。社会群体获得利益的途径和数量的区分使社会形成了一种新的利益关系。

第三，利益分化表明新的利益差别迅速扩大。由于社会结构的转型，人们之间的利益差别迅速扩大，分化越来越明显。[1]

利益分化后，往往会因为行为主体具有不同选择方式而"导致了社会的多元化、多极化、多层化；导致了特定的利益断裂如城乡分裂化；导致了体制内的分化，促生了体制外的分化；同时，在不同群体之间，同一群体内外，也因为这些分化的出现而导致社会从无序状态向有序状态演进。这又将是分化的有序性和无序性对作为公共权力的政府发挥其利益协调功能的现代诉求"[2]。

（二）利益分化的累积效应

20世纪80年代是各个社会群体普遍受惠的年代，90年代以来，不同

---

[1] 桑玉成：《利益分化的政治时代》（序言），学林出版社，2002，第5页。
[2] 桑玉成：《利益分化的政治时代》（序言），学林出版社，2002，第27页。

的社会群体在利益得失方面的差异日渐悬殊,利益分化开始出现累积效应。累积效应,是指既得利益者获得更多利益,而未获利者或利益受损者增益的利益更少,或蒙受的损失更大。这种累积效应与"穷者愈穷,富者愈富"的马太效应有相似之处,只是没有那么极端,即穷者不一定更穷,可能也获利,但获利程度不如富者。李强曾根据利益得失程度的不同,把当前中国社会区分为4大群体:改革中特殊获益群体、普通获益群体、利益相对受损群体和社会底层群体。① 该研究说明了不同利益主体在利益损益方面表现出巨大差距。而孙立平则进一步提出,中国社会出现了一个精英联盟和弱势群体的利益分化格局,在这个格局中,政治、经济和文化精英构成了联盟,而社会的另一端则是人口众多的弱势群体,包括农民、农民工等。精英联盟左右了社会政策的制定与执行,形成了定型社会的力量。②

二 利益弥合的路径选择

任何一个社会都存在利益分化现象,利益分化及在此基础上形成的利益冲突和矛盾,并不是一种多么可怕的现象,关键在于利益分化是否保持在适度范围之内,在于社会能否实现有效的利益整合。关于如何协调各方利益,研究者多从理论上进行了探讨,我们结合浙江城镇与乡村案例,分析利益整合机制的建立与健全问题。

(一)健全利益导向机制

利益整合问题是不同利益主体之间的利益协调问题,包括个人利益与公共利益之间的协调;群体或阶层、阶级之间的利益协调。经济分化带来利益的多元化,但是利益的多元化并不一定引致利益冲突,即个人或利益群体在实现自身利益的时候并不一定以牺牲他人或公共利益为代价。然而这一结论仅仅是逻辑上推理的结果,现实生活中,为了个人私利损害公共利益、为了本群体利益损害其他群体利益的事情随处可见,而其中不少利益矛盾与冲突是完全可以避免的。能够避免的事情为何却没有避免?在很

---

① 李强:《转型时期中国社会分层》,辽宁教育出版社,2004,第28页。
② 孙立平:《失衡:断裂社会的运作逻辑》,社会科学文献出版社,2004。

多情况下，是不当或错误的利益观问题。不当或错误的利益观有多种表现，首先，某些强势利益主体将自己的利益凌驾于他人利益与公共利益之上。典型的例子如环境污染问题。如果说政府与企业主的环保意识均经历了一个从无到有、从弱到强的转化过程，那么到了20世纪末21世纪初，严重的环境污染恶果已经促使政府推出了一系列举措，也向人们昭示，污染环境的行为是类似于犯罪的行为。即便在这种情况下，有的企业白天停工、晚上开工，偷排污水的情况仍有发生。受污流域的居民生活用水受到污染，鱼类养殖受到影响，生命健康受到威胁。作为企业主，不可能看不到环境污染所带来的公共利益的巨大损害，却仍然在做这样的事情，目的仅仅是为了节省开启污水处理设施的费用。这样的行为选择，显然是将一己私利置于公共利益之上。

其次，将小团体利益置于公共利益之上。倘若说，对于个人利益凌驾于公共利益之上的行为，人们至少可以分清是非；而对于将小团体利益置于公共利益之上的行为，对很多人来说，却"是非"难辨。其背后的思维逻辑，源于中国传统文化。正如费孝通先生所言，受"差序格局"的影响，一个人"为了家可以牺牲党，为了党可以牺牲国，为了国可以牺牲天下"。"在这种公式里，你如果说他私么？他是不能承认的……当他牺牲国家为了小团体谋利益、争权利时，他也是为公，为了小团体的公。在差序格局中，公和私是相对而言的，站在任何一圈里，向内看也可以说是公的。"① 于是，在现实生活中，我们可以看到人们理直气壮地为了部门的利益牺牲单位的利益，为了单位的利益牺牲行业的利益，为了行业的利益牺牲地区的利益，为了地区的利益牺牲国家利益。一些原本可以协调的利益矛盾，由此却变得似乎不可调和。

在这里，我们并不是要否定个人利益或局部利益，而是说，我们不能将个人利益或局部利益凌驾于公共利益之上，不能违背社会公德、社会良心。事实上，对于个人利益与集体利益关系的认识，已经走过了另一个极端：在改革前，宣传"大公无私"的精神，强调公共利益的至高无上，认为个人利益必须服从公共利益。现在看来，这种倡导是有问题

---

① 费孝通：《红中国》，北京大学出版社，1998，第29页。

的：由于过于强调公共利益，个人利益遭到忽视、得不到应有的尊重。而社会的发展是必须以个人福利的提高为基础。由此"大公无私"陷入一个悖论："无私又如何有公？"——每个私人的利益都得不到满足的时候，又谈何公共利益？改革前所经历的经济社会发展的曲折道路，就是这种悖论的现实表现。经历了这样的历史教训，我们是应该尊重个体利益，甚至尊重少数人的利益。然而，在剧烈的社会变迁所导致的社会失范的状态下，人们又走向了另一个极端：为了个人利益无视公共利益，为了局部利益无视更大范围内的利益。这种极端的做法，是我们必须扭转的。而要改变现状，首先需要重建社会价值体系，健全利益导向机制。

（二）建立有效利益表达机制

何谓利益表达？在政治学中，"利益表达"是政治参与的基本形式。美国政治学者阿尔蒙德和鲍威尔这样描述利益表达："当某个集团或个人提出一项政治要求时，政治过程就开始了。这种提出政治要求的过程称为利益表达。"[①] 从社会学的角度讲，利益表达并不限于政治参与，但是也并非指日常生活中所有的利益表述与主张，它应该是公民或利益团体以实现利益诉求为目的，对政府、执政党或媒体等有社会影响力的机构提出愿望和要求的行为。其中政治参与是最为重要的利益表达方式。

构建和谐社会是我们的社会理想，然而，和谐社会并不是没有矛盾的社会。从一定意义上说，和谐社会是一个存在着矛盾和冲突，但又能够理性对待并妥善化解各种矛盾和冲突的社会。长期以来，我们一直采取封闭的单向维度的利益表达机制，这种传统的利益表达机制已经滞后于多样化利益诉求的社会现实，无法满足现代社会发展的需要。在利益主体多元化、利益差别显现化的今天，利益表达问题，尤其是困难群体的利益表达问题，已经成为一个非常重要的问题。建立健全各群体的利益表达机制是社会建设的重点，利益表达不畅，沟通失灵必然导致民意

---

① 加布里埃尔·A. 阿尔蒙雷、C. 宾厄姆·鲍威尔，《比较政治学：体系、过程和政策》，曹沛霖等译，上海译文出版社，1987，第 199 页。

堵塞，影响社会稳定。利益表达机制的功能，在于为具有不同利益诉求的社会群体提供充分反映自己利益要求的常规性途径，让各种不同意见和对立性情绪尽情地发泄出来，避免它们不断累积而造成不可收拾的社会后果。

基于社会分化而形成不同的利益，从理论上来说没有正当和非正当之分，它们都是正常的社会生活的一部分。在这样的一个社会中，各种利益诉求的表达也将成为一种常规性的社会现象。

与强势群体践踏他人利益与公共利益形成对照的，是弱势群体的合法权益得不到维护。权益维护的第一步是利益的表达。从失地农民，到城市贫困群体，从失业农民工群体，到访民群体，在利益表达上都存在一定的困境。他们在日常社会交往中经常倾诉利益剥夺导致的不满，但是这种表达在社会上并没有发生影响力，对政府的决策也往往没有发生影响，换言之，在公共事务的决策中，他们没有"话语权"。

应当说，在我们现在的社会中，利益表达的渠道还是太狭窄，合法的利益表达的机制也太少。这样就很容易使得一些利益冲突从忍受和沉默跳到极端的反抗，或是从上访这种温和的抗议方式升级为极端行为。而在一个对利益表达作出有效制度安排的社会中，类似事情发生的概率就会小得多。建立公众广泛参与的多向维度的利益表达机制，为各社会阶层提供顺畅的利益表达的制度平台，增强与群众沟通的能力，并依法、及时、合理地处理群众反映的问题，形成规范的对话、协商和处理问题的反应机制。同时，要充分发挥人大、政协以及社团、行业组织、社会中介组织的作用，建立人民代表大会、专家委员会与社会组织三者共同作用的公众参与模式。探索工会、共青团、妇联和各种社会组织在服务群众、反映群众诉求、调节利益纠纷等方面的作用，建设富有弹性的利益表达与维权机制。

在制度设置层面，人民代表大会是我国常规性的利益表达渠道。但是，不同利益群体在其中的地位是不一样的。相关研究表明，在我国，特别是浙江，先富群体的政治参与早已引起了学术界的关注。以私营企业为例，2003年，温州市召开的十届人大一次会议上，市级人大代表一共545名，代表中，非公经济界人士占了151名，这意味着人大代表中私企老板占了将近28%。① 在基层村民代表的构成上也有类似情况。

可见，强势群体与弱势群体的权力是失衡的。不管是遭遇突发事件时的利益诉求，还是常规性的利益表达，弱势群体都处于不利地位。底层的声音很难传到决策层，即使有所耳闻，也难以影响相关决策。而强势群体除了成为人大代表、政协和政府部门的官员等方式参与政治外，还经常利用体制外的方式影响政府政策，具体包括：贿赂、社会关系网络、借助媒体等等。权力的不对称是弱势群体合法利益得不到保障的重要根源。因此，当前的社会制度建设中，要构建完善的利益表达渠道，使各种利益诉求都能够上升到利益协商和对话的平台。尤其是对于底层群体，要为他们提供主张自身权益的机会，为他们创建畅通的利益表达渠道。那么，弱势群体怎样才能实现有效的利益表达？法团主义理论对中国的实践具有很好的借鉴意义。

法团主义（Corporatism），也译为合作主义。学界一般认为，"法团主义"是一个来自欧洲经验的理念。长期以来，对于法团主义理论的核心要点存在着争论，多数著述者引用斯密特的界定。根据这一界定，法团主义是一个利益代表系统，"这个利益代表系统由一些组织化的功能单位构成，它们被组合进一个有明确责任（义务）的、数量限定的、非竞争性的、有层级秩序的、功能分化的结构安排之中。它得到国家的认可（如果不是由国家建立的话），并被授权给予本领域内的绝对代表地位。作为交换，它们在需求表达、领袖选择、组织支持等方面，受到国家的相对控制"②。

法团主义的核心关怀，是社会利益的集结和它的传输结构，它力图描述一种制度化的利益集合秩序，通过它来化解原来的结构性冲突。因此，我们有理由把法团主义理解为一种关于社会结构性冲突及秩序的学说。具体而言，它关注的主要问题是，社会不同利益如何得到有序的集中、传输、协调和组织，并用各方同意的方式进入体制，以

---

① 陈剩勇、林龙：《权利失衡与利益协调——城市贫困群体利益表达的困境》，《青年研究》2005年第2期。
② 张静：《法团主义》，中国社会科学出版社，2005，第25~26页。

便使决策过程有序吸收社会需求,将社会冲突降低到不损害秩序的限度。

孙立平教授认为,权利的高水平均衡在宏观制度框架上将体现为一种合作主义的宪政体制。在这种宪政体制中,承认社会利益高度分化的现实,承认不同的社会群体追求自己利益的合法性并保护其权利,就不同群体表达自己的利益以及为追求自己利益施加压力做出制度性安排,而国家的作用则在于充当规则的制定者和冲突的裁决者。[①]

在当前中国社会,由于不同利益主体权力的不均衡,一部分利益主体有反映利益的优先渠道,而其他主体没有。这种参与机会的不平等对于某些社会群体是不公平的。而法团主义的制度设计可以避免这一缺陷。张静就讨论了法团主义模式下的工会角色,认为工会作为社会功能组织之一,应当将成员的利益诉求传达到决策体制中去。与此同时,为获得国家的承认和保护,工会还应当管理并约束其成员的活动,使之提高理性化和组织化的水平。[②] 可以说,对于中国社会的未来发展来说,法团主义是较为理想的利益表达与协调系统。但是,目前我国的现实状况与法团主义模式还有很大距离。例如,法团主义理论中对权力分立的承认,在我国的传统中不仅不是讨论秩序的前提,还有可能被视为有悖于秩序建设的东西。此外,在社会组织发展的成熟度上,以及"合作"的制度化建设上,我国还有很长的一段路要走。尽管如此,就目前来说,我们至少可以采取措施,提高利益主体的组织化程度和理性化水平。像社会发展实践中,某些私营企业中也建立了党组织与工会,有助于农民工这一弱势群体的利益表达与权益维护,这是一个值得倡导和努力的发展方向。

(三) 建立有效利益均衡协调机制

市场经济条件下的利益均衡协调机制,最基本的含义就是社会主体平等利益表达权利的制度化以及在此基础上形成的较为公平的利益博弈。这当中最首要的是利益表达以及追求自己利益的平等权利。利益格局的失衡

---

① 孙立平:《失衡:断裂社会的运作逻辑》,社会科学文献出版社,2004,第6页。
② 张静:《法团主义》,中国社会科学出版社,2005,第27页。

源于社会权利的失衡。是什么原因使得中国居民的收入差距在十几年的时间里发生了如此戏剧性的变化？在这种变化背后的深层因素是什么？实际上，只要我们认真地追溯一下，就可以发现，根本的问题是不同群体在表达和追求自己利益的能力上所存在的巨大差异。

我们需要将社会矛盾的解决与建立社会主义市场经济条件下利益均衡机制联系起来考虑。这样，我们在这个问题上要有一个双重的目标，一方面要保证社会的基本稳定；另一方面要有利于社会主义市场经济条件下利益均衡机制的建立。现在我们将其作为群体性事件加以防范和处理的，有相当一部分是正常的利益博弈。当我们将这些利益博弈消灭在萌芽状态的时候，正常的利益博弈中断了，能够及早暴露社会问题的机制被消灭了，结果是问题的进一步严重化。如果农民工在工资拖欠的问题上和企业的正常博弈，有表达利益要求的制度化途径，如果农民工的抗议不是被消灭在萌芽状态，就不至于使问题积累到严重的程度。

充分发挥市场在资源配置和社会利益调节中的作用，充分利用市场机制为不同的利益主体创造公平的竞争环境。发挥国家、政府的调控作用，通过公平立法、制定法律及相关制度、政策，确立各利益主体的合法地位，建立合理的利益分配机制，为不同所有制、地区、行业的社会成员参与平等竞争创造良好的环境。通过公正司法，建立利益的救济机制和干预机制，抑制非法利益，平衡合法利益。充分发挥社会自我协调机制作用，通过社会组织、公民个人自我调解利益冲突的社会自我调解方式来协调社会成员的利益冲突，如企业改制、农村征地和城乡拆迁等易于发生利益冲突的领域，建立多方参与以及第三方评估这样的公平参与和公正裁决机制，避免强势力量的强势操控和对弱势利益的侵害。

（四）建立合理利益补偿与解决利益纠纷机制

当前，我国许多社会矛盾和社会冲突，已经明显地集中到与人民群众基本民生问题密切相关的环节。这对各级党委和政府统筹协调各种利益关系、有效化解各种社会矛盾的能力提出了更高要求。中央提出要统筹协调各方面利益关系，妥善处理社会矛盾。利益关系是一切社会关系的基础，抓住了利益关系，就抓住了事物的根本。必须始终坚持把最广大人民的根本利益作为党和国家一切工作的出发点和落脚点，把解决人民群众最关心、最直接、最现实的利益问题作为重点，正确把握最广大人民的根本利益、现阶段群众的共同利益和不同群体的特殊利益的关系，提高改革决策的科学性。

经济转型带来社会结构的变迁，经济及社会结构的调整导致部分个人和利益群体的社会利益受损，出现收入差距扩大、地区差距扩大等现象。因而，必须建立合理的利益补偿机制，给利益受损的个人或群体提供一定的补偿，以提高社会公平的程度，促进社会的稳定和发展。同时，改革开放30多年迅速发展，政府、单位、企业、集体也积累了许多历史欠债问题，对这些问题要本着负责任的态度，拿出一定的资金设立补偿基金，突出地解决一批历史上积累的对居民欠债的问题，保持社会的和谐稳定。建立利益补偿机制要探索多方协商、制度化的补偿机制，改变以往单一性、随意性补偿方式，形成政府、企业、群众对等商洽、谈判的机制，让群众获得意愿诉求的渠道和利益维护的保障。

政策措施的调整，要广泛听取各方面群众的意见，充分考虑不同群体的利益要求；大型项目的实施，事前必须认真进行科学论证，准确把握人民群众长远利益和现实利益的平衡点；公共资金的投向，必须首先用于解决低收入阶层特别是最困难群众的基本生活问题。进一步拓宽社情民意表达渠道，要通过各种途径、方法，将拟制订的社会政策向社会公开，使人民群众对于同自身利益密切相关的社会政策有着充分而广泛的民意表达，确保社会政策的有效性、合理性和科学性。健全社会舆情汇集和分析机制，完善矛盾纠纷排查调处工作制度，建立党和政府主导的维护群众权益机制，实现人民调解、行政调解、司法调解有机结合，更多采用调解方法，综合运用法律、政策、经济、行政等手段和教育、协商、疏导等办法，把矛盾化解在基层、解决在萌芽状态。要进行公民道德教育，培养社会公德和法制精神，使社会各阶层都能按照法律和政策，以理性合法的形式表达利益要求、解决利益矛盾，自觉维护安定团结。

(五) 健全利益约束机制

谈及利益的约束机制，一些研究者就从法律与道德两方面去讨论。法律是一种硬约束，道德是一种软约束。前文"利益导向机制"主要涉及社会道德的建构问题。因此，本部分主要谈论其他类型的约束机制。我们认为，法律自然是利益约束机制的组成部分，或许也是最为重要的组成部分，但是，除此之外，还有其他方面的约束机制。

1. 法律与制度的利益约束机制

法律是利益需求和利益行为的调节器和控制器。法律作为人们参与社会生活的重要准则，是社会规范的重要形式，它使复杂的社会生活秩序得以维持，从而使社会运行处于良性协调的状态。

加强对利益主体的法律约束，第一，是应该使利益主体的行为合法化，加强人们的法律意识，引导人们通过合法的途径与手段来获取社会利益。其中尤为重要的是，建立与健全反腐倡廉的相关法律制度，防止在社会利益的取得过程中出现权钱交易等非法行为，斩断权力精英与经济精英的不正当联盟，防止负向的利益关联的发生。第二，建立与健全市场经济的相关法律制度，规范社会秩序和经济秩序，为人们获取社会利益提供一个公平公正的社会环境。第三，加强相关法律、制度的配套建设，解决有法不依和执法不严的问题，规范利益主体及其行为。

加强对利益主体的制度约束，突出地体现在民主制度对于权力主体的监督与约束上。目前在农村基层民主实践中，党员与村民选举制度、村民代表会议和村民理财制度均初步发挥了一定的功效。尽管上述制度在实施中仍然存在很多不足，但是对于村干部的利益约束却是不能完全否认的。此外，在权力机构的制度约束方面，"村财乡管""乡财县管"的新型财政制度也发挥了相当的功能。

2. 组织的利益约束机制

组织的利益约束与法律制度的利益约束是相辅相成的，又是相对独立的。发挥约束功能的组织形态有3种形式：一是单位组织；二是纪检监督部门；三是功能团体。其中单位组织是改革前的利益约束的组织化形式，目前该功能已经淡化；纪检部门是针对党员和党政干部的专门的监督部门,是当前中国利益约束机制的重要组成部分,其功能有所发挥,但并未完全发挥;功能团体是以法团主义理念为基础的利益约束形式,是未来可以发展的新型利益约束机制。

"单位"的利益约束功能。在改革开放之前,作为单位形态的社会组织,曾经是我国进行社会控制的重要工具。每个人都在单位中拥有档案,单位对于个人可以实现全方位的约束。改革后,随着单位制的解体,组织对于个人的约束功能弱化,但是在与职务相关的利益选择方面,单位仍然可以担当利益约束的作用。

功能团体的利益约束功能。前述法团主义的体制也反映了一定的利益约束机制。法团主义是以国家为中心的利益统合结构。在这个结构中,在本职能区域内具有垄断性地位的功能团体具有双重角色:一方面,它是本团体成员利益的传递者;另一方面,它又是本团体成员的约束者与管理者,它有责任协调自己的组织,使其符合公共机构或国家的要求。后一个职能意味着,法团主义的建立也是国家—功能团体—成员的利益约束途径的确立。

从法团主义的可行性发展路径看,对于当前的行业协会,可以加强制度化建设与结构化调整,使之在发挥利益传达功能的同时,也能够发挥利益约束功能。

(六) 健全利益分配机制

如前所述,我国的贫富差距呈现扩大化趋势,这种趋势已经严重影响到我国收入分配的公平性,影响到社会的安定团结。针对这种情况,我们需要健全利益分配机制,通过国家收入分配政策的改变,来缩小贫富差距,缓和负向的利益分化。

收入分配包括初次分配、二次分配和三次分配。初次分配是国民收入在物质生产领域内进行的分配。二次分配是国家通过税收和财政支出手段来完成的对国民收入的再分配,是政府对于市场分配方式的弥补。第三次分配是指通过社会捐助、慈善活动,实现扶贫助困。

1. 初次分配机制的健全

改革以后,我们所倡导的分配方式是"效率优先,兼顾公平",并在全社会形成了一个共识,那就是初次分配要注重效率,再分配要注重公平。这在当初鼓励一部分人先富起来，打破"大锅饭"思想，确实起到了一定的作用。但是在贫富差距日益扩大的今天，初次分配领域的不公平所引发的后果已经越来越受到关注。十七大报告将收入分配列入六大民生问题之一，并提出，"初次分配和再分配都要处理好效率和公平的关系，再分配更加注重公平"；"提高劳动报酬在初次分配中的比重"[1]。这意味着要在初次分配中体现公平，标志着政府在分配的政策导向上的一次转变。在具体执行中，要实现一次分配的公正性可谓任重而道远。在今后的初次分配机制的健全中，要提高农民工等群体的劳动报酬，加大打击垄断的力度，解决行业之间的分配不公问题，创造机会均等的市场竞争环境，保护和提高市场竞争效率，由纯粹的"效率优先"，转向在效率优先的前提下，维护初次分配的公平。

2. 二次分配机制的健全

如果国民收入分配在初次分配上存在着"扭曲"，那就需要在"二次分配"上给予纠正，这是基本的"社会福利优化原则"。但是长期以来，由于行业福利不平衡，社会保障制度不健全，税收制度改革和财政制度改革不到位，妨碍了二次分配中的利益调节功能，影响了再分配中的社会公平问题。

在二次分配方面，政府出台了一系列旨在调节收入分配差距过大的新措施，包括加大社会保障资金的投入力度，扩大社会保障的覆盖面，充实社会保障基金；继续加大对"三农"的投入和政策支持力度，等等。这些措施收到了一些实效。今后政府还需加大二次分配领域的调控力度，运用税收、金融、行政等调节干预手段，合理调整国民收入分配格局。要将公共基础设施和社会保障服务的重点，逐步而坚定地转向广大农村和农民；明确承诺政府确保财政的公共性并满足教育、社会保障、公共卫生等有关方面的需求。[2]

---

[1]《十七大报告》，2007。

[2] 王雍君：《半月谈》："二次分配"求解社会公平，http://www.jobs.cn/newsInfo/2005-8-4/20058451456315901_2.htm。

3. 三次分配机制的健全

三次分配是以民间捐赠来弥补政府调节的不足,是对分配方式的进一步补充和校正。

从发达国家来看,慈善事业在国民收入分配中扮演着重要的角色,在慈善事业发达情况下,通过多种渠道和多种方式的捐助活动,使得富人的财富,被直接或间接地回报社会,转移到穷人的身上实施共享。我国第三次分配启动较晚。个人捐赠 2005 年人均为 2 元人民币,而美国则人均为 522 美元。我国社会捐赠总额只占 GDP 的 1%,而美国高达 10%,捐赠总额达 6000 亿美元。[①] 我国国民收入第三次分配正在探索和起步之中。从现实调查来说,居民并不是没有捐款的动机,我们需要通过对公民捐款动机的引导,来营造一种社会慈善文化;通过制度的建构与健全,来实现慈善捐助的公平性与有效性。

总而言之,在现代化进程中,多元利益主体的存在及相互间的利益冲突是不可避免的,对利益冲突进行协调是必需的,我们需要从多个方面采取积极措施,遏制乃至消除负向的利益分化,在增进各方利益的同时,从总体上推动社会利益的提升。

第二节　社会冲突的阶层弥合

中等收入阶层成为社会主体是一种橄榄形的社会结构,这一结构是一种两头小、中间大的社会结构形态,在全体社会成员当中,收入较高的社会群体和收入较低的社会群体的比重都比较小,而居于两者之间的中等收入群体的规模最大,绝大多数的社会成员都是中等收入者。这样一种理想型社会结构是现代化的本质特征和社会公平的重要体现,是弥合社会冲突的重要社会基础,是现代化国家、社会的支持力量,也是保护社会弱势群体的一道坚实屏障。

[①] 陈永昌:探析我国收入三次分配中的公平取向问题, http://edu.sina.com.cn/official/2007-11-29/2320110557.shtml。

一 中等收入阶层的划分

社会结构的核心是社会阶层结构，直接体现了社会关系的状况，它既构成社会稳定、社会和谐和社会发展的基础，又构成社会矛盾、社会冲突和社会解构的原因。从社会学意义上看，社会阶层结构状况是社会的本质特征之一，其变迁过程实质上就是社会的转型和发展过程。在传统社会里，由于以农业或初级工业为主导产业，占主导地位的阶层是农民或农民和工人，整个社会阶层结构呈现出金字塔状，即低收入和中低收入群体占社会绝大部分，高收入群体仅是社会的很小部分。到了初级工业社会阶段，尽管农民阶层已在不断缩小，工人阶层逐步壮大，同时还出现了一些新兴阶层，比如企业家阶层、经理人员阶层等等，但其规模仍然较小，所以社会结构的形态仍然是金字塔形的，只是金字塔底部的构成有所变化，规模开始缩小，整个结构形态出现向橄榄形转化的趋势。20 世纪以来，发达国家先后进入工业社会高级阶段和信息化及知识经济社会，以服务业、信息业、知识经济为主导产业，工人阶层规模不断缩小，而以国家、社会和企业的管理者以及专业技术人员、办事人员等白领为主的阶层，成为社会阶层结构的主要组成部分，社会结构的形态逐渐从金字塔形演变成橄榄形。

收入水平是界定"中等收入阶层"的基础指标，毋庸置疑，中等收入阶层具有稳定的中等水平以上收入。但中等收入阶层由于有了"阶层"二字，它就不再是"收入"的单一指标可以准确定义、说明和描述的概念，而是一个包括收入水平、生活质量、职业、收入分配制度和社会结构特征的综合指标的概念。

从全球范围来看，目前中等发达国家的中等收入群体一般占 45% 左右，美国已经达到 80%，印度等发展中国家也已达到 29%（见表 5.2-1）。相形之下，中国社会结构中的中等收入群体不仅出现得较晚，而且规模过小，目前能够被归入其中的就业人口所占比例最多不超过 20%。即使像浙江这个人均 GDP 已经超过 6000 美元（2009 年为 6490 美元），经济发展水平走在全国前列的省份，在国际上还是处在低水平的阶段。

表 5.2-1　不同国家、地区中等收入阶层比重、划分标准比较

国家（地区）	家庭年收入（万美元）	比重（%）	总人口（亿）
美　国	4~20	80	2.8
德　国	3~8	50	0.824
瑞　典	4~10	55	0.0887
日　本	4.4~6.8	/	1.27
香　港	2~4.1	/	0.0682
台　湾	2~3.8	/	0.224
韩　国	2~3.6	/	0.48
印　度	0.07~0.3	29.2	10.27

资料来源：引自国家统计局网《目前国民中等收入问题研究与重庆实证分析》，http：//www.stats.gov.cn/tjfx/dfxx/t20080828_402501312.htm。

我们曾按中国社科院社会学研究所李培林所确定的"中等收入者"的划分标准，将中国城镇家庭年人均收入线作为参照基准，把高于这个平均收入线 2.5 倍及以上的收入群体定义为"高收入者"；把低于平均收入线 50% 及以下的收入群体定义为"低收入者"；把低收入的上限到平均线之间者定义为"中低收入者"；把平均线以上到平均线的 2.5 倍的人群定义为"中等收入者"。据此，李培林把年人均收入在 14001~35000 元之间的中国家庭作为中等收入家庭，其比例为 13.0%。①

结合到浙江实际情况，我们按以下划分标准来确定中等收入者：以当前浙江城镇居民年人均可支配收入线为参照基准，该平均线以上到平均线的 2.5 倍的人群定义为浙江"中等收入者"。据统计，2008 年浙江省城镇居民人均可支配收入为 22727 元，那么浙江中等收入者应该是年收入区间为 22000~57000 元，中等收入家庭（以 3 人计）应该是年收入区间为 66000~171000 元。②

按照这一划分标准，浙江中等收入群体的数量及其城乡分布状况是：2008 年，浙江全省常住人口为 5120 万人，其中居住在城镇的人口为

---

① 参见李培林《扩大中等收入者比重的对策思路》，《中国人口科学》2007 年第 5 期。
② 限于笔者所掌握的文献资料，如文中未作特别说明的，有关统计数据均来源于《2009 年浙江统计年鉴》。

2949.1万人，占总人口的57.6%；居住在乡村的人口为2170.9万人，占总人口的42.4%；全省城镇居民人均可支配收入22727元，农村居民人均纯收入9258元。根据2008年浙江省4450户城镇住户抽样调查和4700户农村住户抽样调查资料测算，2008年浙江省中等收入群体共计1569.6万人，占全省人口的30.66%。其中，城镇人口为1100.62万人，占城镇人口的37.32%，占全省人口的21.5%，农村居民为468.98万人，占农村人口的21.6%，全省人口的9.16%。

根据上文的数据分析，我们可以得知，浙江省的中等收入人群所占比例还远没有达到40%，与发达国家相比，差距很大。显然，这样的收入结构，还构造不成一个合理的社会阶层结构，不可能形成一种和谐的社会局面。

当然，中等收入者群体也不单纯是经济学概念，它具有经济、历史、地域、社会等多重规定性。在以知识创造财富的今天，是否具有良好的文化素质、职业技能、管理经验、敬业精神、社会责任心等已成为个人财富增长的重要源泉，成为中等收入者必备的素质。一般来说，所有的专业人士都是中产，他们职业特征鲜明，基本上都是在各自专业领域受过比较好的教育，他们的价值观中庸，风格谨慎，但是乐于遵守游戏规则和强调专业，有一技之长，工作稳定，而且收入在社会上是中上水平。如医师、律师和会计师，其他如金融、服务和IT等也都在此列。房地产、旅游、保险、商贸、传媒、法律、咨询、策划、社会服务、公用事业等领域的职员，科教文卫体等领域的专业人士，政府和社会管理部门的公务人员，企业里的管理者和专业技术人员，私企业主和农业的专业户也是中产。

中等收入阶层还是个生活质量的概念。一个家庭的生活质量，并不仅仅取决于他的收入，还有很多其他的影响因素，如收入的购买力水平、其享受的社会保障和福利水平、家庭的各种负担、生活的社会环境和自然环境等等。因此，像浙江杭州出租车司机，现在他们平均每月的净收入大概在3000元，可以说是杭州目前的中等收入水平，可他们一天要工作13～14个小时，还没有周末和节假日，特别是还不能生病，因为即使一天不干也还要上交180～230元的"份子钱"（租费和管理费）。还有前面分析的浙江农转居群体，由于城市化的快速发展，他们在地价和房地产价格快速上涨的过程中,通过自己出租屋的丰厚收益,达到了大大高于城市工薪阶层的收入水平。但几乎没有人认为,出租车司机和农转居群体自己也不自认为属"中等收入阶层"。因为他们没有真正实现进入中等收入阶层的职业转变,他们的意愿、社会态度、生活方式和消费偏好等,与中等收入职业阶层也相去甚远。

二 中等收入阶层结构是社会"稳定器"

(一) 中等收入阶层是现代化国家的社会稳定基础

有恒产者有恒心,当人们拥有了一份来之不易的、像样的家庭财产,有了一份稳定的职业,过上了比较体面的生活时,就会希望社会保持一种稳定的局面。历史经验表明,如果一个社会的中间层规模小,并且占人口比例很小的上层占据了绝大部分的社会资源,占人口多数的下层则处于贫困状态,出现严重的两极分化,那么这个社会就不会稳定,就有可能发生社会动荡甚至战争和革命。相反,在社会中间层规模大的社会,社会资源的配置一般都比较合理,经济社会分配差距比较小,大多数社会成员能在经济发展过程中从事体面的职业,获得比较丰足的经济收入,生活比较安定。这样的社会中间层成为社会的主体,他们对社会的主导价值观有较强的认同,他们与国家稳定和发展的利益一致。无疑,在这样的社会阶层结构形态中,社会各阶层之间的利益矛盾和冲突一般都不会很大,或者不会那么尖锐,大多数社会成员很少对社会感到不满。这样的社会是最稳定、最可持续发展的。

另外,就一般情况来说,中等收入者的文化水准高一些,理性化的成分多一些,心态也比较稳定。这样,中等收入者就更倾向于通过法律法规来协调相互之间以及与其他群体之间的利益关系。中等收入者是富人和贫困人口之间的有效缓冲带。在一个社会当中,富人群体和贫困群体之间相对来说最容易产生隔阂和冲突。而中等收入者群体同这两个群体相对来说容易相安无事。这样,中等收入者的比重如果很大,那么,就可以比较有效地缓冲富人群体和贫困群体之间的紧张关系。

一个国家如果拥有了一个庞大的社会中间层,就可具备强大的抗风险能力和持续发展的实力,否则,很难抵抗各种经济风险或危机,难以迅速从各种社会经济危机中恢复过来。如 1997 年亚洲金融危机,东南亚各国(地区)由于有着不同规模的社会阶层结构,也就表现出了很不相同的能力。在这次危机中,韩国是应对危机能力最强,恢复也最快的国家。这与韩国在 20 世纪 80 年代初期就已经形成一个庞大的社会中间层不无关系。相反,印度尼西亚却没能很快从此次危机中恢复过来,除了其他原因外,与印度尼西亚社会缺少一个庞大社会中间层有关。[①] 韩国与印度尼西亚的正反经验还表明,一个国家,即便在经济上达到了中等收入国家的水平,但如果其社会结构没有实现现代转型,没有形成一个橄榄形的社会阶层结构,便仍然不能算是一个稳定的、可持续发展的现代化国家。

(二) 中等收入阶层结构是现代化的社会支持力量

"中间大、两头小"的橄榄形结构是一个以专业技术人员、管理人员、商业服务业人员以及技术工人为主体的社会,这一群体是现代化的社会支持力量。他们在政治上是支持政府的主体,在经济上是经济主体和稳定的消费群体,在文化上则是文化的投入者、消费者和创造者。现代化的社会也正需要这样一个相当规模的企业家阶层、专业技术人员阶层、产业工人阶层、商业服务业员工阶层和办事人员阶层等中等收入群体,否则,科学技术和工业化也不可能达到现代发达水平。

同时,任何一个国家的经济现代化进程都不可能是完全平稳的,总会出现程度不同的波动、摇摆甚至是某个时期的滑坡和萧条。对于贫困者来说,经不起经济波动和萧条的打击,他们的收入水准本来就是刚好温饱,在这样的情况下,整个国家的经济状况一旦恶化,就意味着贫困者可能连温饱的日子都要受影响。而对于中等收入者来说,国家经济状况的恶化,虽然会对生活水准产生不小的影响,但还不至于影响到其基本生计的地步。日本是一个贫富差距很小的国家,日本有一个流行说法,叫作"一亿皆中流"。意思是日本的国民都是中等收入者,所以对于困难的抵抗力很

[①] 有资料显示,早在 1980 年,韩国的中间阶层占劳动人口的比例,就已经达到 55% 以上,此后这一比例还一直在提高。正因为有一个规模庞大的社会中间层,韩国社会形成了高度的凝聚力,在遭遇金融危机以后,全社会能够团结一致,很快从危机中恢复过来。印度尼西亚 1998 年时城市化水平为 38.8%,农业就业人口占总就业人口的 45.0%。这种城市化水平和就业结构,无法产生一个支撑社会稳定的社会中间层。

强。这也有力地支持了现代化的持续健康稳定发展。

（三）橄榄形社会阶层结构是社会公平的重要体现

现代化的社会阶层结构，意味着社会成员在现代化过程中普遍受益，绝大多数人享受着体面的生活和社会经济地位，而不仅仅是少数人受益。橄榄形社会阶层结构的公平性主要表现在3个方面。

一是不存在制度上区别对待的问题。不把出身不同、种族不同或其他特殊品质作为竞争的先决条件，竞争的唯一条件是能力或业绩。中间大的社会群体其个人的社会经济地位的取得，不是依靠其先天的或与生俱来的条件，而主要取决于个人的能力和努力，也就是说，决定一个人的社会地位的主要因素是后致性因素，而不是先赋性因素。每个人只要有能力，肯努力，便有机会改变自己的社会阶层地位。

二是对竞争有强有力的监督机制。后致性的地位获得机制和竞争得到了社会的普遍认同，对竞争的舆论、法律监控制度相当健全，违反公平原则的竞争会受到制止和惩罚。"能者上、庸者下"，已经成为普遍的社会价值观念和意识形态的一部分，任何限定某人或某些人参与竞争的制度性障碍都是不合理的，也是不合法的。只要在竞争中遵循公平原则，那么每个人都可能拥有向上流动的机会，社会阶层之间不会存在相互屏蔽问题，边界是开放的。

三是能公平合理地配置社会资源。橄榄形社会阶层结构是一个合理的社会结构，它的合理性主要体现为国家合理地分配公共资源，有效地发挥转移支付功能，提高竞争起点条件的均等程度，防止社会阶层差距的过分扩大。发展和普及教育，保障贫困者的基本生活，提升弱势群体的竞争能力，反对垄断，扩大社会就业机会等，使所有人享受社会发展和进步的成果。

这样的公平性反映出一个普遍受益、共享社会发展成果的具体状况，反映出以绝大多数社会成员为基点的制度设计的公正性和社会政策实施的力度，也反映出社会成员的实际能力与收入状况之间的合理对应，因为在一个社会中能力强者和能力低者均占少数，而能力居中者占多数。

三 浙江中等收入群体发展所面临的主要障碍

中等收入群体的培育和发展有赖于良好的社会基础。虽然与全国其他省区相比，浙江在发展经济、促进民生等方面取得了骄人的业绩，但是与建构橄榄形社会的目标相比，仍存在着不少差距。综观浙江的经济社会发展情况，这些差距的产生主要来自6大方面的障碍。

（一）社会分配的障碍

分配制度是否合理、公正，直接关系到一个社会贫富差距的大小，对社会阶层结构的变化产生重大影响。随着市场化改革的深入发展，收入来源的多元化和收入形式的多样化愈益明显，造成了行业之间、城乡之间以及地域之间收入差距的不断扩大，严重阻碍了中等收入群体的发展壮大。就社会分配领域而言，目前影响浙江中等收入群体发展的障碍主要体现在两大方面。

一方面，企业劳动者收入偏低，尤其是农民工工资太低。浙江的最低工资标准虽然作了9次调整，但是仍然达不到社会平均工资的40%，[①] 而且缺乏正常的工资增长机制。城乡居民收入增长远低于财政收入与企业利润增长，尤其是农民收入增幅更低。近十多年财政收入和企业利润的增长大大超过了城乡居民收入增长，我们对国民收入初次分配关系的调整还没有引起足够的重视，在年度计划指标和"十一五"规划中地方财政收入年增长率或年均增长率都比城乡居民收入增长率高出整整一倍。

另一方面，收入差距的"倒U形曲线"拐点至今仍未出现，城乡居民收入差距仍在扩大。2008年，浙江城乡居民收入差距达到2.45倍，与2005年相比，又有明显扩大。2008年城镇居民收入的基尼系数分别为0.3310、0.3614。如果考虑城镇居民从单位得到的各种实物收入、享受的住房公积金，城乡居民间的收入差距更大，初步测算，城乡居民的收入差距已超过了2.6倍。如果城乡居民一起计算基尼系数，全省居民收入的基尼系数超过了0.40的收入差距警戒线。城乡居民内部高低收入家庭收入差距倍数也在扩大。高收入阶层在全部收入中获得了更多的份额，而低收入

[①] 根据浙江省政府2010年3月1日印发的《关于调整全省最低工资标准的通知》，从2010年4月1日起，全省最低月工资标准调整为1100元、980元、900元、800元4档。然而，根据浙江省统计局公布的数据显示，2009年浙江省全社会单位在岗职工年平均工资为27480元，日平均工资为105.3元。照此测算，2009年浙江省全社会单位在岗职工月平均工资在3000元以上，比最新实行的最低月工资标准（1100元）高出将近2倍。

阶层的收入份额则不断下降。2008年，农村居民中收入最高的20%家庭人均年收入为19818元，收入最低的20%家庭人均年收入为2766元，两者收入之比为7.16∶1，比2007年的7.02∶1又有所上升，贫富差距已进入差距偏大行列。从恩格尔系数方面看，其结果也是如此（见图5.2-1）。

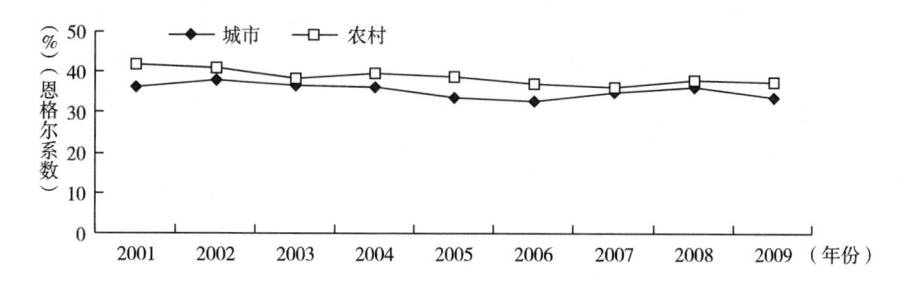

图5.2-1　浙江城乡居民家庭恩格尔系数对比（2001~2009）

注：数据来源于《2009年浙江统计年鉴》和《2009年浙江省国民经济和社会发展统计公报》。

（二）创业富民上的障碍

创业是富民的重要途径和手段，也是浙江个私经济遍地开花、快速成长的根本原因所在。正基于此，浙江私营企业主、个体工商户、经理阶层等一批新的社会阶层才得以迅速形成。据统计，截至2008年6月底，全省私营企业投资者达到100万人，个体工商户的从业人员达到400万人，浙江省的人才总量达到600万人。这样，大约有1000万人的现代职业阶层人员，这是支持浙江社会经济快速发展的一个重要的基础性力量。但即便如此，浙江中等收入群体的进一步发展仍面临着创业富民方面的一些问题。

第一，制度性和政策性障碍。虽然浙江是块群众创业的热土，但遗憾的是，当前在促进民众创业方面仍存诸多制度性和政策性的制约因素。例如，中小企业的融资难和行业准入问题、个体创业的行政审批程序的烦琐问题、大学生创业的税收减免问题，等等。另外，政府在创业富民方面的相关政策也有待进一步的宣传和解读。《中国青年报》曾报道一项调查结果：浙江近八成大学生考虑自主创业，但有三成大学生不了解政府支持大学生创业的优惠政策。① 这与政府部门的政策宣传和解读工作不到位相关。

第二，观念上的障碍。这方面的障碍主要体现在两个方面。一方面是"小富即安"的思想仍较广泛地存在。浙江地处江南水乡，人民生活较为富足，尤其在杭嘉湖地区，老百姓当中"小富即安"的思想较为普遍，缺乏创业的动力与激情；另一方面是大学生自主创业的"不得已而为之"的思想。即便在当前就业形势日趋严重的形势下，大多数大学生仍缺乏自主创业上的动力和激情，对自主创业即就业的观点认可度较低，大多数大学生认为"自主创业只是就业失败后自谋生路的一条退路"②，是因找不到工作不得已而为之的一种选择。

（三）利益调整的障碍

在一定意义上讲，中等收入群体的发展过程就是一个利益结构不断得以调整和优化的过程，这就需要建构合理而有效的利益协调机制。随着浙江社会利益群体的不断分化与重组，社会利益格局趋于固化和僵化，导致利益协调机制处于一种缺失或失效的状态，主要体现在两个方面。

一方面，政府与民争利现象的普遍存在。从直接层面看，主要表现在政府和行政性事业单位收费罚款及部门利益、地方政府利益、公务员隐性收入等。目前，政府的全部收入（包括收费和土地出让）已经达到GDP的35%左右，行政公务开支也占财政全部支出的35%左右。这是抑制创业、企业和就业，扼制劳动者收入增长的一个重要原因。从间接层面看，还有金融体制高度垄断，其资源主要放贷给国有经济，大量能增加劳动者就业和居民收入的小企业融不到资。其大量资源聚集在国有经济体系中循环流动，造成大量能够增加劳动者就业机会和提高居民收入的小企业陷入融资困境。

另一方面，垄断性行业员工收入普遍偏高。垄断性行业是指那些依靠国家特殊政策或专有技术垄断整个行业生产与经营的行业。在我国，这些

---

① 《浙江近八成大学生考虑自主创业 1/3 不了解政策》，http://www.chinanews.com.cn/edu/qzjy/news/2009/02-11/1558099.shtml。
② 《浙江近八成大学生考虑自主创业 1/3 不了解政策》，http://www.chinanews.com.cn/edu/qzjy/news/2009/02-11/1558099.shtml。

行业所取得的垄断地位，往往是依靠行政权力阻挠市场竞争的结果，主要分布在能源、通讯、交通、烟草、金融等领域。这些行业基于对资源的强力支配，无偿占有和低偿使用社会公共资源，获取超额垄断利润，使社会财富分配结构畸形固化，其突出表现就是员工的高工资收入。例如，在2008年浙江城镇单位从业人员中，制造业从业人员有149.66万人，占从业人员总数的52.5%，其工资收入有748.61亿元，占城镇单位在岗职工工资总额的31%；而电力、燃气及水的生产和供应等垄断性行业从业人员只有12.17万人，占从业人员总数的1.71%，但其工资收入却达74.08亿元，占城镇单位在岗职工工资总额的3.14%，[①] 与制造业形成鲜明反差。

（四）社会水平与垂直向上流动还受到身份歧视的障碍

根据流动的方向，社会流动一般可以分为水平流动和垂直流动。水平流动是指一个人在同一社会职业阶层内的横向流动。它多半是地域间的流动，也包含在同一地区的不同工作群体或组织之间的流动。垂直流动是指一个人从下层地位和职业向上层地位和职业的流动，或者从上层地位和职业向下层地位和职业的流动。垂直流动可以伴随地区间流动，也可是原地升降。中国中等收入群体的扩大，一个十分重要的途径就是要拓宽社会流动渠道，实现社会结构由封闭性向开放性转变。

当前，浙江社会水平与垂直向上流动仍受到身份歧视的障碍，具体表现在两个方面。

一方面，以户籍制度为核心的城乡二元结构还没有完全打破，进城农民市民化严重滞后。目前，浙江城市人均收入近25000元，农民人均收入1万元。别的国家人均年收入达到3000美元时，基本三分之二以上是城市人口，而浙江只有二分之一多点。如果没有农民工市民化，城市化的所有好处可能都不存在，最后又会变成土地城市化、人口半城市化，最后走回投资驱动的老路，人口带动的消费起不来。

另一方面，从农民、工人中分化出来的中等收入阶层增长缓慢，上向流动空间被挤压。自20世纪90年代后期以来，浙江社会阶层结构中一个日益突出的问题是，农民和工人群体向上流动趋缓，而向下流动增速，在

---

① 此处数据来源于《2009年浙江统计年鉴》，百分比数则根据年鉴中提供的数据计算所得。

单位、部门中,徘徊于较低职位或边缘,其上升空间和发展机会受阻。一个重要的原因是,在深层结构上遭遇了来自"精英联盟"的"权力排斥"。这是一种利用行政赋权获取社会资源而独霸发展机会、独吞利益结果的社会排斥现象。排斥的结果对个体而言,就业和发展机会不公,前景不明,难以理性预期,就社会结构而论,改变和扭曲了市场竞争中具有起点公平的"后致性"(靠个人后天的受教育及专业努力等因素)原则,"先赋性"(靠家庭、血缘背景等先赋因素)的地位分配机制作用增强,失去了一个靠后天努力、公平、有序竞争获得体面的社会地位的阶层示范效应。

(五) 社会公共产品短缺的障碍

浙江中等收入群体的扩大还来自社会公共产品短缺的障碍。由于政府职能转型不到位,县域及以下政府所提供的社会公共产品、服务总量和相对水平均偏低(见表 5.2-2),长期形成的"城市公共事业以政府为主体来办、农村公益事业以农民为主体来办"的思想观念和投入格局尚未根本改变,与城乡公共服务均等化要求相适应的公共财政投入和公共资源配置向农村倾斜的体制机制尚未根本建立。不少县市财政压力很大,尤其不发达地区财政负债现象还较普遍,农村公共产品供给的资金来源没有切实保障。基层政府财权与事权不相匹配。财税体制改革以来,财权逐渐向上集中,而事权却逐级下放,使得基层政府所掌握的财力与所承担的公共服务职责严重不匹配,县乡两级政府承担着义务教育、基层医疗卫生事业、农业基础设施等刚性很强的事权,却并不拥有与其义务相对称的财权。这种不对称的事权和财权安排是造成城乡公共产品供给失衡的重要原因。

表 5.2-2 2009 年浙江城乡居民生活水平对比

单位:元

城镇居民家庭收支	1~12 月	同比±%	农村居民收入	1~12 月	同比±%
医疗保健	985	5.5	医疗保健	615	11.5
交通和通讯	3291	37.5	交通和通讯	866	9.5
娱乐教育文化	2295	4.5	文化教育、娱乐	803	20.0
其他商品和服务	579	11.1	其他商品和服务	154	9.3

注:数据来源于浙江统计信息网 2009 年统计数据,http://www.zj.stats.gov.cn/col/col1539/index.html。

这里有必要着重指出的是，浙江社会公共产品短缺的一个集中体现就是社会保障还不能满足人民群众基本需求。浙江省的社会保障体系虽然已经基本建立，但地区间差异较大，覆盖面还不广，基本医疗保险、失业、工伤和生育保险的覆盖面则更低，还不能满足人民群众基本需求。至于在养老保险方面，虽然从2010年1月1日开始，590万60周岁以上的老人，每月可以享受政府提供的不低于60元的基本养老金。然而，从整体保障水平上看，还是处于低水平状态，覆盖面也有待进一步扩展。另外，社会保险基金支付风险较大，财政投入不足，基金保值增值问题也较为突出。诸如此类的问题将影响到中等收入阶层的稳定发展，因为现实中因病致贫、因病返贫等问题已经一再出现。

（六）大学生就业难的障碍

就业是民生之本。大学生的顺利就业是扩大中等收入群体规模的重要渠道。但近年来，日益严峻的大学生就业形势已经成为影响千家万户的重要民生问题，大规模待业大学生群体的出现，将会极大地增加社会的不稳定因素，不利于橄榄形社会的建构。当前，浙江大学生就业难集中体现在两个方面。

一方面，劳动力市场中大学生的供求矛盾加剧。自1999年开始大学扩招以来，浙江高校毕业生人数快速增长，屡创历史新高。2009年全省高校毕业生规模达到23.3万人，比2008年增加1.8万人，增长8.2%；另一方面，受经济发展趋缓、企业经营困难的影响，劳动力市场对大学生的需求明显减少。据2009年5月全省劳动力抽样调查数据显示，20~24岁青年大学生的失业率为5.7%，比上年同期提高了0.9个百分点。[①]

另一方面，理想与现实的落差致使大学生成为"啃老族"。毕业找不到工作，找到工作又养不活自己。碍于"天之骄子"的面子，一些大学生宁愿待业在家，戴起"啃老族"的帽子，也不愿从事低收入的工作。这种现象在当前毕业大学生群体中不断出现，一度成为新闻媒体争相热议的焦点。根据浙江省统计研究与信息发布中心的研究成果，由于大学生的就业

---

① 浙江省统计研究与信息发布中心：《浙江大学生就业的现状、问题及建议》，《浙江经济参考（分析篇）》2009年第58期。

逐步从"精英化"走向"大众化",上述理想与现实的落差仍是浙江大学生就业难的主要表现。据统计,在 2008 年,全省 20~24 岁的新大学毕业生中,有超过六成进入民营企业工作,占了 63.0%,其中,个体经济就占 53.2%,而备受大学生青睐的机关事业单位、国企和外企分别只占 20.2%、11.9% 和 4.9%,与大学生的期望有较大差距。①

大学生就业难的原因固然是多方面的,如高校扩招带来的人才供需矛盾,高校学生培养模式与社会需求的脱节,以及大学生就业观念难以改变,等等。但不管怎样,大学生就业难的问题无疑对橄榄形社会的建构带来了诸多障碍,继而很可能会带来中等收入群体在新老交替过程中"青黄不接"的问题。这方面问题必须引起我们政府部门的高度重视。

四 加快推进中等收入阶层为主体的社会结构建构

实现这样一种理想型的社会结构必须依赖经济的持续较快增长,依赖产业结构调整,增加社会财富,依赖发展高等教育和社会政策调节,扩大中等收入人口,鼓励人们创业,为创业者提供制度保障。必须依赖加快城市化进程,减少农民数量,使更多的农民成为市民。世界各国的实践经验表明,在走向现代化的进程中,社会结构的"断裂"并不是最可怕的,最可怕的恰恰是社会机体丧失续接社会结构、弥合社会裂痕的动力和功能。我们建构橄榄形社会,就是要从社会结构出发,在明确基本思路和实现路径的前提下,激发社会均衡发展的内生力,提供社会有机整合的黏合剂,以避免经济社会发展过程中"贫者越贫,富者越富"的"马太效应"的增量和扩散。

(一)继续大力推进创业富民,调整分配制度,扩大中等收入群体队伍

1. 大力扶持发展家庭工业、中小企业

社会转型必然要求一定经济制度与之相适应,而经济制度的确定又必须契合于现实的社会发展条件。正如温家宝总理所明确指出的:"在我国

---

① 浙江省统计研究与信息发布中心:《浙江大学生就业的现状、问题及建议》,《浙江经济参考(分析篇)》2009 年第 58 期。

工业化进程中，要大力发展高新技术产业、现代制造业，这是必然趋势；但任何时候也不能放弃劳动密集型产业，这是由我国人口总量和结构、生产力水平多层次、社会需求多元化所决定的。"①

在我们看来，改革开放以来，浙江的社会生产实践是一种"社会化小生产"。它是一种以家庭或家族为基本生产单位、以社会分工和市场为联结纽带的生产方式，既有着传统社会里"小生产"方式的特征，即以家庭或家族为基本生产单位，以亲缘、地缘、业缘为主要生产网络，同时又有着现代社会里"社会化大生产"方式的主要特点，即以社会分工为基础，以市场为纽带，以专业化生产为形式。②近30年的经济发展经验表明，这种生产实践方式扎根于浙江地方性文化土壤，是一种草根经济，不仅富裕了众多的创业者，而且为社会提供了大量的就业岗位，有着旺盛的生命活力。

当前，浙江的社会化小生产实践形式正在向现代转型，以现代家庭工业、现代家族企业为主体的生产组织正不断演变、发展，越来越多地成为块状经济、集群产业中的一个环节、一个连接点、一个生产场所。这样一种既分散又组合的生产方式既具备大生产的规模效应功能，又具备小生产灵活多变、适应性强的长处，有着无限广阔的发展空间和不可限量的生命力。因此，加快以家庭工业、家族企业为主体的生产组织形式的改造提升，重点推进市场依托型家庭工业、块状集聚型家庭工业、产业配套型家庭工业、产品协作型家庭工业、来料加工型家庭工业、资源加工型家庭工业等，并进一步拓展现代家庭工业发展的领域，加快引导和培育发展科技型家庭工业、创意型家庭工业、生态环保型家庭工业和外向型家庭工业。使以家庭为主要生产组织的社会化小生产与现代信息技术、现代网络相结合，开辟出更广阔的发展空间。

2. 继续大力推进创业富民，调整分配制度，扩大中等收入群体队伍

从创业主体上看，要继续从制度保障层面上鼓励中小企业和个体劳动者（包括大学毕业生）创业，鼓励农村家庭工业发展，以创业带动就业、

---

① 温家宝：《关于发展社会事业和改善民生的几个问题》，《求是》2010年第7期。
② 杨建华：《社会化小生产：浙江现代化的内生逻辑》，浙江大学出版社，2008，第49页。

健全创业服务体系，免收大学毕业生、失业人员个体创业的各项行政事业性收费。这样不仅可以吸纳大量劳动力，而且可以快速增加农民收入，改善初次分配中的公平问题，从而起到缩小贫富差距、促进消费需求的作用，有助于缓解当前比较突出的就业、分配以及消费和投资失衡等问题。放手让每一位公民都有机会成为创业的主体，成为市场的主体。从而有机会成长为中等收入群体或富翁群体，使一大部分人走向共同富裕。

（二）增强劳动要素对 GDP 的分配力，稳定和调整资本要素分配 GDP 的结构，控制住政府权力分配 GDP 比例的扩张

GDP 分配偏向资本和政府而忽略劳动报酬的比例，其直接后果就是我们始终面临国内消费需求不足问题，进而引致其他经济社会问题。因此，浙江要着力调整 GDP 分配格局，逐渐形成中等收入者占多数的"橄榄形"分配格局。根据中央党校周天勇教授的观点，对 GDP 的分配中，各级政府是用税收、收费罚款、土地出让、探矿权和采矿权出让等权力进行分配，企业是用资本要素的红利和折旧等进行分配，而居民基本上是用让渡劳动而获取的所得进行分配。[①] 据此，我们认为浙江可以尝试着从 3 方面着手。

（1）积极推进工资集体谈判制度的建设，增强劳动要素对 GDP 的分配力。在当前的劳动关系制度下，基于劳动关系兼具财产和人身的两重属性，普通劳动者在劳动关系中处于天然的弱势地位，在工资待遇上缺乏话语权。这是当前收入分配改革的最大问题。因此，只有尽快从制度层面上建立健全工资集体谈判制度并让其充分发挥作用，使工人真正具有工资调整的话语权，收入分配改革才能突破知易行难的"改革疲劳期"，从而提高劳动要素对 GDP 的分配力。

（2）通过税收制度的完善，稳定和调整资本要素分配 GDP 的结构。从资本要素分配来看，要调整其结构，即对创业投资，特别是投资增加就业的，应当降低税负，清理收费，禁止乱罚款；而对房产投资、采矿、污染等等，应当开征房产税、资源税和污染税等等。

（3）积极发挥人大的财政监督作用，控制住政府权力分配 GDP 比例

---

① 中央党校周天勇曾针对 GDP 的分配问题提供了比较清晰和全面的思路和对策，我们觉得具有较强的可行性，在此我们加以借鉴。具体参见《专家称十二五政策重点应是让老百姓富起来》，http://news.qq.com/a/20091021/000356_3.htm。

的扩张。各级政府和行政事业性单位对 GDP 的具体分配制度,必须置于各级人大的监督之下。具体来说就是,各级政府全部收入占 GDP 比例、全部税收以及各类收费制度,应该经由人大讨论批准,政府各部门和各行政性事业单位不规范的收费和罚款要及时进行清理和废除,从而控制住政府权力在 GDP 分配比例中的扩张。

(三) 加强新型城市化建设力度,减少农民数量,促进农村人口向城市转移

城市化是扩大中等收入群体的一大引擎。农业劳动者向非农领域的大量转移和流动,农村人口向城市转移,一方面有利于农村土地流转,促进农业集约化、规模化经营,农业走向产业化、现代化,提高农业效益,使得农业劳动者自身能很快地增加收入,改善生活;另一方面则有利于阶层结构的改善。在真正现代化的社会阶层结构中,农业劳动者实际上是一个规模很小的阶层。例如,1992 年时农业就业比重在英国为 2%,在德国和美国为 3%,在日本为 7%,在韩国也仅为 17%。据统计资料显示,2010 年浙江城市化水平是 59.6%,也就是说居住在城市的人口达到了 3200 多万。但是,从 2005 年到 2009 年,4 年城市化水平只增加 2.1 个百分点,一年平均增长 0.5 个百分点,这显然是一个很慢的速度。尽管浙江城市化水平已经达到 59.6% 了,但只是统计意义上的人口城市化,实际水平仍然偏低。而农民的市民化更加滞后,农民尽管住到城里来了,但是还没有完全市民化。主要原因是,当前制约城市化发展的一个重要问题是农民进城成本太高,以户籍制度为核心的城乡二元体制把许多农民挡在了城市大门之外。

1. 加大户籍制度改革,推进新型城市化发展

加快户籍制度改革,降低城镇入户门槛,并从经济区域实际情况出发,加快新型城市群的建设。尤其是要加快中等城市、县城与小城镇建设。新型城市化要以重大项目建设为载体。要认真抓好项目建设的基础工作,围绕基础设施建设和基础产业发展,抓紧做好项目的开发、包装和储备,开发一批能支撑经济社会又好又快发展的重大项目。新型工业化是新型城市化的基础,新型城市化是新型工业化的载体。新型工业化就是以信息化带动工业化,以工业化促进信息化,走出一条科技含量高、经济效益

好、资源消耗低、环境污染少、人力资源优势得到充分发挥的工业化道路。新型城市化要重视产业的支撑作用，走新型工业化的路子，构建以"两型"产业为核心的现代产业体系。要体现人与自然和谐发展的理念，注重资源节约和环境友好，增强环境与生态的承载力。

2. 加快农村产权制度改革，创新承包地与宅基地流转制度

农村地区的产权制度与农民的社会流动与社会权利密切相关，扩大农村中等收入群体，一个重要切入点就是加快农村产权制度的改革。长期以来，农民的财产权一直没得到应有的尊重，使得农民收入增长缓慢，利益不断受损。目前，浙江农村产权制度的改革已具备条件。农村产权制度改革首先应保障农民对土地所拥有的权利。要从法律上赋予农户的农用土地承包权的物权性质，给农民长期稳定和有保障的土地使用权，允许自由转让、出租、抵押、入股、继承。可试行在现有的土地制度框架内，通过地方法规，使农民拥有土地处置和收益权，让农村土地在农转非过程中直接进入市场交易，让土地征用方直接与被征地农民谈判。在农村进行住宅商品化的试点，总结经验，出台农民住宅进入商品房市场的有关规定，给农民私有和集体所有的房产颁发房地产证，允许上市交易和抵押，让农民的住宅真正成为农民的财产。正确处理政府与农民之间的关系。着力保护征地过程中农民的土地权益，使土地纠纷不再继续扩大，农村土地可流转、可抵押、可入股。着力引导和鼓励发展农村新型合作经济组织不仅有利于农村产业结构调整，实现规模经营，为下一步转变乡政府职能创造良好的条件。

第三节　社会冲突的社群弥合

社群是指在某些地区或领域内发生作用的一切社会关系。社会成员个体共同生活在一起，通过社会等级、领域行为和社会分工而相互作用形成的群体组织。它可以指实际的地理区域或是在某区域内发生的社会关系，或指存在于较抽象的、思想上的关系。为了集中我们的研究指向，我们这里所说的社群主要指社群中的两种类型，即社区与社会组织。

从理论上说，一个健康的社会取决于政府、市场和社会三种力量的平

衡。在市场和社会发育程度很低而政府权力独大的情况下，就会导致政府权力的滥用和失控；在市场和政府权力的力量很强而社会发育很低的情况下，则会形成权钱结合的治理模式。这都会引发大量乃至激烈的社会冲突。社会中间层是社会的重要屏障，它对社会冲突起到了一个减压阀的作用，不仅为政府卸掉了大量的社会负担和社会矛盾，还有效地降低了社会冲突的危害性和毁灭性，让社会各种不同利益和冲突以谈判、调解和斡旋的方式得到解决，让社会各个群体心情舒畅。

一 充分发挥社会组织作用以有效弥合社会冲突

（一）加强社会组织建设是新一轮体制改革与思想解放核心内容

社会组织通常指政府和企业之外的非营利组织，其特点是不以营利为目的，主要开展公益性、互助性和自律性活动，具有民间性、独立性和组织性等特征。在国家体系中，当政府不能有效地配置社会资源，而市场体系中的企业受利润驱使又不愿意提供公共物品时，就需要一种新的资源配置体系，以此来弥补政府和市场双失灵所带来的资源配置低效和不足的问题。这一新的体制就是建立在以志愿服务为动机，以提供非营利社会服务为目的基础上的社会组织。这类组织应该在现代社会整体资源配置体系中发挥重大作用，应该成为继政府配置体系和市场配置体系之外的，不可替代的重要的资源配置体系。因此，构建一个全方位的民众自组织网络，应该是目前新一轮体制改革以至新一轮思想解放的核心内容，也是社会发展的重要内容之一。

社会组织是人与人、人与社会和谐的环境，更是整个社会良性运行的基本单元。中国改革的过程是一个不断调整政府与市场、政府与社会关系的过程。在计划体制下，政府单一承担了组织社会生产、管理社会生活的功能，随着市场经济的建立，计划经济那种单一的行政管理模式已不能适应我国社会发展的需要。在我国社会结构和社会体制双重转型的过程中，需要有多种社会整合形式对社会成员和社会群体进行有效的整合，以理性、合法的方式，满足他们经济、政治、文化和社会生活多方面的需求。也就是说，社会利益主体和社会需求的多元化，需要社会管理和社会服务的多元化。社会组织正是适应我国社会发展的需要而不断地发生发展，社会组织是政府与人民群众之间的桥梁和纽带，它参与构建利益协调机制，帮助政府建立起民主的管理机制，实现社会成员有序的政治参与。同时，社会组织在弱势群体利益表达和利益维护方面扮演重要角色，有助于社会诚信友爱、充满活力，使得社会安定有序。

在建立社会主义和谐社会的进程中，我国政府正在向公共服务型政府转变，逐步把一些社会管理职能交给社会组织，发挥社会组织的作用。政府为什么要支持社会组织？政府为什么不直接由自己向社会提供服务？原因很简单，因为社会组织就是社会的细胞，它远比政府了解社会肌体某一部位某一时段的特定需求，它在为公众排忧解难时也远比政府及时、有效、低成本。因此，社会组织被称为政府的"替补者"，而政府对社会组织的扶持也被视做政府向社会提供的公共产品之一。发展社会组织，就在国家与分散的社会成员之间形成了一个中介力量。一方面，社会组织能够代表所属群体的利益下情上达；另一方面也能以桥梁纽带身份把党和政府的方针政策上情下达，还能进行不同群体的利益协调和对话。在此，社会组织起到政府和社会成员矛盾缓冲带的作用，为人们的利益表达提供了多种渠道与合法的表达方式。这样，可以减少社会成员的失范行为和对抗性的社会冲突，维护社会秩序和社会稳定。社会组织代表的是积极的公民精神，强调公民应主动参与社会公益和志愿者的活动，对社会要肩负起码的道德责任并自助、互助和助他。这种正面的价值观将为我们的民族精神注入新的活力。

政府是刚性的，社会组织则是柔性的；政府是托底的，社会组织则是丝丝入扣、无孔不入、无时不在的。以往，我们的国家结构中只有政府和民众，而没有"社会"这个中间层，根本就在于缺乏社会组织这样的中间结构。由于"中间地带"的缺乏，国家机构承担太多的责任，也行使太多的权力，而个人却又觉得受到束缚。通过社会资本的积累，形成一个有利于个体自主合作的社会关系网络，既有利于国家机构的改革，也有利于社会、个人的发展，能够解决目前存在的诸多社会矛盾。社会组织是政府和民众之间的巨大的弹性力量，这个力量越强大，社会的抗震荡能力就越强。

社会组织在解决劳资关系失衡和维护农民基本权益问题中扮演重要角

色。由于城乡改革不同步，城市化进程中对农民利益的侵害，尤其是对农民土地权益的侵占已成为一个相当严重的问题。这些年来，因为农民土地问题而引发的各种社会矛盾和冲突，严重影响到农村的社会稳定和经济发展。未来几年，加快农村土地制度改革，真正使农民成为土地的主人，关键的问题在于使农民组织成为维护农民土地权益的主体，提高农民及农民组织在土地交易中的谈判地位。从我国的实际情况看，在农民组织建设的过程中，政府既不能简单地退出，也不能采取传统方法，强化对农民组织的行政控制，而是要在政府自身转型的过程中，积极地支持、规范和引导农民组织的发展。只有观念转变、体制转型，政府才能主动支持农民组织建设，形成与农民组织平等对话的协商关系和合作伙伴关系。在我国利益关系调整的关键时期，由于农民的利益表达和利益诉求越来越强烈，如果这个利益诉求得不到基本满足，农村社会暂时的利益冲突就不可避免，局部地区甚至会产生某些过激行为。在这种情况下，政府要从广大农民利益出发，主动与农民进行沟通和交流，并依靠农民组织缓解社会矛盾、减少社会冲突。

目前农民工工资待遇较差，尽管不能说与市场均衡毫无关系，但主要不是市场均衡问题。农民工完全是一盘散沙，没有一点工资谈判的余地。这绝非劳动"过度供给"所能解释。农民工这一弱势群体在合法权益保护方面之所以为弱势，最主要的原因就在于他们缺少组织，很大一部分是由于非政府组织欠发达造成的。政府应加强对城市农民工的组织管理，大力向他们提供政府支持。在这方面行之有效的方式是帮助农民工组织自己的工会，将他们从原始的血缘组织和地缘组织转移到正式的社会组织中来，使他们的利益表达纳入政府的制度化轨道。通过有效的组织管理，可以帮助农民工解决劳动就业、劳动报酬、社会交往等方面所遇到的实际问题，打击各种侵犯农民工利益的行为，切实保护他们的合法权益。具体来说，可以从两方面着手。一方面，要加强工会组织建设，最广泛地把包括"两新"组织从业人员和农民工在内的广大职工纳入组织体系，将工会组建和会员发展纳入党建工作目标考核。法院、检察院、司法行政部门也要支持工会依法开展劳动争议诉讼、职工法律援助和农民工维权等工作；另一方面，要积极推进工资集体谈判制度的建设。继续推广实施浙江温岭工资集体协商经验，在企业建立工资集体协商制度。应尽快使90%以上企业实施这一制度，其中国有、集体企业覆盖面达到100%。尽快从制度层面上建立健全工资集体谈判制度并让其充分发挥作用，使工人真正具有工资调整的话语权，收入分配改革就能突破知易行难的"改革疲劳期"，从而提高劳动要素对GDP的分配力。

因此，政府应支持和鼓励民众，尤其是农民、农民工等社会弱势群体，在社会主义制度原则的前提下组织起来，通过组织解决自己生产、生活中的各种困难，实现自己合理的个人利益。比如，鼓励农民自办生产、交换、分配、消费的合作社，社区自办的各种社团等等，在经济自建组织的基础上，支持和鼓励民众政治文化上的民主决策、民主管理、民主监督，以此建构社会和谐所需求的民众自治网络。要大力培育各种社会组织、中介组织，引导更多的社会力量参与社会管理，形成社会公共政策制定的公众参与机制，推动社会组织与政府运用法治化方式开展对话、协商、辩论、谈判、政治参与、监督等，促使政府关注和实现人民群众的共同利益与需要，形成社会秩序的民主化、法治化和相互和谐。健全和完善社会自治、自律和自我发展的新机制。

（二）浙江社会组织发展状况

我们还是以浙江为例。改革开放前，浙江省社会组织总数不到300个，基本都是"官办"性质，改革开放以来，浙江省的社会组织的数量快速增长，特别是近几年来，社会组织的发展速度明显加快。截至2010年底，全省有各类社会组织2.9万个，居全国第3位；每10万人拥有社会组织55个，居全国第2位；社会组织拥有总资产约150亿元，从业人员约15万人。此外，全省还有在各地基层民政部门备案的3.5万个社会组织。浙江民营经济发达，特色产业群鲜明，行业协会数量逐年大幅提升，出现了一大批一业一会、一品一会的行业协会。从全国范围看，浙江行业协会总数排在山东、四川、江苏、河南之后，居第5位，每10万人拥有的行业协会数列全国第4位。行业协会民间化进程逐步加快。

社会组织是为百姓提供社会公共产品与服务的重要力量，浙江省社会组织尽管已经高居全国前列，但是和发达国家和地区相比，还相对滞后。

第一，数量少，无法满足社会公共服务需求。目前浙江每万人拥有社会组织数仅为5.39，远低于发达国家与地区，也低于印度和罗马尼亚这些发展中国家（见表5.3-1）。

表5.3-1　10个国家和地区每万人拥有社会组织数（截至2010年底）

国家（地区）	社会组织数量（个）	人口数（万人）	每万人拥有数（个）
美　国	14000000	20730	675.35
法　国	700000	5885	118.95
日　本	1228344	12641	97.17
新加坡	4600	316	14.56
印　度	1000000	97967	10.21
中国台湾	20473	2192.9	9.34
罗马尼亚	12000	2250	5.33
中　国	399760	137756	2.90
浙江省	29405	5460	5.39

资料来源：本课题组调查。

浙江现有320万残疾人，占全省总人口6.36%。2010年全省65岁以上的老年人口占全省总人口的10.57%，2010年浙江60岁以上的老年人口达到786.63万人，占总人口的13.61%。这都需要我们社会加以关心，加以关注，仅仅依靠政府是很难帮助这些需要帮助的人来解决他们的生活问题。但浙江社会工作者队伍严重匮乏，如杭州市，虽然统计上从事社会工作的人员大约有11000人，但他们大多数是以行政干部或准行政干部的身份出现，与服务对象之间是管理与被管理的关系，而不是一种专门助人的职业。西方发达国家，专业社会工作者占总人口比例一般都达到2‰以上，美国约有56万名专业社会工作者，占总人口的2‰。加拿大和日本分别为2.2‰和5‰。中国香港地区截至2007年4月，社会工作从业人数达到26000多人，占总人口的3.9‰，注册社工就有13018人，占总人口数的1.86‰。社会体制改革的一个内容就是培育社会，规范有序发展社会组织。如果我们老百姓一遇到问题更多的是找社会组织，而不是一遇事情就找警察或政府，可能民生会得到更多的改善，社会也会更加健全更加和谐。

同时，浙江社会组织社会服务水平不高，社会组织提供公共产品与服务能力不强。长期以来，很多社会组织的主要事务由兼职人员管理，专业人才很少在社会组织就职。据对浙江100家行业协会抽样调查，无专职工作人员的占28%，专职人员在5人以上的仅占16%。同时，缺少良好的内部纠纷协调和民主决策机制也直接影响了社会组织为企业、社会提供服务的水平。

第二，自治功能发育不足。浙江原来的一些社会组织是挂市场的名字，戴政府的帽子，坐行业的轿子，收企业的票子，供官员兼职的位子。近来随着经济社会发展和市场体制的逐步完善，浙江省发改委、民政厅、经贸委等14个厅局委联合决定：自2006年起，对全省的行业协会发展进行改革，要求所有行业协会陆续摘掉"官帽子"，凡在行业协会中兼职的官员要么辞去公职，要么退出行业协会，以彻底褪去"官方""半官方"色彩。但很多社会组织如协会等仍是通过行政手段或行政影响组建而成的，行政依附性强，协会运作仍挂靠在业务主管部门，受制于部门的既得利益，自律自主自治功能发育不足。

社会组织现在实行的是登记机关（民政部门）和业务主管部门双重管理的体制，特别是许多业务主管部门与社会组织如行业协会存在行政隶属关系，导致政会不分，行业主管部门对行业协会的管理视同为行业管理，未将应由和适宜行业协会履行的职能授权或委托给行业协会，严重影响行业协会自主功能的发挥，同时也影响了社会组织的社会信任度提升。

第三，现行管理体制与手段不能适应培育发展要求。长期以来，民政部门对社会组织管理主要是负责登记及日常管理。管理工作跟不上社会组织的发展形势，目前仍停留在被动管理层面，管理力量不足、管理培育工作思路单一、手段缺乏等已成为社会组织管理面临的主要问题。不少领导干部认为社会组织小鱼不起浪，睁一只眼闭一只眼，还有些领导干部则对社会组织持高度警惕、排斥的态度。

现行管理体制不顺也是社会组织发展困难的重要原因之一。如目前我国还没有专门针对社区社会组织的管理法规，现行的管理办法只是参照《民办非企业单位登记管理暂行条例》，但有很多不相适应的地方。社区社会组织大多靠个人志愿组织，资金少、场地有限，而"暂行条例"规定，3万元注册资金才可获得法人地位，否则不予在民政部门登记。为此，现在很多地方政府为了鼓励社区社会组织发展，降低门槛，一些地方已经把注册资金降低到 5000 元。从表面上看，社区非营利社会组织的登记注册只是单纯法规的问题，但其实，这关系到对其社会地位和社会功能的基本评价问题。对于这样一个已经初具规模的新兴社会部门，应及早地制定合理的规范，促进它的发展。

（三）加大力度培育、发展社会组织

1. 进一步降低准入门槛，发展社会组织，扩充社会资本

社会资本是指在国家权力之外，通过民众自由地将个体人力资本进行有机的社会结合而生成，能够促进一个国家经济持续增长的社会关系结构和社会心理结构。社会资本很重要的一个要件就是社会组织，就个体而言，社会资本越丰富，它的生存与发展能力也越高。充分发挥社会组织在解决社会冲突与矛盾、帮助政府建立起民主的管理机制、推进社会服务事业发展等方面的重要作用。

当前，社会体制改革一个重要任务就是加强社会组织建设，发挥社会各方协同作用。社会组织是社会运行的重要部门，其独特的灵活性、贴近性、前瞻性、即时性，是政府管理完全不可企及的。因而，将某些政府事务性管理工作，与适合通过市场和社会提供的公共服务，交给社会组织来承担，完全符合现代社会治理的原则和发展方向。大力培育发展各类社会组织，加强政府与社会组织之间的分工和协作，充分发挥它们在提供服务、协调利益、化解矛盾、反映诉求方面的积极作用。应开宗明义地支持和鼓励民众在社会主义制度原则的前提下自己组织起来，通过自建组织解决自己生产、生活中的各种困难，实现自己合理的个人利益，比如农民自办生产、交换、分配、消费的合作社，社区自办的各种社团等，在经济自建组织的基础上，支持和鼓励民众政治文化的民主决策、民主管理、民主监督。

实行社会组织分类管理及社会组织管理社会组织。根据社会组织的服务类型，如卫生、教育、科研、慈善、社区、文化、福利等制定不同的税收政策，鼓励从事社会服务的社会组织发展。

2. 大力发展社会服务性组织

进一步深化经济体制改革，对政府的经济职能按照市场经济原则进行界定，减少政府对企业微观经济活动的直接干预。只有政府的职能范围缩

小到合理的边界，才能为行业协会提供发挥作用的空间。加快对行业协会的立法工作，明确规定商会的性质、法律地位、成立程序、治理结构和组织机构，以及财务监督等内容。理顺管理体制，强调各级工商联对商会（行业协会）的管理。确立和落实行业协会的四项基本职能，即行业自律、行业代表、行业服务和行业协调。相关部门应把应由和适宜于行业协会承担的行业统计、行业评比、行业技术标准、行业发展规划等方面的职能，逐步授权或委托给有条件承担这些职能的行业协会。推进行业协会内部机制建设，鼓励行业协会通过内部财务、协商议事、会员准入退出等内控机制建设，实现自我约束、自我协调、自我管理。由于以前政府对企业实行按行业归口管理，因此要求按行业成立协会组织，各个企业也必须按所属行业入会。由于行业的划分过细，一些小行业协会企业数量太少，实际上发挥不了作用。所以，应该允许建立跨行业、跨区域的商会组织，允许企业自愿加入各类行业协会。

3. 培育发展农村社会组织

支持农民组织发挥在农村治理中的作用。建设社会主义新农村需要党政主导、部门支持、群众参与。实现群众积极、有序的参与，有效途径之一，就是发展好社会组织，发挥好社会组织的作用，让群众成为建设新农村的主体，同时享受社会组织带来的服务。例如，鼓励和支持农民组织参与农村治理，有效地改善农村治理结构，政府与农民组织共同解决和处理农村的某些社会矛盾和问题。

按照农业行业的划分，将农业劳动者以专业合作社、行业协会等的形式组织起来，构造起健全的农业产业体系，使农民的利益得到充分保证。在规划建设上，要在乡村空间增加城乡互助的商业和市场基础设施，缩短空间距离，减少商业中间人利润偏高的倾向。

建立多种形式的社会公益和娱乐组织，农民通过社会组织这一喜闻乐见的载体，开展科、教、文、卫、体活动，崇尚科学，抵制迷信，移风易俗，破除陋习，建立荣辱观，提倡科学健康的生活方式，促进农村精神文明建设。农民参加了社会组织，可以实行自我管理，进一步增强民主意识、集体意识和合作意识，提高自我组织、自我服务、自我管理和自我教育的能力，形成社会主义新农村所需的价值体系和公共生活准则，提高自身整体素质。毫无疑问，这将成为发展农村社会组织的良好社会基础。

4. 加大政府购买服务力度，吸纳社会组织参与社会治理

社会体制改革最关键的一点，就是协同共治。理顺政府与公民和社会组织的关系，通过对社会组织的领导和引导，将社会组织纳入社会建设与社会管理的总体框架中，以充分开发其功能。凡是适合市场和社会提供的服务，应坚决交给社会，可以由社区实施。社会能服务好的事项，都交由社会，变"万能政府"为"有限政府"，进一步赋权于社会。加强社会自我管理、自我服务，增强社会自治功能，让社会空间充分生长，社会活力充分迸发，社会健康力量充分发展。

推进政府购买服务工作、购买社会服务，与社会机构建立伙伴合作关系，可以最大限度地协调社会关系，预防和解决社会问题，恢复和发展社会功能，促进社会和谐。政府要"放权"，减少审批事项，将具体的管理和服务职能转移给市场和社会组织，实现政府职能从"划船"转向"掌舵"，"管理"变为"服务"，"限制"变为"发展"。政府购买服务项目的要有规范的决策程序，以防少数行政官员拍板，把政府购买服务做成劳民伤财的形象工程。要让购买过程透明化，提高购买服务行为的科学性、合理性。建立多方绩效评价机制，政府购买服务绩效如何，既不能由政府部门官员说了算，更不能由实施主体自己说了算，而应由服务接受方和第三方来评价。推出向社会转变的职能和向社会组织购买服务的清单，适时制定颁布《省级政府向社会组织购买服务目录》，建立由第三方负责的社会组织评估机制，将评估结果作为社会组织承接政府职能和购买服务资质的主要标准，让社会组织在承接政府职能的过程中发展壮大。

按照社会体制改革方向开展创新工作，充分发挥工会、团委、妇联等群团组织在培育社会组织方面的枢纽作用，包括在党代表工作室建设、群团组织拓宽职能、引入建设社会组织等方面进行探索。要通过落实财税、投资、采购等政策激励措施支持社会力量进入市政、文化、体育、医疗、公益服务等领域，与公办机构开展平等竞争，弥补政府公共服务的不足。探索组建一些法定机构，如公共决策咨询、住房保障、人才服务、文化遗产保护等，在政府与市场、政府与个人之间再搭建一个第三方的社会组织，让更多的社会力量参与社会治理与社会服务，尤其是在出现利益纠纷

时，让一些社会力量介入处理，以减少双方的矛盾对立。

5. 进一步创新社会组织管理体制

降低准入的门槛，因地制宜地确定准入条件，不搞"一刀切"。逐步实现社会组织与政府的彻底"脱钩"。政府过多或不适当的干预，往往会削弱社会组织的自治性，同时也不利于社会组织自身能力的发展。引导社会组织进行公开、透明化的运作，促进各类社会组织加强自身建设，严格行业自律，规范从业行为，承担社会责任，提高自律性和诚信度，增强透明度和公信力。加强立法，通过法律的手段，明确社会组织的法律地位、工作范围、经费来源、管理手段、管理程序等。依法管理和监督各类社会组织，是经济社会发展的必然要求，对于构建和谐社会具有重要意义。建设宏大的社会工作人才队伍，构建社会主义和谐社会，离不开人才工作的支持和保障。构建社会主义和谐社会，迫切需要社会管理和服务工作转变方式、提高专业化水平，迫切需要众多的各类社会工作人才。要制定人才培养规划，加快高等院校社会工作人才培养体系建设，抓紧培养大批社会工作急需的各类专门人才。要充实公共服务和社会管理部门，配备社会工作专门人员，完善社会工作岗位设置，通过多种渠道广泛吸纳社会工作人才，提高专业化社会服务水平。

二 充分依靠社区资源以有效弥合社会冲突

社区作为一种地域性社会，是连接个体与社会的桥梁和纽带，是社会的微观化和重要组成部分。它是在一定地域范围内由同质人口组成的，具有价值观念一致、关系密切、出入相友、守望相助的富有人情味的社会共同体。在愈益市场化和多样化的社会里，社区作为一个私人生活的公共空间和一种重要的社会资源，愈益成为党和政府工作的重要抓手和舞台。

（一）社区特征

社区是城乡居民生活的基层单位，是政府社会管理与社区自治组织、民间组织自我管理的结合点。改革开放以后，大量出现的非国有企业组织已不具备大部分社会职能，逐渐变成或者根本就是单纯的社会劳动场所，员工的生活和劳动有明显的分界。党政组织、国有企业组织与国有公共事业团体的单位内社会服务职能也逐渐剥离。单位的整合能力不断弱化，社区作为整合重心与基础的地位在不断强化。

体制改革和社会结构转型为整个社会带来了宽广的公共空间，在国家政府、单位组织和个人相分离的边缘地带，社区共同体与社团组织一起提供了介乎三者之间、协调各方利益、缓和冲突矛盾、沟通相互联系的组织形式。"大社会、小政府"，是社会现代化的一个核心特征。社区是个地区性社会，是外部大社会的缩影。在这里，政府、居民、社团、专业性组织等各种主体存在着面对面的接触，因而社区共同体的整合方式无疑表明了社会整合方式的发展趋势。

社区的基本特点就是空间的区域性、民主参与的自治性、规范的认同性，以及服务的便捷性、全面性。社区的本质是给每个人提供一个精神家园和社会归属，在这里充分发挥个人的社会性。在社区中，人们有着亲密的交往，有着情感和认同的归属，有着参与社会的感受。随着社区建设的深入，社区共同体将从地区性、社会性、群众性、公益性事业中日益发展成为一个中介体和网络组织，并在内部实现非行政的纵向沟通和横向联系，而且社区发展也为我们提供了一个未来社会结构整合的模型。

（二）社区成为社会整合基础

改革开放以来，分化使中国从机械整合性社会变为多元社会，分化也使中国社会整合的基础发生了根本性的变化。改革开放前管理整合社会的基础和机制是在单位，改革开放后，单位人更多地成了社会人，社会运行的基础已是非传统单位体制，而社会整合的基础则已从单位转向了社区。在转型时期的中国社会，社区发展对弥合社会冲突的作用日益突出。因此，建立新型的适应社会结构转型要求的社会城乡社区已成为当务之急。

社会主义市场经济体制的逐步确立，极大地增强了社会的流动性和活力，社会角色和社会阶层处于动态的经常变化之中，大量的"单位人"变成了"社会人"，众多农村人口涌入城市。以浙江省为例，社会结构快速转型，非传统单位制人员快速增加，2010年，浙江省年末从业人员为3450万人，而在非公有经济公司、部门里从业人员就高达2585万人，占全部从业人员的75%。截至2010年底，全省有私营企业62.1万家，投资者

129.7万人，个体工商户238.1万户，从业人员442.6万人。2007年末浙江常住人口为5460万人，而截至2010年底，全省登记在册流动人口已达2100多万人，与常住人口比例为1∶2.75，其中外省籍流入的占89.8%。①现在浙江有70%以上的人生活、工作在非传统单位体制中，外来人口、社会组织、虚拟社会，给社会服务与整合带来了新的挑战。同时，政府机构改革，要建成"小政府、大社会"的社会管理模式，企业办社会的职能和企业退休职工的管理被分离出去，住房、医疗、养老、就业等社会保障体制改革正不断深化。这一切都将使社区所承担的职能越来越多，任务越来越重，作用也越来越大。

另外，随着社会的进步与发展，机会增多和机会公平的矛盾会越来越突出，人际关系会越来越契约化和制度化，造成精神压力的因素也会越来越多，精神健康状况会受到越来越大的挑战。而社区则是人们精神生活的重要环境，在社区里存在着大量面对面的直接的人际互动。通过各种有效的社区服务可以丰富人们的精神生活，给人们以各种社会支持，同时释放现代社会生活给人们带来的精神压力。这些都需要我们迅速将社会服务、整合重心从单位转向社区，加强社区建设，通过城乡社区自治组织建设，发挥其协调利益、化解矛盾、排忧解难的作用，在社区形成一个横向到边、纵向到底的社会服务与整合体系，促进社会和谐。

社区通过开展为民解难服务活动，为群众解决各类实际困难和问题，社区服务工作，把帮扶困难群体作为社区服务的重点任务，关注社会热点难点，心系群众冷暖，为百姓解愁。广大居民通过社会服务实实在在地享受到生活的便捷和温馨，感受到社会的温暖。在新的历史时期和市场化条件下，我国社会的历史文化道德有了新的发展，并在社区里起到了黏合剂的作用，对于推动社区形成友爱、各类组织群体共同参与社区建设的新人文环境起到了一定的推动作用，通过社区互助来帮助社区居民建立融洽的邻里关系和融洽的社区，这是建立一个融合的社会所必需的行动，是从草根的层次建构社会融合。

---

① 数据来源：浙江省公安厅暂住人口在册网，参见杨建华执行主编《2008浙江社会发展蓝皮书·社会卷》，杭州出版社，2008。

（三）强化公共治理理念，加强城市社区整合

目前我国正处于工业化和城市化的进程之中，在经济高速发展的同时，也带来了社会结构、家庭结构、人口结构、就业结构、生活方式、生活水平的巨大变化，引发了家庭保障功能和邻里互助作用的不断削弱，造成了老年人问题、残疾人问题、精神健康问题、妇女儿童问题、青少年问题、犯罪预防问题、紧急救助问题、下岗失业问题等等。我国正面临世界发达国家的工业化、城市化发展进程中社会生活中出现的各类问题，面临着社会需求与国家承受能力相矛盾的局面。政府和企业分离出来的社会职能，除了社会中介组织和专业服务实体承接一部分之外，大量的需要城市基层社区来承接。包括一些新增加的功能，也要在社区运作，推进社区社会发展的大量事务要在社区中落实。这样，来自基层的需求与来自宏观层次的需求汇合，促使社区建设得到快速发展。

社区作为一种地域性社会，是连接个体与社会的桥梁和纽带，是社会的微观化。在愈益市场化和多样化的社会里，社区作为私人生活的公共空间和一种重要的社会资源，愈益成为党和政府工作的重要抓手和舞台。从社会实践及社会发展趋势来看，社区工作已由过去单纯的社会救济发展到今天的社区建设；由过去的单纯社会整合到今天的促进社会变迁；由过去的民间行为到今天的政府指导下的居民共同行为。总而言之，社区建设已经成为当前社会发展的一项核心内容，以社区为基点的经济、文化环境、社会综合发展，已成为和谐社会建设和社会发展的一个基本内涵。

但是，目前城市社区建设还存在着一些问题，如，人们对社区建设的认识不到位，城市基层管理体制难以适应形势发展的要求。因此，要加强城市社区建设、创新社区管理机制、发展社区服务、社区文化、社区卫生、社区治安事业，努力为社区居民提供有效的社会化服务，使其不断增强社区的归属感、亲和感和凝聚力。通过开展精神文明建设活动和各种有效的社区服务，丰富人们的精神生活，给人们以各种社会支持，同时释放现代社会生活给人们带来的精神压力。

加强城市基层社区建设。围绕加快设施建设，完善社区功能，整合各类资源，加快推进管理型社区向服务型社区转变。加快推进社区服务中心建设，完善社区服务功能，推进农村社区服务中心建设，完善公共事务服

务中心、农村社区服务中心、卫生服务站等相关设施。加大对社区服务信息平台的整合、升级，构建县（区）、镇乡（街道）、行政村（社区）多层次的公共服务网、社区管理服务网、便民利民服务网。探索推行社区服务社会化，完善政府"购买服务"、项目管理等相关操作机制，积极调动各类社会组织参与社区服务。

（四）加强农村新社区建设

相对于城市社区建设，我国农村新社区建设存在更多的问题。尽管我们注意到农村新社区的建设，并且也取得了相当大的成就。但总体来说，这些建设还大都停留在阶段性、任务性、景观性上，还没有完全融入农村居民的日常生活，还没有像抓城市社区建设那样花大力气抓农村社区建设，还没有像城市社区建设那样普遍将农村社区建设也纳入当地社会发展战略规划，还没有像城市社区建设那样形成一套行之有效的建设理念、建设机制、建设队伍及建设方法。因此，许多农村社区还存在着环境卫生差、公共设施薄弱、文化生活贫乏、居民生活满意度低，社会矛盾不能及时化解、社会认同度不高等影响社会凝聚和社会稳定的不利因素。

将农村社区建设纳入社会发展重要议事日程。当前农村经济发展与社会分化都在加速，农民利益主体和社会阶层多样性、独立性明显增强，农民在经济上对传统乡村组织的依赖程度不断下降，在政治上对民主的需求不断增强，农村基层组织的运行方式、村民自治方式、乡村干部工作方式不适应的矛盾日益突出。随着农村劳动力的大量外出打工，"空心村落""空巢家庭"和"留守妇女""留守儿童""留守老人"不断增多，农村社会管理与整合的新情况新矛盾层出不穷。同时，农村家庭户主大量外出，乡村社会管理与整合举措难以及时有效到位，村级公益事业"一事一议"难以进行和落实，乡村社会管理与整合效率明显下降。村级组织的运行成本、公益事业的建设投资和运行费用缺乏来源，一些地方村级债务仍在增长。完善乡村治理结构，改善农村社会管理，保障农民民主权利，解决农村社会问题，已成为乡村社会管理与整合面临的一项紧迫而长期的任务。

社区的本质就是给每个人提供一个精神家园和社会归属，在这里充分发挥个人的社会性。在社区中，人们有着亲密的交往，有着情感和归属的认同,有着参与社会的感受。应尽快将农村社区建设纳入各市县的社会发展战略,制定出适应农村发展的村落社区建设规划,形成农村社区发展的良性互动机制。建设农村社区是一项系统工程,应随着农村新社区建设,农村社区成员收入不断增长,社区生活质量普遍达到小康,社区文化的现代性明显提高,现代文化与传统文化相互交融,社区生态环境良好,社区基础设施齐全,社区内部设施配套、对外交通与联系便捷、社区组织体系健全、社区组织功能发挥良好、社区民主政治制度健全、社区成员普遍享有民主权利。

  农村社区建设不仅仅是社区环境、社区设施等硬件建设,更为重要的是社区软环境的建设,即培育社区成员共同的价值观、归属感。要紧紧围绕环境优美、治安良好、服务完善、人际关系和谐的新型农村社区目标,在农村社区逐步建设卫生服务站、文化活动站等,使居民群众的文化、卫生、娱乐、体育、健身等项需求,能够在村落社区内基本得到满足。通过农村社区的建设与发展,体现人的价值,满足人的需求,维护社会的稳定和健康发展。顺应工业化、城市化加速发展和农村社区加速变迁的趋势,提高农民生活质量和促进农民全面发展,把传统农村社区改造建设成为现代农村社区,促进城市现代文明全面向农村辐射,缩小城乡发展差距,建设城乡统筹发展的和谐社会。农村社区建设要把构建社区救助体系作为一项基本任务,建立健全农村最低生活保障制度,大力发展新型农村合作医疗制度,发展各类新型农村经济合作组织,帮助农民增加收入。

  农村社区建设要充分突出农民的主体地位,调动农民的积极性,完善农村基层民主自治制度,发扬民主,让群众享有广泛的权利和自由。党委重点要实行党务公开,接受农民群众的监督,推行电子政务,方便群众办事。推行村务民主恳谈会制度和听证会制度,对村里重大事务广泛征询村民意见,与村民共同协商,真实反映农民群众的切身利益。转变乡镇政府职能,为本地经济发展创造条件,担负社会管理职责,为乡村提供公共服务,对村民自治进行正确引导,基层党组织要切实发挥服务群众、凝聚人心的作用。通过提高村民的自治程度,培养民主素质,提高社会责任感,合作精神和自我管理能力,使农村村落组织成为协调民众利益、化解民众矛盾、保障人民群众安居乐业的有效载体。

（五）注意旧村改造中江南乡村文化空间的保护

江南，是一个诗意的指称。白居易《江南好》："江南好，风景旧曾谙，日出江花红胜火，春来江水绿如蓝。能不忆江南。"韦庄有《菩萨蛮》："人人尽说江南好，游人只合江南老。春水碧如天，画船听雨眠。"杜荀鹤在《送人游吴》更是描写了江南的"君到姑苏见，人家尽枕河。古宫闲地少，水巷小桥多"的诗画文化空间。

人们说景观十年，风景百年，风土千年就。"景观"为一种初级的景致，"风景"是经过反复积淀凝练形成的百年美好景观，"风土"则是千年不变的风土人情，是一种根植于特定自然区域人们心中的特定景观。俗话说，一方水土养一方人，同时，一方水土也培养了一方人的生活态度，培植了一方人的文化性格。钱穆先生曾说过，"各地文化精神之不同，究其根源，最先还是由于自然环境有分别，而影响其生活方式，再由生活方式影响到文化精神。"[①]

但江南乡村文化空间在今天的现实生活中也遇到了严峻的传承危机。第一，由于工业化进程快速推进与生态环境保护的相对落后，大片的土地作为工业用地，大大小小的工厂如雨后春笋般无序快速发展，破坏了原生态的田园风光，这种水乡风光越来越少，被称为水乡灵魂的水也不再清澈。

浙江很多农村宅基地是江南水乡典型的农村风貌，通常前晒场，后竹园，前后有大树，且往往竹园临河，有水桥，别有韵致，极有特色。但从村落布局来看，村落原有的亲水特征已相当淡化，村落几乎无一例外地表现出高度均质的特征，主要表现在村落农宅大都是清一色的高度相同、体量相仿的二层（或三层）楼房。乡村"风水"文化又使得农民在建房时讲究"你家的屋檐要和我家的一样高""你家的宅基地坪要和我家一样高""你家的屋山不能超过我家的屋山"等等，进一步造成了村落千篇一律的呆板景象。农田也不再环绕村落，而是农田在农宅之间"插花"。乡镇企业选址是以"飞地"的形式抢占沿路或村落外围空间，完全破坏了地域传统的自然景观。

---

① 钱穆：《中国文化史导论》，商务印书馆，1996，第 2 页

第二，是在传统与现代二元对立思维模式主导下并以现代化的名义破坏着乡村江南文化的空间特质。目前整个中国社会都处在一个现代化转型时期，不可避免地要面对传统与现代化二元对立的矛盾性。在西方社会学家眼里，现代化就是传统的消解和现代性确立的过程。按照西方社会学的观点，现代化过程中"传统"与"现代"二者是被割裂开的，强调二者的"二元对立"。但传统民族文化作为一个民族文明体系的支点，既很难为外来文明所同化，也不能为了服从于发展的需要而将其强行改变或完全放弃。在社会转型过程中，需要注重如何对待传统民族文化的问题，否则不仅无法实现快速稳定健康的发展，也会使我们丢了精神的"根"。

我们目前为推进农村的现代化转型，正在实施"千村示范、万村整治"工程，注重把村庄整治建设与农村住房改造相结合，加快农村人口的集聚和农民生活方式的转变。但是，在千村示范万村整治工程中，有些地方出现了一些偏差：有些地方政府和部门重形式、重外观、重表层的形象工程、政绩工程；有些地方政府在工作中，只为了要土地而让农民集中上楼，忽视村落文化空间和农民利益的保护；有些地方在村庄旧房改建中政府或某些机构与民争利，不利于农民生活水平的提高。这些都与新农村建设的宗旨背道而驰。同时，盲目把小村庄合并成大村庄更是存在着很大的危险性。二战以后，欧洲有些地方也合并了一些农庄，但是效果都不好，原因就在于村庄都是历史形成的，一个村庄的布局与农村的经济循环紧密相扣，一旦把小村庄集中起来，就阻断了人与土地之间的循环，农民生活中生产的空间、生态的空间、生活的空间三者是重合的，这是与城市本质的区别。这种重合是低成本的、循环的、合理的、可持续的。因此，如何让农民在千村示范万村整治中真正实现致富？如何让农村在千村示范万村整治中实现现代化转型？这些都是需要我们思考并亟待解决的问题。

浙江是一个受传统文化影响颇深的区域，尤其是浙江乡村，传统文化延续了千百年，在背后支撑着广大农民的社会生活。传统文化是古人留给我们的宝贵精神财富，是民族的根，因此，在任何时候都不能放弃传统，当然，传统文化也是有两面性的，我们这里所指的是传统文化中的精髓。

在乡村现代化的道路上，传统是必不可少的催化剂，传统是现代的积淀，也是现代的启蒙，必须要将传统与现代紧密地结合起来。

经济的发达为文化的发展提供了强大的物质基础，反过来经济要持续发展也离不开文化的支撑，特别是地方经济的发展与地方文化有着密切的关系。浙江在旧村改造过程中，应更加重视对富有江南特色的传统文化、传统建筑的保护，并积极地变传统为文化优势，服务乡村现代化建设。

第一，要充分认识到江南农村文化空间传承与保护的重要性。不仅在硬件方面使广大农民都能住进环境优美，设施齐全的新型社区，改变以往"脏、乱、差"的面貌，实现"净化、绿化、美化、亮化"。还需要着重采取多种措施，多种途径加大对江南农村文化空间传承与保护力度，推进对传统文化、传统建筑的保护。许多村庄都有着传统文化和建筑艺术的印迹，一些村落和古民宅具有很高的历史文化价值。对于产业有特色、村庄布局有特色、建筑有特色、地方民俗有特色的村庄，要进行挖掘保留，促进形成地方特色，突出村落的地方特色与历史文化传统，杜绝乡村与城镇形象趋同。

第二，要提高新农村的规划、建设水平。在加大农村公共文化服务中，要更好地保护和彰显江南田园风光的基本特色，保持并不断提升生态环境良好的优势，使环境优美和历史文化丰富的自然村庄得到有效保护和提升，使浙江农村更像江南农村。在进行农民集中居住布局规划时，一定要大力加以重视、保护、挖掘和延续村镇的自然、历史、文化、景观等特色资源，尊重乡村的自然形态特征和人文传统，注重保留历史凝重感和文化气息，彰显地方文化。要在发展规划中保留一定的原生态自然村。保护特色村的自然形态，传承人文历史。

第三，旧村改造需要坚持"三民原则"。即尊重民意原则。旧村改造、新村建设等具体操作办法，应由村民的共同意愿来决定；维护民利原则。政府在旧村改造中不仅不能与民争利，而且还需要通过财政支持、延伸各类公共服务、完善各种基础设施，使新农村配套设施尽可能提上去，整体环境尽可能好起来；强化民管原则。农民的事情农民办，要变"替民作主"为"由民作主"，在村庄是否改建、改建模式选择、规划设计、政策制定、工程实施、质量监督等一系列重要环节中，进一步落实村民代表大会的民主决策、民主管理、民主监督机制，做到公开公正、民主透明，让群众充分享有知情权、参与权、监督权。旧村改造搞得好，是一项惠民利民和江南村庄文化空间保护的工程，搞得不好，就会损害农民利益，破坏村庄文化空间，影响干群关系，导致一系列社会新问题的出现。能否做到惠民利民，关键在于是否"由民作主"。

第四，加大保护力度，并加以适度的整理开发，发展江南村落文化旅游项目，带动村庄经济的发展，不仅要保护现有的农民房屋，也要保护现有的农民生活生产方式，使江南乡村的文化空间与农民的水乡生活方式有机融合，恢复诗画江南、山水浙江的文化空间。

第四节　社会冲突的制度弥合

社会和谐是一种理想、一个目标，但社会和谐并不意味着没有如何矛盾。从某种角度而言，社会和谐是一个存在着矛盾和冲突，但又能够理性对待并妥善化解各种矛盾和冲突的社会。而这种理性对待与妥善化解的一项很重要的方法就是有一个健全完善的调节机制。面对日益分化和复杂的社会冲突，我们需要建构多元化的弥合社会冲突机制，它应该包括社会正义机制、社会流动机制、社会保障机制、社会包容机制、社会调节机制、社会控制机制等。相对于传统的社会冲突弥合机制，它们具有内在性、直接性、肯定性、持久性等特性，可以大大提高社会治理水平，弥合社会冲突，保障社会秩序。

一　社会正义机制建设

社会正义是发展的最基础层面的道德，是一种贯通中西的最基本的普适的永恒价值。社会正义是以社会公正、社会公平为自己的旗帜，宽容与自由、民主与参与、健全的社会保障体系，不断满足大众日益增长的物质和文化需求，促进人的全面发展等等，这些标志着人类进步的里程碑的内容，正是社会正义的基本原则和内在要求。社会公正意味着起点平等、规则平等，以及一定程度的结果平等。

历史的发展表明，公平正义是保障社会和谐运转的必备要素，正如亚当·斯密所指出的："正义犹如支撑大厦的主要支柱，如果这根柱子松动的话，那么人类社会这个雄伟而巨大的建筑必然会在顷刻之间土崩瓦解。"① 罗尔斯指出："正义是社会制度的首要德性，正像真理是思想体系的首要德性一样。一种理论，无论它多么精致和简洁，只要它不真实，就必须加以拒绝或修正；同样，一项法律和社会制度，不管它如何有效率和有条理，只要它们不正义，就必须加以改造或废除。"②

正义包括程序正义和实质正义。首先是实质正义。康德在《实践理性批判》中说："纯粹实践理性的基本法则是：要这样行动，使得你的意志的准则任何时候都能同时被看做一个普遍立法的准则。"③ 这一原则是告诉人们，你的行动准则应能通过你的意志成为普遍的自然规律，要把不论是你还是其他人的人性都永远当作目的，永远不能只当作手段。

罗尔斯在他的《正义论》里也提出了他的正义原则："第一个原则：每个人对与其他人所拥有的最广泛的平等基本自由体系相容的类似自由体系都应有一种平等的权利；第二个原则：社会和经济的不平等应当这样安排，使它们（1）在与正义的储存原则一致的情况下，适合于最少受惠者的最大利益；并且（2）依系于地位和职位向所有人开放。"④

罗尔斯认为，这两条原则实际上是表明了一条更为基本的"平等"原则："所有社会价值——自由和机会、收入和财富、自尊的社会基础——都要平等地分配，除非对其中一种价值或所有价值的一种不平等分配合乎每一个人的利益。"⑤

我国是一个社会主义国家。这意味着我国不能像西方发达国家那样先通过掠夺式发展，在很短时间内达到较高的阶段，然后才去关注社会生活质量。事实证明：这种做法是不可取的，因为西方对发展兑现的滞后关注已经造成了许多"发展异化"；另外，我国的发展实践还意味着我们是赶

---

① 亚当·斯密：《道德情操论》，商务印书馆，1997，第106页。
② 约翰·罗尔斯：《正义论》，何怀宏等译，中国社会科学出版社，2009，第3页。
③ 康德：《实践理性批判》，邓晓芒译，人民出版社，2003，第39页。
④ 约翰·罗尔斯：《正义论》，何怀宏等译，中国社会科学出版社，2009，第47页。
⑤ 约翰·罗尔斯：《正义论》，何怀宏等译，中国社会科学出版社，2009，第48页。

超型的发展，因此在西方国家中的历时性矛盾在我国表现为共时性矛盾。所以，我们既有可能，也有必要从一开始就要关注发展公平问题。同时，我国社会主义性质又决定了我们不能像资本主义社会那样只在小范围内体现社会公正，而必须最大限度地使社会公正在每个社会成员身上得到兑现。

要提高社会公众的社会公正感。比较而言，客观的收入差距对于社会稳定感知并没有显著影响，而是诸如社会公众的社会公正主观判断产生较大作用，这说明现实生活中存在的许多不合理和不规范的因素，尤其是在"干部选拔""收入分配""受教育机会""就业选择"和"司法审判"等方面的不平等竞争或有失公正的制度设置，都最终影响到民众对当前社会稳定状况的判断。

但这些实质性正义需要有程序性正义来作为实现的保障。程序正义既有独立于实质正义的本体价值，又有保障实质正义实现的工具价值。程序正义是社会发展的目标和内容之一，是"看得见的正义"。没有"看得见的正义"，不仅实质正义难以保障，即使有，人们也难以感受到。在社会发展的各个领域，如社会决策和立法领域，社会管理领域，社会秩序和安全保障领域，社会争议、纠纷的裁决、处理领域等，都需建立各种体现公正、公开、公平等程序正义的正当程序制度。

西方发达国家以哈耶克为代表的自由主义者在程序正义方面提出了裁判理论、排队理论。他们认为，在公共秩序中，国家不能代替市场发挥作用，就好像足球场上裁判不能代替球员踢球一样，国家只能公正地站在市场之外，作一个公共秩序中立的管理人。在分配理论中，他们认为，所有稀缺资源的申请者都必须按照时间和空间上的差异来平等地获得社会物品，就好比等公共汽车的人必须排好队按照先来后到的原则上车一样。除了这些基本制度之外，我们以为，体现现代程序正义的制度还有5项。

1. 信息公开与政府透明制度

信息公开与政府透明是满足社会公众和公民知情权的需要。在现代社会，没有信息公开与政府透明，社会公众不了解公共事务，不了解与自己生活、生产和消费等有关的各种信息，不要说知政、议政、参政，就是要使自己的生存权、健康权、正常社会交往权得以实现和保障都是困难的。信息公开首先是政务信息公开，除了政务信息外，其他信息，如市场信息、环境信息、食品卫生安全信息、传染病流行信息、自然灾害和其他突发事件信息等，都应该通过一定途径和形式公开，让全体社会公众或相应领域的社会公众知晓。

我国政府是享有较高民众信任度的政府，而且民众对政府的信任也被认为是中国政治关系中的一大特点和优势。中国公众在与政府的关系中其实很少有关于"权利"的意识，更多的是"规则"意识。中国公众往往希望他们的政府按照规则办事，而不是向政府要求他们的权利。这是一种需要我们加以尊重和保护的政治传统，因为它可以减少许多争权夺利的民主成本，花低价取得长治久安。但是保持这种传统的最重要的前提是政府诚信、照章办事。中国自改革开放以来，法制建设日渐完善，依法治国也开始深入人心。要应对公众的规则意识，就需要把行事的规章制度公开，做到"阳光政府"。政务公开可以让公众来衡量政府是不是在按照规则办事。上海的一项调查表明，公众迫切关注的政府部门增加透明度的方面首先有：对于食品药品的质量认证，公务员的招录、任用和提拔，土地使用权出让交易。其次有：政府采购、征地动迁、重大工程项目招标和行政审批。再次有：国企和金融高管薪酬、财政预算和决算、廉租住房工作和学校招生。最后有：对于如何制定规章制度或立法，以及科研经费使用等行政环节的透明度。

因此，必须进一步加强政府信用建设，着力打造诚信政府，树立和维护良好政府形象。可以认为，政府透明，取信于民是政府对社会最有力的一项自我投资。政府诚信是扭转浙江省人民对诚信基本态度的关键。

2. 公众参与制度

社会治理涉及的领域和涉及的相对人比政府管理要广泛得多。从程序正义的角度讲，政府管理没有公民参与是不公正的，社会治理离开了公众参与就更谈不上正义。在现代社会，公众参与社会治理的途径和形式是多种多样的，如组织NGO、NPO、建立基层或社区自治、通过听证会、论证会和网上讨论议政和参与社会、政治、经济事务的决策和立法，通过报纸、电视、广播和其他媒体参与对公权力行为的监督和对环境、生态的保护,等等。①

公众参与可以划分为两种类型,一种是私人的、个体身份的参与,一种是主观意识上作为抽象社会代表的有部分人格投入的参与。前一种参与的目标是个人直接利益,建立在理性计算基础之上;后一种则体现了"缺少自我利益的高尚性",具有不妥协的特征。社会心理研究表明,如果参与者感到是为他们所代表的抽象群体的理想而抗争的时候,社会冲突似乎要比为个人原因而进行的参与更激进。实际上,很多大规模社会冲突的最初起因并不是价值取向的,但公众很容易在社会冲突过程中产生或被引向价值诉求,特别是政治价值诉求。

有一种受到广泛认同的观点认为,超越制度建设水平的过度政治参与会导致社会动荡和政治不稳定。同样,明显滞后于政治参与需求的体制僵化会积累矛盾,导致更大的动荡与不稳定。所以,政治体制对公民政治参与诉求的包容,是缓和社会期望张力的重要一环。由于历史的原因,我国的政治参与制度和形式,其政治动员色彩较浓,和当代公民政治参与范围与深度日益推进的大趋势仍有一定距离。如果持续增长的政治参与诉求无法实现,就会对政治体制形成较大压力,销蚀政治秩序的合法性与权威性,削弱政治体系的群众基础,从而影响和谐社会的构建。

在一个良序社会中,公民参与是不可或缺的重要"板块"。公共治理是一种新形式的、有效地弥合社会冲突的方式,但发挥其良好作用,还有待于"公民意识"的发育与健全。公民意识的发育归根结底是公民的自我建设,最佳途径就是让公民直接参与公共事务。这需要坚持人民群众是社会管理主体,实施科学民主决策,执政为民,问计于民。坚持人民主体地位,发挥人民首创精神,采取有效的措施让公众参与社会政策的讨论,保证民意能够进入到社会公共政策的制定中去。为此,要形

---

① 在通过媒体来加强公众参与制度建设方面,杭州市信访局与新闻媒体建构的政府、媒体、公众"三位一体"信访机制无疑有着较大的借鉴意义。早在2007年,杭州市信访局就开始通过各种形式不断加大政府与媒体合作的力度和密度,目前已经与在杭电视台、广播、报纸、网络等新闻媒体搭建了《直播12345》《杭网议事厅》《12345连线》《消费维权》等载体与机制,建立了政府主导、媒体协作、公众广泛参与的多向维度的利益表达网络。它既充分发挥了信访局作为政府信访工作部门的主导协调功能,又积极借助了大众传媒的舆论引导优势,有利于民生信访问题得到切实反映和及时化解。

成社会公共政策制定的公众参与机制,健全重大事项集体决策、专家咨询、社会公示与听证、决策评估等制度,这样才能使公共政策更加符合民意和公众利益。

努力为人民群众提供参与社会公共事务的各种机会,激活公民自我管理资源,提高公民社会参与和自我管理水平,促进社会善治的实现。通过各种教育培养人们的社会责任感和合作精神,使每个公民具备参与社会事务管理的愿望和相应的能力。要提高基层群众自治组织自我管理、自我服务、自我教育、自我监督能力,如动员社区居民的广泛参与来解决存在于自己社区中的问题,在解决过程中,实现居民之间的相互了解、合作、认同,实现社区的共同归属。组织 NGO、NPO、建立基层或社区自治、通过听证会、论证会和网上讨论议政和参与社会、政治、经济事务的决策和立法,通过报纸、电视、广播和其他媒体参与对公权力行为的监督和对环境、生态的保护。加快组建专业社会工作者队伍,大力发展信息员、保安员、协管员、巡防队等多种形式的群防群治力量,健全社会志愿者服务长效机制。推进各地正在出现的"和谐促进会"、和事佬、老娘舅等社会组织建设与发展。这些社会组织为人们和谐相处提供了很好的服务平台与载体,如志愿者活动平台、信息沟通平台、文体活动平台等。

3. 权力制约制度

社会治理除了必须有国家公权力介入外,还必须有各种社会公权力主体的介入,如行业协会、社会团体、基层自治组织等。然而,任何公权力,无论是国家公权力,还是社会公权力,在其运作过程中,如没有相应的监督和制约,都可能被滥用,都可能发生腐败。因此,在社会治理创新机制中,设立相应的权力制约程序是非常必要的。权力制约程序既包括国家公权力的相互制约,也包括社会公权力的相互制约;既包括国家公权力对社会公权力的制约,也包括社会公权力对国家公权力的制约;既包括不同公权力行为(如决策、立法行为、执行行为、纠纷裁决行为等)的相互制约,也包括同一公权力行为不同过程、步骤(如制裁、处罚行为的调查、审理、决定、执行等过程、步骤)间的相互制约。

权力制约一个重要内容就是保障公民权利,并以公民权利制约国家公权力。罗尔斯曾说,每个人都享有建立于正义基础上的不受侵犯的权利,即使为了整个社会的利益也不能将其践踏。权利与利益有着本质区别，权利是一种道德原则和价值判断，其本身就是目的，它关注社会行为的正当性与合法性，而利益则是以社会效果作为衡量标准，重视社会行为的后果，具有功利主义倾向。利益是一个多少的问题，可以用讨价还价、协商等方式解决，而权利不能妥协，不能以利益补偿为解决手段。如人的生命权、自由权、财产权、健康权等，是不可随意转让和剥夺的。正是由于权利不是以功利和社会效果为基础，而是以正当性以及与利益无关的道德原则为基础，因此，权利优于利益，并制约着利益。当前我国社会矛盾在某些方面激化，就在于管理者仅仅看到表面化的利益冲突，而没看到利益背后的权利诉求，致使本应妥善处理的问题激化。

4. 说明理由制度

实施公权力行为，特别是实施影响相对人权益的行为，应向社会公众，特别是向利害关系人说明理由，这是现代程序正义的重要要求。说明理由的途径、方式可以是各种各样的，如立法和制定政策的说明理由可以通过向人民代表大会报告或通过政府刊物、新闻媒体发布进行；推行社会和经济规制的说明理由可以通过听证会或政府网站的途径进行，实施具体行政执法行为或裁决社会争议、纠纷的行为的说明理由可以通过行政决定书、裁决书向相对人作出，也可以直接向相对人进行口头说明。

5. 陈述、申辩、申诉与救济制度

根据古老的自然正义（Natural Justice）原则，任何人对他人作出不利行为，均应听取他人的意见，任何人对涉及自己利益的争议，均不能由自己进行裁决。故此，任何人对公权力主体做出的认为侵害自己权益的行为，均应享有向其陈述、申辩的权利，对其行为不服，均应享有申诉与寻求救济的权利，法律应为之提供相应的救济程序制度，使之有可能向与公权力主体有相对独立性的第三者请求救济，如行政复议制度、行政诉讼制度等。

二　社会流动机制

如何才能通过制度安排，缩小不同阶层之间的差距，从而弥合社会冲突，降低社会风险？这是我们这项研究必须要回答的一个问题。合理、充分的社会流动是社会充满生机和活力的源泉，只有实现社会的良性流动，社会才能在飞速前进中化解社会冲突，保持稳定与平衡。改革开放之初，一大批农民赤脚上阵，务工、经商、办厂，很多农民成为企业家和商人。高考制度的恢复，也让无数青年有了改变命运的平等机会，实现了正常的社会流动。正是充分的社会流动，为30多年的改革开放提供了持续动力和人才支撑。

社会流动是指人的特定的社会地位的变动，是社会成员从某一种社会地位转移到另一种社会地位的现象。最早专门研究社会流动的美国社会学家索罗金就把社会流动定义为社会位置（social position）的转移。社会流动具体分为社会位置的水平流动和垂直流动。水平流动是指一个人在同一社会职业阶层内的水平流动，它多半是地域间的流动，也包含在同一地区的不同工作群体或组织之间的流动。垂直流动是指一个人从下层地位和职业向上层地位和职业的流动，或者从上层地位和职业向下层地位和职业的流动。古语中所说"朝为田舍郎，暮登天子堂"就是一种向上的垂直流动。垂直流动可以伴随地区间流动，也可是原地升降。还有结构性流动和循环流动、代内流动和代际流动等分类。代际流动中又可区分为复制式流动与替代式流动。如中国民间说法有"龙生龙，凤生凤，老鼠生儿打地洞"就是一种代际间的复制式流动，还有一种说法"富不过三代"，则是一种替代式流动。

在人类社会发展的历史过程中，社会流动呈不断扩大的趋势。在中世纪、封建社会及以前的时代，个人的社会地位是由先赋因素决定的。生在哪个阶级、阶层，一辈子就是那个阶级、阶层的成员，一般不会变易。阶级、阶层之间等级森严，界限十分清楚，几乎不可逾越，社会流动几乎等于无，所以称之为封闭型社会。社会流动越畅通，社会流动率越高，就越能调动社会各个阶层尤其是中低层社会成员的积极性，使他们充满希望，通过后致性规则亦即通过个人后天的努力奋斗，实现上升流动到更高层次的社会地位的愿望。这种流动，将在客观上推动社会化生产的发展，形成经济结构变动与社会结构变动相互促进的良性循环。这样的社会，就叫做开放性社会。总体而言，在封闭性社会里，先赋性规则是主要的社会流动规则；而在开放性社会里，后致性规则是主要的社会流动规则。

一个合理的现代社会结构应当表现为能够为每个成员依据其能力提供垂直流动的条件，一个开放的现代社会是一个以人的能力为衡量标准的社会，不以先赋因素而是自致因素来最终决定个人的社会地位，也就是在社会流动中实现人的社会地位的变化和提升。建立优胜劣汰的竞争机制和社会流动机制，形成一个以能力为衡量标准的社会。社会成员要能上能下，上是一种激励，下是一种压力和鞭策。和谐社会就是要为人们提供更多的上升机会，在目前这个阶段尤其是要让更多的农民进入现代职业体系，让更多社会群体的社会地位出现整体上升。但目前的社会水平流动还受到身份歧视的障碍，以户籍身份为标志的先赋因素对个人社会地位的获得具有至关重要的影响。要打破户籍身份和所有制的限制，使我们这个社会成为公民自由流动、没有身份歧视、平等的社会。

  从社会流动性的强弱则可看出一个社会的现代转型的程度。英国的法学家亨·萨·梅因曾说："迄今为止，一切进步性的社会的运动，都是一场'从身份到契约'的运动。"① 社会流动性就是指父代的收入、教育和地位对子代的收入、教育和地位的影响程度。这种影响程度越高，社会流动性就越低。现代化理论认为，传统社会是一个结构刚性的社会，个人的社会流动受到严格限制。一个现代的开放的社会，必定是阶层间社会流动通畅的社会。在传统社会中，人们社会地位的获得主要依靠先赋性因素，在现代社会中，人们社会地位的获得更多的是依靠自致性因素。中国中等收入群体的扩大，一个十分重要的途径就是要拓宽社会流动渠道，实现社会结构由封闭性向开放性转变。

  近年来，谈论"中等收入陷阱"的比较多。这是经济学家经过研究发现的一个奇怪规律。他们发现，大多数中等收入国家的发展并不是直线向上的，在人均 GDP 超过 3000 美元之后，发展却出现了徘徊和反复、社会冲突激烈，社会动荡不安等现象，很难超出 11000 美元大关。这就是著名的"中等收入陷阱"理论。如果从社会流动性角度看，"中等收入陷阱"出现与这一国家进入中等收入以后出现的社会流动性下降、社会阶层固化相关联。当经济从"贫困陷阱"摆脱出来之后，还没有建立起公平竞争的市场规则，政府没扮演公平和中立的角色，一部分精英阶层利用制度和政策的缺陷为自己谋求利益，阻碍了社会流动性机制的确立和完善，引起激烈社会冲突，阻碍经济社会持续健康发展。只有较高的社会流动性，才能

---

① 〔英〕梅因：《古代法》，商务印书馆，1995，第 97 页。

保证动态的机会公平，调动所有人的积极性，只有机会公平，才能给人们希望和机会，产生"只要努力一切皆有可能"的预期。

橄榄形社会之所以具有"稳定器"功能，关键在于拥有一个开放有序而又合理有效的社会流动机制。虽然"人性有着无限的多样性——个人的能力及潜力存在着广泛的差异——乃是人类最具独特性的事实之一"[1]，但在阶层结构中的向上流动却是社会成员的普遍追求。而"在市场经济条件下，阶层体系具有开放性，一个人是向上流动还是向下流动，决定于他自身的努力和本领，决定于他在市场竞争中的表现"[2]。如果一个社会将不平等社会结构凝固化，并通过制度设置推动社会地位的代际传承，那必将磨灭下层社会群体"天道酬勤"的生活信念，冲淡他们对整个社会价值体系的有效认同，社会断裂和动乱在所难免。因此，我们要通过构造开放畅通的社会流动渠道，赋予每一社会成员共同的预期，即在相同的发展机会面前，社会个体的主观努力（如提高教育水平和技能等素质）与成功几率成正比。惟其如此，橄榄形社会才能得以有效建构。毕竟，好行小惠而又言不及义，造就不了一个庞大的中等收入群体。

长期以来在单一社会阶级结构划分的模式下，阶层得不到发展，社会整体进取向上意识也被扼杀。当代中国社会阶层分化导致社会群体利益的多元化，从而激励社会整体进取向上的意识，推动着社会竞争机制和氛围的形成。农民工进城打工经商办企业，不仅有利于沟通城乡关系，调整城乡社会结构，缓解农村劳动力大量过剩的矛盾，增加农民收入，缩小城乡居民收入差距，更重要的是农民成为现代工人，成为现代职业阶层，有利于整个社会的进步与发展。

我们在前面实证研究中看到，中国农民工的流动正是他们获得新的社会位置（position）和社会地位（status）的过程。农民的社会流动冲破了社会二元结构的藩篱，突破了身份束缚迈向了市场，农民离开了自己的土地或经商，或办企业，或进入各类企业务工，他们在没有身份优势，又没有身份束缚的起点上开始了他们的发展历程。这种社会流动还造就了一个成长中的

---

[1] 哈耶克：《自由秩序原理》，邓正来译，三联书店，1997，第103页。
[2] 杨建华等：《分化与整合———项以浙江为个案的实证研究》，社会科学文献出版社，2009，第184页。

"市民社会"。"市民社会"概念的一个基本含义，即是指在国家直接控制之外的那一部分社会力量及相应的经济制度、规章等。"新浙江人"大多是脱离了传统"单位体制"的人员，他们使我国经济、政治生活增加了一个弹性因素，也减轻了政府在管理、财政上的压力，加大了社会流动上的余地。

他们的流动实际上包含了三种流动：一是在地域上从农村向城市、从欠发达地区向较发达地区的流动；二是在职业上从农业向工商服务等非农产业的流动；三是在阶层上从低收入的农业劳动者阶层向比其高的职业收入阶层流动。在一般意义上讲，从农民转化为市民，从务农转变为务工经商，意味着两个根本性的变化，一是生活方式、社会关系网络从以血缘地缘关系为主的社会网络转变为以业缘关系为主的社会网络；二是以机会资源为象征的社会地位得到提高。

但是，我们也很遗憾地看到，农民工的社会水平与垂直向上流动仍受到身份歧视的障碍，具体表现在两个方面。

一方面，以户籍制度为核心的城乡二元结构还没有完全打破，进城农民市民化严重滞后。目前，浙江城市年人均收入近28000元，农民人均收入为12000元。别的国家人均年收入达到3000美元时，基本三分之二以上是城市人口，而浙江只有二分之一多点。如果没有农民工市民化，城市化的所有好处可能都不存在，最后又会变成土地城市化、人口半城市化，最后走回投资驱动的老路，人口仍然无法带动消费。

目前浙江的社会横向流动还受到身份歧视的障碍，以户籍身份为标志的先赋因素对个人社会地位的获得具有至关重要的影响。没有城市和本地户籍的人在就业、住房、子女就学、社会保障等方面都受到一系列歧视性待遇，因而限制了社会流动。户籍制度等计划经济的手段在市场经济日益成熟的社会中为社会流动设置了重重障碍，影响了浙江经济社会的发展。只有排除身份歧视、裙带关系等非能力因素的干扰，才真正形成一个能上能下的、不断进步的社会，只有这样才能做到人尽其才，使得全社会的人力资源得到最优的配置，使得人的潜力的开发实现最大化。要打破户籍身份和所有制的限制，使浙江成为劳动力自由流动的、没有身份歧视的、平等的社会。

另一方面，从农民、工人中分化出来的中等收入阶层增长缓慢，向上流动空间被挤压。自20世纪90年代后期以来，浙江社会阶层结构中一个日益突出的问题是，农民和工人群体向上流动趋缓，而向下流动增速，在单位、部门中，徘徊于较低职位或边缘，其上升空间和发展机会受阻。一个重要的原因是，在深层结构上遭遇了来自"精英联盟"的"权力排斥"。这是一种利用行政赋权获取社会资源而独霸发展机会、独吞利益结果的社会排斥现象。排斥的结果对个体而言，就业和发展机会不公，前景不明，难以理性预期。就社会结构而论，改变和扭曲了市场竞争中具有起点公平的"后致性"（靠个人后天的受教育及专业努力等因素）原则，"先赋性"（靠家庭、血缘背景等先赋因素）的地位分配机制作用增强，失去了一个靠后天努力、公平、有序竞争获得体面的社会地位的阶层示范效应。

我们在社会流动大型问卷调查中，在问及"您认为个人提升自己社会阶层的机会有多高"时，社会成员的看法较消极，认为没有机会和低的占31.04%，而认为较高的为17.96%，认为很高的仅占3.06%（见表5.4-1）。

表 5.4-1　您认为个人提升自己社会阶层的机会有多高

	频　数	百分比（％）	累计百分比（％）
没有机会	169	13.99	13.99
低	206	17.05	31.04
一　般	410	33.94	64.98
较　高	217	17.96	82.95
很　高	37	3.06	86.01
不知道/很难讲	169	13.99	100.00
合　计	1208	100.00	

资料来源：本课题组调查。

因此，这就需要从社会规则入手，保障每个社会成员"在发展机会面前人人平等"，即不把出身、种族等先赋性因素作为竞争的先决条件，决定一个人社会地位和命运的主要是能力或业绩等后致性因素。也就是说每个人只要有能力，肯努力，便有机会改变自己的社会阶层地位。

现代化的社会应该是一个公平合理的社会，包括每个社会成员平等地享有相同的发展机会。社会发展的核心是人的发展，社会发展要通过人的发展加以体现和衡量。人的发展，包括反映人的生存和享受需要的生活质量，反映人的发展需要并将个性发展融入其中的人的素质的提高及人的价值的实现等方面。这种发展就包含着社会平等，即人的发展对于社会所有成员都有同样的可能性，也就是每个人都应同样有实现其自身发展的机会，一个人的发展不应以压制另一个人的发展为前提。

改革户籍制度，为农民提供社会保障以及公共服务，实际上是还农民以国民待遇。在过去的二元体制下，农民长期享受不到与城市居民同等的待遇，被剥夺了国民待遇。从更高的层面说，城乡一体化落实了社会公正，这也是和谐社会建设的题中之意。众所周知，公共服务的存在和运作基于这样两个原则：第一个是需求原则，即个人和家庭无法做到但又有迫切、普遍需要的事情，就要通过公共服务提供；第二个是公平原则，也就是说，凡是公共服务和产品，不论什么身份的人，都有权享用。现代化政府应该为所有公民提供同等的公共服务，不能因身份、种族、性别、宗教和地域而区别对待每个公民，这也是现代国家中每个公民的最基本的权利要求。所以，就这一点而言，浙江省的城乡一体化实践显然是在朝着这一方向努力。

向上流动的一个很重要机会与途径就是教育的公平。我国刚刚进入中等收入阶段，如何激励人们进行人力资本投资，使得人们愿意学习、愿意接受教育和培训以及寻找一切机会去改善自己的处境，这是弥合社会冲突的一个重要元素。在教育方面，应继续加大对农村和欠发达地区的转移支付，推进以城带乡、对口帮扶和教师流动，不断缩小区域、城乡、校际教育质量的差距。实现教育公平，重点需做好"四类群体"的教育工作。一是贫困地区的教育，加大对贫困地区的财政转移支付力度，促进贫困地区的教育发展。二是贫困人口的教育，加大教育上的帮困助学力度，确保每一个适龄儿童都能享受义务教育，每一个品学兼优的学生不因贫困而失学。三是残障人口的教育，根据残疾人的残疾类别和接受能力，采取普通教育方式或者特殊教育方式，提高残疾人的文化技术素质，残疾儿童、少年的义务教育要纳入当地义务教育发展规划，并在收费方面给予特别照顾。四是流动人口子女的教育，要努力创造条件，使流动人口子女接受与当地老百姓子女同样的教育。在促进农村就业方面，则可以扩大公共就业的服务范围，将农村劳动者纳入到公益性服务范围，免费为他们提供政策咨询、就业信息、职业介绍和职业指导等基本服务。

要提高社会公众的地位认同。我们在调查中看到，职业地位较低群体在地位认同上倾向于中下层。这些人认为自己属于中下层地位，他们中既有体制改革的利益受害者，也有城乡二元社会结构的失利者，还有市场体系中社会经济地位下降者。他们经历了社会地位"下移"，内心充满了"相对剥夺感"。也正是这种流动的社会体验，促使他们缺乏充分的社会稳定感。因此，要提高他们的社会稳定感，首先要提高他们对自身地位的认同。

三 社会保障机制

社会保障是社会公共产品，社会保障体制是市场经济成熟的标志。社会保障直接受益者是劳动者，但社会保障本质上是保障社会，保障社会秩序，保障中等收入群体健康持续成长。从宏观上来说，社会保障是保障市场需求的基本稳定，保障社会再生产和经济结构调整升级的正常进行，保障国民经济的正常发展；从微观上来说，社会保障是一个稳定的劳动力市场，保障一批可供资本随时购买的合格的劳动力商品。所以从经济社会学来看，社会保障资金耗费是国民经济发展运行正常的成本支出，是社会再生产过程中必须耗费的社会成本。社会保障既保障公平，也保障效率。我国现行的城乡分割社保制度，对有关群体的不公待遇，都应当按照"更有尊严"的要求加以改变。

以浙江为例，目前浙江已经初步确立了具有浙江特色的社会保障制度框架。① 但即便如此，困难群体、特殊群体等诸多弱势群体的社会保障水

---

① 据统计资料显示，到2009年年底，浙江城镇职工基本医疗、工伤、生育保险参保人数分别达到1174万、1331万、750万，分别比上年增加119.8万、69.3万、60.7万。截至2008年年底，全省农民工参加医疗保险人数已达420多万人，列全国第2位。新型农村合作医疗取得突破性进展，2009年年末，全省87个县（市、区）已全部实行了新型农村合作医疗制度，参加人数3035万人，占92%，人均筹资水平179元。城乡养老保障制度正在建构。2009年全省企业退休人员月人均养老金达到1445元，继续位居全国省区第一。相继出台新型农村社会养老保险实施办法。到2009年底，新农保参保人数已近50万人，开展了城镇居民养老保障制度改革。截至2009年年底，全省已有13万多人参加了该项制度，保障了城镇老年居民老有所养。浙江还从2010年起，农村老人享受60元以上养老补助。最低生活保障与被征地农民社会保障制度不断完善。2009年全省现有在册低保对象69.8万人，比上年增加1.1万人，支出资金11.8亿元，增加2.3亿元。全面实施医疗分类救助模式，开展即时救助。全省全年共筹集医疗救助资金5.1亿元，支出超过5亿元，除资助133.5万名五保、低保对象等困难群众参加医疗保险外，救助困难群众近40万人次。全省五保、"三无"对象集中供养率分别为95.5%和99.1%。全省有386万名被征地农民纳入社会保障覆盖范围。

平还是明显偏低的,现在我们应当开始着手建立初级的社会公平保障体系。具体来说,主要包括底线公平机制、社会调剂机制以及均等化公共产品供给机制。

(一) 底线公平机制

社会保障权是保障全体社会成员享有社会公正所提供的最基本权利,体现的是一种"底线公平"。"底线公平"是指全社会除去个人之间的差异之外共同认可的一条线,这条线以下的部分是每一个公民的生活和发展中共同具有的部分,是起码的部分,是其基本权利必不可少的部分。一个公民,如果缺少了这一部分,那就保证不了生存,保证不了温饱,保证不了为谋生所必需的基本条件。而"底线公平"机制就是所有公民在这条底线面前所具有的权利的一致性,其不足和匮乏部分,如最低生活保障、公共卫生和大病医疗救助、公共基础教育(义务教育),则需要社会和政府来提供。应该说,正因为社会保障权得以实现,社会成员关于基本生存的焦虑与隐忧才能得以解除,成为了实现消费需求有效增长的主要源泉。

社会保障制度体系内部是有层次的,底线公平是基础的层次,是由政府来负责的。其他制度可以置于底线公平的基础之上,通过社会、个人采取市场机制来实现。前者属于雪中送炭,是必保的,硬性的;后者属于锦上添花,是灵活的,可调控的。这样,社会保障制度体系就有了一个合理的内部结构。

发展中国家在建立社会保障制度中,要形成一种富有弹性的调节机制:一方面,在建立社会保障制度的过程中,这种机制能起到激励作用,推动社会保障制度的发展;而在这个制度建立起来以后,它又能起到约束作用,以便把它限制在一个合理的范围之内。底线公平正是形成这样一个调整机制的基础。引入底线公平概念的作用就是把社会保障的刚性部分限定在一个范围内,让出更大的部分给柔性机制的发展,激励和支持非政府组织。

经验已经证明,中国的社会保障制度应以最低生活保障制度和"底线公平"制度为基础。因为这项制度被实践证明是花钱最少、效益最好的社会保障制度。公共卫生和医疗救助制度对实现底线公平具有关键意义。研究证明,卫生对人的健康和寿命影响最大而花费最小;其次是保健,也是花钱少而受益大。以预防为主，搞好公共卫生，对广大人群构成威胁的传染病、流行病、地方病等就可以减少甚至消除。对于养老保障来说，一个老人依靠最低生活保障加上卫生保健和医疗救助，就可以获得最基本的社会保护，这是政府的责任。如果再有企业养老金和个人养老储蓄，以及有巨大发展余地的社会服务，并且充分发挥家庭的养老功能，那么他就可以保障体面的老年生活。这后一方面，主要是社会组织和个人的责任。对于失业者来说，依靠最低生活保障加上卫生保健和医疗救助，他就可以维持基本生活。如果辅以积极的就业培训、就业服务和社会互助，他就不仅可以获得体面的生活保障，还可以尽快重新就业。

第一，实施全民医保，着力解决看病难、看病贵的问题。 以非公有制企业和外来务工人员为重点，积极扩大城镇职工基本医疗保险覆盖面，覆盖范围扩展到城镇所有从业人员，实现基本医疗保险基本全覆盖。提高农村合作医疗制度的保障水平，进一步加大各级财政对于合作医疗制度的投入，大幅度提高筹资水平。

第二，提高非公有制企业及其职工的失业保险参保率。 妥善解决职工在不同经济类型单位之间转换时的关系接续问题，各级统筹地区也可以根据本地经济社会发展状况、参保情况和基金承受能力，有计划地逐步提高外省农民合同制职工的一次性生活补助标准，积极稳妥地解决农民工社会保障问题。依法将农民工纳入工伤保险范围。要研究灵活就业人员、被征地农民和农村劳动者的失业保险政策，确保新就业群体的失业保障利益。

第三，完善养老保险体系，探索建立长效机制。 扩大养老保险覆盖面。以非公企业和城镇个体工商户、灵活就业人员、外来务工人员为参保重点推进扩面，逐步做实个人账户。建立健全参保缴费的激励约束机制，改革完善养老金计发办法政策。重构农村社会养老保险制度，明确政府在建设农村社会养老保险制度中的主导作用，拓宽资金筹集渠道，变"个人缴费为主、集体补助为辅"为"个人、集体和政府"三方共同筹资，建立财政对农民社会养老保险基金的投入机制。另外，尽快研究制定养老保险关系省内转移接续办法。在有条件的地方，可直接将稳定就业的农民工纳入城镇职工基本养老保险。

第四，建立完善稳定可靠多元的社会保障基金筹措机制。 进一步强化社会保险扩面征缴工作，提高社会保险基金自求平衡能力。完善征缴管理办法，规范基本养老、基本医疗、失业、工伤、生育保险费地税部门统一征收行为，积极推进社会保险"五费合征"办法。积极开拓新的、稳定的社会保障资金筹措渠道，按照公共财政要求，继续努力增加社会保障投入，保证财政社会保障支出每年增幅不低于当地财政经常性支出的增长比例。

第五，对访民中特定群体也需要完善社会保障制度。目前出现的很多信访与维权人员是因为他们的社会保障体系不健全。各类特殊群体的主要诉求，大多也集中在生活保障和医疗保障等社会保障问题上，如果全民共享、城乡一体的社会保障体系建立起来，事实上也就基本解决了这些群体的上访诉求。社会保障本质上是保障社会，保障社会秩序。社会保障既保障公平，也保障效率。社会保障是影响到社会稳定的一个非常重要的问题，因此，对于包括上述的各类特殊群体的困难群体，政府和社会必须提供社会保障，为其生存、发展提供基本的物质生活条件。这也是政府的责任和社会的义务。

第六，进一步完善流动人口服务保障。实施流动人口子女免费义务教育和公共租赁房工程，加快推进本省籍流动人口市民化，适当放宽外省籍流动人口户籍准入制度，坚持户籍制度与相关的社会保障、人事、教育、医疗等制度进行综合配套性改革，综合推进。全面、深入推进被征地农民基本生活保障制度建设。要确定被征地农民的基本生活保障标准，建立土地养老保障的风险基金。积极做好与被征地农民基本生活保障制度建设相关的就业、医疗、住房、教育等配套政策措施的落实。妥善处理新老被征地农民的政策衔接问题，研究制定被征地农民基本生活保障制度与城镇社保体系接轨的政策。

（二）社会调剂机制

社会调剂机制中很重要的一个内容就是慈善体系建构。慈善事业被经济学家誉为"社会的第三次分配"，特别是在社会保障制度不太健全、贫富差距日益扩大的中国，慈善事业肩负了更多的责任。但不可否认的是，我国现在的慈善事业处于初级阶段，慈善事业水平还比较低，缺乏相应的慈善文化。和美国、日本等发达国家的慈善捐赠80%来自民间相比，中国慈善业的捐赠只有10%来自普通百姓。据统计，截至2004年年底，中国慈善机构获得捐助总额约50亿元人民币，仅相当于中国2004年GDP的0.05%，而美国同类数字为2.17%，英国为0.88%，加拿大为0.77%。

浙江的慈善事业得以发展较早。10年前，政府就率先推出专业化运作的大额留本冠名基金，目前已形成全国最具影响力的市场化运作"慈善年夜饭"的慈善品牌效应，浙江省慈善事业正沿着专业化模式良性运作。目前，浙江省慈善机构累计筹款23亿元，名列全国各省区首位，同时16亿元的留本冠名基金，每年还能为浙江慈善事业捐献超过8000万元，这些成绩的取得，与各级慈善机构日益推广的职业化运作密不可分。只有职业化才能提高慈善事业的公信力和企业对慈善项目执行能力的信任，才能为企业慈善捐款解除后顾之忧，从而激发全社会参与慈善的热情。

浙江省在全国率先探索建立的大额"留本冠名基金"开始，就有许多企业纷纷以"冠名慈善基金"的形式参与慈善救助。广厦集团出资1500万元建立"忠福慈善基金"援孤项目；旅法华侨郭玉桓、郭胜华出资2000万元建立的"胜华慈善基金"助学项目等。浙江省慈善总会对浙江省近几年各级慈善组织接受捐赠的情况进行了统计：5年来，全省慈善组织筹募的18亿元善款中，有80%是来自民营企业！浙江省民营企业已成浙江省慈善事业发展中不可或缺的"主力军"。企业以一种制度化的形式关注、支持公益事业，这在国际上一些成熟、知名的大企业中已成惯例。像摩托罗拉、可口可乐等公司，在世界各地的分公司都建有相关固定慈善基金，定期支持当地慈善事业的发展。

但是，慈善事业发展不尽如人意。这既与中国的财富现实有关，也与体制束缚、慈善文化缺失有关。调查显示，国内工商注册登记的企业超过1000万家，有过捐赠记录的不超过10万家，即99%的企业从来没有参与过捐赠；很多公民认为慈善是政府的救济行为，和个人关系不大，捐助行为也主要是通过单位、学校、街道被动捐赠，"经常主动捐赠"的人数很少，1998年我国人均慈善捐助只有1美元，到2000年，人均慈善捐助竟然下降到不足1元人民币。而有些国家，如美国，70%以上家庭都对慈善事业有某种程度的捐赠，平均每年每个家庭捐赠900美元，占家庭总收入的2.2%。

我国慈善机构与企业之间的沟通不畅，企业不了解慈善机构正在做什么，怎样参与慈善活动；另一方面，国家政策在税收方面对企业从事慈善的鼓励力度还比较有限。国家规定企业享受慈善捐款抵扣个人所得税的税率还较低，根据《企业所得税法》规定，企业进行慈善捐款，捐款额度在应纳税所得额3%以内，企业可以享受免税待遇。如果捐赠金额超过3%，企业就得为所捐款部分纳税。《个人所得税条例实施细则》中也有相关规定。这显然无法调动企业和个人进行慈善捐助的积极性。慈善捐助的免税手续有十几道程序，即使捐赠了也不会去考虑申请免税。

在我国，虽然越来越多的人参与到慈善事业中来，但捐款靠的不是对慈善事业的认可，更多的还是某种行政的力量。长期以来，我国的慈善工作形成了由民政部门牵头、有关部门配合、社会各界参与的运行机制，在救灾和群众生活困难救助中发挥了积极作用。但是，由于民政部门直接承担慈善募捐工作，难免出现浓厚的行政强制色彩，缺乏慈善事业本该有的自愿性、独立性和自发性。慈善机构"官办"色彩浓厚，民间慈善组织发展受到制约。近年来慈善组织虽然增加不少，但大多数挂靠政府业务主管部门，依附于政府机关运作。受到政府及其主管部门直接干预较多，甚至有些慈善组织形同虚设或成为"二政府"。中国民间目前有很多"草根"慈善组织，因为找不到主管部门挂靠，不得不采用工商注册登记的办法。而这样操作，只能将基金会登记为企业，就使这些非营利性的组织要像营利性企业一样纳同样的税，这无疑制约了民间从事慈善事业的积极性。

（三）均等化公共产品供给机制

更加注重政府社会管理的公共服务职能，把更多的力量放在发展社会事业和解决民生问题上，构建公共服务体系，基本满足群众多样化的公共服务需求。深入实施基本公共服务均等化行动计划，尤其是在就业、养老保障、医疗保障、住房保障、教育、卫生、文化等领域力求突破，大力推进城乡社会事业发展，促进教育、医疗卫生、文化、就业、住房等基本公共服务均等化，改善重点群体的公共服务，逐步缩小城乡之间、群体之间的基本公共服务差距，努力实现基本公共服务覆盖城乡、区域均衡、全民共享。加强城乡公共设施建设，发展社会就业、社会保障服务和教育、科技、文化、卫生、体育等公共事业，为社会公众生活和参与社会经济、政治、文化活动提供保障、创造条件，努力建设服务型政府。切实让人民群众学有所教、劳有所得、病有所医、老有所养、住有所居，探索建立覆盖城乡、区域均衡、全民共享的基本公共服务体系。

构建以政府为主导、企业和社会组织共同参与、人人共享的基本公共服务体系，同时促进社会公共服务的市场化、社会化、分权化、专业化，满足社会成员生存和发展的多层次、多方面普遍需求。健全完善合理配置公共资源机制，让底层群众享受更多的社会公共产品与公共资源。高度重视社会政策的制定。要有顶层设计，避免碎片化，头痛医头脚痛医脚，解决一个矛盾引发一堆新的矛盾。要充分听取利益相关方的意见，给民众充分表达的权利，尤其要重视基层群众与弱势群体在公共政策制定过程中的声音，为弥合社会冲突提供政策保障支撑。

突出对弱势群体、困难人群的扶助关爱。加强对失业下岗人员、流动人口、未就业的大学生、残障工伤职业病人群、离退休人群、破产企业人群、文盲无业人群等弱势群体、刑释解教人员、流浪人员、闲散青少年等特殊人群的管理服务，这既是弱势群体，又是酿发事端的高危群体，让他们弱有所助、急有所济、危有所帮、老有所安，以利于和谐社会建设。

建立健全社会救助体系。社会救助是指国家和其他社会主体对于遭受自然灾害、失去劳动能力或者其他低收入公民给予物质帮助或精神救助，以维持其基本生活需求，保障其最低生活水平的各种措施。它对于调整资源配置，实现社会公平，维护社会稳定有非常重要的作用。重点完善社会救助工作机制，建立统一效能的社会救助管理体制，健全县、乡镇、社区（村）三级社会救助管理网络，创新社会救助的内容和方式，让社会团体、慈善机构、自治组织参与救助管理，分担政府责任，吸纳更多的社会人士和受过专业训练的社会工作者、志愿者参与救助服务。

四　社会包容机制

社会包容是指一个社会弱势群体容易融入、排斥最小化的社会，社会包容机制则是指在社会发展过程中经济社会发展成果惠及所有人群的制度安排。实施社会包容机制，就是要坚持社会公平正义，促进人人平等获得发展机会，坚持以人为本，着力保障和改善民生。社会包容，也称"社会融合"。

在社会学概念体系中，"社会包容"的反义词就是"社会排斥"（Social Exclusion）。所谓"社会排斥"，美国社会学家帕金斯曾从社会分层的角度认为任何社会都会建立一套程序或规范体系，将获得某种资源或机会的可能性限定在具备某种资格的小群体内部，使得资源或机会为社会上某些人享有而排斥其他人。在社会分层方面，有两种排斥他人的方式，一种是集体排他方式，例如以种族、民族、家族区分标准，而将某些社会群体整体排斥在资源的享有以外；另一种是个体排他方式，例如通过考试来选取人才，被选取者和被淘汰者被以个体形式出现，并没有一个身份群体被整体排斥。[①] 对于社会排斥内涵的界定，不同的学者都提出了自己的观点。英国政府"社会排斥办公室"提出："社会排斥作为一个简洁的术语，指的是某些人或地区受到的诸如失业、技能缺乏、收入低下、住房困难、罪案高发的环境，丧失健康以及家庭破裂等等交织在一起的综合性问题时所发生的现象。"[②] 简而言之，社会排斥强调的是社会链的断裂；社会排斥概念指向一个社会中存在两种社会层级。社会排斥概念内涵强调了社会分化在经济之外的意义，包括社会链的断裂、两种社会层级的危机、福利依赖层的重新组合等等。

社会学理论指出，利益被相对剥夺的群体可能对剥夺他们的群体怀有敌视或仇恨心理。当弱势群体将自己的不如意境遇归结为获益群体的剥夺时，社会中就潜伏着冲突的危险，甚至他们的敌视和仇视指向也可能扩散。犹如经济学上的"木桶效应"，水流的外溢取决于木桶上最短的一块木板，社会风险最容易在承受力最低的社会群体身上暴发，从而构成危及社会稳定、影响社会发展的一个巨大社会隐患。因此，帮助社会弱势群体减轻来自经济、社会和心理的巨大压力，不仅是各级政府部门的责任，而且也是全社会的义务，其中社会强者应尽更多的义务。

---

① 转引自福兰克·帕金《马克思主义与阶级理论》，哥伦比亚大学出版社，1979，第11~13页。
② 孙炳耀：《转型过程中的社会排斥与边缘化——以中国大陆的下岗职工为例》，香港理工大学《华人社会社会排斥与边缘性问题研讨会论文集》，2001。

而消解社会排斥的最有效方法是"社会包容",其基本含义就是"参与"和"共享",这也就是说,只有在所有的社会成员能够"参与"和"共享"时,经济社会发展才具有积极意义。社会包容内容主要包括社会经济保障、社会融入、社会整合与社会赋权。一个具有高度社会包容的社会,首先必须使人们能够获得社会经济保障,其次,也是一个弱势群体容易融入社会、社会排斥最小化的社会。还是一个强调所有社会成员都能参与社会和被赋予一定的权能(社会赋权)的社会,以便在社会经济的急剧变迁面前,有能力全面参与。1995 年的联合国哥本哈根《千年宣言》和2005 年联合国审视《千年宣言》的一个报告曾指出,只有人——不论是作为个人还是作为社群——成为行动主体,变化和发展才能产生。共享不仅是指共享经济增长的成果,同时也是发展、安全和人权的共享。因此,应该使人民群众享有行使民主权利的广阔空间,以求在各社会阶层和社会群体之间重建关于发展的共同认知,使每一个个体都能融入社会经济发展的主流之中。在发展的同时,让人民群众共享发展、安全和人权。

但是当前我国在社会发展过程中还存在很多社会排斥现象,社会包容机制很不健全。如对待农民工问题上,我们不仅在制度上排斥着农民工的城市融入,而且还存在着单向度融入的问题。如对农民工群体的标签化。这体现在农民工的称呼以及与农民工有关的活动中。"农民工"本来是对农民进城做工人这一社会现象的客观概括,但在中国的现实语境中,"农民工"一词被赋予了社会身份的象征意义,从而成为与"农民""城市居民"并存的第三种身份类别。政府和媒体参与了这一称呼及其意义的社会建构。例如,中央政府近年来发布的涉及返乡农民工职业教育与培训、农民工工作联席会议制度、农民工工资支付管理等文件都使用了"农民工"一词。在此过程中,媒体也有意无意扮演了重要角色。例如,有研究者对南京电视台新闻综合频道自采节目的文稿进行关键词搜索之后,发现在报道过程中媒体把农民工"他者化"了。① 也就是说,在电视新闻中出现的农民工是不同于城市居民的特殊人群,是被描述和观察的客体对象。在与

---

① 东方、刘辉:《从"他者"到"主体"——南京电视新闻中农民工形象嬗变》,《声屏世界》2008 年第 4 期。

农民工有关的活动中,农民工也是与被服务者、被培训者、需要特别关怀的失业者等标签联系在一起的,他们是一个需要政府和社会为其提供服务、培训、就业帮助等的特殊群体。在这些类似的活动中,农民工是一群被动的活动接受者,谈不上有什么主体性。因此,对农民工群体的标签化,使政府、社会和农民工自身对农民工群体形成一个固定的、偏离客观事实的刻板印象,缩小了政府相关政策的选择空间,限制了城市居民与农民工群体的相互建构,限制了农民工群体对自我核心效能的认识和发挥。

另外,有研究发现阻碍农民工主体建设的因素主要是两方面,一是制度性障碍,一是非制度性障碍,前者可以通过制度建设予以破解,后者则需要从理念上逐渐倡导。在这些非制度性障碍中,城市居民对农民工及其进城的认识是影响农民工主体建设的重要因素。早在1996年,北京、上海、武汉三个城市开展"对农民工进城态度"的一项调查发现,有18.1%的市民认为"基本上是一件坏事",48.8%的市民认为"好坏参半"[①]。这种认识在今天虽然发生了一些变化,但对农民工进城还是有一些担心。例如,针对2009年6月上海启动居住证转户籍的改革,中国青年报社调中心通过调查网对全国31个省、区、市14172人所做的调查显示,尽管有91.6%的人支持上海市的这项户籍改革政策,但也有49.3%的人担心放开对农民工的户籍限制,会使更多人涌向大城市,增加城市压力。[②] 甚至有些城市里的强势集团,对农民工怀有明显的排斥和敌意,相当数量的城市居民不愿让孩子与农民工子女同校就读则是这种排斥更为具体的表现形态。[③]

从相互主体性来看,社会融入既意味着农民工与城市社会的融合,也意味着城市社会改变自己来接纳农民工,是一个相互融合的过程。但目前讨论这个问题,比较多的是从农民工单向融入城市社会的角度进行讨论

---

① 引自周春发《从冲突走向融合——农民工与城市市民的社会交往——基于共生理论的视角》,《福建论坛》(社科教育版)2007年第12期。
② 新华网,上海居住证转户籍细则今公布新一轮户改启动,http://news.xinhuanet.com/politics/2009-06/17/content_ 11556068. htm。
③ 参见朱明芬《杭州农民工融入城市社会的现状调查及保障机制研究》,http://www.zhdx. gov. cn/news/2007/9/25/1190687349187. shtml;张雪丽:《贵阳市农民工子女融入城市教育的调研》,《贵阳市委党校学报》2008年第5期。

的，相关政策也是围绕这个思路展开的。我们在中国期刊全文数据库中以"农民工"和"融入"作为关键词在核心期刊中搜索到发表于 2000 年以来的 18 篇论文，作为分析样本。对上述样本的分析发现，大部分论文集中讨论制度障碍和非制度性因素对农民工融入城市的影响及解决途径，这些讨论共同隐含的前提是农民工如何融入城市。在这些样本中，只有两篇论文涉及城市社会与农民工相互融合的问题，分别讨论了城市居民对农民工子女同校教育的排斥与融合以及农民工与城市社区互动模式与其自主性之间的关系。

在单向度融入思路的影响下，相关政策与实践表现出施恩者（benefactor）或者解放者（liberator）的特点来。[①] 所谓施恩者，是指把农民工看做弱势群体，认为他们是没有能力的，城市社会对于他们具有优越感，关注农民工的缺陷，强调如何通过培训、服务等提高农民工的综合素质，使其更好地融入城市。所谓解放者，是指认为农民工是城市社会不良环境的受害者，认为农民工是健全的，需要改变的是城市社会环境（如提高城市居民公民素质）。两者的共同缺陷是忽略了农民工的声音和主体性，在没有征得他们同意的情况下开展讨论、制度政策并采取行动。因此，单向度融入使得目前的讨论和政策都是围绕农民工如何融入城市社会开展，忽视了农民工群体与城市居民的相互建构，忽略了农民工群体文化对城市文化的可能潜在影响。

简而言之，在对农民工群体的标签化、制度性与非制度性融入障碍、单向度融入的思路和实践中，农民工被看成是有别于城市居民的问题群体，没有被视为城市社会的普通的、正常成员，与城市居民没有实现相互主体性。这种有意或无意的社会排斥都需要社会包容机制的建构来加以限制乃至弥合。而建构社会包容机制的一个重要抓手就是社会政策的健全与完善。

社会政策是为实现社会公平、增进社会包容而实施的制度安排，是解决或对付社会问题的基本原则或方针，也是政府履行社会管理和公共服务

---

① 关于施恩者和解放者的观点，我们借用了陈树强关于社会工作传统的相关讨论。详见陈树强、增权《社会工作理论与实践的新视角》，《社会学研究》2003 年第 5 期。

职能的核心，是政府干预社会的主要手段和基本措施，它决定了政府的其他社会管理手段。社会政策一般包括，劳动就业政策、社会福利与社会保障政策、文化教育政策、医疗卫生政策、城市规划与住房政策、人口政策，等等。公正合理的社会政策可以增进公众福利，整合不同利益群体，消除社会排斥，促进社会各方面协调发展。

政府社会管理是对家庭、社会团体与社会自治所不能解决的社会事务的管理，这些社会事务涉及社会整体的公共利益、需要依靠国家权力与政府权威加以解决。必须由政府管理的社会事务构成政府社会管理的主要内容：保障公民权利、维护社会秩序、协调社会利益、实施社会政策、管理社会组织、提供社会安全网、解决社会危机。政府社会管理的核心是社会政策，社会政策是政府干预社会的主要手段和基本措施，它决定了政府的其他社会管理手段。社会政策的核心是福利国家或福利社会政策。马歇尔在1965出版的《社会政策》一书中提出，社会政策是通过政府供给的对公民福利有直接结果的政策，其核心由社会保险、公共救助、健康和福利服务、住房政策等组成。

我国目前社会政策还存在不少缺失的现象，如社会保障体系尚未覆盖到全体居民，不少"体制外"的居民仍面临着巨大的社会风险。社会政策缺乏系统性、整体性，公平度也不高，又如在住房保障政策中也存在明显的不公正。公共教育政策不均衡，收入分配政策不到位，医疗卫生政策的公益性不足而产业化过度；缺乏社会公正基础的社会政策，不仅不能有效保障社会成员基本生活状态，保证社会成员平等的发展条件、维护社会公正，而且由于社会危机最容易在承受力最低的社会群体身上暴发，从而构成危及社会稳定、影响社会发展的巨大社会隐患。

完善社会政策体系建设应在教育，尤其是义务教育、就业，包括劳工问题、收入分配、社会保障、基本医疗、社会安全、环境保护等方面要有更多的作为。社会政策要体现社会公正，首先是法律上平等，不能有歧视。第二要给弱势群体以实际的扶助，不仅是在人力、财力还是在精神上。这实际上也是社会主义的原则。第三，我们不能让太多的人处于社会主流生活之外，所以不能因为有些人生活贫困或生存条件差只给予救济就能解决问题。我们应该让更多的人进入主流社会，避免他们的边缘化。建立健全民生权的法律规章,让发展成果惠及全体民众。

强化中低收入群体、困难群体的服务。社会政策本身就是政府对困难群体进行制度化支持的措施。贯彻公平价值取向,关注和扶持弱势群体的发展,提供弱势群体发展的机会,尽快建立综合性的社会救助系统,完善初级的社会公平保障体系。通过实施积极的就业政策、完善社会保障体系、发展社会福利、加大扶贫开发力度等一系列政策措施,着力改善中低收入群体生活状况,尽力消除后顾之忧,保证他们能够过有尊严的生活。加强失业职工再就业和被征地人员就业扶持,通过发放用工补贴、减免税费、提供小额贷款贴息等一系列政策,鼓励企业吸纳下岗失业职工。出台被征地人员用工社会保险补助、税费补贴减免等就业扶持政策,实施鼓励企业吸纳、征地企业消化、公益岗位招收等政策,推动被征地人员、农民就业和自主创业。再如在农民工的社会政策制度安排中,应保障农民工的各项社会权利,把农民工还原为与城市居民一样的普通公民,在公民权利的范畴内讨论与农民工相关的问题,以实现去标签化。将农民工纳入廉租房保障范围。支持农民工获得基本资源。对于农民工而言,社会保险和子女教育是最基本的资源,政府应采取措施支持其获得上述两种基本资源。倡导农民工社会融合的理念。扶持一定数量的适合农民工经营的流动摊贩和小商品夜市,促进中小企业发展使之吸纳更多农民工就业,全面签订劳动合同推动建立稳定的劳资关系,完善劳动争议处置机制防范对失业群体的过度伤害,建立系列协商制度缓解因失业引发的各种冲突,法律协调用以解决重大突发性群体事件和日常冲突,专项行动协调用以解决农民工的根本利益受侵害,提升技能培训促进二代农民工成为熟练的技术工人,提供救难解困学习发展分层服务模式满足农民工层次需要,着重农民工的主体建设,全面提升农民工的人力资本。

树立社会政策意识,加大对人民群众基本社会权利的保障力度。各级政府要加大对社会政策运用的力度,把国家和省的各项战略部署具体化为各种体现公平和保障群众基本权益的政策法规,通过完善社会政策来制度化地改善广大社会成员的生活。加强政府社会政策能力建设。强化政府的公共服务职能,承担起在社会政策行动中的首要责任,调整发展思路、转变发展方式,更加注重社会公平,制定新的有利于全体社会成员共生发展、共同富裕和效率与公平并重的政策，进一步落实实施社会政策的工作责任，建立领导问责制和责任追究制，确保各项社会政策落到实处。加强对社会政策的评估，逐步开展政策方案评估、政策执行效果评估、政策结果的评估等工作，并根据评估结果及时调整政策目标和实施进程，以进一步提高社会政策的实效性。

公民参与是社会政策的基石。建立公共决策的民主协商与参与制度，改进公共事务决策程序，采取民主恳谈、参与式政策分析等形式，引入公众参与专家咨询，推动政策过程的范式性转变，使公众参与到公共政策过程中，以帮助公众考察他们自己的利益并做出自己的决定。社会管理需要有体现公正、公开、公平等程序公正的正当程序制度，需要在信息公开与政府透明、公众参与、权力制约等领域建立健全这些程序公正的机制，以保障社会管理。建立公众广泛参与的多向维度的利益表达机制，为各社会阶层提供顺畅的利益表达的制度平台。充分发挥社团、行业组织、社会中介组织的作用，建立新型人民群众参与公共事务的模式。

五　社会调解机制

人们在生产、流通、分配、消费等诸多领域，形成了纷繁复杂的各种社会关系，而由于观念及利益方面的差异，表现为行为的冲突，导致各种社会纠纷的产生。我们目前正处于体制转型时期，各种体制、观念和利益调整的矛盾，导致了社会纠纷的增多。这就需要建立健全解决社会纠纷的机制、制度和方法，包括诉讼程序和非诉讼程序。诉讼程序包括刑事诉讼、民事诉讼和行政诉讼；非诉讼程序例如和解、调解、仲裁、行政裁决、行政复议、申诉、信访等。同时还需努力进行创新性工作，以完善在源头和程序上解决社会纠纷机制。

建立社会组织培育缓冲机制。要有效防范群体性社会纠纷事件，保持社会系统的良性运行，必须发展社会组织，建立和培育社会缓冲机制。社会组织使社会成员有交流感受、诉说委屈、发泄情绪、提出建议的渠道，能及时、适当地让不满情绪和不同意见得以宣泄，避免矛盾和冲突在社会领域过度压抑和聚集。现阶段随着政府行政权力逐步从社会经济领域中退出，社会自治空间扩大，为社会缓冲机制发挥作用提供了现实空间。因而要加强、引导、规范社会组织建设，使之发挥传导沟通、理顺关系、处理矛盾、保障社会安全运行的积极作用。进一步加强行业、企业调解组织的建设，建立横向到边，纵向到底的调解网络，发挥人民调解在预防和调处群体性矛盾纠纷中的长处。

健全"三调联动"大调解机制。充分发挥人民调解的基础和依托作用、行政调解的专业和综合作用、司法调解的主导优势，使三大调解做到各司其职、各负其责，切实利用调解做好本系统、本领域的矛盾纠纷化解工作。进一步加强基层调解工作，鼓励引导多种社会力量参加调解，在基层人民调解委员会基础上，动员广大党员、老年人、妇女等和"和美家园共建会"、村集体经济合作社等基层组织参与调解工作。充分挖掘民间资源，利用乡规民约，动员各种社会力量参与化解调处矛盾纠纷，发挥调解组织和仲裁机构的作用。进一步加强专业调解工作，通过在调处中心设立专门调解小组、在行政主管部门设立调解工作室、组建专业性的人民调解委员会等多种方式，建立健全医患、劳资、征地拆迁、环境污染、交通事故、消费、物业管理等专业调解机制，扩大专业调解的覆盖面。坚持把"调解优先"原则贯彻到执法办案工作中，积极探索建立党委政府统一领导、政法综治部门牵头协调、司法行政机关指导管理、调处中心具体运作、职能部门各负其责、社会各方广泛参与，集人民调解、行政调解和司法调解于一体的大调解工作机制，及时有效化解矛盾纠纷，实现案结、事了、人和。进一步加强调解队伍建设，积极探索调解队伍职业化、专业化的新途径，优化调解队伍的知识结构、年龄结构，建立一支与化解社会矛盾纠纷要求相适应的专职调解员队伍。完善基层人民调解考核激励机制，建立基层人民调解员等级和晋升制度，把等级评定、晋升与日常工作、业务能力、奖励考核等结合起来。

更加注重人民内部矛盾的化解和利益关系的协调。要根据新时期社会矛盾的变化，及时加强研究，做细做实工作，善于运用发展的办法、改革的办法、法律的办法正确处理人民内部矛盾。正确反映、兼顾不同方面群众利益，注重从源头上减少人民内部利益矛盾的发生，防止出现社会利益分化、矛盾激化而引起社会动荡。要加强对矛盾易发点、多发点的关注，尤其是对城市房屋拆迁、农地征用、企业改制等社会敏感问题，必须建立风险评估预警机制,制定处置预案,把矛盾化解于事前,防止简单问题复杂化、个体问题群体化、个别问题普遍化。建立健全人民调解、行政调解、司法调解衔接联运机制,推进信访工作的规范化、程序化建设,围绕维护稳定、调解人民内部矛盾,加快构建信访工作快速有效、突发事件应对科学、基层维稳力量扎实的稳控机制。创新信访工作新机制,完善领导干部包案责任机制、部门责任制、常态化的信访跟踪督察机制和领导干部大接访机制。

建立群众集体上访绿色通道和信访问题复查复核机制。建立群众集体上访绿色通道是指对于群众集体上访反映的问题要真正纳入工作日程,防止由集体上访演化成群体性事件。为保证处理信访问题的权威性,公平、公正、合理解决群众信访问题,成立专门的信访问题复查、复核工作机构,受理群众依据《信访条例》提出的复查、复核申请,并代表政府提出书面复核意见,在规定的时限内答复上访人。充分发挥处理机关的作用,互相配合,依据有关法律、法规共同对群众的信访事项提出科学、合理的办理、复查、复核意见,为客观、公正地解决信访问题提供程序上的保证。

六 社会控制机制

霍布斯在《利维坦》里说:"在没有一个共同权力使大家慑服的时候,人们便处在所谓的战争状态之下。"[①] 一切有着利益追求的社会,都存在着利益矛盾和冲突。社会冲突是一种客观的社会现象,一切社会都存在着或隐伏着社会冲突。但是,控制社会冲突、维护社会秩序又是社会共同体存在与发展的需要。只要存在着社会冲突,特别是存在着社会冲突不断扩大和激化的可能性,社会秩序就会受到威胁,社会成员就会处于一种普遍的不安全感之中。所以,正是由于人类有着社会秩序稳定的要求,才有了社会控制。

社会控制,是指社会运用各种社会规范及与之相应的手段和方式,对社会成员的社会行为和价值观念进行指导和约束,对各类社会关系进行调

---

① 霍布斯:《利维坦》,商务印书馆,1985,第94页。

节和制约的过程。社会控制，本质上是社会对其成员思想和行为的规定，是对社会运行中出现的各种矛盾、各种关系的疏导、协调与管理，以达到形成良好的社会规范和社会秩序的目的，以促进社会的良性运行。因此，社会转型时期对社会控制是全方位的。它既包括对人们的心理、生理方面的疏导、咨询、解惑，也包括对人际关系、群体关系、利益集团关系的协调，还包括对社会的动态管理（诸如流动人口、社会问题）、社会发展的预测等。

要想弥合社会冲突，加强社会控制是重要的路径。罗斯说，我们的社会秩序是建造物，而不是长成物。"如果不打算让我们的社会秩序像纸牌搭成的房屋一样倒塌，社会就必须控制他们。"① 避免敌对的状态就是社会秩序的一个标志。罗斯还提出了社会控制的五条准则：社会干预给作为社会成员的人带来的利益应大于它引起的不便。社会干预不应轻易激起反对自身的渴望自由的感情。社会干预应当尊重维持自然秩序的感情。社会干预不应是家长式的。社会干预不应限制生存竞争，因而不能取消选择过程。② 目前，我国社会控制需要强化的有五项。

（一）建立健全的法制体系

法律制度是现代社会关系的基本整合与控制制度。改革开放以来，各社会阶层、团体、个人的经济地位、政治地位均发生了变化。非公有制经济迅速崛起而形成的多种经济成分并存，公有制产权及其实现形式日益明晰化和多样化，使得政府对资源的控制出现了分散化的趋向。单位的专业性、自主性、法团性日益增强，总体性组织的特征明显减少，整合功能不断弱化。社会中各个利益主体间逐渐缺乏可以共同遵守的秩序和规则。在经济市场化和多元化基础上，政治体制改革也在循序推进，公民的自主性逐渐增加，公民与国家之间、公民个人之间、村集体农民成员之间、农民与城市居民之间、农民与城市政府之间、单位与员工之间、单位内部员工之间，单位与单位之间，形成的新的关系、矛盾、摩擦和冲突，需要由法律和各种新的社会规范来加强调节。

---

① 罗斯：《社会控制》，华夏出版社，1989，第43页。
② 罗斯：《社会控制》，华夏出版社，1989，第318~323页。

在这一社会演进过程中，国家应重视利用社会保障法、保险法、继承法、税法、金融法、物价法、物权法、反不正当竞争法、消费者权益保护法、反垄断法、破产法、反洗钱法等法律手段调节各社会团体、阶层的利益。

现代社会是法治社会，必须用法律惩治越轨和犯罪行为，维护社会稳定。对亟待政府加强管理，而现行法律法规和规章未作规定，或虽有规定但事权关系不明确的社会管理事务，需要制定或修改现行法律法规和规章作出明确规定，使政府实施的所有社会管理事项都有法律依据。为提高依法管理的权威性，对一些重大的社会管理事务，实施管理的依据应由法规、规章层级上升到法律层级。各级政府及其部门在实施社会管理时，要严格依法行政，依法管理，坚决纠正和克服政府部门之间"红头文件"打架，以及一些政府部门及工作人员行政不作为、乱作为等现象。在立法中明确确立政府管理权限，行政许可方面应严格依照法律设定条件，涉及自由裁量以及情势判断等特殊情况时，也应在立法中界定必要的范围，确保比例原则、公平原则等法律基本原则精神得到遵循。在人大层面，应设立事后审查机制、权力行使合法性与合理性评判机制，并以此为基础形成立法调整、修订机制以及对政府权力行使的建议机制。

（二）提高公共决策水平

各级政府努力提高影响群众利益的公共决策水平。各级政府在制定和出台每一项政策和重大决策前，务必深入基层调查研究，务必深入群众掌握第一手资料，务必考虑一般群众的承受能力。不能凭主观意愿决策、草率行事，更不能不自觉地受到某些利益集团的影响而做出有损人民群众利益的事来。具体应做到"五个不出台"，即：不利于多数群众受益的不出台；得不到多数群众理解和支持的政策不出台；违反市场经济规律的强制性措施不出台；前期工作没做好，可能引发社会震荡的不出台；具体方案不细致、配套措施不连贯，可能引发新矛盾的不出台。

政策措施的调整，要广泛听取各方面群众的意见，充分考虑不同群体的利益要求；大型项目的实施，事前必须认真进行科学论证，准确把握人民群众长远利益和现实利益的平衡点；公共资金的投向，必须首先用于解决低收入阶层特别是最困难群众的基本生活问题。进一步拓宽社情民意表达渠道，要通过各种途径、方法，将拟制定的社会政策向社会公开，使人民群众对于同自身利益密切相关的社会政策设计有着充分而广泛的民意表达，确保社会政策的有效性、合理性和科学性。从群众切身利益出发，把握各项改革发展措施的出台时机，正确处理政策的稳定性、连续性与适时调整的关系，真正在社会稳定中推进改革发展，通过改革发展促进社会稳定。

（三）建立社会冲突处置机制

在社会矛盾日益复杂多变的情况下，及时准确地掌握各种不稳定因素和社会纠纷的内幕性情况，是预防和处置社会纠纷尤其是群体性社会纠纷事件的首要环节。要加强调查研究，深入了解掌握社会各阶层情况，探索在新的历史条件下社会纠纷及群众性社会纠纷事件发生的原因、特点，制定切实可行的措施，对群众提出的合理化建议和正当要求要采取切实有效的方法给予解决。基层各职能部门要在主动了解民意，掌握社会热点、难点问题时，分析社会动态和潜在的矛盾，以便科学地确定、调整预防、处置工作的思路与措施，力争把群众性社会纠纷事件消除在萌芽状态，防止造成危害。着力提高预防和处置突发公共事件的能力，维护社会公共安全。建立健全分类管理、分级负责、条块结合、属地为主的应急管理体制，提高有效应对各种灾难事故和公共安全事件的能力。整合现有应急队伍资源，改善技术装备，强化培训演练，提高快速反应和应急处置能力。形成以公安、武警、驻浙解放军为骨干和突击力量，以抗洪抢险、海上搜救、医疗救护等专业队伍为基本力量，以及企事业兼职队伍和社会志愿者为辅助力量的应急救援队伍体系。加强应急保障能力建设，着重加强物资保障、运输保障和通信保障能力建设。进一步加强避难场所和恢复重建的能力建设。

健全突发公共事件应急机制。加强应急机构和队伍建设，完善安全预警防范、应急处置机制、救援和事后恢复重建等工作机制，积极开展应急演练和应急系统检查，确保突发事件应对科学有序。加强应急管理机制建设，提高预防和处置公共危机的能力。完善应急决策流程。建立健全分类管理、分级负责、条块结合、属地为主的应急管理体制，提高有效应对各种灾难事故和公共安全事件的能力。提高保障公共安全和处置突发事件的能力，及时、妥善处置全省区域内发生的经济社会紧急情况（包括事故、事件、灾害三大类），维护正常的生产生活秩序，最大限度地降低危害和损失，保障经济社会持续健康协调发展。坚持事前预防和事中控制为主、事后补救为辅的原则，尽量把管理投入环节前移，加大投入保障。要按照《突发事件应对法》的规定，将市、县（区）应急管理工作所需经费足额纳入财政预算。建立完善应急管理考核评估常态制度，将工作开展情况作为各县（区）和市级各部门综合考核评价内容。

（四）建立信息预警机制

建构一整套社会预警机制。这包括社会运行的监测机制，通过监测及时发现警情的征兆，准确把握警情的走向与发展速度；警报机制，当监测结果显示社会出现警情征兆时，立即向政府或公众发出警报；快速反应机制，即及时采取措施，以消除警源，抑制警情。加强社会冲突调研和情报信息工作，做好社会冲突事件的前期预防和对突发事件的迅速制止。要建立健全多方位、多层次信息网络和反馈制度，把信息触角伸向各个角落，力争做到信息队伍多元化，信息来源多样化，上下联系一体化，分析信息专业化，综合反馈网络化。加强重点领域监测预警系统建设，逐步完善监测网络，构建综合预警系统，提高各类突发公共事件监测预警和综合分析能力。整合现有应急信息资源，规范各级各类信息、指挥系统建设标准，统筹规划建设应急平台，形成完整、统一、高效的应急管理信息与指挥体系，提升综合应急指挥能力。

（五）加强社会风险管理

提高应对各种风险的能力，并形成维护社会长期稳定和有效处理社会公共危机事件的社会稳定机制。在群体性事件等危机处理中，要善于做到"情绪疏导"和"情绪管理"，以贴近的感情疏导民情，化解危机，尽量避免机械、简单地运用"物质满足"或者"物质诱导"的方式。完善应急管理领导体制，加强应急管理机制建设，加强应急管理法律和预案体系建设。加强全民风险防范和应急处置能力建设，建立重大决策社会风险评估机制。政府决策的科学化、民主化水平直接关系到社会管理状况的好坏，不少社会矛盾就是决策程序不规范、各方面意见反映不够、时机不当、负面影响考虑不周全造成的。因此，今后涉及群众切身利益的重大政策制定、重要项目审批、重大工程立项、重大举措出台,事先都要进行社会风险评估,把可能出现的社会风险、环境影响、矛盾纠纷及各类不稳定因素予以充分考虑,权衡利弊,科学决策、谨慎决策、稳妥决策。作决策、上项目,不仅要进行经济效益评估,而且要进行社会稳定风险评估,看能不能干。在企业改制、征地拆迁、教育医疗、环境保护、安全生产、食品药品安全等容易引发社会矛盾的领域,不能光算经济账,要建立社会稳定风险评估机制,严格依法办事,防止在决策、审批等前端环节因工作不当产生社会矛盾。对符合社会公共利益、人民群众长远利益的好事要办,但不能草率决策、简单蛮干。

要把风险管理整合到政府和社会的日常管理中,提高政府应对公共危机的能力。提高保障公共安全和处置突发事件的能力,及时、妥善处置域内发生的经济社会紧急情况(包括事故、事件、灾害三大类),维护正常的生产生活秩序,最大限度地降低危害和损失,保障经济社会持续健康协调发展。同时,制定社会风险预警指标体系,积极推进社会管理体制和管理方法创新,建立健全预防、化解社会矛盾的长效机制和处理社会危机的应急机制,以保障大多数人民的利益、维护社会稳定、促进社会发展。要提高发展的协调性,注意运用多种整合方式,运用文化等手段,如舆论、风俗习惯、伦理道德等,通过宣传、教育等措施,积极引导社会成员的价值观和行为方式,使社会成员在内化社会规范的基础上,达到社会整合。

继续完善重大事项社会稳定风险评估制度。要明确评估重点。注重评估不同时期、不同地方的突出问题有可能带来的社会风险。明确评估范围,凡是涉及"三农"、征地拆迁、城市发展和管理、重点项目建设、社会保障、环境保护等广大群众切身利益、可能因实施产生利益冲突的重大事项,都应纳入评估范围。严格风险评估方法,对拟定的每个重大事项,都要通过问卷调查、民意测验、收集相关文件资料等方式掌握评估对象基本情况。对事项实施后可能出现的不稳定因素,特别是可能引发的矛盾冲突所涉及的人员数量、范围作出准确预测。在分析论证基础上,形成社会稳定风险评估报告,给出风险等级。慎重对待评估结果。根据评估情况,对损害群众利益的拟决策事项,必须及时终止。

第五节 社会冲突的文化弥合

在社会转型过程中,随着原有的政治化的文化价值体系解体,社会也陷入了新的整合困境,信仰的缺失、精神上的迷茫和社会伦理秩序的瓦解。文化价值层面的整合,不能简单地以传统文化为坐标,来规范、约束人们的文化需求,而是必须考虑如何通过重建有中国特色的文化价值体系,来实现文化价值层面整合的目标。

一 社会资本建设

在调节社会关系、弥合社会冲突中,当前有一个很重要也很需要引起人们关注的就是社会资本建设。社会资本是指"个人拥有的社会结构资源"和一种体制化关系的网络,是一个群体成员共有的一套非正式的、允许他们之间进行合作的价值观或准则,是一种能够促进一个国家经济持续增长的社会关系结构和社会心理结构。

布迪厄认为,社会资本是"实际的或潜在的资源的集合体,那些资源是同对某种持久性的网络的占有密不可分的,这一网络是大家熟悉的,得到公认的,而且是一种体制化关系的网络"[1]。这里有两个关键词,一是网络;二是体制化。在布迪厄看来,社会资本就是一种社会网络,而这种社会关系网络必须被转化成体制性的关系,才能真正成为社会资本。

费孝通先生在《乡土中国》一书中以"差序格局"来说明中国传统社会关系所形成社会资本的特点。他说:"西洋的社会有些像我们在田里捆柴,几根稻草束成一把,几把束成一扎,几扎束成一捆,几捆束成一挑。每一根柴在整个挑里都属于一定的捆、扎、把。每一根柴也可以找到同把、同扎、同捆的柴,分扎得清楚不会乱的。在社会,这些单位就是团体。"[2] 他说西洋社会组织像捆柴就是想指明:他们常常由若干人组成一个

---

[1] 布迪厄:《文化资本与社会炼金术》,上海人民出版社,1997,第202页。
[2] 费孝通:《乡土中国》,北京大学出版社,1998,第25页。

个的团体。团体是有一定的界限的,谁是团体里的人,谁是团体外的人,不能模糊,一定分得清楚。在团体里的人是一伙,对于团体的关系是相同的,如果同一团体中有组别或等级的分别,那也是先规定的。这是一种"团体格局"。

而中国传统社会中的社会关系则与此明显不同。"我们的格局不是一捆一捆扎清楚的柴,而是好像把一块石头丢在水面上所发生的一圈圈推出去的波纹。每个人都是他社会影响所推出的圈子的中心。被圈子的波纹所推及的就发生联系。每个人在某一时间某一地点所动用的圈子是不一定相同的"。① 费先生将这种社会关系模式,称之为"差序格局"。

林耀华先生在《金翼》里则将人与人之间的关系比喻成"就像是一个由用有弹性的橡皮带紧紧连在一起的竹竿构成的网,这个网精心保持着平衡。拼命拉断一根橡皮带,整个网就散了。每一根紧紧连在一起的竹竿就是我们生活中所交往的一个人,如抽出一根竹竿,我们也会痛苦地跌倒,整个网便立刻松弛"。"由竹竿和橡皮带所组成的框架结构,任何一个有弹性的皮带和竹竿的变化都可以使整个框架解体"②,从这种竹竿和橡皮带的体系中所抽取出来的便是具有社会普遍意义的问题:均衡。

这里中西方学者不约而同地把社会资本看做是建立于社会网络结构基础之上的,他们认为社会网络结构越大,或者该社会网络结构所能调动的资源越多,社会资本的量就越大。

社会资本有宏观社会资本和微观社会资本。宏观社会资本主要是指国家社会资本,包括国家非制度性权威(感召力和影响力)和社会信任系统。国家社会资本是一种广大范围内的共享物和规范、建构社会不可缺少的资源,也是一个巨大的社会支持系统。它有利于国家权威和利益的维护、社会秩序的维持以及人民生活水平和质量的提高,是一个国家的基础和社会发展的前提。

非制度性权威是一种重要的社会资本,它由人们自发授予,体现为执政党和政府在不使用行政权力的条件下开展联系、团结和引导群众的能

---

① 费孝通:《乡土中国》,北京大学出版社,1998,第26页。
② 林耀华:《金翼》,三联书店,1989,第2页。

力，可使人们信从的一种感召力和影响力。非制度性权威与正式制度产生的权威是相对的。正式制度包括政治规则和契约，以及由这一系列的规则构成的等级结构，它具有强制力，对个体产生的是一种外在约束。转型期，社会的政治、经济、文化等各子系统发展并不平衡，旧的伦理人情权威和新的法律契约在交叉发挥作用，非制度性权威的培植显得很有必要。治理社会、整合社会光依靠法律制度是不行的。非制度性权威的培植要求支配方在与服从方的互动中将其权威置于本身的人格与能力之中而不是置于制度性权力之中。这无疑对加强他们的控制性影响、提高国家社会资本有好处。非制度性权威是现代政治文明的重要组成部分。中国社会在逐步走向多元，现代社会的人们受现代文化的熏陶具有很强的独立、民主和平等意识。光依靠法理权威并不能使整个社会达成一种和谐的社会秩序。非制度性权威不是制度性权威未能生效的补救手段，而是要与之同步创建并运作的社会资本。

政府公信力就是一种重要的国家社会资本，包括国家非制度性权威（感召力和影响力）、社会信任系统。但在前面实证研究中，我们看到一种突出的冲突现象，就是干群关系紧张，以发泄不满，以怀疑一切政策举措，以凡事皆不值得信任为主要特征的"无直接利益冲突"，说明国家宏观社会资本在流失，政府的公信力在降低。因此，急需加强国家宏观社会资本建设。当前，我国社会分化速度加快，从社会学角度来说，社会分化度越高，人们的相互依存度也就越高。在一个社会中角色、功能、职业、特殊兴趣、生活风格和品位的分化和特殊化达到很高的程度，也就比任何时候更不可避免地表现出迪尔凯姆意义上的"有机团结"。但是，劳动分工增进了财富，也增加了他人不履行职责的可能性和不确定性。为应付风险社会出现的这种弱点，需要扩大信任的储备。尤其对于中国来说，培育民众之间的互相信任关系，是中国民众社会资本培育的重要层面，信任是衡量社会资本的一个重要标准，是提高社会资本存量的重要载体。从浙江的地方实践经验来看，杭州在建构社会复合主体方面的努力无疑是一道独特而又亮丽的风景。它不仅建构了中国特色的政府与社会间的新型合作伙伴关系，实现了具有中国特色的共同体化与社会化的融合，而且还推进了社会结构的现代转型与公共精神的有效培育，对于增进社会信任、整合社会力量、弥合社会冲突都有着显著的创新意味。①

实践证明，一个国家的发展快慢，不仅取决于一个国家人力资本所有者的个体素质，还取决于连接国家与社会、国家与市场、国家与个人的社会资本的存量和质量。社会资本雄厚的国家，经济与社会的发展就比较迅速；社会资本薄弱的国家，经济与社会的发展则会受到相应的阻碍。社会资本的有无、多少已经成为一国能否迅速发展的必要条件，社会建设的一项重要任务就是加强社会关系包括社会资本的建设，以建立和谐的国家与社会、国家与市场、国家与个人以及社会成员之间的社会关系。

微观社会资本指个人通过建立社会关系来获得通向所需资源如信息、工作机会、知识、影响、社会支持等的途径。社会资本是建立于社会网络结构基础之上的，社会网络结构越大，或者该社会网络结构所能调动的资源越多，社会资本的量就越大。如在中国"庞大的农民工群体使中国的城乡二元结构超越了地域的意义，出现了具有独立结构和文化意义的'漂移的社会'"②。因此，他们在城市所建立的新的社会联系愈多，他们融入所在城市社会的程度就愈高。我们的调查显示，农民工流动特别是初次外出所依靠的社会资源最主要的不是来自政府和市场，而是乡土网络，在农民工生活和交往的整个过程，这种社会网络都起着重要的作用。城市里的农民工交往和社会支持基本上由血缘关系向地缘关系推开；同时，农民工在城市也经历了学习和再社会化过程，其中一部分扩展了业缘关系和其他人际关系。

农民工当中的不满意度和失范行为取向与他们的社会关系网有着不可忽视的联系。那些不满意度高和失范取向强的农民工，其社会联系的范围似乎小些，尤其是和他们的那些初级社会关系的联系不多，并逐渐地形成一种较明显的社会支持网断裂状况。反之，那些不满意度低和失范行为取向弱的农民工，其社会联系的范围更广些，强关系和弱关系也在形成一种

---

① 杨建华、姜方炳：《"共同体的重构"：对城市社会"终极实在"的追寻——以杭州社会复合主体建设为例》，《浙江社会科学》2010年第10期。
② 于建嵘：《利益博弈与抗争性政治》，《中国农业大学学报》（社会科学版）2009年第1期。

较合理的差序格局。网络的存在,可以给他们一个基本的安全需要。因此,它可能也是一种稳定的因素。从政府来讲,对这样一种社会资本网络它应该是支持的,甚至于是应该利用的,把它发展得更健全。如浙江省诸暨市店口镇采用聘请流出地民警到店口镇来协助管理农民工就是这种微观社会资本在生活中的运用。

因此,要努力扩大农民工的社会资本,建立起完善的社会支持网络。政府为农民工这一弱势群体的合法权益保护提供公共制度。这是政府不可推卸的一种职能。政府应加强对城市农民工的组织管理,在这方面行之有效的方式是帮助农民工组织自己的工会,将他们从原始的血缘组织和地缘组织转移到正式的社会组织中来,使他们的利益表达纳入政府的制度化轨道,通过有效的组织管理,可以帮助农民工解决劳动就业、劳动报酬、社会交往等方面所遇到的实际问题,打击各种侵犯农民工利益的行为,切实保护他们的合法权益。社会应确立农民工公民权意识,为他们融入城市提供社会支持网络,满足农民工精神文化需求,关注农民工精神社区的涵养和培育,创造条件让农民工开拓社会交往的圈子,学会与城市里的陌生人打交道,在交往过程中加深相互的理解,加深相互的感情,进而达到不断地建立新的社会联系和社会关系网络的目的。

二 共同体精神培育

共同体在传统意义上一般有家庭、家族、村落、社区等,但也有现代意义上的共同体,如现代城市与乡村共同体、职业共同体、市场共同体、基层社区共同体等。社会学家韦伯指出,仅仅是种族、有共同语言等都还不是共同体,只有在感觉到共同境况与后果基础上,让社会成员的举止在某种方式上互为取向,在他们之间才产生一种社会关系,才产生共同体。就是说,只要在社会行为取向基础上,参与者主观感受到(感情的或传统的)共同属于一个整体的感觉,这样的社会关系就应当称为"共同体"[①]。韦伯指出了在现代社会,基于利益关联之上且共属于某一整体的感觉而产生的"共同体"已是普遍的客观社会现

[①] 马克斯·韦伯:《经济与社会》上卷,林荣远译,商务印书馆,1997,第70~72页。

象,"共同体"不单是传统的,也是现代的。无论传统社会还是现代社会,只要社会成员在行动上频繁互动、紧密关联、取向一致,在情感上彼此认同、相互守望,共同体的精神就得以形成,共同体的美好感觉得以产生,社会信任也得以提升。

在当代中国社会发展史上,"单位"作为一种共同体的存在,有着举足轻重的地位和作用,以至学者们直接以"单位社会"来命名相对应的社会生态。[①] 对于单位社会的生成机制,学界已有较为深入的研究,其视角归纳起来主要有两种:一种是基于宏观制度结构的研究视角,强调单位的控制、整合和调控的性质;一种是基于单位内部机制和行动结构的研究视角,侧重对单位内基本权力结构和利益结构的分析。[②] 但不管学者们认为单位制是政治理想和革命传统相结合的必然产物,还是基于"社会资源总量不足"的困境而构建的社会调控体系,抑或是"德治性再分配原则和政体"的传统在新生政权中的延续,"单位社会"都以这样的面目行世:每一社会个体都普遍地被嵌入到一个固定的单位系统中,住房、医疗、就业等基本社会资源的获取或满足,都须经由单位这一渠道才能实现。这种全面的依赖性结构注定了这样一个结局,即个体成员从单位体系的逃逸就意味着自陷于孤立无助的境地。

然而,任何一种社会结构的维系都是以一定的经济体制格局为基础的,一旦经济体制改变,社会结构也必然发生转变。20 世纪 70 年代末,当中国经济改革程序启动时,社会分化的大幕也被徐徐拉开。90 年代以后,随着市场化进程的深入发展,社会分化演变成一股社会浪潮,并在各个领域、各个层面迅速铺陈开来:产业分化、阶层分化、组织分化、地域分化……在如此变迁大势之下,单位共同体日渐式微、趋于瓦解。

---

① "单位"研究作为一个题域,始于 20 世纪 80 年代美国著名学者华尔德(Andrew Walder)对中国企业中的工作与权威的研究。之后,中国社会学、政治学界的许多学者受此启发并相继加入"单位社会"的研究行列,比较著名的有路风(1989 年、1993 年)、于显洋(1991 年)、李路路(1993 年)、李汉林(1994 年)、孙立平(1994 年)、王沪宁(1995 年)、边燕杰(1996 年)、曹锦清(1997 年)、刘建军(2000 年)、李猛(2000 年),等等。

② 具体可参见李路路《论"单位"研究》,《社会学研究》2002 年第 5 期;董敬畏:《"单位制"研究文献述评》,《晋阳学刊》2005 年第 1 期。

跨入新世纪后，这种趋势愈益明显，国家宏观政策的积极转向就是有力印证。2004年，党的十六届四中全会首次明确提出社会建设的概念，强调"加强社会建设与管理，推进社会管理体制创新"。2006年的十六届六中全会又进一步丰富了社会建设的内涵，并提出必须创新社会管理体制，整合社会管理资源，提高社会管理水平，健全党委领导、政府负责、社会协同、公众参与的社会管理格局。显然，从治理理念更新的意义上看，这"实际上标志着中国社会宏观结构由'整合控制'向'协同参与'转变，堪称是单位社会走向终结的重要标志"①。由此，中国进入了一个后单位制时代。

的确，走进后单位制时代的中国，社会主体创造经济财富的自主性和积极性得到极大的激活和释放，但"社会结构的分化、不同社会力量的角逐、新社会要素的不断生成、这些新要素与旧要素的尖锐对立和冲突，以及由此导致的巨大张力的储积，使整个社会各种发展潜能和发展方向共时态存在"②。同时，随之扑面而来的一系列"发展困惑"令人不知所措：多元社会主体的勃兴和离散扯断了单位体制下的社会连接纽带，并衍生出纵横交错的社会结构形态，导致"复合性事业"③ 发展主体的缺失和社会共同信仰的衰落，以至环境污染、交通拥挤等"城市病"肆意流行，价值迷失、人情淡漠等"公共精神贫乏症"日趋严重……城市居民虽置身于"都市洪流"（metropolitan crush），但感觉在情感上却相隔甚远，而共同体的衰落则被认为是这种精神家园荒漠化的社会根源。纷繁复杂的社会分化现实，已然给我们提出了一个普遍而又紧迫的发展问题：后单位制时代的城市共同体该如何有效建构？

当鳞次栉比的高楼大厦在地平线上一座座拔地而起时，当城区的大

---

① 田毅鹏、吕方：《单位社会的终结及其社会风险》，《吉林大学社会科学学报》2009年第6期。
② 杨建华等：《分化与整合——一项以浙江为个案的实证研究》，社会科学文献出版社，2009，第3页。
③ 有学者通过研究认为，中国的制度转型造就了一种"部门分立体制"，依靠单一社会主体负责彼此分割的建设领域已不现实，并提出用"复合性事业"来指称"具有跨部门特征的建设领域"，本文予以采取。具体参见张兆曙《城市议题与社会复合主体的联合治理——对杭州三种城市治理实践的组织分析》，《管理世界》2010年第2期。

街小巷涌动着一波又一波的人流大潮时，人们原本用于寄托情感和价值的时空结构却在城市化的步伐声中渐次消融，那层象征着生活意义的"温情脉脉的面纱"也随即被无情地扯下、撕裂。高频次的社会流动、短暂性的日常互动、个体化的利益取向，使得"安身"在钢筋水泥世界中的城市人普遍而深切地意识到，曾经寄予"立命"的精神家园在荒芜、在沦陷。"不要和陌生人说话"悄然成为现代社会交往中的普遍准则。

与此同时，"我们将生活在怎样的世界""要守住我们的精神家园"等思虑、呐喊也不断从人们的心底迸发出来。这既是现代人对自身生活境遇的一种自觉，更是在城市新型共同体探寻之路上的一种共鸣，其本质是在现代性语境下对"人类社会秩序何以可能"这一问题的追问，具体到中国社会的发展实际，它是一种在社会转型背景下关于"终极实在"的思考，关涉了社会生活的根本理念、意义、价值观，等等。

正如齐格蒙特·鲍曼在其名著《共同体》中这样写道："共同体"这个词之所以给人以不错的感觉，是因为这个词所表达出来的含义都预示着快乐，而且这种快乐通常是我们想要去经历和体验的，但看起来又可能是因为没有而感到遗憾的快乐。但是这些并不意味着我们不应该去尝试，不应该用创新的方法达成自由与安全的平衡。人总是生活在社会中，人的归属感来自社群当中，在个体与较大的群体互动过程中，人们形成属于自己的公民价值观，在集体中，人的生命变得更加富有意义。然而我们不得不承认，随着经济的快速发展和人们生活节奏的加快，人们对于共享公众利益缺乏信心，因此需要专门机构来协调，以帮助我们沟通由于个人差异带来的利益上的竞争与冲突。

社会学家鲍曼对"共同体"就情有独钟，认为"共同体总是好东西"，总给人许多美好的感觉：温馨、友善、相互依靠、彼此信赖。但遗憾的是，在现代社会中，"'共同体'意味着的并不是一种我们可以获得和享受的世界，而是一种我们将热切希望栖息、希望重新拥有的世界"[1]。任何想重构社会信任的努力都必须认识到：多元化、怀疑主义和个人主义已深入

---

[1] 齐格蒙特·鲍曼：《共同体》，欧阳景根译，江苏人民出版社，2003，第3页。

我们的传统文化之中。正是在这种情境中，我们越是应该去尝试与探讨，越是需要去致力于这样共同的任务：即建构新型共同体，培育新型共同体精神，促进社会信任，增强社会凝聚力。

作为一种自主、自觉的存在，人类从未放弃建构"共同体"及共同体精神建构的努力，而在城市这一日益扩张的场域里，建构共同体、培育共同体精神的实践意向更是明显。21世纪以来，杭州对社会复合主体的积极建构无疑是这样一种积极的探索。"社会复合主体是指以推进社会性项目建设、知识创业、事业发展为目的，社会效益与经营运作相统一，由党政界、知识界、行业界、媒体界等不同身份的人员共同参与、主动关联而形成的多层架构、网状联结、功能融合、优势互补的社会新型创业主体"①。毫无疑问，作为一种多个、多层、多界行为主体联结而成的社会组织，它既是后单位制时代人们对社会治理模式的一种创新，更是在新型城市共同体建构方面的一次有益探索。我们从杭州的实践中感受到，共同体精神培育除了建构一个频繁互动、紧密关联，在情感上彼此认同、相互守望的共同体之外，还须在4个方面进行努力建构。

第一，构建以相互认同为基础的发展理念。如杭州社会复合主体的培育和发展，就始终以共建共享"生活品质之城"为目标指向，十分注重挖掘杭州地方性人文资源，以此形成城市发展的公共性议题，从而激发社会成员的普遍关注和热情参与，极大地提升广大市民"共同的家园"的荣誉感和归属感。②

第二，发展职业团体、社会组织及社区。始终以共建共享为目标指向，形成城市、乡村发展的公共性议题，从而激发社会成员的普遍关注和热情参与，努力提升城乡居民"共同的家园"的荣誉感和归属感。在日趋分化的后单位社会里，诸多社会功能从单位中剥离开，社会成员因依据市场逻辑忙于逐利而处于一种"原子化"的弥散状态。与此同时，"当传统

---

① 王国平：《社会复合主体培育和运作机制研究——关于杭州培育新型创业主体的探索与思考》，参见中国·杭州生活品质网，http：//www.cityhz.com/a/2009/7/22/content_37789_7.html。
② 吴峻、张晓军：《多力合一勾描最美运河》，杭州网，http：//www.hangzhou.com.cn/20081020/ca1600139.htm。

意义上的单位制开始走向消解之时，人们虽然可以通过市场获取有形的物质资源，但在社会结构发生剧烈变动，社会成员日趋原子化，新的公共生活空间尚未确立的背景下，却无法获得公共精神生活资源，从而引发严重的公共精神生活危机"①。社会结构的日益分化造就的是一个体化、陌生化的社会，需要借助组织化、制度化、互惠性的运作机制将社会多元力量汇聚到一起，在共同的规范和原则下，形成城市与乡村新型共同体，实现不同社会主体在功能上的互补、行动上的协调和资源上的整合，推进共同体精神培育与发展，以形成新型信任纽带。

第三，注重社会成员的广泛参与和有序互动。社会成员的广泛参与和有序互动也是共同体精神的一个显著特征。即便是一名普通居民，也可以借助组织化、信息化的互动平台便捷、有效地参与其中，在某一公共性议题的探讨过程中发表自己的看法和见解，形成影响社会政策制定和落实的鲜活力量；另一方面，共同体精神以社会公益为目标的发展导向，激发了社会主体间的"共生效应"。以共同的利益取向凝聚人心，激发了广大社会成员的参与热情。共同体精神还淡化了社会成员因参照群体之间的强烈对比而产生的相对剥夺感。这些都自然有助于推进公共精神的发育和生成。

第四，涵养公共精神。公共精神的发育和生成来自社会成员的公共参与，诚如托克维尔在考察美国社会时所认为的那样，美国人的公共精神是与公民的政治权利分不开的。在美国这个移民国家里，"每个人为什么却像关心自己的事业那样关心本乡、本县和本州的事业呢？这是因为每个人都通过自己的积极活动参加了社会的管理"②。在全球化、民主法治的大背景下和中国现代化进程中，我们以为健全的、现代的公民责任意识更多的应该是公共意识、民主意识和法治意识。如果不建立健全现代人的公民意识、公共精神，就不可能适应社会主义市场经济发展的客观要求，我们的改革就难以向更深的层次推进。公共精神的内涵或有文化及时空所导致的差异，但就现代社会经验而言，其基本内涵具有普遍性：它小至礼貌、谈吐优雅、谦逊、尊重他人、敬老爱幼、讲究公共卫生等；大至积极参与和

---

① 田毅鹏、吕方：《单位社会的终结及其社会风险》，《吉林大学社会科学学报》2009 年第 6 期。
② 〔法〕托克维尔：《论美国的民主》上卷，商务印书馆，1988，第 270 页。

承担公共事务的讨论及决策，并主动维护公共批评、平等参与、民主合议等公共权益。客观上，这正是赢得全社会福祉所不可或缺的理性约定。一个现代化的社会不仅要讲个人的权利，同时也要有公民的责任，讲公共精神。历史发展到了今天，在一个缺乏公民责任意识、缺乏公共精神的民族中，是很难建立起现代文明的。这是历史的结论，更是文明的走向。

三　社会规范建设

一个社会不能光靠制度，还要靠约束人的心灵，这个心灵不能靠制度来约束，要靠理念和道德。在社会学里面就是规范。这个对社会的控制非常重要，要靠法律、规范来控制社会。这个规范广义是道德，任何一个制度背后都有一个信仰体系在支持，它是建立在法律、规范及个人内心自律基础上的。

人类社会的本质特征之一就是拥有一套支配其成员行为的规范体系。这里的规范既包括正式规范如法律，也包括非正式规范如道德。法律规范是和谐社会的运行基石，而道德规范则是和谐社会的精神支撑，政府和公民的规范意识（包括法律意识和道德意识）是衡量一个国家文明程度的重要标志。构建社会主义和谐社会，一个重要的基础，就是健全完善社会规范，培养全民的规则意识、法律意识和道德意识。

通过道德评价与舆论监督，强化道德控制机制，形成稳定的道德秩序。一个社会要形成稳定的道德秩序，保证精神文明的健康发展，必须建立高能有效的道德控制机制。在社会转型时期，由于双重的或多元的价值标准，缺乏统一的权威性的道德理论，使社会道德控制系统难以发挥其功能。在这种情况下，社会道德控制就要善于附之文化艺术、法律的手段，来弘扬新的道德精神，谴责不良行为。

道德是对个体的社会责任行为的指称。在社会的群体中，绝大多数人所具备的道德水平，也就标志着这个社会的文明程度。古罗马哲学家、政治家西塞罗就曾说过："精神的基本活动有两种，一种力量是欲望，另一种力量是理性，它教导并解释什么事情应该做，什么事情不应该做。"[①] 实

---

① 西塞罗：《有节制的生活》，陕西师范大学出版社，2003，第126页。

际上这句话就是责任的定义。责任意识的内涵或由文化及时空所导致的差异，但就现代社会经验而言，其基本内涵具有普遍性。

在建构社会冲突多元弥合机制的过程中，既要注意通过法律法规体系的完善来促进社会整合，更要运用伦理道德手段，通过宣传、教育等措施，积极引导社会成员的价值观和行为方式，使社会成员在内化社会规范的基础上，化解社会冲突，达到社会整合。而且，在我们看来，后者显得更为迫切。道德本来就是社会共同体生存所必需的因素，它的本来功能就在于实现社会的整合与稳定，使一定的社会共同体拥有基于共同的道德原则和规范的秩序。道德不仅是现实的原则和规范，而且包含着一定的理想和信念。道德可以把一个社会共同体中的每一个单个的个体整合为一个有机的整体，使社会共同体获得稳定和谐的秩序。在我们的历史经验与知识中，一切存在着社会秩序危机的时代都是与道德的失范同时出现的，而且首先是由于掌握公共权力的人们破坏社会共同体的道德原则和规范，败坏社会风气，进而引发了整个社会的道德价值的丧失。所以，为了使我们的社会成为稳定的有着良好秩序的社会，就需要注重从道德建设着手，清除一切不道德的破坏社会秩序的因素，特别是应当从清除政府中存在的行政人员腐败问题着手。毕竟，法制制度是手段，道德化的社会秩序才是目的。

（一）政府行为规范建设

我国长期以来社会运行主要靠政府行政管制、领导决策、部门执行、自上而下层层发动实施。社会运行路径主要是党委拍板、政府做主、部门牵头、基层落实，突出抓经济讲政治保稳定，管理手段过多以政府"强制""硬堵"和"禁令"为主。随着改革的深入，各级政府的行政管理方式发生了相应转变，但力度和成效不甚显著。从基层政府施政运行情况看，扮演"管理型"角色多、担当"服务型、责任型"角色少。在经济领域，政府直接干预微观经济的现象仍然比较多；在社会领域，政府的许多管理方式还是沿袭计划经济年代的控管方式；在处理社会矛盾上，政府往往以"稳定压倒一切"的思维和习惯行事，以堵、压、控制为主。政府越位、缺位的现象在一些领域还不同程度地存在。当前经济社会发展中的许多深层次矛盾和冲突，很多与政府职能转变不到位有直接、内在的联系。

政府"缺位""越位"现象时有发生。对网络社会、流动人口、社会组织及分散化状态下的社会成员管理服务缺位较多,政府公共服务标准制定存在"缺位",因社会管理职能分散而"缺位",许多社会事务管理缺"法",无法可依。同时,对公民及社会组织经济行为事前审批太多,对公民个体应有的社会权利不当干涉时有发生。在社会管理中崇尚权力,任何事都需一把手亲自抓,所谓"老大难,老大难,老大到了都不难"。在社会管理中,最管用的是领导批示,其次是政策,然后才是法律,批示大于政策、大于法律。一些地方政府的干部对社会管理相对生疏,还是依赖会前动员、会议贯彻、文件部署、审批把关、执法检查等行政手段,名目繁多的评比、达标、创建活动,劳民伤财,甚至扰乱正常秩序。在出了安全事故和问题之后,习惯运用罚款、取缔、关闭等手段,缺乏其他更加有效的管理手段。

第一,要清晰界定政府管理权力范围。明确划分出政府、市场和社会的权力界限,理顺政府、市场和社会的关系,实现政治和经济及社会系统的功能分化,政府负有管理社会的职责,这就意味着通过社会事务的管理政府自然地被赋予了相应的权力。权力的行使会对被管理者的权利与义务产生直接的影响,但在许多权力性规范方面,只有权力的授予却鲜有权力的界定。往往因为一些特殊的社会事务管理需要,政府就会依据模糊的权力授予,扩大固有权力范围,甚至事实上创设了新的权力。这种有权力无规制的状况,极易导致权力的滥用,最终背离了设立权力的初衷。要解决这些问题,就必须在立法中明确地确立政府管理权限,行政许可方面应严格依照法律设定条件,涉及自由裁量以及情势判断等特殊情况时,也应在立法中界定必要的范围,确保比例原则、公平原则等法律基本原则精神得到遵循。在人大层面,应设立事后审查机制、权力行使合法性与合理性评判机制,并以此为基础形成立法调整、修订机制以及对政府权力行使的建议机制。涉及权力设定时,坚持以人为本,实现私益与公益、公平与效率、自由与秩序的兼顾,尽可能体现帕累托改进,降低成本,减少伤害。此外,应对政府行使权力的程序、条件以及发生损害情形时的责任承担等内容予以规定,否则无约束的权力,会成为社会的腐败根源。

政府对社会管理遵循的原则，凡是市场与社会能做的都应交由市场与社会去做。凡是市场与社会不愿做、不能做、做不好社会事务的管理政府都应积极进入。这些社会事务涉及社会整体的公共利益，必须依靠国家权力和政府权威加以解决。政府社会管理的主要内容应该是保障公民权利、协调社会利益、回应社会诉求、规范社区自治、监管社会组织、提供社会安全以及应对社会危机等。深化政府机构改革，促进"简政放权"，理顺政府与社会的关系，把那些政府不该管、管不好的事务交给市场主体和社会组织，确立各级政府为公共服务的直接管理者、提供者角色，重在加强经济调节、市场监管的同时，提高政府公共服务、保障民生的能力，实现政府职能从"全能政府、管制政府、权力政府"向"有限政府、服务政府、责任政府"的转型。深化行政审批制度改革，规范清理审批项目，精简审批程序。要改进政府公共服务质量，规范公共政策与权力运行，健全公共财政体系，把财力物力等公共资源重点投向社会管理和公共服务。

第二，加强责任政府建设。责任政府的建设就应该围绕着政府职能的转变而开展。政府的主要职能应该是提供公共产品的服务，而不是过多地干预经济运行。亚当·斯密把政府提供的最基本的公共产品概括为：一、国防，即维护国家安全；二、司法，即为保护人民不使社会中任何人受其他人的欺侮或压迫，换言之，就是设立一个严正的司法行政机构；三、做一些民间和私人没有办法做的社会工程。① 我们的政府职能转变应该以提供这样三种公共服务而展开。要转变政府的职能，解决好政府职能的越位与缺位的问题。我们现在不少地方政府在提供公共产品服务时缺位，在利用权力谋取私利时又到处越位。越位的原因是政府控制的资源太多，政府应该越来越多地从直接的经济领域中退出来。政府既不应该过多地干预经济，政府应该做的最基本的事情，是为地区社会经济发展提供一个正常的法律和政治秩序，提供基本的公共产品与公共服务。政府应明确自己的责任，对于一些涉及社会公平、民生以及社会安全与稳定的领域，

---

① 亚当·斯密：《国民财富的性质和原因的研究》（下卷），商务印书馆，1974，第254～285页。

比如公共安全、公共教育、公共卫生、公共文化、公共环境和社会保障等方面，政府不但不能退出，而且要加强投入与管理，否则会导致社会的不满和政府公信力的降低。理清部门职责，不交叉不越权，不与民争利，不针对发展立限设卡。

第三，规范政府行政行为。强化政府作为社会规则与程序制定者，矛盾调节者、仲裁者的角色，要有所为、有所不为。在社会矛盾化解中，政府主要是制定规则、畅通渠道、调停纠纷、树立法律权威、维护社会公平正义。要培养公民的法律意识和"公平正义"的社会价值，不断提升社会组织自我协调和管理能力。加强基层组织建设，基层是群众生产生活的重心，是社会运行的基础，是各种利益关系的交汇点，也是各类社会矛盾的集聚区。要重视加强基层社区的民意凝聚、民意传递和服务协调职能，创新社情民意表达方式，通过居民代表大会、社区委员会、各类沟通协商会等渠道，鼓励公民参与讨论，让公民的维权行为得到有效的表达和制度化的保障，最大限度地凝聚社会共识。做好公共服务和社区管理与群众需求的有效衔接，增强群众对基层组织和干部的信任感，及时发现矛盾、理顺情绪，真正发挥好居委会、业委会、村两委等基层"管理中心"在社区日常生活中的积极作用。

建设法治、廉洁、公正的服务型政府，努力提升社会公平程度。实行"权力和责任挂钩、权利和利益脱钩"的原则，坚决纠正一些行政执法机关执法不力、执法违法、执法扰民、执法"寻租"等损害政府形象的现象。进一步规范行政执法行为，重点解决涉企、涉农的乱审批、乱处罚、乱收费、变相收费以及违法采取强制措施等问题，切实维护基层组织和广大群众的合法权益。进一步在信息公开与政府透明、公众参与、权力制约等制度建设上下大力气，建立健全程序公正机制，维护社会公平正义。政府信息及其他信息，如市场信息、环境信息、食品卫生安全信息、自然灾害和其他突发事件信息等，都应该通过一定途径和形式公开，让全体社会公众或相应领域的社会公众知晓。

第四，提升干部素质。中国的改革与发展到了现在，对官员素质的客观要求已相当高。官员素质包括两方面的内容，一是能力素质问题，二是品德素质问题。如果官员能力素质欠缺，那么就难以处理复杂问题，难以判定一事的处理可能会引起一系列牵一发而动全身的整体性问题。前面实证研究中大量信访问题有一些就是由干部品德素质引起的，如少数干警执法理念发生偏差，不严格公正文明执法，少数法律工作者执业思想不端正，诚信缺失，有的官员由于能力素质的问题而混淆正当利益诉求与影响稳定的界限，把信访与影响稳定轻易画等号而粗暴地对待信访人员。还有些社会冲突问题与目前的干部政绩观，干部考核机制有关，一些官员依然是偏重经济发展，一些建设项目只图省钱而忽视甚至无视人民群众的生活。

因此，要不断提高各级干部素质，与时俱进地更新理念，更新知识，努力提高管理社会事务的能力。要有组织、有计划地开展教育培训工作，引导各级干部深刻领会和掌握科学发展观这一重大战略思想，自觉加强社会管理理论的学习研究，使各级干部成为既懂经济建设，又懂社会管理的优秀的复合型人才，不断提高依法管理社会事务、协调利益关系、开展群众工作、激发社会创造活力、正确处理人民内部矛盾、保持社会长治久安的本领，增强应对和处置群发性、突发性事件的能力。教育、引导各级干部加强对社会管理问题的调查研究，深入基层，深入群众，真实地、动态地了解社情民意，尊重基层干部群众首创精神，善于总结、提炼源于实践的成功经验，从理论和实践的结合上深化对社会管理规律的认识，不断增强管理社会事务的预见性和创造性。

（二）市场行为规范建设

当前一些企业家缺乏责任感，缺乏诚信，垄断行业如烟草、电力、电信、金融、高速公路收费等行业的高收入，从经济学讲，都是初次分配不公平。

加强市场经济领域信用建设。加大违法行为打击力度，完善市场监管机制，建立健全食品安全违法行为记录制度，建立违法案件信息库，严厉打击生产销售假冒伪劣产品、虚假广告、欺诈、传销等违法行为，完善公共资源交易体系建设，加强公共资源交易平台建设，完善公共交易设施，加强标后管理。围绕保障公共安全，保障公平竞争，提高政府行政透明度，加快构建社会公共领域信用体系。

围绕强化市场监管，鼓励企业诚信经营，加大违法行为打击力度，改善市场经济领域信用环境。完善市场监管机制。落实市场安全日常巡查和属地监管责任制，增加巡查频次、完善巡查内容、提高巡查效率。建立健全食品安全违法行为记录制度，建立违法案件信息库。加大违法行为的查处力度。采取定期整治与专项行动相结合的办法，严厉打击生产销售假冒伪劣产品、虚假广告、欺诈、传销等违法行为，取缔各类无证经营，净化市场环境。完善公共资源交易体系建设，建立区公共资源交易工作联席会议制度，加强镇乡（街道）公共资源交易平台建设，完善公共交易设施，加强社会管理。

加强社会公共领域信用建设。加强社会主体信用征集，建立健全社会主体信用信息资料库。加强社会主体信用管理，提高失信企业、个人市场交易进入门槛和"代价"，加强对失信行为的惩罚，健全区域性信用制度体系，加强中介服务机构信用管理。加大安全生产监管力度。推进食品、药品、农资等领域的安全建设，加强安全生产隐患排查，实施工商贸企业安全生产分类管理办法，落实生产经营单位安全生产主体责任和政府监管责任。

加大宣传力度，强化诚信意识，弘扬信用精神，提升信用文化。加强诚信宣传，在教育形式上要力求生动活泼，在内容上力求丰富多样，汲取民族优秀传统和国外优秀诚信文化精髓，普及诚信知识。加强诚信评比，评选诚信道德模范，开展"消费者信得过单位""守合同重信用单位"评选活动，积极推进食品药品安全创建活动，弘扬诚信美德，形成企业、社会、个人相结合的诚信文化创建氛围。加强诚信激励，对讲诚信的企业、个人等社会主体在经济交往、市场交易、社会公共活动等领域给予倾斜政策，厚待和尊重诚信。

加强责任企业建设。加强责任企业建设。以和谐企业创建为抓手，打造劳动关系融洽、资源环境友好、回报社会热心和企业文化发展的责任企业。以企业文化活动为载体，融洽劳动关系。促进企业改善职工劳动生产条件，加强安全生产、劳动防护，及时足额发放工资，结合经营业绩逐步提高职工工资水平和改善职工福利待遇，改善职工精神文化生活。保护资源环境。推动企业节约集约利用土地，提高亩均土地产出率，发展循环经济，提高能源、原材料利用率，污染减排，加强生态环境保护。恪尽社责任。鼓励企业扩大经营规模，创造更多岗位和就业机会，提高企业效益和企业利润，增加企业纳税额度，积极捐资和投入人力物力，热心开展慈善和公益事业。塑造创新精神，加强科技创新、管理创新和品牌创新，树立开放观念，积极开展对外合作和招商引资。

（三）公民行为规范建设

在中国现代化进程中，我们以为健全的、现代的公民责任意识更多的应该是公共意识、民主意识和法治意识。如果不建立健全现代人的公民意识、公共精神，就不可能适应社会主义市场经济发展的客观要求，我们的改革就难以向更深的层次推进。由于我们的社会几千年来一直以农业和封建文明为基础，一般民众对自身的家庭和家族利益的认同历来是重于一切的，而对于国家及国家之外的公共社会、民主法治的概念，则向来是浑然而淡漠的。从目前社会的责任意识及公共精神来看，不能不令人忧思。随处可见公共汽车的站牌，常被各色"招工启事""高薪急聘"之类的招贴粗暴地覆盖，店铺门前及社区公路上，各种车辆随意停放，污水垃圾肆意排放，街巷公寓中私家非法广告信手乱涂，许多新建绿地及公共设施被任意毁坏；邻里相遇也多形同路人，漠然以对，这些现象不一而足。

大家常说，教育首先要教做人，但是到底做什么样的人？毫无疑问，那应该是学做现代化国家负责任的"公民"。一个负责任的公民当然不能随地吐痰，不能乱抛果皮纸屑，要在公共场所礼让老弱妇孺，要有奉献、友爱、责任、规则等精神。现代公民在公共场所，应遵守公共秩序，恪守社会公德，不做妨碍他人的任何事情。

发扬传承中国传统文化中社会规范元素，形成守法诚信知礼的社会氛围。中国是一个礼仪之邦，讲究"仁义礼智信"。首先是要守法，要守法，必先知法。古代有"王子犯法与庶民同罪"，说的是法律面前无特权。《管子》云"天公平而无私，故美恶莫不覆；地公平而无私，故小大莫不载"，可见古人已经认识到公平对形成社会风气的重要性。如今我们已进入构建公民社会的时代，司法公正反映的是作为整体的公民的意志，而不是某一或某些公民的意志。在现实社会中存在着各种利益，这些利益经常出现冲突，并互相制约，形成司法公正的共同要求，并成为社会整体的意志。坚持以社会主义法治理念为基本导向，引导公民自觉服从国家的法律法规，依法表达合理诉求，有序参与社会政治生活。

知书达理在任何时候都是社会认可并通行的准则，通过社会中人的一言一行得到实践和体现。做一个合格的社会人，就要合乎其时的"礼法"。知书达理是中华民族的传统美德。两千多年前的哲学家管子就说过："仓廪实而知礼节，衣食足而知荣辱。"知书达理在不同的时代可以赋予不同的内涵。在现代社会里还是需要尊老爱幼、家庭和睦、邻里团结，谦恭礼让、谅解宽容、与人为善，遵守规则、维护公德，同情弱者、扶贫济困，爱护环境、善待自然。

加强责任公民建设。道德是对个体的社会责任行为的指称。人类是一个社会群体范畴，这就要求生存在这个社会的每一个体都必须具备社会责任，也就是说社会责任是每个社会人必备的天职。一般说来，负责任的行为就是有道德的、有价值的行为，不负责任的行为就是低道德或者低价值的、无道德或者无价值的行为。道德最重要的特点就是"应该"或者"不应该"。"应该"反映在道德责任里，是积极的道德责任，"不应该"反映在道德责任里是消极的道德责任。人类的积极道德责任体现了人类的理性、和谐和真善美的正面价值，人类的消极道德责任则反映了人类自私、利己和文明失范的负面价值。引导公民对国家、对社会、对他人和对自己负责，全面履行法律和道德义务，以公民责任为基础打造公民社会。营造良好社会氛围，督促引导公民充分尊重市场经济规则，合理合法地谋取自身经济利益，顾及社会公共秩序和生活环境，照章纳税。要讲诚信，诚实守信作为一种道德追求，在我国古已有之，"仁义礼智信"是先人提倡并力求遵循的行为准则；孔子的"人而无信，不知其可也"为历代人们所熟诵。可以说，诚信是中华民族的传统美德，是我们传统文化的精华。落后闭塞的封建社会尚且讲求诚信，在现代社会，经济日益市场化和国际化、政治民主化和法制化、文化多元化和交往方式现代化，更需要以诚信维系和支撑经济、政治和社会生活。

探索建立公民道德评价体系，把公民爱护社会公共设施和公共产品，履行社会公共职责，遵守公共生活规范等全面纳入考评内容，加以量化，培育健康的公民道德，养成良好的生活习惯，在人民群众中广泛开展"爱国、守法、诚信、知礼"为主要内容的主题教育实践活动，加强家庭美德、职业道德和社会公德建设，培养热爱祖国、遵纪守法、诚实守信、知书达理的现代公民，提高公民尊老爱幼、爱岗敬业、扶贫济困、礼让宽容等文明程度，引导公民自觉服从国家的法律法规，依法表达合理诉求，有序参与社会政治生活，为社会冲突弥合提供长效而厚实的道德基础。

主要参考文献

程同顺：《当代中国农村政治发展研究》，天津人民出版社，2000。
邓伟志主编《社会学辞典》，上海辞书出版社，2009。
范伟达：《多元化的社会学理论》，辽宁人民出版社，1988。
费孝通：《江村经济》，商务印书馆，2002。
费孝通：《乡土中国》，上海人民出版社，2006。
费孝通：《乡土中国——生育制度》，北京大学出版社，1998。
冯钢：《社会学》，浙江大学出版社，2004。
顾培东：《社会冲突和诉讼机制》，法律出版社，2004。
洪大用：《公众环境意识的测量与分析》，载郑杭生、李路路：《中国社会发展研究报告2005——走向更加和谐的社会》，中国人民大学出版社，2005。
侯钧生主编《西方社会学理论教程》（第三版），南开大学出版社，2010。
金耀基：《从传统到现代》，中国人民大学出版社，1999。
李强：《转型时期中国社会分层》，辽宁教育出版社，2004。
林耀华：《金翼》，三联书店，2000。
陆学艺：《当代中国社会阶层研究报告》，社会科学文献出版社，2002。
陆学艺：《当代中国社会流动》，社会科学文献出版社，2004。
罗荣渠：《现代化新论》，北京大学出版社，1995。

罗斯托：《经济增长的阶段》，中国社会科学出版社，2001。

桑玉成：《利益分化的政治时代》，学林出版社，2002。

宋林飞：《西方社会学理论》，南京大学出版社，1997。

孙立平：《博弈：断裂社会的利益冲突与和谐》，社会科学文献出版社，2006。

孙立平：《失衡：断裂失衡的运作逻辑》，社会科学文献出版社，2004。

王才亮：《农村征地拆迁纠纷处理实务》，法律出版社，2006。

文军主编《西方社会学理论：经典传统与当代转向》，上海人民出版社，2006。

吴毅：《村治变迁中的权威与秩序——20世纪川东双村的表达》，中国社会科学出版社，2002。

谢立中主编《西方社会学名著提要》，江西人民出版社，2007。

杨建华：《分化与整合——一项以浙江为个案的实证研究》，社会科学文献出版社，2009。

杨建华：《社会化小生产：浙江现代化的内生逻辑》，浙江大学出版社，2008。

杨建华等：《分化与整合——一项以浙江为个案的实证研究》，社会科学文献出版社，2009。

杨建华主编《民生为重看浙江》，浙江人民出版社，2008。

于海：《西方社会学思想史》，复旦大学出版社，2004。

于建嵘：《抗争性政治：中国政治社会学基本问题》，人民出版社，2010。

张静：《法团主义》，中国社会科学出版社，2005。

张玉堂：《利益论——关于礼仪冲突与协调的研究》，武汉大学出版社，2001。

浙江省统计局：《2008浙江省统计年鉴》，中国统计出版社，2008。

浙江省统计局、国家统计局：《2009年浙江统计年鉴》，中国统计出版社，2009。

郑杭生主编《社会学概论新修》，中国人民大学出版社，1998。

郑杭生主编《社会学概论新修》，中国人民大学出版社，2003。

郑永年：《保卫社会》，浙江人民出版社，2011。

郑永年：《未竟的变革》，浙江人民出版社，2011。

周晓虹主编《中国中产阶层调查》，社会科学文献出版社，2005。

朱光磊：《当代中国政府过程》，天津人民出版社，1997。

〔美〕C. 莱特·米尔斯：《白领：美国的中产阶级》，周晓虹译，南京大学出版社，2006。

〔美〕D. P. 约翰逊：《社会学理论》，南开大学社会学系译，国际文化出版公司，1998。

〔美〕E. A. 罗斯：《社会控制》，秦志勇、毛永政译，华夏出版社，1989。

〔法〕E. 迪尔凯姆：《社会分工论》，渠东译，三联书店，2000。

〔法〕E. 迪尔凯姆：《社会学方法的准则》，狄玉明译，商务印书馆，1999。

〔美〕L. 科塞：《社会冲突的功能》，孙立平等译，华夏出版社，1989。

〔美〕T. 帕森斯：《社会行动的结构》，张明德等译，译林出版社，2003。

〔美〕T. 帕森斯、斯梅尔瑟：《经济与社会》，刘进等译，华夏出版社，1989。

〔美〕阿列克斯·英格尔斯：《人的现代化》，四川人民出版社，1985。

〔英〕阿瑟·刘易斯：《经济增长理论》，周师铭等译，商务印书馆，2002。

〔以〕艾森斯塔德：《现代化：抗拒与变迁》，张旅平等译，人民出版社，1988。

〔美〕安东尼·奥勒姆：《政治社会学导论》，浙江人民出版社，1989。

〔英〕安东尼·吉登斯：《社会的构成》，李康、李猛译，三联书店，1998。

〔英〕安东尼·吉登斯：《社会学》，李康译，北京大学出版社，2003。

〔古希腊〕柏拉图：《理想国》，郭斌和、张竹明译，商务印书馆，

1997。

〔法〕布迪厄:《文化资本与社会炼金术》,包亚明译,上海人民出版社,1997。

〔美〕加布里埃尔·A. 阿尔蒙德、小 G. 宾厄姆·鲍威尔:《比较政治学:体系、过程和政策》,曹沛霖等译,上海译文出版社,1987。

〔美〕戴维·波普诺:《社会学》,李强等译,中国人民大学出版社,2007。

〔美〕丹尼尔·贝尔:《资本主义文化矛盾》,赵一凡等译,三联书店,1989。

〔美〕道格拉斯·C. 诺思:《经济史中的结构与变迁》,陈郁、罗华平译,上海三联书店,1994。

〔美〕凡勃伦:《有闲阶级论》,蔡受百译,商务印书馆,2004。

〔德〕盖奥尔格·齐美尔:《社会学——关于社会化形式的研究》,林荣远译,华夏出版社,2002。

〔英〕哈耶克:《自由秩序原理》,邓正来译,三联书店,1997。

〔英〕赫伯特·斯宾塞:《社会静力学》,张雄武译,商务印书馆,2005。

〔德〕黑格尔:《哲学史讲演录》,贺麟、王太庆译,商务印书馆,1996。

〔英〕霍布斯:《利维坦》,黎思复、黎廷弼译,商务印书馆,1997。

〔法〕雷蒙·阿隆:《社会学主要思潮》,葛智强等译,华夏出版社,2000。

〔美〕刘易斯·A. 科塞:《理念人》,郭方等译,中央编译出版社,2001。

〔美〕刘易斯·A. 科塞:《社会学思想名家》,石人译,中国社会科学出版社,1990。

〔美〕鲁思·华莱士、〔英〕艾莉森·沃尔夫:《当代社会学理论:对古典理论的扩展》(第六版),刘少杰等译,中国人民大学出版社,2008。

〔美〕露丝·本尼迪克特:《文化模式》,王炜等译,三联书店,1988。

〔美〕伦斯基:《权力与特权:社会分层的理论》,关信平等译,浙江人民出版社，1988。

〔美〕罗伯特·K. 默顿：《社会理论和社会结构》，唐少杰等译，译林出版社，2006。

〔德〕马克斯·韦伯：《经济与社会》，林荣远译，商务印书馆，1997。

〔德〕马克斯·韦伯：《新教伦理与资本主义精神》，丁晓等译，商务印书馆，1987。

〔德〕马克斯·韦伯：《学术与政治》，冯克利译，三联出版社，1998。

〔英〕齐格蒙特·鲍曼：《共同体》，欧阳景根译，江苏人民出版社，2003。

〔美〕乔纳森·H. 特纳：《社会学理论的结构》，邱泽奇译，华夏出版社，2001。

〔美〕乔纳森·H. 特纳：《社会学理论的结构》，吴曲辉等译，浙江人民出版社，1987。

〔美〕乔治·瑞泽尔：《后现代社会理论》，谢立中等译，华夏出版社，2003。

〔美〕塞缪尔·亨廷顿：《变动社会的政治秩序》，张岱云等译，上海译文出版社，1993。

〔美〕塞缪尔·亨廷顿：《文明的冲突与世界秩序的重建》，周琪等译，新华出版社，2002。

〔法〕托克维尔：《论美国的民主》上卷，商务印书馆，1988。

〔美〕威廉·富特·怀特：《街角社会》，黄育馥译，商务印书馆，2005。

〔德〕乌尔里希·贝克：《风险社会》，何闻博译，译林出版社，2003。

〔美〕西里尔·E. 布莱克编《比较现代化》，杨豫等译，上海译文出版社，1996。

〔英〕亚当·斯密：《道德情操论》，蒋自强等译，商务印书馆，1998。

〔英〕亚当·斯密：《国民财富的性质和原因的研究》，郭大力、王亚南译，商务印书馆，2003。

〔古希腊〕亚里士多德：《政治学》，吴寿彭译，商务印书馆，1981。

〔印〕阿马蒂亚·森：《贫困与饥荒》，王宇、王文玉译，商务印书馆，

2004。

〔美〕约翰·罗尔斯:《正义论》,何怀宏等译,中国社会科学出版社,1988。

〔美〕约瑟夫·熊彼特:《资本主义、社会主义与民主》,吴良健译,商务印书馆,2002。

《马克思恩格斯全集》第22卷,人民出版社,1965。

《马克思恩格斯全集》第46卷(上),人民出版社,1975。

R. 达伦多夫:《关于社会冲突的理论》,《国外社会学》1987年第3期。

包仕国:《和谐社会构建与西方社会冲突理论》,《学术论坛》2006年第4期。

毕天云:《社会冲突的双重功能》,《云南大学人文社会科学学报》2001年第2期。

陈光金:《从社会主要矛盾分析入手,抓住建设和谐社会的重大理路》,《社会学研究》2007年第2期。

陈铭:《我国城市建设征地拆迁利益冲突及调整》,硕士论文,河海大学公共管理学院,2005。

陈剩勇、林龙:《权利失衡与利益协调——城市贫困群体利益表达的困境》,《青年研究》2005年第2期。

陈昕:《中小企业发展的外部环境建设探析》,《经营管理》2008年第1期。

程洪宝:《农村基层民主与农村社会稳定的关联分析》,《求实》2007年第11期。

仇立平:《回到马克思:对中国社会分层研究的反思》,《社会》2006年第4期。

仇立平:《职业地位:社会分层的指示器——上海社会结构与社会分层研究》,《社会学研究》2001年第3期。

仇立平、顾辉:《社会结构与阶级的生产——结构紧张与分层研究的阶级转向》,《社会》2007年第2期。

东方、刘辉:《从"他者"到"主体"——南京电视新闻中农民工形象嬗变》,《声屏世界》2008年第4期。

方同义:《多元利益群体的利益表达与和谐社会建设》,《浙江社会科学》2006年第6期。

付少平:《对当前农村社会冲突的认识和调控》,《理论导刊》2002年第1期。

顾纪瑞:《界定中等收入群体的概念、方法和标准之比较》,《现代经济探讨》2005年第10期。

何晓星、江建全:《基于嫉妒理论和内公外私产权的中国分配差距研究——从两个新视角看分配差距影响社会稳定的机理》,《江西社会科学》2007年第6期。

胡联合、胡鞍钢:《贫富差距是如何影响社会稳定的》,《江西社会科学》2007年第9期。

李培林:《扩大中低收入者比重的对策思路》,《中国人口科学》2007年第5期。

李培林:《社会冲突与阶级意识:当代中国社会矛盾研究》,《社会》2005年第1期。

李琼:《边界与冲突——以S县某群体性冲突事件为个案》,《东南学术》2007年第5期。

李琼:《转型期我国社会冲突的研究综述》,《学术探索》2003年第10期。

李文华:《维持社会稳定的几个因素分析——兼论"和谐社会"的含义》,《江汉论坛》2006年第2期。

林彭、余飞、张东霞:《"新生代农民工"犯罪问题研究》,《中国青年研究》2008年第2期。

凌彩虹、沈勇栋:《旧村改造非住宅用房拆迁的几点思考》,浙江省国土资源厅,http://www.zjdlr.gov.cn/news/juti.aspx?id=14890&lei_id=35。

刘红英:《共同体内部的权利分配与社会分层——基于韦伯阶级理论的视角》,《政治文明》第437期。

宁军:《农民工"自救式犯罪"的法律分析》,《西北农林科技大学学报》（社会科学版）2005年第5期。

孙炳耀：《转型过程中的社会排斥与边缘化——以中国大陆的下岗职工为例》，香港理工大学，《华人社会社会排斥与边缘性问题研讨会论文集》2001年11月。

孙立平：《两极社会与合作主义宪政体制》，《战略与管理》2004年第1期。

孙胜梅：《浙江被征地农民社会保障制度的现状、问题及对策研究》，新华网浙江频道，http：//www.zj.xinhuanet.com/magazine/2007-03/22/content_9585592.htm。

田凯：《关于农民工城市适应性的调查分析与思考》，《社会科学研究》1995年第5期。

田毅鹏、吕方：《单位社会的终结及其社会风险》，《吉林大学社会科学学报》2009年第6期。

田佑中、陈国红：《罗斯的社会控制理论述评》，《南京政治学院学报》1999年第6期。

王春光：《快速转型时期的利益分化与社会矛盾》，《江苏社会科学》2007年第2期。

王春光：《新生代农村流动人口的社会认同与城乡融合的关系》，《社会学研究》2001年第3期。

王国平：《社会复合主体培育和运作机制研究——关于杭州培育新型创业主体的探索与思考》，参见中国·杭州生活品质网，http://www.cityhz.com/a/2009/7/22/content_37789_7.html。

王勇：《城市化进程中失地农民的利益表达》，博士学位论文，华中师范大学社会学系，2007。

温家宝：《关于发展社会事业和改善民生的几个问题》，《求是》2010年第7期。

温铁军、温厉：《中国的"城镇化"与发展中国家城市化的教训》，《中国软科学》2007年第7期。

吴毅：《"权力—利益的结构之网"与农民群体性利益的表达困境——对一起石场纠纷案例的分析》，《社会学研究》2007年第5期。

徐建军：《社会转型与冲突观念的重构》，《南京师大学报》（社会科学版）1999 年第 1 期。

阎耀军：《维护社会稳定需要建立前馈控制机制》，《中国党政干部论坛》2006 年第 7 期。

阎志刚：《转型时期应加强对社会冲突的认识和作用》，《江西社会科学》1998 年第 5。

杨建华：《"十二五"语境下的浙江社会转型》，《浙江经济》2009 年第 23 期。

杨建华：《浙江"十二五"社会建设与管理若干问题研究》，吕祖善省长主持的"十二五浙江社会建设与管理问题研究"课题研究成果。

杨建华、姜方炳：《"共同体的重构"：对城市社会"终极实在"的追寻——以杭州社会复合主体建设为例》，《浙江社会科学》2010 年第 10 期。

杨雪冬：《全球化治理失效与社会安全》，《中国人民大学学报》2004 年第 2 期。

叶高：《人民内部矛盾的疏导与社会稳定预警机制的构建》，《云南社会科学》2006 年第 5 期。

于建嵘：《当前我国群体性事件的主要类型及其基本特征》，《中国政法大学学报》2009 年第 6 期。

张车伟：《失业率定义的国际比较及中国城镇失业率》，《世界经济》2003 年第 5 期。

张建明、樊斌：《当代中国问题产生的根源》，《教学与研究》1998 年第 3 期。

张静：《法团主义模式下的工会角色》，《工会理论与实践》2001 年第 1 期。

张康之：《在政府的道德化中防止社会冲突》，《中国人民大学学报》2002 年第 1 期。

张薇：《论利益分化及其社会控制》，《社会科学》2001 年第 4 期。

张雪丽：《贵阳市农民工子女融入城市教育的调研》，《贵阳市委党校学报》2008 年第 5 期。

张义祯：《风险社会与和谐社会》，2005 年 8 月 25 日《学习时报》。

赵凌云：《公共物品的生产与社区整合机制》，《社会》2005年第1期。

赵德余：《土地征用过程中农民、地方政府与国家的关系互动》，《社会学研究》2009年第2期。

浙江省统计研究与信息发布中心：《浙江大学生就业的现状、问题及建议》，《浙江经济参考（分析篇）》2009年第58期。

中国大百科全书总编辑委员会：《中国大百科全书·社会学》，中国大百科全书出版社，1991。

周春发：《从冲突走向融合——农民工与城市市民的社会交往——基于共生理论的视角》，《福建论坛》（社科教育版）2007年第12期。

周丽红、欧华军：《文化冲突与行为越轨》，《经济与社会发展》2008年第12期。

朱明芬：《杭州农民工融入城市社会的现状调查及保障机制研究》，http://www.zhdx.gov.cn/news/2007/9/25/1190687349187.shtml。

Dahrendorf, R., (1959) *Class and Class Conflict in Industrial Society*, Stanford: Stanford University Press.

Max Weber, *The Methodology of the Social Sciences*, trans. and ed. Edward A. Shils and Henry A. Finch (Glencoe, Ⅲ.: The Free Press, 1949).

Yaohui Zhao, "Rural to Urban Labor Migration in China: The Past and the Present", In L. A. West and Y. Zhao Chinese Rural Labor Flows, Institute for East Asian Studies, University of California Berkeley (2000).

索 引

社会冲突　1～8，10～17，21，22，24～33，35，36，38～40，42～49，52，53，70，77，78，112，123，135，153，164，170，175，176，179，181，191，201，206，212，218，219，225～230，232～236，249，250，260～263，269，270，275，276，292～295，299，302，303，311，315，317～319，323，330，339，340，342，343，345，348，356，360，364

社会弥合　48，51

社会关系　2，3，5，7，18，19，23，25，40，41，46，47，50，51，82，114，134，151，179，180，184，201，212，213，232，235，254，262，268，270，276，292～294，299，301，321，337，339，340，345，346，348，349

社会群体　1～4，6，10，11，27，36，37，39，42，45～48，50，52，131，132，159，160，162～164，175，179，180，198，203，211，227～230，246，255，256，262～264，267，269，275，281，293，319，320，331，332，335，363

社会流动　3，8，11，13，25，30，44，48，249～251，285，292，311，317～319，320～322，352

社会组织　2，10，17，22，24，48，75，137，235，253～255，261，267，269，270，273，292～302，304，306，316，326，330，335，337，338，345，349，353，357～359

社会结构　1~3, 5, 8~10, 12, 14, 22, 23, 25~28, 30, 36, 39, 45, 47, 48, 51, 52, 70, 164, 170, 179, 191, 201, 217, 219, 225, 232, 234, 235, 250~252, 254, 263, 268, 271, 275, 276, 280, 281, 285, 286, 288, 293, 303, 305, 318~320, 322, 324, 345, 347, 350, 351, 354

社会控制　19, 20, 23, 48, 51, 107, 254, 260, 273, 311, 339, 340

社会失范　17, 224, 266

社会秩序　2, 13, 16, 17, 19, 24, 30, 31, 39, 51, 70, 72, 90, 126, 156, 191, 225, 233, 235, 238, 272, 294, 296, 311, 313, 324, 327, 335, 339, 340, 346, 347, 352, 356

社会发展　3~5, 7, 19, 38, 47, 48, 63, 77, 79, 112, 132, 136, 176, 179, 190, 209, 217, 219, 221, 223~225, 230, 235, 237, 238, 248, 249, 254~256, 266, 269, 276, 281~283, 288, 293, 298, 302, 304~307, 313, 318, 322, 326, 330~332, 335, 340, 344, 346, 350, 356

社会稳定　1, 6, 19, 24, 25, 28, 37~39, 41, 43, 45, 63, 133, 142, 149, 156, 164, 180, 191, 200, 201, 211~217, 230, 234, 249, 250, 253, 256, 257, 267, 276, 279, 280, 294, 295, 306, 313, 324, 327, 330, 331, 335, 341~344

社会和谐　3, 25, 39, 129, 200, 260, 262, 276, 293, 296, 301, 304, 311, 312

社会事实　4, 45

社会正义　48, 163, 225, 311

社会保障　48, 64, 87, 114, 116, 171, 172, 174, 201, 212, 231, 241~243, 251, 255, 262, 274, 278, 287, 304, 311, 321, 323~327, 329, 335, 336, 341, 344, 359

社会包容　48, 311, 330~332, 334

社会建设　2, 199, 254, 256, 266, 301, 305, 323, 330, 348, 351

社会分化　1, 5, 17, 21, 51, 131, 132, 228, 229, 267, 306, 331, 347, 350, 351

索 引

社会矛盾　1，17，24~28，36~38，41，43，77，124，125，176，177，198，224，225，228，231，232，235，237，238，252，253，262，263，270，276，293~295，300，306，317，338，342~344，356，359

社会互动　6，46，49~51，100，226

生活方式　16，17，53，60，76，117，118，132，136~138，151，279，300，305，308，309，311，321

涉法涉诉　168，170，173，175，177

流动人口　50，53，73，176，240，253，254，256，304，323，327，330，340，357

资本主义　5，9，44，236，313

马克思　4~9，25，28，43，44，51，136，201，235，331

科塞　2，6，12~15，22，23，25~27，44，49，226，234，235，262

达伦多夫　2，9~11，12，21，22，26~28，46，49，235

迪尔凯姆　16~19，45，347

韦伯　4，5，7~9，13，25，44，235，349

米尔斯　8，9

哈贝马斯　23，24

滕尼斯　19

帕森斯　8，9，20，21，25，28，45，233

儒家　33，36，40~42

道家　32，33，36

墨家　35，36

孔子　34，40，41，363

老子　32，33，40

孟子　34，35，40，41

荀子　35

墨子　35，36，41

兼爱　35，36

仁政　33，34

和合 39~41, 295, 300, 316

无为 33, 40

社区 16, 19, 48, 52, 75, 101, 117, 118, 132, 137, 138, 140~152, 154, 184, 203, 204, 208~210, 252~255, 262, 292, 296, 298, 299, 301~307, 310, 314, 316, 330, 334, 349, 353, 358, 359, 362

共同体 7, 18, 19, 23, 48, 133, 151, 159, 302, 303, 339, 347~354, 356

社会资本 48, 61, 109, 294, 299, 345~349

阶层 2, 7, 11, 22, 26, 29, 36~39, 48, 70, 72, 74, 75, 77, 78, 129, 132, 148, 160, 219, 228, 238, 246~248, 251, 254, 257, 259~261, 264, 267, 271, 275~283, 285~288, 291, 303, 306, 317~322, 332, 337, 340~342, 350

社群 48, 292, 332, 352

二代农民工 47, 52~54, 57, 60, 61, 63, 65, 66, 68~70, 72~74, 77~80, 82, 86, 90, 92, 96, 98, 100, 106, 109, 111, 336

网民 47, 52, 153, 155~157, 159, 161~164

农转居 47, 52, 117, 135, 139, 140, 142~152, 278, 279

访民 47, 52, 164, 170, 173, 175, 262, 267, 327

干群关系 47, 123, 124, 179, 201~203, 205~209, 211~213, 215, 216, 311, 347

贫富关系 47, 179, 191, 197, 212, 213, 216

劳资关系 47, 48, 82, 179, 181~184, 186, 191, 212, 213, 216, 230, 234, 236, 237, 294, 336

有机团结 17, 347

生产力 4, 5, 25, 44, 137, 289

学历 59, 64, 100, 101, 193, 197, 198, 231

工具性冲突 47, 175, 226~229, 232, 233

价值型冲突 233

安全阀 14, 15, 22, 25, 30, 200, 234, 256, 260, 261

索 引

稳定器　279，320

倒 U 型曲线　47，218，219，221～225

财富　7，16，19，24～26，36，44，132，191，199，240，248，249，275，278，285，288，309，312，328，347，351，358

声望　4，7，9，11，16，25，44

权利　18，19，21，23，26，28，30，36，38，47，48，52，61，96，104，105，113，120，130，131，133，147，160，176，183，227，237，238，248，251～253，255，257，265，268～270，292，306，307，312，314，316，317，323，325，330，332，335，336，354，355，357～359

阶级　5，7～11，19，28，29，42，43，190，226，246，264，318，320，331

人力资本　53，54，57，58，70，90，109，299，323，336，348

劳动关系　53，82，107，183，185，290，361

行政　9，24，27，116，124，126～128，130，132，134，138～142，145，148，168，170，171，173～175，177，178，237，249，251，252，255，260，271，274，283～286，290，291，293，295，297，298，301，303，306，314，317，322，329，337～339，341，346，356～360

养老保险　116，124，170～173，287，324，326

医疗保险　170～173，287，324，326

国土资源　114，115，168，170，175

失业　24，29，47，52～76，78～81，83，85，86，90～93，95～100，102，104，107～109，111，115，116，142，171，172，180，181，186，192，200，201，204，205，211，212，214，215，238，240～242，250，258，259，267，287，290，305，326，327，330，331，333，336

代际传递　72～74

政府　4，20，28，29，36～39，42，43，47，48，76，77，79～83，85，87，96，98，105，107～109，112～115，118～135，140，144，152，

156，159，170，172，175，177，180，188，190，198，200，201，207~209，211，227~235，237，245~249，252~260，263，265~268，270，271，273~275，278，280，282~284，286~288，290~307，309，310，313~315，317，319，321，323，325~341，343，344，346~349，351，355~361

创业　60，76，87，108，283，284，288~290，336，353

过客心理　65，73~75

边缘化　78，88，90，106，115，247，331，335

价值观　2，13，17，20，31，49，50，132，160，175，225，227，235，278，279，281，294，302，307，339，344，345，352，356

社会行为　49，77，126，246，317，339，349

失地农民　50，115，118，119，124，132，201，267

市场化　39，52，249，257，282，302，304，305，328，330，340，350，363

工业化　3，17，24，52，126，133，136，137，221，222，224，280，289，291，292，305，307，308

城市化　24，52，80，112，115，117，119，125~127，132，135~140，142，151，152，238，278，280，285，288，291，292，295，305，307，321，352

农村　29，38，50，53，57，58，60，61，68，70，71，73，74，82，101，112~114，116，118~120，122，123，127，131，132，136~140，142，151，152，170~174，176，185，191，219，220，229，240，248，250，254~256，270，272，274，278，283，286，289，291，292，295，300，301，303，305~310，320，321，323，324，326

老乡　54，58，59，65，71~73，75~77，79，83，85，90，95，96，99，101

社会融入　332，333

参与　3，13，20，23，27，28，38，50，73~75，96，114，118~121，128~131，141，160，161，163，164，176，177，183，189，199，

226，232，235，237，247，251，254，259~261，266~270，272，281，294，296，300，301，303，304，306，307，311，314~316，328~330，332，337~349，351，353~355，359，363，364

社会资源　25，26，30，37，58，70，132，155，235，247，251，254，279，281，286，293，302，305，322，348，350

劳动力市场　54，58，62，79，83，93~96，99，142，287，324

工资　54，56，58，61~64，70，72，79~85，87~90，101~104，106，183，187，188，228，236，242，243，248，257，259，270，282，285，290，295，296，332，361

技术　5，10，54，55，57~60，63，64，69，70，78，82，90~92，100，101，108，111，142，163，170，173，180~182，185，186，192，193，200，204，205，211，214，222，238，240~242，250，258，259，276，278，280，284，289，300，323，336，342

职业　16~18，45，53，54，56~61，63~65，68，75，77，78，83，85，90，92，93，96，99，102，104，107~109，137，142，143，171，172，181，184，191~193，198，212，213，215~217，238，240~242，250，251，276，278，279，283，285，297，318~321，323，328，330，332，338，347，349，353，364

求职　58，59，61，63，64，76，82，91，92，93，95~97，99，108

技能　57，58，61，69，76，90~92，102，108，116，142，155，278，320，331，336

下岗工人　50

外来人口　52，79，135，142，147，152，176，177，254，304

利益表达　23，26，47，52，88，106，130，131，175，228，233，234，248，256，257，259~261，266~269，294，295，315，337，349

群体性事件　3，48，77，87~90，105，107，111，112，123，125，130，164，168，176，177，201，224，228，230，232，233，237，252，270，339，343

对抗　28，29，46，49，70，81，82，84，87~90，107，108，125，130，175~177，226，233，234，261，262，294

暂住证　79，88

上访　80，88，89，105，113，115，120，122，123，125，126，131，159，164，171～174，176～178，201，228，247，259，267，327，339

重访　166～169

征地拆迁　47，52，112～114，116，118～131，134，170，228，229，236，262，338，344

利益补偿　118，270，271，317

垄断　8，19，25，31，38，39，44，113，119，121，128，247，249，273，274，281，284，285，341，360

程序　10，102，114，120，121，127～129，157，176，177，260，283，300～302，312～314，316，317，329，331，337，339，343，350，357～359

公信力　123，125，209，302，328，347，359

暴力化　118，122

政策　2，31，79，81，83，109，114，116，117，121，124，126～131，133，134，140，144，147，148，152，170～174，177，200，201，206，213，231，237，251，255，256，259，260，264，266，268，270，271，273，274，281，283，284，288，290，294，296，299，301，310，315～317，319，323，326，327，329，330，333～337，341～343，347，351，354，357，358，361

代理人　126，131，132

村委会　105，118，131～133，140，145，180，228，238，250

集体经济　118～120，131，140，141，144，147，148，338

民办教师　170，172，262

越轨　31，62，63，86，90，100，102，109，126，232，341

网络　19，24，37，38，54，58，59，82，84，95，99，108，125，151，153～156，159～164，198，201，253～255，268，289，293，294，296，303，315，321，330，338，343，345，346，348，349，357

个人　7，8，15～20，23，27～29，33，40，41，45，51，62，82，84，

96，102，115~117，127，128，131，137，141~143，147，149，153，162~165，170，179，199，212，213，215，225，226，230，237，239~241，249~254，264~266，270，271，273，275，276，278，281，285，286，294，296，298，299，301，303，306，312，315，316，318~323，325，326，328，329，332，340，345，346，348，352，354，355，361

集体　9，13，17，18，22，27，46，50，51，71，78，88，100，101，104，105，112~115，118~121，125，126，131，134，139，140，141，147，148，165，167~170，174，176~178，185，188，201，233，237，249，258，265，271，290，292，295，296，300，316，326，331，339，340，352

失衡　1，2，30，48，70，83，107，108，131，171，230，231，233，234，237，238，248，249，251，252，264，268~270，286，290，294

劳资纠纷　85，102，107，182~185，189，247

网络舆情　155，156，161~164

后 记

由我主持承担的国家社科基金项目"社会群体冲突及调节机制的研究",从2008年开始策划,到2011年10月完成,整整用了4年时间。本项研究以浙江省社科院调研中心研究力量为主,并联合了浙江树人大学、杭州师范大学、浙江师范大学、湖州师范学院等高校教师和研究生共同完成,充分发挥了团队合作精神。

课题组全体成员在这4年里,深入村落、城镇、社区,进行艰苦细致的田野调查,做了大量的访谈、问卷调查,我和调研中心的同事一起先后进行了社会关系与社会稳定、社会群体与社会稳定、社会收入分配、社会流动等几次大型社会调查,浙江树人大学陈微老师、杭州师范大学秦均平老师和他们的学生先后对二代失业农民工、农转居新市民群体进行了问卷与访谈调查,这些都为本项研究积累了大量翔实而丰厚的定量和定性资料,使得本项研究有了厚实的实证基础。

本项研究由杨建华策划、负责,本研究报告的总体框架、逻辑结构、研究大纲、章节内容都由杨建华负责提出,并由杨建华审稿、统稿和定稿。

本书共分5章,每章负责撰写者如下:

第一章第一节由杨建华撰写,第二、三节由杨建华、姜方炳撰写,第四节由杨建华、姜方炳、张秀梅撰写;

第二章第一节由陈微撰写,第二节由范晓光、谢国光撰写,第三节由秦均平撰写,第四节由李一撰写,第五节由杨建华、张秀梅撰写;

第三章第一、四节由刘成斌撰写，第二节由范晓光、杨建华撰写，第三节由杨建华撰写；

第四章第一、二节由杨建华撰写；

第五章第一节由杨建华、赵凌云撰写，第二、五节由杨建华、姜方炳撰写，第三、四节由杨建华撰写。

浙江省社会科学院调研中心黄建安博士、浙江师范大学法政公共管理学院刘春梅参与了本书第一章第二、三节的写作，杭州市委党校姜方炳、浙江省社会科学院调研中心张秀梅为本书做了大量技术性、行政性的工作。

本报告一些主要思想和观点是由我在浙江师范大学法政与公共管理学院给社会学研究生讲授发展社会学课程时所萌发和逐渐形成的，浙江师范大学2007级至2010级的社会学研究生给予了极大启发和支持。

本项研究得到了中国社会学会会长、中国社会科学院社会学所所长李培林研究员和中国社会学会原副会长谷迎春研究员的指导与支持，还得到了浙江省社会科学院党委书记张伟斌、原党委书记林吕建同志，浙江省社会科学院院长迟全华、副院长葛立成同志，浙江省社会科学规划办谢利根主任、王三炼副主任，浙江省社会科学院科研处卢敦基处长、人事处戴亮处长、科研处李东、朴姬福同志的大力支持，可以说，没有他们的扶持和鼓励，也就不可能有今天奉献给大家的这份成果。

最后，也是最重要的，我们非常感谢国家社会科学规划办和浙江社会科学院对本项目的扶持和奖掖，是他们给我们提供了这么好的机会和条件来开展这项思索数年的研究。

在此，我们对以上所有的单位、部门及领导、老师和同学表示最诚挚的谢意。

杨建华
2012年5月30日于杭州东河

图书在版编目（CIP）数据

冲突与弥合：社会群体冲突及调节机制的实证研究/杨建华等著.—北京：社会科学文献出版社，2013.5
（中国地方社会科学院学术精品文库·浙江系列）
ISBN 978-7-5097-4561-8

Ⅰ.①冲… Ⅱ.①杨… Ⅲ.①社会冲突论-研究 Ⅳ.①C91

中国版本图书馆 CIP 数据核字（2013）第 080301 号

·中国地方社会科学院学术精品文库·浙江系列·

冲突与弥合
——社会群体冲突及调节机制的实证研究

著　　者 / 杨建华　等	
出 版 人 / 谢寿光	
出 版 者 / 社会科学文献出版社	
地　　址 / 北京市西城区北三环中路甲 29 号院 3 号楼华龙大厦	
邮政编码 / 100029	
责任部门 / 人文分社（010）59367215	责任编辑 / 刘　丹
电子信箱 / renwen@ssap.cn	责任校对 / 李晨光
项目统筹 / 宋月华　袁清湘	责任印制 / 岳　阳
经　　销 / 社会科学文献出版社市场营销中心（010）59367081　59367089	
读者服务 / 读者服务中心（010）59367028	
印　　装 / 三河市尚艺印装有限公司	
开　　本 / 787mm×1092mm　1/16	印　张 / 25.5
版　　次 / 2013 年 5 月第 1 版	字　数 / 403 千字
印　　次 / 2013 年 5 月第 1 次印刷	
书　　号 / ISBN 978-7-5097-4561-8	
定　　价 / 89.00 元	

本书如有破损、缺页、装订错误，请与本社读者服务中心联系更换

▲ 版权所有　翻印必究